JN385978

# 뇌를 지배하는
# 마케팅 법칙

THE POWER OF INSTINCT: *The New Rules of Persuasion in Business and Life*

Copyright © 2024 by Leslie Zane

Triggers®, Brand Triggers®, Growth Triggers®, Image Triggers®, *Distinctive* Brand Triggers®, Brand Connectome®, and Brain Branching® are registered service marks of Leslie Zane Consulting, Inc.
Verbal Triggers™, Instinctive Advantage™, Taste Triggers™, Auditory Triggers™, and Olfactory Triggers™ are common law service marks of Leslie Zane Consulting, Inc.

Korean Translation Copyright © 2025 by Gilbut Publishing co., Ltd.
Korean edition is published by arrangement with Perseus Books through Duran Kim Agency.

이 책의 한국어판 저작권은 듀란킴 에이전시를 통한 Perseus Books와의 독점계약으로 길벗에 있습니다.
저작권법에 의하여 한국 내에서 보호를 받는 저작물이므로 무단전재와 무단복제를 금합니다.

# 뇌를 지배하는 마케팅 법칙

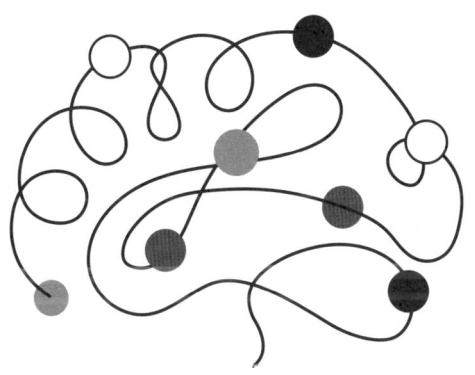

THE POWER OF INSTINCT

레슬리 제인 지음 | 이상훈 옮김

**뇌과학이 알려주는 무의식적 선택의 비밀**

더퀘스트

## 이 책의 추천사

"이 책은 그저 그런 마케팅 책이 아니다. 어떻게 고객을 끌어당길 수 있는지 그리고 제품의 영향력을 어떻게 확대할 수 있는지에 대한 기존의 규칙을 완전히 뒤집고 있다. '마케팅은 이래야 한다'는 우리의 관점을 바꾸는 최고의 책이다."

**조나 버거**Jonah Berger, 와튼스쿨 교수, 《컨테이저스 전략적 입소문》 저자

"최고의 전문가가 인간의 본능적 마음을 이해하고 활용하는 법을 알려주는 이 책은 소비자 행동과 설득에 관한 전통적인 생각을 깨트린다. 모든 조직의 최고마케팅책임자Chief Marketing Officer, CMO뿐만 아니라 마케팅의 미래를 찾는 모든 이에게 매우 유용할 것이다."

**라자 라자만나르**Raja Rajamannar, 마스터카드 CMO, 《퀀텀 마케팅》 저자

"저자는 인간의 의사결정에 대한 비밀을 명쾌하게 풀어내고 있다. 특히 무의식을 통해 어떻게 비즈니스 문제를 해결할 수 있는지 보여주고 있다. 지금 이 시대에 꼭 필요한 마케팅 책이다."

**린다 카플란 탈러**Linda Kaplan Thaler,
카플란 탈러 그룹 창업자, 《위대해질 용기Grit to Great》 저자

"본능적 결정의 이면에 감춰진 영향력과 지속적인 경제적 성장의 공식을 밝혀낸 획기적인 책이다. 당신의 일과 삶에서 성공할 작전을 설명해주는 플레이북이다."

**파르누시 토라비**Farnoosh Torabi,
팟캐스트 '소 머니So Money' 진행자, 《건강한 공포A Healthy State of Panic》 저자

"레슬리 제인이 개발한 성장 트리거® 접근 방식은 내가 애트나Aetna의 CMO로 있을 때 브랜드 전략을 혁신하는 과정에서 큰 도움이 되었다. 성장 트리거를 활용해 브랜드 포지셔닝과 메시지를 구체화하고, 고객 경험에 대한 투자의 우선순위를 설정한 결과 시장점유율과 고객만족도가 크게 향상했다. 이 책에서 설명하는 여러 기법은 수많은 산업에서 성장을 촉진하는 데 보편적으로 적용될 수 있을 것이다."

**데이비드 에델만**David Edelman, 하버드 경영대학원 교수, 전前 애트나 CMO

"말콤 글래드웰의 《블링크》나 대니얼 카너먼의 《생각에 관한 생각》을 재미있게 읽은 독자에게 꼭 권하는 책이다. 스타트업 창업자, 성장 지향적인 CMO, 노련한 CEO 그리고 성과를 내고 싶은 모든 사람에게 이 책은 본능적 마음이 가진 미지의 잠재력을 끌어내줄 것이다."

**제임스 M. 시트린**James M. Citrin,
스펜서 스튜어트Spencer Stuart 이사회 및 최고경영자 사업부 리더,
《당신이 책임자일 때 해야 할 것You're in Charge, Now What?》 저자

"비즈니스와 브랜드의 지속적인 성공을 목표로 하는 사람이라면 행동과학과 마케팅 전략이 흥미진진하게 어우러진 이 책을 반드시 읽어야 한다."

**마이클 플랫**Michael Platt,
와튼 신경과학 이니셔티브Wharton Neuroscience Initiative 디렉터,
《리더의 뇌The Leader's Brain》 저자

건강하게 권위에 대항하는 태도와
마음먹은 것은 무엇이든 이룰 수 있음을 알려주신,
믿을 수 없을 정도로 멋진 부모님
샬럿 피코 Charlotte Picot와 피에르 피코 Pierre Picot에게 이 책을 바칩니다.

# 프롤로그

# 당신이 그 브랜드를
# 구매하는 진짜 이유

인간은 설득하기 어려운 존재다. 고집이 세고 마음도 좁으며, 의심이 많고 변화를 싫어한다. 솔직히 말하면 나 자신도 그런 성향이 있고, 그것을 부정하진 않는다. 나는 마케터로 일하면서 이 점을 풀기 위해 정말 많이 애를 썼다. 마케팅이라는 것은 결국 소비자를 설득해 제품을 구매하게끔 만드는 일이기 때문이다. 내가 이 문제에 처음 봉착했던 때로 돌아가 이야기를 시작해보겠다.

1980년대에 존슨앤드존슨Johnson & Johnson, J&J의 유아용품 브랜드 매니저들은 장기간 침체를 겪고 있는 사업을 되살리기 위해 고심 중이었다. 당시 J&J의 눈물방울 로고와 비슷해 보이는 상표를 사용하는 저가의 PB 상품 그리고 멘넨 베이비 매직Mennen Baby Magic이 시장점유율을 가져갔기 때문이다. J&J에서는 신제품을 출시해 아기와 어른이 모두 사용할 수 있다고 홍보하고 '보살핌을 아끼지 않는 당신이기에' 같은 감성적인 캠페인도 펼쳤지만 소용이 없었다. 시장점유율은 계속 떨어졌고 이를 해결할 방안을 아는 사람은 없는 듯했다.

타이레놀 정도가 예외가 될 수 있겠지만, 존슨즈 베이비 샴푸는 이 거대 소비재 및 제약 기업의 크라운 주얼crown jewel(특정 기업의 가장 중요한 자산 — 옮긴이)이었다. 그러니 뭔가 잘못된 것이다. 회사 설립 이래 유아용품 광고의 공식은 마치 똑같은 패턴이 반복되는 벽지와 같이, 성모 마리아가 아기 예수를 품에 안은 전통적인 자세로 젊은 엄마가 아기를 안고 있는 이미지의 반복이었다. 그 외의 것은 모두 이단으로 취급되었다. 그런데 당시 유아용품 마케팅팀의 젊은 팀원이었던 내 눈에 띈 것이 있었다. 거리에서 아빠로 보이는 남성이 유모차를 밀 때 엄마들의 고개가 돌아간다는 것이었다.

나는 즉시 트렌드의 정량적 데이터를 파기 시작했고 그 결과 아빠들이 육아에 전보다 많이 관여한다는 사실을 발견했다. 또한 육아 관련 태도에 대한 인터뷰를 검토한 결과 엄마들은 아빠가 부드럽게 아기를 돌보는 모습을 매우 선호하는 것으로 나타났다. 그래서 나는 1990년대 남성들이 중요한 자리에서 입는 정장의 여성 버전인 스커트 정장을 입고 나비넥타이 모양으로 스카프를 맨 다음 하이힐을 신고 상사의 사무실로 당당하게 걸어 들어가서 말했다.

"유아용품 사업을 제자리로 돌려놓으려면 뭘 해야 하는지 알아냈습니다." 상사는 크게 관심이 없어 보였지만 나는 당황하지 않고 말을 이어갔다. "사상 최초로 유아용품 광고에 '아빠'를 등장시키는 것입니다." 나는 의기양양하게 미소 지으며 상사의 머리 위로 깨달음의 빛이 반짝이거나 하늘 가득히 폭죽이 터지기를 기대했다. 일생에 한 번 찾아올까 말까 한 놀라운 아이디어였으니 말이다. 그러나 상사가 내뱉은 두 마디 말에 내 기대는 물거품이 되었다.

"자네, 제정신인가?" 내가 미처 끼어들기도 전에 상사가 속사포처럼 말을 쏟아냈다. "유아용품 구매 주체는 아빠가 아니라 엄마잖나. 아기를 돌보는 아빠의 모습을 엄마들이 보고 싶어 한다는 연구는 들어본 적이 없네. 설령 그런 연구가 있다고 해도 우리 사업에 도움이 될 거라는 증거도 없고."

단칼에 거절당했지만 나는 기회가 있을 때마다 아이디어를 알리면서 계속 밀어붙였다. J&J가 어떻게 하면 유아용품 분야에서 전통과 관습에서 벗어난 관점을 취하는 최초의 회사가 될 수 있는지 설명했다. 그러나 내 의견을 수용하는 사람은 단 한 사람도 없었다. 그렇게 그해의 성과평가 시기가 찾아왔고, 이때 나는 결코 잊지 못할 평가 의견을 들었다. '레슬리 제인은 광고에 아빠를 등장시키는 데 너무나도 열정적이다. 이는 전략적 사고보다는 마케팅 실행에 지나치게 집중하고 있음을 보여준다.'

베인 앤드 컴퍼니Bain & Company부터 하버드 경영대학원을 거쳐 프록터 앤드 갬블Procter & Gamble, P&G에서 일할 때까지만 해도 나는 전략적 사고가 매우 탁월하다는 평가를 들었다. 나 자신도 전략적 사고가 나를 정의하는 말이라고 여겨왔다. 그래서 당시 성과평가에서 저 문장을 읽었을 때는 엄청난 충격을 받았다. 하지만 나는 멈추지 않았다. 팀 회의나 일대일 미팅은 물론 휴게실에서 음료를 마실 때도 아이디어를 꺼내놓았다. 내 머릿속은 아빠가 등장하는 유아용품 광고 아이디어로 가득했고, 실행되길 바라는 마음은 점점 더 간절해졌다.

내가 설득하려 했던 이들이 마침내 동의한 이유가 내 아이디어를 진심으로 믿었기 때문인지, 아니면 포기하지 않는 내 모습에 질렸기 때문인지 알 길은 없지만 어쨌거나 사람들은 움직였다. 그리고 존슨즈 베이비 샴푸 광고에 처음으로 아빠가 등장했다. 결과는 어땠을까? 존슨즈 베이비 샴푸 광고는 회사 역사상 가장 큰 성과를 낸 광고가 되었다. 유아용품 사업은 다시 활발하게 움직였고 경영진은 환호성을 질렀다.

이 경험에서 나는 처음으로 강력한 단서를 찾았다. 기업이나 사업의 향방을 바꿀 정도로 강한 힘이 있는 소비자의 무의식으로 들어가는 비밀의 문 말이다. 엄마 대신 아빠가 아기를 목욕시키는 모습은 돌봄, 애정, 육아 등 익숙한 연상을 활용하면서도 신선하고 독특했으며 예상 밖으로 강력했다. 이후 '존슨즈'라는 브랜드는 돌보는 이미지뿐만 아니라 진보적이라는 이미지까지 갖추게 되었다.

그 광고는 남성의 세심한 면에 호소해 모든 엄마가 원하던 것처럼 육아에 적극적으로 동참하는 배우자의 전형을 보여주는 동시에 엄마에게 너무나 소중한 휴식을 선사했다. 또한 강인한 남성의 몸과 연약하고 보드라운 아기 사이의 극명한 대조는 사람들의 눈을 사로잡고 마음에 스며들어 기억 구조를 형성했다. 표면적으로 광고는 유아용 샴푸의 판매를 촉진하는 것이었지만, 무의식적으로는 이 모든 긍정적 연상을 브랜드에 부여해 판매에 직접적으로 영향을 미쳤다.

이 경험으로 나는 엄청나게 노력하더라도, 반드시 상대를 설득할 수 없다는 냉정한 깨달음을 얻었다. 사람들은 의식적 생각을 바탕으로 선택하지 않는다. 사실을 바탕으로도 선택하지 않으며 심지어 자신의 니즈를 충족시키기 위해서도 결정하지 않는다. 로열티나 감정 때문에 제품이나 서비스를 구매하지도 않는다. 다만 선호하는 생수 브랜드부터 대통령 후보에 이르기까지, 사람들은 대부분의 결정에서 무의식에 자리한 본능적 선택을 한다는 건 분명하다. 마치 칠흑같이 어두운 방에서 전구에 불빛이 들어오는 것처럼, 두 눈이 번쩍 떠지고 모든 것이 갑자기 또렷해지는 순간이다.

## 뇌의 두 가지 메커니즘, 의식적 마음과 무의식적 마음

인간의 의사결정이 지닌 복잡성을 단순하게 설명하기 위해 나는 뚜렷하게 구분되는 뇌의 두 가지 메커니즘을 '의식적 마음'과 '무의식적 마음'이라고 부를 것이다. 전체적으로 작동하는 뇌는 하나지만, 일상적인 의사결정에 가장 크게 영향을 미치는 건 무의식적 마음(또는 짧게 줄여서 무의식)이다.

하지만 이런 생각은 많은 사람의 직관에 반하는 것이다. 의식적인 의사결정에 대한 믿음이 오랜 시간 인류 사회에 군림해왔기 때문이다. 미국에서만 3,500억 달러 이상의 시장을 형성하고 있는 광고 및 마케팅 세계에서는 특히 더 그렇다. 오늘날 기업의 마케팅 부서와 광고대행사는 물론 내로라하는 시장조사 회사와 컨설팅 회사들은 20세기 중반, 우리가 실제로 어떻게 의사를 결정하는지 아는 사람이 없었던 시기에 생긴 규칙을 가지고 시청자의 마음을 흔들고 있다.

　이 오래된 마케팅 규칙은 제품이나 서비스를 판매하는 방법부터 주장하는 바를 구성하는 방법까지, 우리가 하는 모든 일을 사회적으로 이해하는 방식에 스며들었으며 깊이 뿌리를 내렸다. 심지어 아이들도 이런 규칙을 암묵적 법칙으로 받아들인다. 예로, 내 아들은 열두 살 때 반장 선거에 출마하면서 자신의 포스터에 톡톡 튀는 메시지와 돋보이는 시각적 요소를 넣어야 한다고 고집했다. 마케팅 기초 과정에서 배우는 이 규칙은 마케팅 방법에 관해 모두가 마음속에 가지고 있는 사회적 매뉴얼이기도 하다. 그러나 실상은 그렇지 않다. 우리의 뇌는 톡톡 튀는 특이함이 아니라 익숙한 것과 연결되도록 단단히 구성되어 있다.

　전통적인 마케팅은 문화 전반에 영향을 미치고 우리를 잘못된 길로 유도했다. 의식적 마음을 설득할 수 있으며 마케팅의 유서 깊은 규칙은 절대적으로 옳다고 말이다. 하지만 이 책에서 나는 그렇지 않다고 이야기하려 한다. 의식적 마음은 의심이 많아서 자신이 마케팅 대상임을 알고 있으며 변화를 싫어한다. 하버드 경영대학원 교수인 제럴드 잘트먼Gerald Zaltman과 행동경제학자인 대니얼 카너먼Daniel Kahneman이 주장한 것처럼 의식적 마음은 인간이 내리는 결정의 약 5퍼센트만을 차지할 뿐이다.

　잠시 생각해보자. 우리의 선택에서 무려 95퍼센트가 무의식적 마음에 따라 이뤄진다고 한다. 그런데도 기업과 정치, 광고 업계는 의식적 마케팅 모델에 전적으로 의존한다. 그리고 이런 생각은 P&G의 마케팅 부서에서 전 세계의 MBA 프로그램에 이르기까지 모든 곳에서 제도화되고 교육되며 실행되고 있다. 하지만 결국은 소귀에 경 읽기처럼 엉뚱한 대상에게 영업하고 마케팅하는 것일 뿐이다.

지난 50년 동안 마케터들은 더 많은 논거를 모아 메시지를 융단 폭격하고 경쟁사보다 더 많은 돈을 쓰면 결국 시장을 지배할 수 있다는 전통적인 설득 모델을 따랐다. 그러나 이제는 새로운 시대로 접어들고 있다. 바로 '본능의 시대 Age of Instinct'다. 르네상스 시대에서 산업화 시대를 거쳐 기술혁명에 이르기까지, 역사상 특정 영역에서 일어난 엄청난 진보가 촉발한 모든 문화적 대변혁의 시대와 마찬가지로 이 시대도 다를 것은 없다. 이번에는 그 엄청난 진보가 인간의 뇌에 대한 이해에서 일어났을 뿐이다. 그리고 그 영향은 경제, 정치, 교육, 의료 등 현대 생활의 모든 영역에서 느낄 수 있다.

따라서 나는 전통적인 의식적 마케팅 모델에 따른 접근 방식은 이제는 효과가 떨어진다고 본다. 사실 기업과 정치인, 비영리단체와 사회 각계각층의 리더까지, 거의 효과가 없을 뿐만 아니라 인간의 뇌가 작동하는 방식에 반하는 시대에 뒤떨어진 방법을 따르고 있다. 그러니 그토록 많은 마케팅 및 광고 활동의 투자수익률 Return of Investment, ROI이 낮은 것도 당연한 일이다.

2009~2019년 상위 100대 광고주의 사업이 성장은커녕 4퍼센트나 감소한 이유도 그 때문이다. 할 수 있는 일이라고는 소비자들이 귀를 틀어막을 때까지 광고를 틀어대거나 할인에 할인을 더해 거의 공짜로 상품을 나눠 주는 것뿐이었다. 이제는 이 낡은 설득 모델을 쓰레기통에 던져버리고 뇌가 실제로 작동하는 방식에 기반하는 새로운 모델을 받아들일 때다.

## 행동과학의 시대가 도래하다

P&G에서 마케팅 경력을 시작한 후 J&J로 자리를 옮기면서, 나는 대기업 안에서 일할 때는 기존 마케팅 관행을 따라야 한다는 것을 빠르게 깨달았다. 하지만 내 생각은 남들과는 달랐다. 나는 일반적인 소비자 조사에서 사람들이 하는 이야기는 신뢰할 수 없다고 생각했다. 노골적인 설득보다 짧고 간결한 신호가 더 효과적이며, 성공한 브랜드에는 정체성을 결정하는 한 가지 특성이 아니라 소비자가 연상할 수 있는 다양한 요소가 존재한다고 여겼다.

나는 이 생각에 구체적인 연구를 결합해 하나의 모델을 만들었다. 전통적인 마케팅 모델과는 완전히 다르고 '마케팅 사관학교'로 불리는 P&G에서 가르치는 핵심 가치에 정면으로 반하는 모델이었다. 물론 내 마음처럼 일이 잘 풀리지는 않았다. 특히 기존 관행에 얽매이지 않고 생각하는 사람들 대부분과 마찬가지로 나도 내 생각을 드러냈을 때 무시당하는 경우가 많았다.

직장 생활 초기에 일했던 많은 기업의 포트폴리오에는 성장이 정체된 브랜드가 여럿 있었다. 그 이유를 아는 사람은 없는 듯했다. 나는 브랜드 관리로 명성을 떨치던 회사에서 일하고 있었지만, 사실상 내 주위에 비즈니스를 끊임없이 성장시키는 방법을 아는 이는 없었다. 하지만 이 회사의 사람들이 지속 가능한 성장 방법을 알지 못한다면 과연 누가 알고 있을까?

많은 브랜드 매니저가 고객 전환customer conversion(잠재 고객이 구매 고객으로 전환되는 현상—옮긴이)과 사업 성장의 미스터리를 풀기 위해 노력하지만 하나같이 종잡을 수 없는 결과를 받아 드는 모습을 지켜봤다. 이들은 할인 쿠폰이나 원 플러스 원, 고객 보상 프로그램과 같은 판매 촉진을 위한 인센티브에 지나치게 의존했다. 그리고 시장에서 기대한 결과가 나오지 않는 경우가 반복되었을 때도 소비자 조사에서 사람들이 하는 이야기를 무턱대고 받아들였다.

심지어 선거 운동에서도 똑같은 현상을 목격했다. 여론조사에서는 한 후보가 우위를 점하는 것으로 나타났지만 실제 투표에서는 다른 후보가 당선되었던 것이다. 우리가 어떤 브랜드를 선택하고 어떤 후보에게 투표하는지, 우리가 특정 대의나 운동을 지지하게 하는 실질적인 요인이 무엇인지 그 본질에 조금이라도 가까이 다가간 사람은 어디에도 없었다.

그래서 나는 소비자에게 가까이 다가갔다. 그리고 소비자가 왜 그 브랜드를 구매하는지에 대한 몇 가지 이유를 확신에 차서 말하는 것을 주의 깊게 들었다. 이후 슈퍼마켓에 가서 그들이 실제로 어떻게 행동하는지 관찰했다. 그러자 내가 조금 전에 들었던 그 이유는 공중으로 사라져버린 듯했다. 그들은 마치 자동조종장치로 운항하는 비행기나 자율주행 자동차처럼 움직였다. 즉 그들이 하는 선택은 본능적이고 반사적이었다. '이유' 같은 것은 없었으며 그저 익숙한 몸짓으로 손을 뻗었을 뿐이었다. 그들은 슈퍼마켓에 갈 때마다 매번 같은 브랜드의 비누나 시리얼을 집어 드는 이유를 설명했지만 실상은 선택이 끝난 다음 일어난 합리화였다.

조사에 따르면 사람들이 어떤 브랜드를 선택하는 이유라고 말하는 것과 그 선택의 진정한 동인이 일치하는 경우는 거의 없었다. 특정 자선 단체에 기부하거나 특정 정당의 후보에 투표하는 것도 마찬가지였다. 더 큰 무언가가 작용하고 있었다.

1995년 나는 몸 담고 있던 큰 조직을 벗어나 행동과학 원리를 바탕으로 최초의 전략 컨설팅 회사 트리거즈Triggers®를 세웠다. 트리거즈는 지금까지 남아 있는 브랜드 전략 및 조사 기업 가운데 여성이 설립한 최초의 회사다. 트리거즈 설립 후 나와 동료들은 내가 일했던 〈포춘Fortune〉 500대 기업과 긴밀히 협력해서 고객의 본능적 구매 행동을 지속적으로 변화시키는 것을 도왔다.

또한 우리는 맥도날드와 페르노리카Pernod Ricard(발렌타인, 앱솔루트 등 240개 이상의 브랜드를 관리하는 세계적인 주류 회사 — 옮긴이)부터 펩시코PepsiCo와 마즈Mars(엠앤엠즈M&M's, 스니커즈Snickers 등 과자류와 반려동물 사료 등을 생산하는 세계 굴지의 식품 회사 — 옮긴이)에 이르기까지 세계 최고의 기업들이 더 빠르고 지속 가능한 성장을 이루도록 이끌었다. 우리가 이룬 결과는 모든 것을 설명한다. 우리의 자문 내용을 정확하게 이행하면 어떤 회사든 전년 대비 두세 배의 성장률을 달성할 수 있었다.

하지만 이런 성과가 일이 쉬웠다는 의미는 아니다. 여러 면에서 트리거즈는 시대를 20년 정도 앞서 있었기 때문이다. 우리는 행동과학이 비즈니스와 대중문화에 스며들기 한참 전부터 무의식 수준에서 작동하는 인지적 지름길에 관해 이야기했다. 댄 애리얼리Dan Ariely가 쓴 《상식 밖의 경제학》과 대니얼 카너먼의 역작 《생각에 관한 생각》은 각각 2008년과 2011년이 되어서야 세상에 나왔다. 이 두 책이 출간된 후에도 기업의 리더들이 사업을 영위하는 방식은 크게 바뀌지 않았다. 여전히 행동경제학은 흥미롭기는 하지만 브랜드 구축에 꼭 필요하지는 않은 틈새시장과 같은 영역으로 여겨졌다.

그러나 지난 10년 사이 행동과학에 관한 관심이 폭발적으로 증가했다. 수많은 컨설팅 회사와 광고대행사에서 행동과학자를 직접 고용하거나 일상적으로 자문을 구하는 행동과학자를 두고 있다. 또한 〈포춘〉 선정 100대 기업에서도 상황적 현저성 situational salience, 카테고리 연관성 category relevance, 차별성 distinction 같은 정신적 가용성 mental availability(소비자의 머릿속에 브랜드가 떠오르기 쉬운 정도 — 옮긴이) 요소를 모니터링해서 브랜드의 건전성을 평가하는 풍경은 이제 너무 흔한 일이다. 하지만 이런 접근 방식은 여전히 이론 중심적이다. 그러니 행동과학자의 42퍼센트가 조직에서 이론을 실제 현장에 적용하기가 어렵다고 말하는 것도 놀라운 일은 아니다.

그러나 트리거즈는 이런 현실을 대상으로 각종 아이디어를 실험할 수 있는 연구실이었다. 또한 마케팅 분야에서 가장 진보적이며 통찰력 있는 리더와 함께하는 흔치 않은 영광도 누렸다. 이들은 현재 상황에 만족하지 못하고 신뢰할 수 있는 방식으로 대담한 변화를 이루고 싶은 기업 임원들이었다. 각종 산업군에 속한 고객사들은 그들의 가장 중요한 브랜드 문제를 트리거즈가 해결해줄 것으로 믿었다. 우리는 선택의 여지 없이 당장 경쟁사와 비사용자의 브랜드 행동 brand behavior(이해관계자가 브랜드를 대상으로 하는 행동 — 옮긴이)을 바꾸기 위해 책상을 박차고 일어나 바로 움직여야 했다.

그렇게 우리는 인간이 선택하는 방법의 비밀을 밝히는 작업에 착수한 결과 인간 의사결정의 지휘통제소를 발견했다. 그리고 그 발견과 함께 누구에게나 다른 사람의 마음을 바꿀 힘이 있음을 깨달았다. 심지어 그 다른 사람의 마음이 거의 본능적인 행동처럼 매우 굳건한 것 같을 때도 말이다. 뇌에 내장되어 연상과 기억을 형성하는 물리적 신경 경로를 활용하고 새로운 신경 경로를 구축하면 사람들의 선택에 영향을 미칠 수 있고, 결국은 어떤 분야에서든 성공할 수 있다.

## 우리는 모두 무언가를 파는 마케터다

사람들은 누구나 매일같이 다른 누군가에게 무언가를 '팔기' 위해 노력한다. 판매 대상은 제품일 수도 있고, 서비스일 수도 있다. 아니면 직장이나 강의실에서 피력하는 의견이거나 저녁 데이트 장소, 다가오는 중간선거에서 어떤 주민의 제안에 찬성 또는 반대하는 의사일 수도 있다. 혹은 자신의 개성이나 능력, 경험일지도 모른다.

어쨌든 우리는 모두 마케터다. 개인 사업이나 개인 브랜드의 성장, 자신이 지지하는 후보의 당선, 자기 아이디어에 대한 사람들의 신뢰, 자신이 주도하는 사회운동에 대한 기부 등 목적이 무엇이든 간에 우리는 마치 브랜드를 구축하는 것처럼 그 과정에 접근한다.

브랜드가 시장에서 받아들여지고 성장하려면 먼저 소비자의 마음 안에서 성장해야 한다. 이 중요한 연결 고리는 기업 간 역학관계를 변화시킨다. 전 세계 CEO의 약 85퍼센트가 CMO를 신뢰하지 않는 이유는 사업 성과가 아니라 겉멋이 잔뜩 든 독창성에 초점을 맞추기 때문이다. 실제로 많은 기업의 리더가 브랜드 개발 활동이 매출 성장이나 시장점유율 확대에 직접적인 영향을 미치지 않는 별개의 영역이라고 생각한다. 하지만 이런 고정관념은 진실과는 거리가 멀다. 소비자의 마음 안에서 크게 번창하는 브랜드를 구축하는 것은 기업의 재무적 성공과 실패를 판가름한다.

트리거즈 설립 직후부터 나와 우리 팀은 마케팅 및 광고에서 인지적 지름길을 이용해 경쟁 브랜드 사용자가 고객사 브랜드로 전환하도록 돕기 시작했다. 우리는 사람들이 하는 선택이 소비자 주도가 아니라 '뇌 주도'라는 점을 보여주었다. 잠재 고객이 구매를 고려할 때 특정 브랜드를 알아보거나 떠올릴 수 있는 정신적 가용성을 창출함으로써 고객사 브랜드가 가장 먼저 생각날 수 있도록 한 것이다. 한 고객사는 이 새로운 접근 방식이 이뤄낸 성과에 놀라움을 금치 못했다. 트리거즈와 비교도 되지 않을 정도로 큰 글로벌 컨설팅 회사에 수백만 달러를 주었어도 눈에 띄는 변화가 없었는데, 그보다 훨씬 더 적은 비용과 노력으로 시장점유율이 빠르게 올랐던 것이다.

트리거즈의 관심사는 슈퍼마켓 매대 공간이나 광고의 매체 점유율을 차지하기 위한 싸움이 아니었다. 우리의 목표는 소비자의 마음을 얻기 위해 경쟁하는 전투에서 이겨 고객사의 브랜드가 경쟁사보다 본능적 우위Instinctive Advantage™를 점하는 것이었다. 경쟁우위 이론에서는 제품이나 서비스의 실제 비용과 차별화 요인에 따라 의사결정이 이뤄진다고 가정한다. 하지만 실상은 그렇지 않다. 현실 세계가 영향을 미치기는 하지만 실제로 의사결정에 중요한 현실은 우리 머릿속에 존재하는 현실뿐이다.

경쟁우위 이론은 사람들이 현실에 따라 의식적으로 결정한다고 생각했던 시기에 만들어졌다. 그러나 인식은 언제나 현실을 이긴다. 본능적 우위를 확보한다는 것은 응용행동과학을 바탕으로 경쟁우위를 발전시킨 것으로서, 사람들의 본능을 건드리면 어떤 영역에서든 가장 먼저 선택받을 수 있다고 한다. 낡은 사고방식을 버리고 본능적 행동의 새로운 규칙을 적용하면 개인 브랜드, 사업의 성과, 나아가 인생의 궤적까지 바꿀 수 있다.

## 세상을 움직이는 숨은 힘, 무의식

많은 기업이 어려움에 부딪히는 이유는 소비자의 무의식적 마음 안에서 무슨 일이 일어나는지 알지 못하기 때문이다. 대개 경쟁사의 제품이나 트렌드에 따라 만들어진 부정적 연상이 사람들의 마음속에 쌓인 브랜드는 진화하지 못하고 시장에서 의미를 갖기 어렵다. 브랜드가 부정적 연상에 의해 서서히 소모되면 브랜드의 영향력은 줄어들고 자연히 매출도 감소한다. 그렇지만 대부분의 기업 리더는 이런 하락세가 거시경제, 주식 시장, 전 세계 경기 불황 등 외부 요인의 영향에 따른 결과라고 생각한다.

물론 이런 시기에도 시장점유율을 확대하는 기업들이 있다. 이들은 새로 등장한 경쟁사가 시장에서 주목받더라도 잠깐일 뿐이며, 곧 원래 자리를 회복한다. 비결은 바로 잠재 고객의 무의식적 마음 안에서 자사의 브랜드를 성장시키는 것이다. 그러나 사람들의 무의식 속에서 브랜드가 어떤 상태에 있는지에 관심을 두지 않는다면, 브랜드에 무슨 일이 일어나고 있는지 알았을 때는 이미 너무 늦은 것이다. 가장 먼저 일이 벌어지는 곳은 바로 무의식적 마음 또는 본능적 마음이기 때문이다. 그리고 시장은 그 일이 마지막에 모습을 드러내는 곳이다. 물론 매우 큰 규모로 말이다.

이 책에서 나는 의사결정을 담당하는 마음속 영역을 대상으로, 과학적 근거가 있고 여러 현장에서 검증된 방법론을 설명할 것이다. 그동안 나는 브랜드 매니저로서 인간이 선택하는 방식을 이해하기 위해 노력해왔으며 행동과학을 현실 세계에 적용해왔다. 이를 바탕으로 사람들의 마음 안에서 브랜드의 물리적 존재감을 확대하는 프로세스를 이 책에서 처음으로 그리고 유일하게 제시하고자 한다.

기본적인 발상은 뇌에서 더 많은 신경 연결neural connection을 점유할수록 더 큰 힘을 갖는다는 것이다. 트리거즈의 이 간단명료한 접근 방식으로 다양한 산업군의 기업들이 소비자의 기억과 연상을 활용해 판매를 증대할 수 있었다. 이제 이 책을 읽고 있는 여러분도 같은 방법으로 현재 고군분투하는 모든 일에서 빠르게 성공을 거둘 수 있을 것이다. 이 책의 핵심은 본능적 선택의 지휘 본부로서 무의식적 마음 안에 자리한 브랜드 커넥톰Brand Connectome®(커넥톰은 뇌 안의 모든 신경 경로의 연결망으로, 어떤 브랜드가 이 커넥톰 안에서 고유의 연상과 기억의 네트워크를 형성하고 있는 것을 말한다— 편집자)을 키워야 한다는 점이다.

사람들이 가장 원하는 건 인정받는 것이다. 누구나 자신이 옳다는 말을 듣기를 원한다. 따라서 사람들의 기억 속에 있는 익숙한 장치를 활용해 그들의 마음에 반하지 않고 그 마음과 함께하는 것이야말로 성공하는 유일한 방법이다. 이는 부지불식간에 영향을 미치는 광고가 아니고, 정서를 자극하는 메시지를 많이 전달한다고 해서 되는 것도 아니다. 사람들의 마음에 씨를 뿌리고 영양분을 주어 물리적 영역을 키워야만 할 수 있는 일이다. 나무, 즉 브랜드 커넥톰이 자라야 사업이 성장하고 장기적으로 성공한다. 그리고 사람들이 구매하거나 투표하거나 내가 원하는 대로 행동하도록 만들 수 있다.

소비자의 마음에 자리한 브랜드 커넥톰의 건전성과 크기는 기업의 성장이나 손익계산서의 건전성과 직접적인 상관관계가 있다. 마음속에 누적된 긍정적 연상이 일정 수준에 이르면 소비자는 자율주행 자동차가 경로를 자동으로 가는 것처럼 해당 브랜드를 구매한다. 이런 현상은 어떤 브랜드는 지속 가능한 성장을 이루지만 어떤 브랜드는 그렇지 못한 이유를 설명한다.

정치 분야에서는 유권자들이 선거 때마다 같은 정당을 지지하는 이유를 설명하기도 한다. 기업의 경우 건전하고 성장하는 브랜드 커넥톰이 재무적 목표 달성에 절대적으로 중요하다는 의미이기도 하다. 성장 트리거Growth Triggers®(긍정적 연상으로 가득한 간결한 코드나 신호─편집자)를 통해 긍정적 연상을 축적하면 그 어떤 브랜드나 선거 후보, 아이디어도 반사적으로 찾는 선택지가 될 수 있다.

그러면 이 말은 소비자들이 언제나 우리 브랜드를 선택한다는 의미일까? 물론 그렇지 않다. 소비자들은 보통 한 카테고리에서 여러 브랜드를 구매하기 때문이다. 그렇지만 여기서 내가 설명할 접근 방식은 경쟁사보다 더 많은 긍정적 연상을 확보함으로써 소비자에게 가장 먼저 선택될 가능성을 높일 수 있다.

이 책은 마케팅 산업이나 최신 대중 심리학의 내부를 들여다보는 것을 넘어 우리가 사는 세상을 움직이는 숨겨진 힘을 명확하게 이해하고 그 힘에 맞설 교전 규칙을 익히는 걸 목표로 한다. 본능의 힘을 이용하는 과학적 방법은 더 적은 자원을 투입해 더 큰 영향을 미치고, 더 빠르게 영역을 확장하고 싶은 모든 이에게 큰 의미가 있다.

이 책의 각 장에서 나는 새롭게 등장한 브랜드가 큰 인기를 얻었거나, 한때 인정받았지만 어려움을 겪고 있는 회사가 극적으로 되살아났던 과정에서 활용한 새로운 규칙을 공유할 것이다. 이 규칙을 알고 나면 이제 여러분의 눈에도 세상이 다르게 보일 것이다.

## 마음에 마케팅하라

그 누구보다 먼저 행동과학을 현실에 적용해온 사람으로서 나는 행동과학이 기업과 정치는 물론 심지어 아이디어를 설득할 때도 효과를 발휘하는 걸 봐왔다. 또한 과거의 마케팅 신조에서 벗어나기를 거부하는 기업이 크게 무너지는 모습도 목격했다. 이런 경험은 〈포춘〉 선정 500대 기업을 지원하는 일에서 나온 것이기는 하지만, 여기서 다루는 마케팅 기법은 1인 기업이나 소규모 사업을 마케팅하는 데 적용할 수 있다. 또한 어떤 대의명분이나 선거 후보에 대한 지지를 끌어내거나 원하는 대학에 지원할 때도 활용할 수 있다.

이 책은 과거 의식적 뇌가 의사결정에 영향을 미친다고 믿었던 50년 전에 만들어져서 이제는 낡아버린 전통적인 마케팅과 설득의 규칙을 폐기하고자 한다. 뇌와 의사결정은 그런 방식으로 작동하지 않는다. 우리는 자기 자신이 의사결정을 제어한다고 생각하지만 사실은 그렇지 않다.

이제는 무의식적 뇌가 최고 권력자라는 이해에 근거한 새로운 원칙이 필요하다. 이 새로운 원칙은 과거의 규칙과는 달리 사람들의 뇌를 거스르기보다는 뇌와 조화를 이룸으로써 더 빠르고 효과적으로 행동을 변화시킨다. 이런 개념을 이해하면 자기만의 브랜드를 구축하는 데 도움이 될 뿐 아니라 다른 이들이 언제 어떻게 나의 무의식적 마음을 노리고 나쁜 선택을 하도록 유도하는지 알아차릴 수 있다.

여러분이 차세대 유니콘 기업을 만들려는 기업가든, 연봉이 더 높은 직장을 구하고 싶은 구직자든, 프로젝트를 따내려는 프리랜서 또는 자기 브랜드를 구축하거나 SNS 인플루언서가 되고 싶은 사람이든 관계없이 이제는 누구에게나 새로운 규칙이 필요하다. 만약 〈포춘〉 500대 기업의 CEO, CGO(최고성장책임자), CMO로서 만만찮은 성장 목표를 가지고 있거나, 사업성과 책임자로서 브랜드의 소비자 인지도나 정신적 가용성 및 건전성을 모니터링하고 있다면 이 책은 궁극적으로 관리 지표를 크게 움직일 수 있는 수단을 제공할 것이다.

이 책은 무의식적 마음에 마케팅하는 방법을 알려주는 최초의 업무 매뉴얼이다. 각 장에서 설명하는 규칙을 익히고 적용하면 사람들이 자동조종장치로 운항하는 비행기와 같이 반사적으로 구매하고 투표하며 기부하도록 유도할 수 있을 것이다. 누구나 쉽게 따라 할 수 있는 이 방식을 따르다 보면 사람들의 선택은 더 이상 의식적인 것이 아니라 본능에 따른다는 걸 더욱 실감할 것이다.

## 차례

이 책의 추천사     4
프롤로그     9

---

**법칙 01** ⇨ 과거 마케팅 모델은 버려라     29

**법칙 02** ⇨ 소비 뇌의 점유율을 높여라     57

**법칙 03** ⇨ 제품과 욕망을 연결하라     87

**법칙 04** ⇨ 부정적 연상을 끊어라     114

**법칙 05** ⇨ 익숙함의 뿌리를 찾아라     149

**법칙 06** ⇨ 다채로운 이야기를 뇌에 각인시켜라     182

**법칙 07** ⇨ 판타지를 자극하는 무의식적 욕망을 겨냥하라     211

**법칙 08** ⇨ 핵심 고객이라는 함정을 조심하라     245

**법칙 09** ⇨ 퍼널에서 벗어나라     270

**법칙 10** ⇨ 혁신보다 진화를 선택하라     298

---

에필로그     330
참고 문헌     342

## 법칙 01   과거 마케팅 모델은 버려라

> 전통적인 설득 모델로는
> 정면 돌파하기 어렵다. 그러니
> 뒷문으로 들어가는 길을 찾아야 한다.

하얀색 정장 차림의 애나는 쭉 뻗은 진망이 일품인 자기 사무실로 들어가서 문을 닫은 다음, 깊은 한숨을 내쉬었다. 프레젠테이션이 생각한 것처럼 진행되지 않았기 때문이다. 그리고 창가로 다가가 그림 같은 센트럴 파크를 바라보며 잠시 휴식을 취했다. 사우스캐롤라이나의 공장지대에서 자란 애나는 항상 뉴욕에서 일하면서 살아가는 모습을 꿈꿨었다. 하지만 맨해튼에 빼곡하게 자리한 고층 빌딩에 둘러싸인 푸른 숲을 내려다보는 지금은 애초에 그 꿈이 잘못되었던 것은 아닐까 하는 생각마저 들었다.

    최근 미국의 3대 화장품 기업 가운데 한 곳으로 자리를 옮기면서 애나는 자신이 채용된 목적이 시장의 판도를 바꾸기 위한 것이라고 믿었다. 한때 5,000억 달러 규모의 뷰티 산업을 주도하던 회사가 순위에서 공공연하게 미끄러지는 모습은 그다지 아름답지 않았다.

애나의 머릿속에 당시 북미 지역 사업을 총괄하던 사장을 만났을 때가 떠올랐다. 앞으로 애나의 상사가 될 수도 있을 그는 회사가 어쩌다 브랜드 리포지셔닝repositioning(브랜드가 새로운 이미지와 시장 내 위치를 확보하기 위해 기존 전략을 수정하거나 완전히 새롭게 전략을 수립하는 과정 ― 옮긴이) 시기를 놓쳤는지 자세히 설명했다. 그리고 자신은 참신한 아이디어와 혁신적인 접근 방식을 통해 성장을 주도할 사람을 원하며 애나가 바로 그런 사람이 될 수 있을 것으로 생각한다고 했다. 면접을 마칠 즈음에는 당시 업계의 떠오르는 스타였던 애나도 사장의 생각에 동의했다.

그날 아침 보고에서 애나는 회사의 슈퍼모델들이 범접하기 어려운 이미지라고 말했다. 그녀가 보기엔 브랜드를 되살리려면 모델들의 화려한 삶 이면으로 돌아가, 이들이 아름다움을 얻는 과정에서 겪는 개인적인 어려움을 노출하는 게 더 나았다. 그래서 '모델들은 아침에 막 일어났을 때도 아름다울 거야'라는 오해를 불식시키고 회사의 화장품이 이들의 외모를 아름답게 만든다는 메시지를 전달하는 것이다.

애나는 몇 주에 걸쳐 세세한 부분까지 전부 수정하면서 발표 자료를 가다듬었다. 명확한 근거를 가지고 공식적으로 보고하기 전에 혹시 사장이 이 발표에 대해 눈치챌까 봐 그 누구와도 아이디어를 공유하지 않았다. 그리고 마침내 사장을 비롯한 경영진 앞에 섰을 때 애나는 자신이 중요하다고 생각하는 내용을 모두 발표했고 사람들에게 깊은 인상을 남겼다고 확신했다.

하지만 사장이 보인 반응은 뜨뜻미지근했다. 사장은 애나의 제안에 반박하며 말했다. "3년 전에 비슷한 일을 시도했지만 실패했습니다. 소비자는 우리 모델들이 화장을 안 한 모습을 보고 싶어 하지 않았어요." 애나는 사장이 지적한 내용을 최선을 다해 반박하면서 자기 생각을 더욱더 강하게 밀어붙였다. 그러나 아무리 많은 연구 내용과 수치, 그림, 도표를 제시해도 소용이 없었다. 사장은 애나의 계획이 기대한 효과를 내지 못할 것으로 확신했고 "이해가 안 된다"라고만 했다. 그녀가 설득하려 하면 할수록 사장은 점점 더 완고한 모습을 보였다. 다른 임원들은 아무 말이 없었다.

사무실로 돌아와 그림 같은 창밖 풍경을 내려다보던 애나에게 갑자기 깨달음의 순간이 찾아왔다. 아이디어 자체에는 잘못된 것이 없었다. 그 아이디어를 전달하는 방법에 문제가 있었을 뿐이다. 애나는 다음 보고에서는 너무 많은 사실과 숫자, 조사를 바탕으로 설득하는 방법을 쓰지 않겠다고 마음먹었다. 그 대신 시장에 새로운 브랜드를 출시할 때처럼 자신의 아이디어를 판매하는 방법을 적용하기로 했다. 아이디어를 보고하고 계획을 설득하는 일도 소비자를 대상으로 하는 판매와 똑같이 상사의 동의와 수용이 필요한 또 다른 형태의 시장일 뿐이었다. 애나는 이 아이디어로 마케팅 캠페인을 펼치겠다고 마음먹었다.

애나는 이 캠페인의 이름을 '혁명적 아름다움'이라고 지었다. 캠페인의 첫 번째 목표는 연구개발 부서였다. 이곳에서 그녀는 입술에 바른 제품의 발색을 여덟 시간 동안 유지하는 기술에 대해 알게 되었다. 이처럼 획기적인 기술력을 갖춘 경쟁사는 아직 없었다.

애나는 중요한 기술 개발이 주목받지 못했다는 생각이 들었고, 연구개발 담당 부사장에게 "정말 엄청난 기술이군요"라고 말했다. 부사장도 애나의 생각에 동의했다.

다음번 목적지는 영업 부서였다. 영업에서 중요한 일은 끊임없이 뉴스를 생산함으로써 고객 트래픽을 CVS헬스CVS Health나 월그린Walgreens 같은 대형 체인의 매장으로 유도하는 것이었다. 애나는 영업 부서에 가서 '혁명적 아름다움' 캠페인은 시장을 혁신한 브랜드에 경의를 표하는 동시에 뷰티 산업의 발전 필요성에도 주목한다고 설명했다. 구체적으로는 립스틱의 발색 유지력이 탁월하다는 획기적인 장점을 제안하고, 메이크업 인플루언서들이 팔로워들에게 공유해서 사람들이 전국의 소매매장으로 달려가도록 만들 계획이라고도 했다. 영업 담당 임원은 애나가 설명한 내용을 마음에 들어 했다.

다음으로 애나가 찾은 사람은 회사 법무실장이었다. 보통 변호사의 의견은 상표권 위반 문제가 없도록 하는 경우에만 필요하다. 하지만 법무실장은 변호사이기 전에 북미 사업부 사장이 개인적으로 신뢰하는 친구였으며, 누군가가 자신의 의견을 구하는 걸 긍정적으로 생각했다. 이런 이유로 애나는 법무실장에게도 '혁명적 아름다움' 캠페인의 비전을 공유했다.

다시 경영진에게 보고하는 날이 되었다. 애나는 보통 발표에서 사용하는 파워포인트 슬라이드 대신 많은 사랑을 받는 유명 슈퍼모델이 회사의 대변인으로 변신해서 웅장한 산 정상에 서 있는 이미지를 선보였다. 슈퍼모델은 회사 로고가 선명하게 새겨진 셔츠를 걸치고 머리카락을 바람에 흩날리며 머리 위로 커다란 황금색 숫자 '1'을 들고 있었다. 산비탈 아래에는 경쟁사 로고가 보이는 셔츠를 입은 등산객들이 올라오기 위해 안간힘을 쓰고 있었다. 회의실 일부에서 웃음소리가 터져 나왔다. 사장은 고개를 끄덕였다. "저것이 바로 우리가 원하는 거죠. 정상에 서는 것 말입니다."

애나가 다음 내용으로 넘어가기도 전에 사장은 그녀의 아이디어에 대해 긍정적인 이야기를 들어왔다고 말했다. 이에 애나는 미소로 답하며 새롭게 개발한 발색 유지 기술을 중심으로 전개할 마케팅 캠페인을 소개했다. 그리고 립스틱뿐만 아니라 현재 경쟁사에 우위를 빼앗긴 세 가지 제품군인 속눈썹과 아이섀도, 파운데이션에서 시장점유율을 확대할 방법을 설명했다. 발표의 마지막은 회사에 쏟아질 것으로 예상되는 언론 보도로 장식했다. 가상이지만 긍정적인 기사 제목들이 화면을 뒤덮자 사장을 포함해서 회의실 안에 있던 사람들의 얼굴에 미소가 번졌다.

## 무의식이라는 성공의 열쇠

애나가 사장을 설득하는 데 성공했다고 할 수도 있겠지만 사실 설득은 아무런 상관이 없었다. 첫 번째 보고에서는 사실과 숫자에 온갖 설득력 있는 주장을 쏟아부었다. 하지만 그건 사장이 애나의 아이디어를 더욱 반대하게 할 뿐이었다. 두 번째 보고는 완전히 달랐다. 사장은 애나가 사용한 간결한 상징과 시각적 자료를 쉽게 받아들였다. 과거 회사의 황금기에서 얻은 힌트는 익숙함과 편안함을 불러일으켰고, 산 정상에 오른 회사 모델의 이미지는 회사는 물론 사장을 성공과 관련지었다.

이번에는 마치 성공으로 가는 길에서 모든 반대를 거슬러 뒷문으로 몰래 들어가는 것만 같았다. 상사의 기억 속에 쌓인 긍정적 연상에 편승한 애나의 아이디어는 아무 저항 없이 상사의 마음으로 흘러 들어갔다.

애나의 발표에 담긴 상징적 단서들은 '회사에 퍼진 소문'이 이미 구축해놓은 기반 위에 긍정적 연상을 겹겹이 쌓았다. 물론 꼭 연구개발 부서, 영업 부서, 법무실장까지 거치면서 동의를 구할 필요는 없었다. 이처럼 영향력 있는 사람들, 즉 인플루언서를 활용하는 건 사장의 생각에 영향을 미치는 한 가지 방법일 뿐이었다.

만일 사장이 처음부터 열린 자세를 보여주었다면 애나는 일찍부터 사장과 여러 차례의 회의를 하면서 함께 계획을 수립할 수 있었을 것이다. 그러나 그렇지 않았던 사장의 마음속에 애나의 아이디어에 관한 신경망neural network이 물리적으로 성장하기 위해서는 사장이 (조기에 그리고 자주) 애나의 아이디어에 반복해서 긍정적으로 노출될 필요가 있었다. 이 지점에서 중요한 것은 단순히 메시지의 전달 빈도가 아니었다. 메시지의 내용이 중요했다.

다른 임원들이 이번에는 고개를 끄덕인 이유도 애나가 경영진 보고 전에 자기 계획에 대한 긍정적 연상의 신경망을 임원들의 마음속에 주입하고 확장했기 때문이다. 기본적으로 이들은 애나의 아이디어에 긍정적인 마음으로 회의에 참석했다. 애나가 제안한 내용은 전반적으로 같았지만 이번에는 전달 방식이 근본적으로 달랐다. 그렇게 애나는 사장을 비롯해 경영진의 뇌 이면에 호소함으로써 사장의 결정을 거부에서 수용으로 바꿨고 전체 경영진의 지지를 끌어냈다.

애나의 사례에서 드러난 것처럼 회사 내에서 아이디어를 설득하는 상황이든, 선거에서 이겨야 하는 정치판이든, 자녀가 다니는 학교나 지원하는 대학이든 관계없이 모든 상황, 즉 모든 시장은 같은 방식으로 작동한다. 바로 성공하려면 대중의 무의식적 마음과 연결되고 가까워져야 한다는 것이다.

하지만 마케팅의 기존 규칙은 그렇지 않다고 말한다. 그 결과 우리가 어떤 시장에서 활동하든 이 규칙은 성공 가능성에 부정적인 영향을 미친다. 설사 이 오랜 규칙 일부가 시장에서 경쟁과 소음이 덜하던 과거에는 효과가 있었는지 몰라도 지금과 같은 본능의 시대에는 더 이상 아무런 상관이 없다.

수많은 회사가 기존 마케팅 전술로 한때는 사업이 번창했지만 점진적으로 또는 빠르게 성장이 둔화하거나 멈췄으며 거꾸로 성장하기도 했다. 실제로 3,900개의 브랜드를 3년간 분석한 최근 연구에 따르면 단 6퍼센트의 브랜드만이 시장점유율을 확대했다. 그중 60퍼센트는 그렇게 확보한 시장점유율을 유지할 수 있었고 극소수의 브랜드만이 초기 성장 이후 더 빠르게 성장했다. 모든 분야에 걸쳐 최고의 명성을 누리고 있는 브랜드 수백 개에서 이와 같은 트렌드가 나타나자 수많은 마케터가 곤혹스러워하고 있다.

## '더 많은' 마케팅의 함정

다수의 마케터가 사용하는 의식적 설득 모델은 세 가지 요소를 바탕으로 한다. 바로 '더 많은', '더 많은' 그리고 '더 많은' 무언가다. 생각해보자. 각종 소매상점과 슈퍼마켓은 더 많은 할인 쿠폰을 제공한다. 정치인은 자기 입장을 설득하기 위해 더 많은 주장을 펼친다. 의료기관과 대형 제약회사는 임상실험을 통해 더 많은 데이터를 만들어낸다. 변호사는 더 많은 증거를 제시한다. 대다수의 브랜드 매니저와 광고대행사는 시장에 영향을 미치려면 더 많은 돈을 써야 한다고 믿고 있다.

이처럼 더 많은 무언가에 초점을 맞추는 세상에서 마케터는 자신이 원하는 대로 대중이 움직이도록 설득하기 위해 그들의 눈을 똑바로 바라보며 목소리를 높인다. 그리고 자신이 제안하는 것을 구매하거나 선택하라고 소비자를 몰아붙이고 닦달한다. 하지만 그렇게 외치는 소리는 소비자의 한쪽 귀로 들어갔다 다른 쪽 귀로 나가버릴 뿐이다.

놀랍게도 전 세계의 마케터와 광고대행사가 여전히 이런 과거의 모델을 사용한다. 그러면서 이 모델이 선거에서 특정 후보에게 투표하고 자선단체에 기부하며 주택을 팔라고 누군가를 설득하는 최고의 방법이라며 우리 모두를 속이고 있다. 이런 현상의 이면에는 더 크게 외치고 더 많은 돈을 쓰며 더 나은 주장을 펼치기만 하면 고객이 두 손을 들고 마케터나 광고대행사가 원하는 대로 움직일 것이라는 생각이 있다. 이것이 바로 의식적 마음을 설득하는 방법이다. 하지만 의식적 마음은 고집이 세고 실제로는 설득하기 어렵다.

이 의식적 설득 모델이 가장 눈에 띄는 곳은 아마도 SNS 디지털 마케팅 분야일 것이다. 기업에서는 오늘날 무언가를 팔려면 소비자와 24시간 내내 의사소통해야 한다고 생각한다. 그래서 SNS 게시물과 디지털 광고를 끊임없이 쏟아붓지 않으면 소비자와 상시 진행 중인 대화에서 배제되고 결국 경쟁사에 승리를 내줄지 모른다고 걱정한다. 그러나 이토록 활발한 디지털 생태계에서 기업이 계속해서 내보내는 메시지는 소비자의 귀에 들리기보다는 어디선가 길을 잃고 사라질 가능성이 더 크다.

통계에 따르면 2022년 미국인들은 하루에 평균 4,000~1만 개의 광고에 노출되었다. 이는 2007년에 노출된 광고 수의 두 배에 이른다. 이처럼 더 많은 콘텐츠와 더 많은 상호작용, 더 많은 '좋아요'를 끊임없이 갈구하는 SNS 세상에서 어떤 브랜드의 메시지가 광고의 홍수 속에서 희석되거나 사라지면 그 브랜드의 평판은 큰 타격을 입을 수도 있다.

그럼에도 기업은 더 많은 돈을 쓸수록 더 많은 관심을 불러일으킬 수 있다는 희망으로 엄청난 비용을 지출한다. 2022년 미국 기업들은 SNS 광고에 총 560억 달러를 썼다. 이를 전 세계로 확대하면 각종 브랜드에서 같은 해에 SNS 광고에 쓴 비용은 1,730억 달러 이상이다. 이 숫자는 2027년까지 두 배가 넘는 3,850억 달러에 이를 것으로 예상된다.

## 설득에 관한 잘못된 생각

이처럼 '더 많은' 무언가에 의존하는 모델은 과거의 유물이자 기존 마케팅 방법론의 일부일 뿐이다. 이 모델은 합리적인 의식적 마음을 겨냥하지만 이는 기술적으로 잘못된 방식이다. 실제로 의식적 마음은 뇌에서 통제 권한을 가지고 있는 부분이 아니기 때문이다. 그럼에도 수많은 마케터와 리더가 이 마케팅 기법을 적용해왔다.

하지만 이들은 그 낡은 규칙을 따르지 않을 수 없었을 뿐이다. 낡은 규칙에 따라 일을 배웠고 낡은 규칙과 함께 조직에서 더 높은 자리로 옮겨 갔다. 그렇게 낡은 규칙은 마케팅의 작동 방식에 관해 모두가 알고 있는 지식에 깊이 각인되었다. 문제는 이 규칙이 지금과는 전혀 다른 방식으로 뇌의 작동 방식을 이해하던 시대에 개발되었다는 점이다.

하버드 경영대학원에서는 제품이나 서비스의 공급 비용 절감이나 차별화 또는 특정 틈새시장 공략을 통해 경쟁우위를 확보할 수 있다고 가르친다. 언뜻 타당해 보이지만 여기에는 가장 중요한 동인인 '인식Perception'이 빠져 있다. 매우 차별화된 브랜드나 고급 브랜드조차도 시장에서 늘 그런 지위를 갖는 건 아니다. 왜냐하면 소비자 인식에서 더 우위에 있는 유사 브랜드에 의해 계속해서 밀려나기 때문이다. 이 인식 우위는 사람들의 마음속에 존재하기 때문에 궁극적인 경쟁우위라 할 수 있다.

한편 경기 순환설(경제 현상을 설명하는 이론 중 하나로, 경제가 번갈아가며 성장과 침체를 겪는다는 이론 — 편집자)처럼 잘 정립된 원리에 따르면 신생 브랜드나 제품은 빠르게 성장하지만 시간이 흘러 이들도 나이가 들면 성장 속도가 느려진다. 그러나 이 규칙에는 많은 예외가 존재한다. 코카콜라, 타깃Target, 맥도날드같이 50~100년 동안 이어온 브랜드도 여전히 폭발적으로 성장할 수 있다.

마찬가지로 브랜드 건전성 추적 관찰 연구, 순추천지수Net

Promoter Score, NPS(소비자가 이전에 써본 브랜드를 추천할 의향을 점수화한 고객 옹호도 지표) 등 기업에서 지표를 관리하는 다양한 조사 도구도 사람들이 의식적 마음으로 답변하는 질문을 근간으로 한다. 하지만 질문에 뭐라고 답하든 간에 소비자는 자신이 특정 브랜드를 구매하는 이유를 전혀 알지 못한다. 이는 여론조사, 설문조사, 포커스 그룹 인터뷰에서 소비자가 답한 내용을 신뢰할 수 없다는 의미다.

의식적 마음 접근 방식이 가지는 이런 한계를 인식한 뉴로 마케팅 neuromarketing(다양한 뇌과학 기술로 마케팅 활동에 노출된 소비자의 뇌세포 활성과 자율신경계 변화를 측정해 이를 마케팅에 활용하려는 연구 — 옮긴이) 분야에서는 뇌파 측정 EEG이나 기능적 자기공명영상 fMRI 같은 뇌 스캔부터 감정 투사법 emotion tracing과 표정 코딩 facial expression coding까지 다양한 방법을 제시한다.

하지만 이 새로운 방법에도 나름의 단점이 몇 가지 있다. 의식적 설득 모델의 한계를 넘어서긴 하지만 '무대 뒤에서' 실제로 무슨 일이 일어나고 있는지는 알려주지 못한다. 예를 들어 뇌 스캔은 사람이 공감이나 슬픔, 소속감을 느끼면 뇌의 특정 부위가 밝아지는 것처럼 자극이 뇌에 어떻게 영향을 미치는지 잘 보여준다. 그러나 왜 그런 감정을 느끼는지 이유까지 설명하지는 못한다.

어떤 그림을 보면 왜 기쁜 감정이 들까? 감정의 기저에 있는 연상을 살펴보지 않는 한 결코 그 이유를 알 수는 없다. 물론 이 새로운 방법 덕분에 마케팅 분야의 연구조사 커뮤니티가 무의식적 마음에 더 중점을 두기 시작했다는 점은 고무적이다. 하지만 인간의 의사결정에 영향을 미치는 기억과 연상의 네트워크에 대한 통찰력을 충분히 제공하지 못한다는 한계는 여전히 존재한다.

사실 사람들의 인식이나 행동을 변화시키는 일은 감정이나 정서가 아니라 기억과 관련이 있다. 자극에 반응해 나타나는 표정을 코드화하는 것도 상관없는 일이다. 표정은 외부로 드러나는 현상일 뿐이다. 자질이나 특성도 관련 없기는 마찬가지다. 그 대신 신경 경로에 남아 있는 연상을 이해하는 게 중요하다.

　SNS 홍보, 판매 촉진을 목적으로 하는 인센티브 등 사업 활성화를 위해 이용하는 모든 기존 마케팅 기법은 의식적 마음의 변화를 목표로 한다. 그러나 의식적 마음의 설득에 집중하는 전통적인 방법이나 뇌의 내막 규명을 목표로 하는 새로운 방법 가운데 그 어떤 것도 브랜드의 성장과 시장점유율을 끌어올린다고 입증되지는 않았다.

## 적대적 사고에서 협력적 사고로

　객관적 사실은 우리가 생각하는 만큼 의사결정에 영향을 미칠 힘이 없다. 그에 반해 우리는 자신의 세계관이 옳다고 확인해주는 모든 종류의 정보를 기꺼이 믿는다. 다른 사람은 물론 나 자신에게 내가 옳다는 것을 증명하고 싶을 때 의식적으로 의지하는 정보 말이다.

　이런 확증 편향 confirmation bias 은 미국에서 소셜 미디어 또는 SNS라는 에코 체임버 echo chamber (성향이나 신념, 정치적 견해가 비슷한 이들의 정보만 수용하고 다른 정보는 차단하는 현상 ─ 옮긴이)의 작동 원리로서 정치와 사회의 분열에 이바지해왔다. 에코 체임버에서 우리는 자신의 생각을 강화하는 관점이 담긴 이야기를 더 많이 듣거나 읽을수록 더 많이 클릭하고 더 많이 상호작용한다. 그러는 사이 자신의 세계관에 부합하지 않는 생각은 거부하고 반대한다.

비슷한 관점의 견해를 더 많이 클릭할수록 자신의 기존 관점은 더 강화되며 사회는 점점 더 양극화된다. 디즈니 애니메이션 〈미녀와 야수〉에서 개스톤이 자극적인 말("야수가 한밤중에 내려와서 아이들을 해칠지도 몰라요!")로 가난한 시골 사람들을 선동했던 것을 떠올려 보라. 사람들은 개스톤의 말에 한밤중에 횃불을 켜고 야수를 잡으러 나섰다. 이와 같은 방식으로 페이스북은 온라인에서 군중의 분노를 부채질한다. 분명 문제가 있는 현상이다. 만약 사람들이 자기만의 방식에 너무 얽매여 타인의 관점을 들으려 하지 않는다면, 과연 어떻게 해야 누군가의 마음이나 행동을 바꿀 수 있다고 할 수 있을까?

무의식적 마음을 알아가고 그 마음과 조화를 이루면 사람들이 이미 가지고 있는 기억을 활용하고 그들이 내리는 의사결정에 영향을 미칠 수 있다. 그리고 그 과정에서 저항이 가장 적은 길을 따를 수 있다. 《싱크 어게인》의 저자 애덤 그랜트Adam Grant 교수도 서로 다른 두 가지의 사고방식을 고찰하며 비슷한 결론에 도달했다. 적대적 사고방식으로 타인과 의사소통하거나 주장을 펼치는 사람은 전도사나 정치인, 검사의 사고방식을 가지고 있다. 이런 사고방식은 상대방의 말을 듣지 않고 자신의 관점만을 읊어댄다. 이는 의식적 설득 모델이 작동해 상대방에게 선택을 다그치는 것이다.

그랜트는 적대적 사고방식의 반대편에는 과학자의 협력적 사고방식이 있다고 말한다. 협력적 사고방식을 지닌 사람은 호기심을 가지고 타인의 말을 들으며 유머 감각을 유지한 채 더 깊은 의미와 공감대를 찾으려고 노력한다. 당연히 협력적 사고방식이 사람들의 선택을 바꾸는 데 더 효과적이다.

이와 더불어 그랜트는 몇 가지 훌륭한 의견을 제시했지만, 합리적 사고방식이 효과가 있는 이유와 사람들의 의사결정에 영향을 미치는 방법을 정확하게 설명하지는 않았다. 다만 협력적 사고방식이 의식적 마음에는 반할지 몰라도 무의식적 마음과 조화를 이뤄 작동함으로써, 사람들의 마음속에 이미 존재하는 것을 건드려 그들의 본능적 행동에 영향을 미친다고 주장했다. 이처럼 협력적 사고방식은 뇌가 작동하는 방식을 활용하는 반면 적대적 사고방식은 그와 반대로 움직인다.

## '브랜드 쇠퇴' 현상

실제 사례를 살펴보자. 2020년 미국의 TV 퀴즈쇼 〈제퍼디!Jeopardy!〉의 진행자로 오랫동안 시청자의 사랑을 받았던 알렉스 트레벡Alex Trebek이 췌장암으로 사망했다. 프로그램 제작사인 소니 픽처스Sony Pictures는 이 대체 불가능한 인물을 대신할 게스트 진행자를 연달아 선보였지만, 이는 앞서 살펴본 이론에 따르면 적대적 사고방식으로 의식적 설득 모델을 활용하는 것이다. 즉 '더 많은' 무언가에 의존하는 접근 방식이다.

한번은 슈퍼스타 미식축구 선수인 애런 로저스Aaron Rodgers가 등장했다. 다른 날에는 저명한 언론인인 케이티 커릭Katie Couric이 진행을 맡았고, CNN의 간판 앵커 앤더슨 쿠퍼Anderson Cooper도 마이크를 잡을 기회가 있었다. 이런 변화는 시청자에게 다소 충격적으로 받아들여졌고 결과는 불 보듯 뻔했다. 시청률은 2021년 1월 6.1퍼센트에서 같은 해 5월 4.8퍼센트까지 계속해서 하락했다. 프로그램 제작진은 새로운 진행자 각각에 대한 시청자의 관심이 시청률에 반영된 것으로 해석했다. 하지만 그렇게 볼 일이 아니었다. 진짜 문제는 시청률이 점차 하락하면서 시청자의 마음속에서 〈제퍼디!〉라는 브랜드가 서서히 무너지고 있었던 것이다.

〈제퍼디!〉의 제작진이 왜 이런 셀럽들에게 끌렸는지 충분히 이해할 수 있다. 대체재가 필요했기 때문이다. 그러니 잘 알려진 존재인 셀럽이라면 시청자의 공감을 얻으면서 프로그램의 인기를 이어 갈 것으로 생각했을 것이다. 그러나 여기서 제작진이 놓친 것은 이 새로운 진행자들이 〈제퍼디!〉 팬의 마음속에 누적된 기억과 아무런 관련이 없다는 사실이다. 그들은 이 쇼에 어울리는 조합이 아니었다.

〈제퍼디!〉에는 시청자가 새 진행자와 친숙해지는 과정이 필요했다. 과거와 단절하기보다는 브랜드를 진화시켰어야 했다. 하지만 제작진은 매번 새로운 진행자를 시험했고, 이는 시청자가 브랜드에 대해 가지고 있는 이미지와 사실상 불협화음을 만들어냈다. 시청자는 〈제퍼디!〉에 대한 자신의 관념과 잘 맞지 않는 새로운 무언가를 매주 마주해야 했다. 새로운 진행자 가운데 누구도 트레벡이 아니었을 뿐만 아니라 그 대부분이 프로그램에 전혀 맞지 않는 것처럼 보였다.

〈제퍼디!〉는 기존에 존재하는 것 위에 쌓아 올리는 대신 인기

많은 브랜드에 큰 변화를 줌으로써 시청자의 기대와 반대로 움직였다. 마치 집에서 가장 좋아하고 편안한 방에 들어갔는데 갑자기 다른 가구로 가득 찬 광경을 보는 것과 같았다. 새로운 진행자가 등장할 때마다 시청률은 조금씩 더 하락했지만 경영진은 앞서 말했다시피 이 현상을 각 진행자에 대한 평가로 해석했다.

하지만 우리 트리거즈가 파악한 본능적 이해에 따르면 그 시청률은 각 진행자에 대한 평가가 아니었다. 이는 내가 '브랜드 쇠퇴brand atrophy'라고 부르는 현상으로 대중의 마음속에서 브랜드 현저성 Brand Salience(시장에서 특정 브랜드가 매우 두드러지게 인식되는 정도를 나타내는 마케팅 지표—편집자)이 줄어드는 모습을 보여주는 사례였다.

시간이 갈수록 트레벡의 프로그램에 대한 기억은 점점 희미해졌다. 소니 픽처스가 해야 했던 일은 간단한 기준 한 가지에 따라 진행자를 선택하는 것이었다. 바로 '누가 트레벡과 〈제퍼디!〉에 가장 강한 연관성을 가지고 있는가?'다. 시청자의 목구멍에 새로운 진행자를 억지로 밀어 넣으려는 적대적 접근 방식 대신 프로그램과 트레벡과의 관계가 친밀감과 연속성이라는 감정으로 이어지는 사람을 찾았어야 했다. 그렇게 함으로써 새로운 진행자를 거부하는 시청자의 본능('이 사람들 가운데 트레벡은 없어')과 부딪히지 않고 시청자의 무의식적 마음에 영향을 미쳤어야 했다.

이 기준에 딱 들어맞는 게스트 진행자가 한 명 있었다. 〈제퍼디!〉 참가자 중 가장 유명했던 켄 제닝스Ken Jennings였다. 그가 세운 74연승과 총상금 252만 달러라는 기록은 여전히 깨지지 않고 있었다. 최종적으로 제작사에서 선택한 방식은 다수의 연기상을 받았던 여배우 마임 비아릭Mayim Bialik을 포함한 공동 진행자 모델이었지만, 2022년 두 번째 공동 진행자로 선정된 제닝스는 말 그대로 〈제퍼디!〉를 구한 인물이라는 찬사를 받았다.

제닝스에게는 프로그램과 함께 한 역사가 있었기에 사람들은 그를 쉽게 알아볼 수 있었다. 2004년 그의 연승 행진을 지켜본 〈제퍼디!〉의 열혈 팬이라면 누구나 그가 74번이나 연속으로 트레벡의 옆에 서 있었던 모습을 기억할 것이다.

트레벡은 1984년부터 〈제퍼디!〉라는 장수 브랜드의 얼굴이었다. 완전히 새로운 얼굴을 소개하는 것은 브랜드를 다시 론칭하는 것과 같았을 것이다. 마치 디즈니가 미키 마우스를 스누피로 바꾸거나, 작고 하얀 오리인 도널드 덕을 크고 노란 새인 빅 버드로 바꾸는 것처럼 말이다. 그러나 다행히도 시청자에게 익숙한 다른 얼굴을 소개함으로써 프로그램과 이전 진행자와의 연관성을 갖출 수 있었다.

제닝스가 진행자로 등장하자 시청자들은 기억 저편에 있던 기억이 되살아나면서 반사적으로 그에게 마음이 기울었다. 이 긍정 편향은 좋아하는 TV 프로그램부터 지지하는 정당까지 모든 브랜드 선호도의 근간으로서, 긍정적이든 또는 부정적이든 상관없이 누적된 모든 기억을 바탕으로 만들어진다. 다시 한번 말하지만 긍정 편향을 활용하면 저항이 가장 적은 길을 따르게 된다. 그 이유는 내가 영향을 미치려 하는 사람이 이미 가지고 있는 기억과 연상 위에 내 아이디어나 의견, 제품이 편승해 있기 때문이다. 아무것도 없는 상태에서 시작하는 것보다는 이런 접근 방식이 훨씬 수월하다.

일반적으로 기억에 대해 생각할 때 머릿속에는 무언가 희미하거나 모호한 것이 떠오른다. 그러나 실제로 우리 마음속에 존재하는 기억과 연상은 과학적이며 측정 가능한 대상이다. 마케팅 산업에서 소비자 선호도와 행동을 예측할 수 있는 지표로서 고객 전환율과 클릭 수, 시청자 수에 습관적으로 의존하는지는 몰라도, 이런 지표 중 어느 것도 실제로는 소비자의 다음 행동을 예측하는 데 큰 도움이 되지 않는다. 사람들이 다른 브랜드보다 이 브랜드를 선택하거나 다른 진행자보다 이 진행자를 선호하는 근본적인 이유는 '뇌에서 차지하는 공간'과 관련이 있다. 결국 모든 것은 물리적이다.

## 마케팅의 새로운 규칙, 물리적 뇌를 이해하라

지난 50년 동안 우리는 인간의 뇌를 훨씬 더 많이 이해하게 되었다. 1960년대 이전에는 뇌가 오늘날 알려진 것보다 훨씬 더 정적이라고 생각했다. 심지어 과학계에서는 뇌의 물리적 구조가 유아기나 아동기에만 바뀔 수 있다고 믿었다. 청년기에 도달하면 뇌 구조가 완성되어 변화시킬 수 없다고 생각했다.

그러나 과학기술의 발달과 학제 간 연구의 활성화, 신경과학 연구의 발달로 이런 생각은 무너졌다. 1990년대 성인의 뇌에서 줄기세포가 발견되면서 과학자들은 뇌에서 새로운 뉴런이 형성되는 현상, 즉 신경 발생neurogenesis이 가능하다고 보기 시작했다. 현재는 해마의 신경 발생이 인간의 기억과 기분은 물론 새로운 것을 학습하는 능력에서 중요한 역할을 한다고 본다.

신경 발생은 새로운 자극이나 정보, 전반적인 경험의 결과로 뇌가 물리적으로 변화하는 능력인 신경 가소성neuroplasticity의 양상 중

하나다. 이는 우리 뇌에서 신경망이 바뀌거나 재구성될 수 있으며 새로운 신경망이 성장할 수 있다는 의미다. 신경 가소성에는 여러 유형이 있는데, 무언가를 학습한 결과 뇌의 물리적 구조가 변화했을 때 이를 '구조적 가소성structural plasticity'이라고 한다. 구조적 가소성은 평생 일어날 수 있으며, 따라서 성인 뇌의 물리적 구조도 얼마든지 변화할 수 있다.

잘 알려진 사례로 런던의 택시 운전사를 들 수 있다. 구불구불 얽히고설킨 런던의 도로에 대한 상세하고 구체적인 지식은 택시 운전사의 뇌 발달을 활성화한다. 2006년부터 5년간 진행된 연구에 따르면 런던 택시 운전사의 해마는 평균보다 커진 것으로 나타났다. 손님을 태우고 목적지를 들었을 때 어떤 느낌이 드는지 묻는 말에 한 택시 운전사는 이렇게 답했다. "마치 뇌에서 무언가 폭발하는 것 같아요. 순식간에 보인다니까요."

런던의 택시 운전사 시험은 '런던에 관한 지식Knowledge of London'으로도 알려져 있는데, 그 난이도가 너무 어렵다 보니 세상의 모든 시험 가운데 가장 어려운 시험이라고 한다. 총 2만 5,000개나 되는 런던의 모든 거리에 갖가지 관광 명소와 건축물을 가장 큰 것부터 가장 작은 것까지 기억하는 일이 뇌에서 물리적 공간을 너무나 많이 차지하기 때문이다. 실제로 연구에서 런던 택시 운전사의 단기 기억력은 대조군에 비해 나쁜 것으로 나타났다. 시각 정보를 통해 새로운 연관성을 구성하는 능력도 마찬가지다. 그리고 런던의 택시 운전사가 은퇴해서 그 방대한 지식을 활용할 필요가 없어지면 이들의 해마는 다시 평균 수준으로 줄어들기 시작한다. 어쨌거나 핵심은 무언가 새로운 것을 학습할 때 인간의 뇌가 성장한다는 것이다.

어떤 생각이 기억에 남아 머릿속에서 사라지지 않을 정도로 의미 있게 생각을 교류할 때 우리 뇌는 재구성된다. 기업이나 브랜드, TV 프로그램 사이에서 일어나는 모든 끈끈한 상호작용의 경우도 마찬가지다. 다큐멘터리를 보면서 어떤 기업의 최고경영자에 대해 알게 되는 것, 특정 주스 브랜드를 선호하는 엄마 밑에서 자라는 것, SNS에서 눈길을 사로잡는 게시물을 보는 것 등 모든 의미 있는 접촉은 뇌 안의 물리적 구조를 변화시킨다. 그리고 그 과정에서 기억과 연상이 형성된다.

무언가를 선택하는 일에 관한 한 뇌는 깔끔하게 정리된 데이터베이스가 아니다. 자동차, 미백 치약, 채용 후보자 등에 관해 결정하기 전에 가능한 모든 대안의 장단점을 마음속으로 살펴보는 사람은 어디에도 없다. 대신 우리가 하는 모든 선택은 뇌의 신경 경로에 존재하는 연상과 기억을 기반으로 한다. 그리고 이 신경 경로는 방대한 규모로 상호 연결된 신경 활동 벡터vector(방향의 구별 없이 하나의 수치만으로 표시할 수 있는 양인 스칼라scalar와 달리 속도나 가속도처럼 크기와 방향으로 정해지는 양 ─ 옮긴이)를 생성한다.

인지심리학자이자 구글 브레인에서 엔지니어링 펠로우로도 있었던 '인공지능의 대부' 제프리 힌턴Geoffrey Hinton이 설명한 바와 같이, 서로 연결된 벡터 사이에서 상호작용이 일어나며 이는 본능적 선호도와 행동으로 이어진다. 그리고 본능을 움직이는 힘은 인간의 뇌가 너무나 잘하는 일인 유비 추론analogical reasoning(두 비교 대상의 유사성을 근거로 다른 속성도 유사할 것으로 추리하는 행위 ─ 옮긴이)이다.

예전에는 뇌가 '의도적 추론 장치'와 유사하다고 생각했다. 그러나 힌턴에 따르면 인간의 마음은 무수히 많은 연상, 기억, 이미지, 소리 등에서 끊임없이 유사성을 찾은 다음 신속하게 직관적인 결론에 도달한다. AI도 비슷한 방식으로 작동한다. 사실 인간의 뇌가 작동하는 방식에 대한 이해가 놀라울 정도로 발전한 덕분에 AI 기술도 엄청나게 진보할 수 있었다. 실제로도 AI는 인간의 뇌와 브랜드 커넥톰의 작동 방식을 반영한 유추 모델analogic model을 기반으로 작동한다. 그러나 그 연결 수는 훨씬 적어서, 2022년 11월 챗GPT에서 처음 대중화된 것과 같은 거대언어모델Large Language Model, LLM에는 대략 5,000억~1조 개의 연결이 존재하는 반면 힌턴은 "인간의 뇌에는 100조 개의 연결이 존재한다"라고 지적한 바 있다.

이제 우리는 이와 같은 무의식적 의사결정이 우리가 온종일 하는 선택의 95퍼센트를 통제한다는 사실을 알게 되었다. 여기에 의식적 사고는 거의 관여하지 않는다. 무의식적 의사결정은 주로 신경망의 지시와 명령을 따르기 때문이다. 사실 의식적 사고는 직관적으로 느끼고 행동한 결과에 대한 사후 합리화에 가깝다고 보는 편이 타당하다. 전통적인 마케팅에서 선호하는 의식적 설득 모델이 다른 사람의 마음을 바꾸는 데 그토록 효과가 없는 이유가 바로 여기에 있다.

단순히 무엇을 믿어야 하고 누구에게 투표해야 하며 어떤 제품이 더 나은지 말한다고 해서 상대방은 듣지 않는다. 그리고 상호 연결된 벡터 네트워크에도 아무런 인상을 남기지 못한다. 따라서 사람들의 뇌에 있는 물리적 신경 경로를 변화시켜 무의식적 마음이라는 뒷문으로 들어가야 한다. 그렇게 할 때 그들이 하는 선택은 본능적인 것이 된다. 이것이 바로 특정 브랜드에 대한 선호를 창출하는 성배다.

## 브랜드 선호는 본능적인 것이다

사람들은 대체로 브랜드를 어떤 로고나 제품, 서비스라고 생각한다. 마케팅 캠페인이나 광고 카피, SNS 피드에 뜨는 타깃 광고를 떠올릴 수도 있다. 아마 이 정도가 거의 다일 것이다. 그러나 이는 너무나 제한적인 시각이다. 브랜드란 연결된 모든 것이기 때문이다.

브랜드는 제품이나 로고만이 아니라 뇌가 그 브랜드에 대해 만들어낸 모든 '연결'이다. 브랜드를 만든 회사에서 일하는 사람이거나 브랜드를 사용하는 소비자이기도 하고, 브랜드가 떠올리게 하는 수많은 이미지와 아이디어, 기억일 수도 있다. 간단히 말해서 브랜드는 그 브랜드가 유지하는 연상이다.

자신의 브랜드가 무엇이든 상관없이 눈앞에 보이는 것보다 더 크게, 더 넓게 생각해야 한다. 그렇지 않으면 브랜드는 항상 작은 프레임에 갇혀 있을 것이다. 브랜드의 목표는 크게 뻗어나가는 것이다. 이 목표를 행동과학 용어로 표현하면 현저성, 즉 다른 모든 대안보다 돋보일 수 있는 능력이다. 매일 매 순간 모든 곳에서 뇌는 선택에 시달리기 때문에 브랜드의 현저성은 그 브랜드가 주목을 받고 결국 사람들의 선택까지 받는 것을 결정하는 1차 요인이다.

현저성은 잘 만든 로고나 화려한 광고를 훨씬 넘어서는 연상을 갖춤으로써 만들어진다. 이런 연상은 현재나 과거에 사람들이 실제로 관심 있어 하고 그들의 삶에서 의미 있는 것과 관계가 있어야 한다. 그리고 타깃 고객이 우리 브랜드를 선택하지 않을 사소한 가능성조차 뒤덮을 정도로 연결 지점, 즉 접점이 매우 많아야 한다. 브랜드가 이처럼 연상을 풍부하게 갖추면 뇌에서 물리적 공간을 더 많이 차지할 수 있으며, 이는 내가 '본능적 브랜드 선호instinctive brand preference'라고 부르는 현상으로 이어진다.

본능적 브랜드 선호는 반사적이고 반복적인 구매 행위다. 이 경우 사람들은 특정 브랜드를 반사적으로 찾는다. 그리고 마치 자동조종장치로 운항하는 비행기처럼 아무런 생각 없이 구매하고 또 구매한다. 예를 들어 슈퍼마켓에서 볼 수 있는 반사적 구매 행위로는 고객이 매장을 찾을 때마다 코카콜라와 펩시콜라, 콜게이트Colgate와 크레스트Crest 치약 중 늘 같은 것에 손을 뻗거나 다양한 검정콩 통조림 중에서 항상 고야Goya 로고만 찾는 경우를 들 수 있다.

이때 고객은 마치 다른 대안이 눈에 전혀 보이지 않는 것처럼 행동한다. 의사결정을 위해 조금도 신중히 생각할 필요가 없으며 구매하려는 제품을 다른 제품과 비교하지도 않는다. 그저 맹목적으로 손을 뻗어 생수와 통조림을 잡아 쇼핑 카트에 넣는다. 트리거즈의 매니징 디렉터이자 다국적 광고대행사 하바스Havas와 BBDO의 임원이었던 모건 시마크Morgan Seamark에 따르면 이런 반사적 구매 행위는 너무나 무의식적이어서 꿈속에서 쇼핑하는 것이나 마찬가지다.

이는 가장 수익성 좋은 구매 유형이다. 판매 촉진 목적의 인센티브나 홍보, 다른 마케팅 지원이 거의 개입하지 않기 때문이다. 쿠폰이나 할인, 기타 홍보 활동은 비용이 많이 들며 장기적으로는 거의 또는 전혀 이익을 내지 못한다. 물론 단기적으로 매출을 끌어올릴 수는 있지만 이처럼 판매 촉진을 위한 인센티브는 장기적으로 브랜드에 도움이 되지 않는다. 우리가 얻으려는 것은 소비자의 충성도이기 때문이다.

그에 반해 본능적 브랜드 선호는 진정한 소비자 충성도를 유기적으로 창출해 무의식적이고 본능적인 수준에서 소비자와 연결된 결과물이다. 이런 본능적 브랜드 선호는 제품이나 서비스에만 국한되지 않는다. 어떤 TV 프로그램을 시청할지, 어떤 정당에 투표할지, 벤처 창업 아이디어 또는 제안을 수용할지 말지, 어느 도시나 주에서 살 것인지 결정하는 일도 마찬가지다.

## 세월을 이기는 브랜드의 비결

본능적 선호를 잘 구축한 브랜드는 사람들의 삶에서 다양한 측면에 영향을 미치는 거대한 생태계를 만들어 세월이라는 시험을 이겨낸다. 예를 들어 나이키는 다른 어떤 브랜드보다 사람들의 마음과 더 많은 접점에서 더 많이 연결되어 사람들이 반사적으로 찾는 브랜드가 되었다. 인내와 근성, 스타일에 가장 중요하게는 성공과 연관되어 사람들의 마음속에 나이키만의 거대한 신경망을 가지고 있기 때문이다.

전 세계 140개 스포츠 리그 및 조직과 650건의 후원 계약을 맺은 나이키의 스우시Swoosh 로고는 우리가 예상할 수 있는 모든 곳에 있으며 어쩌면 예상하지 못한 어딘가에도 있을 것이다. 나이키 로고는 그 어떤 브랜드보다 더 많이, 운동선수와 스포츠팀의 스니커즈, 야구 모자, 유니폼에 새겨져 있다. 여기서 한발 더 나아가 디올Dior의 킴 존스Kim Jones, 콤 데 가르송Comme des Garçons의 설립자인 가와쿠보 레이Kawakubo Rei 같은 패션계의 거장과 협력해 세계적인 패션 브랜드가 되었을 때는 스우시 로고가 최고의 패션쇼 무대에도 등장했다. 마이애미 주에 있는 루벨 박물관Rubell Museum에서는 유명 디자이너 버전의 나이키 신발을 소개하는 전시회를 열기도 했다.

또한 나이키는 한정판 신발 전용 앱(SNKRS)으로 선착순 달리기 무대를 마련해 모든 연령대에서 가장 열정적인 스니커즈 수집광을 유혹했다. SNKRS에서 신제품을 출시했을 때는 스티브 잡스가 아이폰을 소개했을 때와 같은 수준으로 화제가 되기도 했다. 이런 분위기는 나이키 신발이 예술과 기술, 비즈니스를 둘러싼 문화적 대화의 일부로 자리매김하는 연료가 된다. 나이키의 브랜드 커넥톰이 스포츠의 경계를 훨씬 넘어선 것이다.

모든 사업에서 늘 그렇듯이 부정적 연상이 사람들의 신경 경로에 개입하기도 한다. 하지만 나이키는 문제를 '즉시' 해결해서 부정적 연상이 계속 남아 있을 가능성을 제거한다. 1990년대에 나이키의 동남아시아 공급업체가 저임금 노동자, 아동 노동, 열악하고 위험한 작업 환경 등 고용 관행과 관련해 강도 높게 조사받은 적이 있었다. 회사는 이와 같은 부정적 논란에 대응해 관리·감독과 투명성 강화, 생산시설 정기 검사, 공급업체 행동 강령 및 기타 관련 조치를 도입했다. 이런 긍정적 연상이 대중의 마음 깊은 곳에 더해지면서 나이키는 이전처럼 브랜드 로열티를 계속 누릴 수 있었다.

물론 나이키가 논란에서 완전히 자유로웠던 것은 아니다. 2020년 나이키의 공급업체 중 하나였던 중국의 청도태광青岛泰光에서는 지방정부 당국이 강제노동형에 처한 위구르족 수백 명의 노동력을 착취해온 것으로 밝혀졌다. 그러나 나이키라는 브랜드와 관련된 모든 긍정적 연상 덕분에 이 뉴스는 거의 주목받지 못한 채

넘어갔다.

소비자가 반사적으로 찾는 또 다른 브랜드로는 야구라는 스포츠를 훌쩍 뛰어넘어 60억 달러의 가치를 갖게 된 뉴욕 양키스가 있다. 이 야구단은 여러 세대의 팬을 거치며 브랜드에 관한 긍정적 연상을 신중하게 구축했다. 선수들을 초인적 능력을 갖춘 슈퍼 히어로 수준으로 끌어올려 과거와 현재의 선수들을 연결하고 팬들의 마음을 가로지르는 하나의 거대한 벡터를 만든 것이다. 양키스에서 신인 선수들은 그들보다 먼저 나타난 선배 선수들의 어깨 위에 올라선다. 현재 양키스 최고의 선수로 널리 인정받는 애런 저지(2022년 아메리칸리그 MVP)는 데릭 지터와 마리아노 리베라 같은 선수들이 그라운드를 수놓던 2000년대 초 영광의 시대가 낳은 결과물이다.

구단은 팬들과 함께 팀 최고의 선수들을 위해 은퇴식을 열고 등번호를 영구결번으로 지정하는 등의 공개적인 의식을 치름으로써 세월을 함께한 선수들에게 존경을 표한다. 이런 연결은 선수들을 대중에게 사랑받는 아이콘으로 바꿔놓는다. 양키스 스타디움의 센터필드에 있는 모뉴먼트 파크 Monument Park 는 과거의 선수들을 기리는 박물관으로서 그들의 유산이 사라지지 않도록 강화하는 역할을 한다. 애런 저지가 양키스의 주장으로 임명되었을 때는 전임 주장이었던 데릭 지터가 바로 옆에 서 있는 가운데 주장 유니폼이 전달되었다.

이처럼 브랜드는 계속 이어진다. 과거와 완전히 단절하지 않음으로써 새 시대는 새로운 얼굴과 함께 계속 브랜드를 이어간다. 양키스는 팀과 선수들의 유산을 강화해 팬들의 기억 속에 살아 있게 해서 앞서 언급한 〈제퍼디!〉의 문제를 방지한다.

그러면 이 말이 양키스가 과거의 영광에 안주한다는 의미일까? 물론 아니다. 만약 팬들이 구단의 리더십을 불신하고(구단주나 코칭 스태프도 구단이 만든 연상 네트워크의 일부임을 기억하자) 구단이 그저 돈만 바라는 게 아닌지 의문을 품게 되면 존경받는 브랜드조차도 손상을 입고 가치가 하락할 수 있다. 양키스가 2009년을 마지막으로 월드시리즈에서 한 번도 우승한 적이 없음에도 불구하고 스포츠에서 가장 탁월하고 가치 있는 브랜드의 지위를 유지하고 있다는 사실은 진짜 중요한 건 우월함이 아님을 입증한다. 그보다는 인식된 우월함, 즉 우월하다는 인식이 훨씬 더 중요하다.

앞서 이야기한 바와 같이 경쟁우위에는 한계가 있다. 어떤 브랜드의 성공은 실제로 눈에 보이는 우월함이 아니라 인식된 우월함, 즉 마음속에서 크고 긍정적으로 잘 관리된 물리적 존재감에서 나온다. 그러나 인식에는 지속적인 유지관리와 육성이 필요하다. 과거 최고의 선수를 구단의 신경망에 계속 살아 숨 쉬게 하고, 동시에 미래의 최고의 선수를 찾음으로써 양키스는 지속적인 현저성을 만들어내고 수백만 명의 본능적 브랜드 선호도를 유지한다.

## 소비자의 본능을 이해하는 마케팅

나이키나 양키스 같은 브랜드는 제품 카테고리나 스포츠팀을 넘어 그 자체로 하나의 세계가 되어 우리를 끌어당긴다. 그리고 그 과정에서 모든 연령대의 평생 고객을 창출한다. 하지만 꼭 나이키나 양키스 같은 브랜드가 되어야만 소비자의 반사적 선택을 받는 건 아니다. 인간의 뇌에서 브랜드가 어떻게 성장하는지 이해하면 신속하게 벤처기업을 설립하고 선거 후보에 대한 지지세를 모으며 사회운동을 추진할 수 있다. 그리고 생각보다 빨리 영향을 미칠 수 있다.

그러기 위해서는 우선 의식적이며 설득에 기반한 마케팅의 오랜 규칙을 버리고 인간의 본능 활용에 도움이 되는 새로운 규칙을 따라야 한다. 소비자의 반사적인 선택지가 되려면 소비자의 뇌 안에 브랜드 커넥톰을 구축하고 이것이 물리적 공간을 아주 많이 차지할 때까지 그 존재감을 키워야 한다. 그러면 소비자는 자동조종장치로 운항하는 비행기나 자율주행 자동차처럼 저절로 여러분의 브랜드를 찾을 것이다.

**법칙 02** **소비 뇌의
점유율을 높여라**

> 나는 선택을 통제할 수 없다.
> 내 브랜드 커넥톰이
> 나의 선택을 통제하는 것이다.

금속 재질의 동그란 안경테, 이마에는 번개 모양의 흉터. 이 짧은 두 구절만으로도 내가 누구를 말하고 있는지 알 것이다. 열성 팬까지는 아니더라도 이미 영화를 관람하며 들었던 마음을 사로잡는 주제곡이 머릿속에서 맴돌지도 모른다. 어쩌면 책의 복잡한 표지나 첫 장면을 머릿속에 떠올리고 있을 수도 있다. 책을 펼치거나 영화를 보거나 테마파크, 기념품 판매장 또는 영화를 촬영한 영국 각지의 장소를 방문하면 누구나 이 마법의 세계에 함께할 수 있다. 완벽하게 환상적인 세계 그 자체가 독자와 관객, 컴퓨터게임 이용자 등 모든 연령대의 어린이와 어른을 기다리고 있다.

그러나 이 마법의 세계는 거의 햇빛을 보지 못할 뻔했다. 《해리 포터와 마법사의 돌》은 무려 12곳이 넘는 출판사에서 거절당한 끝에 런던에 있는 블룸스버리 퍼블리싱Bloomsbury Publishing에서 판권을 인수했다. J. K. 롤링J. K. Rowling의 이 명작이 그토록 많이 거절당한 이유를 묻는 질문에 작가의 첫 번째 대리인이었던 크리스토퍼 리틀Christopher Little은 작품의 길이와 배경이 문제였다고 답했다. 특히 작품의 배경인 기숙학교가 평범한 독자에게는 일부 특권층 자녀들이 다니는 특수한 학교로 인식될 우려가 있었다.

롤링은 무거운 마음으로 발걸음을 돌렸었다. 그러다 마침내 롤링의 출판 제안서가 블룸스버리 회장의 책상에 올랐고, 그는 믿을 만한 베타테스트 독자인 여덟 살짜리 딸 앨리스에게 책의 1장을 넘겼다. 앨리스는 자리에 앉아 1장을 읽기 시작하자마자 환상적인 마법의 세계 속으로 빨려 들어갔다. 다 읽은 뒤에는 곧장 아빠에게 달려가 나머지 원고를 달라고 졸랐다. 그렇게 블룸스버리에서는 롤링의 책을 출판하기로 했다.

하지만 그때까지도 책이 출판되었을 때 어떤 결과가 나올 것인지는 전혀 알지 못했다. 블룸스버리의 담당 편집자였던 배리 커닝엄Barry Cunningham은 심지어 롤링에게 청소년 소설 작가만 해서는 먹고살기가 힘드니 다른 부업도 찾아보라고 권했다.

물론 판타지와 마법은 1990년대 후반이 되기 한참 전부터 예술과 문학, 영화의 소재였지만 《해리 포터》는 대중의 마음을 사로잡아 지난 25년 동안 지속적으로 성장하는 브랜드가 되었다. 그리고 이제 전 세계 어디서나 찾을 수 있고 약 400억 달러 가치를 지닌 프랜차이즈가 되었다. 심지어 이 가치는 앞으로 더 커질 일만 남았다. 수백억 달러짜리 프랜차이즈가 현재 제공하는 것뿐만 아니라 《신비한 동물들과 덤블도어의 비밀》과 같은 프리퀄, 극장판 속편인 《해리포터와 저주받은 아이》, 롤플레이 컴퓨터 및 비디오 게임인 《호그와트 레거시》 등 다양한 스핀오프 제품과 함께 말이다.

전 세계 수많은 책이 영화, 장난감 등으로 사업 영역을 확장한 프랜차이즈로 변모했지만 그 무엇도 《해리 포터》만큼 성공하지는 못했다. 그 이유가 무엇일까? J. K. 롤링은 어떻게 그토록 수많은 독자의 상상력을 사로잡았을까? 그리고 이 놀라운 이야기 속으로 빠져드는 모든 독자는 왜 계속해서 돌아올까? 게다가 이 프랜차이즈는 어떻게 연관성을 유지하기에 여러 세대의 독자에게 계속 영향을 미칠까? 나는 아들이 어렸을 때 《해리 포터》 시리즈를 처음 읽어주었는데, 그 책들이 우리와 같은 수억 명의 어린이와 성인을 얼마나 강하게 끌어당겼을지 가히 상상할 수 있었다.

그리고 이 같은 일이 여덟 살 꼬마 숙녀 앨리스에게도 일어났던 것이다. 딸이 책과 얼마나 강하게 연결되었는지 목격한 커닝엄은 책을 출판하기로 마음먹었다. 이때 그가 놓친 것은 연결과 연상의 형성에서 성인의 뇌가 어린이의 뇌와 같은 방식으로 작동한다는 사실이다. 이는 〈세서미 스트리트 Sesame Street〉부터 디즈니까지 성공적인 어린이 콘텐츠 거의 모두에 해당하는 이야기다. 이런 작품이 성공한 이유는 성인의 뇌와 어린이의 뇌 모두에 존재하는 연결을 그 수준만 달리 활용해 모든 나이대의 사람들로부터 사랑받을 수 있었기 때문이다.

## 우리 머릿속을 재설계한 '해리 포터'의 마법

우리는 모두 인간이고 우리의 뇌는 보통 같은 방식으로 작동한다. 《해리 포터》에는 재미있는 이야기가 담겨 있지만 이 책이 그토록 큰 성공을 거둔 이유는 따로 있다. 마법 세계를 구축하고 매력적인 인물이 등장하는 강렬한 서사를 갖춘 청소년 판타지 소설과 어린이 도서는 매들렌 렝글Madeleine L'Engle의 《시간의 주름A Wrinkle in Time》, 존 로널드 루엘 톨킨John Ronald Reuel Tolkien의 《호빗》, C. S. 루이스C. S. Lewis의 《사자와 마녀와 옷장》 등 많이 있다.

이 책들은 이제 고전이 되었으며 모두 영화나 연극, 드라마로 제작되었고 장난감까지 만들어졌다. 하지만 어느 것도 《해리 포터》 첫 번째 시리즈처럼 1억 2,000만 부가 팔리지는 않았다. 《호빗》은 여기에서 적어도 2,000만 부가 모자란다. 1962년에 출간된 《시간의 주름》은 겨우 1,000만 부가 팔렸다. 《사자와 마녀와 옷장》 등 총 일곱 권으로 구성된 《나니아 연대기》는 대략 1억 부가 팔렸다.

《해리 포터》 시리즈 총 일곱 권은 현재까지 약 5억 부가 팔렸다. 위 세 권의 책도 영화나 TV 드라마로 제작되어 프랜차이즈의 영역을 확장했지만 어느 것도 영화 〈해리 포터〉 13편의 전체 매출 96억 달러에 근접하는 흥행 수익을 창출하지는 못했다.

《해리 포터》 시리즈와 마찬가지로 이 책들에도 멋진 이야기가 있다. 시련과 고난을 겪고 변화하는 영웅이 등장하며 믿어지지 않는 장소를 배경으로 마법과 음모가 난무한다. 그리고 전 세계 팬들의 사랑을 받는다는 점도 같다. 그렇지만 《해리 포터》 앞에서는 그와 같은 성취도 작아지기만 한다. 무언가 다른 일이 일어나고 있는

게 분명하다.

사실《해리 포터》시리즈의 성공은 다른 어떤 작가의 책보다 우리 뇌 안에 존재하는 접점에 더 많이 닿는 광활하게 뻗어나가는 세계를 창조한 J. K. 롤링의 능력에서 비롯된 것이다. 이 접점은《해리 포터》의 세계를 마치 우리가 사는 세계 위에 겹쳐놓은 것처럼 우리 일상의 모든 측면에 연결한 결과다. 그렇게《해리 포터》의 세계는 책을 읽는 즉시 익숙하게 느껴진다.

특히 아이들에게는 더 그렇다.《해리 포터》의 세계에 나오는 학부모나 교실, 교사, 수업, 운동경기는 모두 환상 속에서 우리 자신의 현실이 거울에 비친 이미지다. 여기에 마법사나 마녀가 아닌 평범한 우리를 지칭하는 용어인 '머글'이 사는 우주와 평행한 우주가 등장한다. 이 우주에서는 나무가 감정을 가질 수 있고 책과 대화를 나눌 수 있으며 초상화가 살아 있다. 사람들은 벽난로를 통해 여행할 수 있고, 런던의 거리에는 마법의 세계가 숨겨져 있다.

《해리 포터》세계의 각 측면은 우리가 사는 세계와 분명히 연결되면서도 환상적인 수준까지 올라가 있다.《사자와 마녀와 옷장》에서 독자 역시 옷장을 통해 마법 세계로 들어간다. 그러나 그 마법 세계는 우리가 사는 세계와는 전혀 다르다. 게다가 현실 세계에서 우리는 옷장이 아니라 자동차나 버스, 기차를 타고 여행한다. 반면《해리 포터》속 '9와 3/4' 플랫폼은 탑승할 때까지 서성거려야만 하는 어두컴컴하고 음울한 전형적인 암트랙Amtrak 플랫폼이다.

또한《해리 포터》에는 해리와 친구들을 호그와트 마법 학교로 데려갈 기차에 탈 수 있는 비밀 통로가 있다. 그리고 마법 학교에 도착하면 덤블도어 교장 선생님이 학생들을 맞이한다. 우리가 늘

원했지만 한 번도 만난 적 없었던 현명한 교장 선생님 말이다. 마법 학교는 우리가 다녔던 일반적인 학교와 마찬가지로 수업, 점심시간, 학기, 방학, 끼리끼리 뭉치는 학생들, 좋아하는 선생님이 함께하는 방식으로 운영되지만 우리는 어둠의 마법 방어법 수업을 듣거나 여자 화장실에서 귀신을 만난 적은 없다.

호그와트 마법 학교는 그리핀도르와 후플푸프, 래번클로, 슬리데린라는 이름의 기숙사 네 곳으로 구분된다. 꽤 익숙한 배경일 것이다. 대학의 프래터니티fraternity(남학생 사교 클럽)나 소로리티sorority(여학생 사교 클럽)와 너무나 비슷하기 때문이다. 하지만 여기서 러싱rushing(대학 사교 클럽 입회 행사)은 빠졌다. 대신 '퀴디치'라는 스포츠가 들어가는데, 이것은 작가가 골대와 심판, 관중이 있는 농구를 바탕으로 만들어낸 게임으로 빗자루를 타고 공중에서 하는 점만 다르다. 네 기숙사가 서로 경쟁하는 가운데 게임의 화려함 그리고 선수들의 자부심은 올림픽이나 슈퍼볼로 이어지는 신경 연결을 만든다.

《해리 포터》의 세계에서는 모든 것이 익숙하지만 모든 것이 겉보기와는 다르다. 어떤 일이든 일어날 수 있는 곳이지만 결코 독자에게 모호하거나 낯설지는 않다. 광활하게 뻗어나가는 이 생태계의 모든 측면은 우리 삶의 어떤 부분과 관련이 있어서 우리가 이미 가지고 있는 생각과 연상, 기억에 직접 연결된다.

《해리 포터》의 성공은 첫 번째 영화가 만들어지기 한참 전부터 예정된 일이었다. 이는 롤링이 창조한 이 세계가 굉장히 도드라져서 시장을 장악하기 훨씬 전에 사람들의 마음부터 장악했기 때문이다. 그 후 일어난 일은 자연스러운 결과였다. 헤이데이 필름즈

Heyday Films와 디즈니 임원들, 젤리벨리Jelly Belly 같은 사탕 제조사, 레고LEGO나 마텔Mattel 같은 장난감 제조사가 들러붙어 라이선스를 받고 모든 것을 만들었다.

모든 분야에서 가장 성공한 브랜드는 바로 이와 같은 접근 방식을 따른다. 모두를 아우르는 세상을 만들어 마음속에 현저성을 크게 구축하는 것이다. 이런 브랜드가 만든 세계로 들어가면 그 세계만의 규칙과 특정한 가치관, 독특한 배경, 특정 유형의 사람이나 인물에 가끔은《해리 포터》시리즈에서 사용한 '패트로누스'나 '아치오'처럼 고유 언어까지 있음을 알게 된다.

이제 누군가는《해리 포터》는 복제 불가능한 아웃라이어Outlier라고 할지도 모른다. 하지만 진실은《해리 포터》라는 책이 한계가 없는 것처럼 성공한 원인을 이해하기 시작하면 어떤 분야에서든 큰 승리를 거둘 수 있다는 것이다. 그 패턴을 알고 나면 같은 방식을 도입해 사업이나 개인 브랜드, 심지어 대학 입학 원서도 만들 수 있다.

## 구글, 뇌를 연결하는 공간을 창조하다

구글도 미국과 세계 전 지역에 여러 사무실과 캠퍼스를 만들 때《해리 포터》와 비슷한 패턴을 따랐다. 구글 캠퍼스는 단지 기능성만이 아니라 임직원의 참여 극대화를 위해 설계되었다. 이 거대한 기술 기업의 현대적인 건축 디자인과 다채로운 인테리어, 조립식 장난감 같은 가구, 수없이 많은 편안한 좌석 옵션은 시작에 불과하다. 구글은 완벽하게 다양한 요소를 제공함으로써 직원들이 개인적인 삶의 측면에서도 몰입할 수 있도록 했다.

구글 캠퍼스에는 건강식품이 가득한 주방부터 세탁소와 러닝머신, 다른 건물로 이동할 때 타는 전동 스쿠터, 심지어 수면 캡슐까지 있다. 이런 환경이 바로 모두를 아우르는 다채로운 세상이자 일과 놀이 그리고 협업과 혁신의 기폭제가 된다.

여기에 악명 높은 사내 소프트웨어 개발 대회(퀴디치 경기의 구글 버전), 건강 상담, 스트레스 해소 마사지, 직원을 뽑을 때 찾는 '구글스러운Googley' 성격적 특성까지 더하면 누구나 들어가고 싶어 아우성치는 몰입형 세계를 만날 수 있다. 가장 일하기 좋은 기업으로 꾸준히 선정되는 구글에는 매년 300만 개 이상의 입사 지원서가 도착한다.

과거에 인사 분야나 기업의 리더는 이런 요소를 하나로 묶어 '회사 문화'로 분류했다. 하지만 직원 유지가 점점 더 어려워지는 현시대에는 몰입형 브랜드 세계immersive brand world를 만들어야 기업에 훨씬 도움이 된다. 《해리 포터》와 마찬가지로 브랜드의 정체성을 시각적으로 전달하고 가능한 한 다차원적 수준에서 사람들을 참여시켜 이들을 거의 자동으로 끌어들이는 것이다. 이는 결국 본능 모델에 입각해 마음속에 존재하는 익숙한 경로로 연결되는 요소를 만들고 삶의 여러 측면에 영향을 미치는 것으로 귀결된다.

접점은 많을수록 좋다. 이런 편재성ubiquity, 즉 널리 존재하는 현상은 물리적 뇌에 있는 수많은 연결의 결과로 브랜드의 현저성과 연관성, 명확성을 강화한다. 브랜드가 무한한 성공을 거두려면 사람들의 삶과 아주 많이 연결되어 사람들의 마음속에서 브랜드가 급속히 성장해야 한다. 간단히 말해서 시장에서 어떤 브랜드를 재무적으로 성장시키는 유일한 방법은 먼저 사람들의 마음속에서 브랜드에 대한 인식이 자라게 하는 것, 즉 작은 씨앗이 싹을 틔워 거대한 세쿼이아 나무가 되듯이 브랜드 커넥톰을 키우는 것이다.

## 연상과 기억의 가지, 브랜드 커넥톰

커넥톰이란 기본적으로 인간의 뇌 안에 있는 모든 신경 경로와 연결을 보여주는 지도다. 2005년에 처음 등장한 이 아이디어와 용어는 과학자들이 인간 게놈, 즉 인간의 유전 암호genetic code(단백질 아미노산 서열 정보를 갖는 DNA 또는 mRNA에 존재하는 염기 서열 정보나 규칙 ─ 옮긴이)를 해독하려는 시도에서 영감을 받았다. 2009년에 미국 국립보건원National Institutes of Health은 인간의 커넥톰 지도를 만들기 위해 '인간 커넥톰 프로젝트Human Connectome Project'라는 이름의 5년짜리 연구 프로젝트에 자금을 지원했다.

이 프로젝트의 목표는 인간이 어떻게 의사결정을 하는지 이해하는 것이었다. 이처럼 지도를 만들면 우리 뇌가 작동하는 복잡하고 다채로운 방식을 이전과는 전혀 다르게 들여다볼 수 있다. 그리고 과학자들이 뇌졸중이나 우울증, 주의력 장애와 같은 건강 문제를 연구하고 치료하는 데도 도움이 된다.

그리고 인간의 커넥톰 안에서 모든 브랜드와 아이디어, 개념은 자기만의 연상과 기억의 네트워크를 가지고 있다는 사실이 밝혀졌다. 이렇게 누적된 연상과 기억은 긍정적이든, 부정적이든 상관없이 시간이 지남에 따라 브랜드와 떨어질 수 없게 되어 신경 경로라는 물리적 네트워크를 형성한다.

나는 이 네트워크에 '브랜드 커넥톰'이라는 이름을 붙이고, 와튼스쿨 교수 마이클 플랫Michael Platt과 함께 쓴 글을 통해 이 개념을 소개했다. 뇌의 모든 연결망으로 구성된 인간의 커넥톰은 마음의 지휘통제소로서 우리의 정체성과 관점을 관장한다. 그리고 브랜드 커넥톰은 슈퍼마켓이나 인터넷, 투표소에서 매일 우리가 자동조종장치로 운항하는 비행기처럼 우리가 반사적으로 내리는 브랜드 의사결정을 관장하는 지휘통제소다.

모든 브랜드는 자기만의 커넥톰을 가지고 있으며 더 크고 상위 수준인 인간 커넥톰 안에서 선거 후보, 아이디어, 국가, 휴가 장소 등 모든 브랜드를 꺼내 마음속에 있는 연상과 기억의 패턴을 살펴볼 수 있다. 이런 기억과 연상은 우리 뇌 안에 있는 상호 연결된 거대한 벡터 위에 존재한다. 그리고 이 기억과 연상이 하나로 합쳐지면 본능적 행동을 지시한다.

여기서 정말 흥미로운 부분은 브랜드 커넥톰 내부에 무엇이 존재하는지 이해하는 것이다. 이 신경 경로에 있는 연상은 누군가는 코카콜라를 선택하지만 누군가는 펩시를 고르고, 어떤 사람은 공화당 후보에 표를 던지지만 어떤 사람은 민주당이나 무소속 후보에 투표하며, 일부는 코로나 백신을 맞으러 달려가지만 나머지는 거부하는 이유를 알려준다.

이런 물리적 네트워크에 누적된 연상과 기억 중 일부는 멀게는 어린 시절까지 거슬러 올라간다. 신경 경로에서 하나의 기억이 다음 기억과 연결되면서 어떤 브랜드에 관련된 다채로운 기억이 상호 연결된 복잡한 망이 뇌 안에 형성된다. 이미지, 상징, 경험, 인상 등 이런 다차원적 연상과 기억이 바로 전체적으로 우리가 하는 선택에 무의식적으로 영향을 미치는 요인이다.

특정 브랜드에 대한 긍정적 연상이 많이 생길수록 신경 경로는 더 많이 형성되어 브랜드의 커넥톰이 자란다. 애플이나 맥도날드, 구글 같은 대형 브랜드는 우리 머릿속에서 가장 탄탄한 브랜드 커넥톰을 갖춘 브랜드다. 이것이 바로 우리가 보통 휴지를 사러 갈 때 반사적으로 크리넥스를 선택하고 상처에는 밴드 에이드를, 흰옷에 진 얼룩에는 크로락스Clorox를, 막힌 싱크대에는 드라노Drano를 집어 드는 이유다. 사람들은 이 이름들이 휴지와 붕대, 표백제, 배수구 세척제 제품을 가리키는 일반적인 용어가 아니라 브랜드 이름이라는 사실조차 깨닫지 못한다. 그저 손을 뻗을 뿐이다.

모든 사람이나 장소, 사물은 브랜드로 볼 수 있다. 펩시나 코카콜라 같은 소비재부터 모건스탠리Morgan Stanley나 골드만삭스Goldman Sachs 같은 기업 간 거래에 이르기까지, 길모퉁이 베이커리부터 선거 후보에 이르기까지, 기후변화 방지와 같은 대의부터 《해리 포터》 같은 엔터테인먼트 프랜차이즈에 이르기까지 모든 것에는 각자 자기만의 브랜드 커넥톰이 있다.

어떤 브랜드 커넥톰은 다른 브랜드 커넥톰보다 크고 긍정적이어서 현저성과 연결을 창출한다. 반면 작거나 부정적인 브랜드 커넥톰은 의사결정에 거의 또는 전혀 영향을 미치지 못하고 결국 선택받지 못한다. 가장 효과적인 브랜드는 우리 머릿속에서 물리적으로 가장 많은 공간을 차지한다. 마치 모노폴리 게임처럼 뇌 안에서 가장 많은 부동산을 소유하고 가장 큰 물리적 영역을 차지한 브랜드가 승리하는 것이다.

시간이 가면서 우리는 특정 브랜드나 회사, 사람에 대한 정보를 무의식적으로 흡수한다. 이들과 연결된 모든 광경과 맛, 냄새는 물론이고 모든 사람과 장소, 생각까지 우리 뇌 안에 각자 가지고 있는 브랜드 커넥톰에 달라붙는다. 코카콜라나 펩시 같은 브랜드를 신경망의 중심 노드central node(중심이 되는 접점 — 편집자)라고 생각해보자. 인상이 쌓이면서 그 노드는 싹을 틔워 나뭇가지 모양의 연상으로 구성된 전체 생태계가 된다. 그런 다음 누적된 인상을 바탕으로 순간 눈 깜짝할 사이에 의사결정을 하는데, 핵심은 이렇다. '나는 선택을 통제할 수 없다. 내 브랜드 커넥톰이 통제하는 것이다.'

시장에 론칭된 브랜드는 소비자의 기억 속에서 자기만의 삶을 얻어 긍정적 연상과 부정적 연상의 증감에 따라 유기적으로 성장하거나 움츠러든다. 즉 브랜드 커넥톰은 소비자가 그 브랜드에 대해 갖는 연상에서 형성된다. 예를 들어 아이가 자랄 때 엄마가 프레고의 토마토소스를 사용했다면 그런 엄마의 생각이 아이의 뇌에서 프레고라는 브랜드와 물리적으로 연결될 것이다. 엄마가 그 토마토소스로 만든 치킨 파미지아나와 모차렐라 치즈 피자처럼 아이가 좋아하는 음식도 마찬가지로 연결된다.

또 아이가 너무나 좋아하는 삼촌이 매주 금요일 학교가 끝난 후 아이를 데리고 카벨Carvel이라는 아이스크림 가게에 갔다고 하자. 그러면 그때의 소중한 경험과 아이스크림의 독특한 소용돌이무늬는 다른 모든 연상과 더불어 아이의 머릿속 카벨 커넥톰의 일부가 될 것이다.

따라서 우리의 목표는 긍정적 연상을 계속 추가함으로써 브랜드 커넥톰의 크기를 늘리는 것이다. 본능의 힘을 뒷받침하는 내 철학 대부분과 마찬가지로 커넥톰의 유효성과 장기적인 성공은 결국 성장으로 이어진다. 코치, 롤 모델, 존경받는 친구 등 존중하는 누군가로부터 새로운 브랜드에 관한 이야기를 듣거나, 지역 운동장에 붙어 있는 게토레이 광고처럼 생활 방식이나 종교의식의 일부인 장소에서 특정 브랜드의 광고를 보거나, 자신의 관점과는 다른 관점에 노출될 때 우리 뇌는 성장한다.

이런 성장이 없으면 우리는 편협해지고 자기만의 방식에 갇힐 수 있는데, 그런 의미에서 성장하는 뇌는 성공하는 뇌다. 그리고 이는 더 건강하고 보다 관대한 관점 또는 행동으로 이어진다. 어떤 씨앗이 있다고 상상해보자. 이제 이 씨앗은 온갖 종류의 브랜드를 대신한다. 기업이나 제품일 수도 있고 레스토랑이나 카페일 수도 있다. 선거 후보나 사회운동일 수도 있고 음식이나 운동 습관일 수도 있다. 기업의 최고경영자나 운동선수, 음악가일 수도 있고, 예술 작품일 수도 있다. 사실상 생각할 수 있는 거의 모든 것일 수 있다.

이 씨앗은 무언가에 처음 노출되었을 때 마음속에 심어진다. 뇌에서는 그 지형을 가로질러 뻗어나가는 새로운 신경 경로가 형성된다. 토양과 태양, 물에 있는 영양분처럼 커넥톰에 연상을 더하면 더할수록 뿌리는 더 많이 뻗어나가고 가지는 더 많이 생겨난다. 커넥톰은 시간에 맞게 또는 더 빠르게 성장해 어떤 브랜드에 대한 긍정적 연상의 생태계가 된다. 그렇게 자란 커넥톰이라는 나무가 소비자의 뇌를 더 많이 뒤덮고 사람들의 삶에 많이 있는 익숙한 접점과 연결되면 마음 점유율mind share이 생긴다.

## 마음 점유율을 높이는 법

마음 점유율 또는 마인드 셰어는 예전부터 마케터들이 사용해온 용어다. 일반적으로 사용하는 정의 한 가지는 '특정 현상에 대한 대중의 상대적 인지도'다. '소비자가 특정 시장을 생각할 때 어떤 회사나 브랜드, 제품을 가장 먼저 생각나게 하려는 시도'라고 정의하는 이들도 있다. 하지만 마음 점유율이란 진짜 무엇이고 어떻게 측정하며 그 달성 과정은 어떤지 명확하게 이해한 사람은 지금까지 없었다. 어떤 브랜드가 사람들의 마음에서 가장 먼저 떠오르게 하는 일은 마치 영원히 도달할 수 없을 것만 같은, 개념상으로만 존재하는 소망처럼 보였다.

결론적으로 마음 점유율은 전혀 개념적이지 않으며 오히려 물리적이다. 에렌버그-배스 연구소Ehrenberg-Bass Institute의 바이런 샤프Byron Sharp와 제니 로마니우크Jenni Romaniuk는 그들이 브랜드 현저성이라고 부르는 마음 점유율을 가리켜 '구매 상황에서 눈에 띄거나 생각나는 경향'이라고 설명한다. 그러나 현재까지는 그 누구도 현저성 아래에 무엇이 있는지 정말로 이해하지 못했다.

결론부터 말하면 어떤 브랜드가 현저성을 갖추려면(즉 소비자가 가장 먼저 떠올리는 브랜드가 되려면) 경쟁하는 카테고리 내에서 가장 탄탄한 브랜드 커넥톰을 반드시 갖춰야 한다. 다시 한번 말하지만 가장 중요한 것은 바로 이 신경망의 크기다. 어떤 브랜드의 물리적 영역이 너무나 커서 경쟁사의 브랜드 커넥톰을 가릴 때 그 브랜드는 대중의 기억을 지배해 대중이 가장 먼저 찾거나 손을 뻗는 대상이 된다. 한마디로 대중이 반사적으로 찾는 선택지가 되는 것이다.

현저성은 단지 결과일 뿐이다. 브랜드 커넥톰이야말로 현저성의 기저에 자리한 지휘통제소로서, 우리는 이 중요한 지표에 영향을 미치기 위해 키우고 관리해야 한다.

기업에서는 마음 점유율을 추정할 수 있는 지표로 경쟁사 브랜드 대비 자사 브랜드의 상대적 인지도를 오랜 시간 사용해왔지만 이는 1차원적 시각이다. 브랜드가 잘 알려지거나 잘 광고되는 것만으로는 충분하지 않다. 다양한 연상을 무수히 많이 갖춰야 한다. 현저성은 마음 점유율이 현대적으로 진화한 결과이며 브랜드 구축에서 매우 유용한 방법이다. 가능한 한 가장 크고(가장 눈에 띄고) 가장 긍정적이며 독특한 커넥톰을 만들어내야 해당 카테고리에서 가장 먼저 자동으로 선택되는 브랜드가 될 수 있다.

## 우리가 엠앤엠즈에 손을 뻗는 이유

한 예로 엠앤엠즈를 살펴보자. 엠앤엠즈의 커넥톰은 거대하며 그 현저성은《해리 포터》와 맞먹는다. 회사는 자체적으로 엠앤엠즈 세계를 창조했으며 이 세계는 1941년 제품이 처음 출시된 이후 사람들의 삶에서 수많은 측면에 영향을 미쳤다.

하지만 이 브랜드가 보여준 지속성이야말로 가장 놀라운 일이었다. 생카카오와 유기농 무첨가 식품, 영양가 높은 간식의 시대에 인공적으로 착색 및 가미하고 설탕으로 코팅한 밀크 초콜릿 덩어리라니. 심지어 〈세서미 스트리트〉에서 과자를 너무 사랑하는 캐릭터인 쿠키 몬스터조차도 건강을 의식하는 시대다. 현재의 문화적 트렌드를 볼 때 엠앤엠즈의 매출은 줄어들어야 마땅하다. 그러나 엠앤엠즈는 2021년 9억 9,000만 달러 규모의 브랜드로 매년 7.7퍼센트씩 성장하고 있다. 이는 전적으로 끊임없이 진화하는 브랜드 커넥톰 덕분이다.

포레스트 마스Forrest Mars는 스페인 내전에 참전한 병사들이 가장 좋아하는 간식에서 영감을 받아 1930년 엠앤엠즈에 대한 아이디어를 생각해냈다. 외딴 지역에서 참호 사이를 이동하는 병사들은 설탕으로 딱딱하게 코팅된 작은 초콜릿 조각을 휴대하는 경우가 많았다. 잘 녹지 않아서 특히 편리했는데, 마스는 나중에 이 사실을 엠앤엠즈의 유명한 슬로건 '당신의 손이 아니라 입안에서 녹아요'에 반영했다.

그즈음 영국에도 다소 비슷한 사탕이 있었지만 마스는 1941년 3월 딱딱한 초콜릿 코팅 껍질 공정에 대한 특허를 확보했으며 그 후 얼마 지나지 않아 생산을 시작했다. 엠앤엠즈 브랜드 커넥톰의 씨앗이 심어진 것이다. 1954년에 출시된 땅콩이 들어간 엠앤엠즈처럼 기술 혁신도 일부 있었지만 엠앤엠즈라는 브랜드는 1980년대 해외 시장으로 진출하기 전까지는 큰 변화 없이 지속되었다.

1980년대에 회사는 크리스마스 버전의 엠앤엠즈를 출시했고 이때부터 다양한 홀리데이 버전의 제품이 상당 기간 브랜드의 핵심 제품으로 자리매김했다. 심지어 1980년대 우주 비행사의 요청에 따라 나사NASA의 우주 왕복선 임무에 포함되어 엠앤엠즈 제품이 우주로 진출하기도 했다. 요컨대 이 시기에 엠앤엠즈라는 브랜드 커넥톰의 씨앗이 싹을 틔웠으며 조금씩 성장하고 있었다. 하지만 커넥톰이 만개한 것은 1990년대가 되어서였다.

미국에서 가장 많이 팔리는 초콜릿 브랜드인 엠앤엠즈가 계속해서 매출이 증가하고 시장점유율을 장기간 유지할 수 있었던 이유는 알다시피 설탕 코팅 기술과 이를 바탕으로 만든 초콜릿 제품 덕분이었다. 하지만 이는 아주 일부 요인일 뿐이다. 사실 엠앤엠즈의 제품 자체는 21세기 음식 트렌드에 비춰 볼 때 꽤 문제가 있는 편이다. 그렇지만 거대하면서도 끊임없이 확장하는 브랜드 커넥톰을 신중하게 관리하고 지속적으로 육성한 덕분에 수십 년 동안 연관성과 현저성을 유지할 수 있었고 그 결과 매출을 증가시킬 수 있었다.

1950년대 회사는 엠앤엠즈 캐릭터 두 가지를 시장에 내놓았지만 1990년대에 이 아이디어를 확장해서 전체 캐릭터 구성을 완성하기 전까지는 회사 마케팅의 핵심이 아니었다. 그전에는 작고 동그란 초콜릿 조각 하나하나에 도드라지게 새겨진 하얀색 'm'이 있었다. 이 문양은 원래 1950년 검은색으로 시작했다가 1954년 하얀색으로 바뀌었으며 엠앤엠즈 초콜릿의 장수 로고가 되었다. 하지만 이후 포장지와 광고에 다양한 캐릭터가 등장하면서 이 작고 단단한 껍질 안에 있는 초콜릿에 말 그대로 생명을 불어넣었다.

엠앤엠즈의 모든 캐릭터는 소비자용 포장 디자인이라기보다는 엔터테인먼트 기업을 대표하는 전략의 하나로 각자 나름의 성격과 약점, 배경을 갖도록 개발되었다. 그리고 엠앤엠즈의 커넥톰 일부가 되어 정적이며 생명력 없는 초콜릿 조각이 결코 가질 수 없을 것만 같은 방식으로 브랜드를 인간답게 만들었다.

사실 엠앤엠즈 외에도 마스코트가 있는 브랜드는 많이 있다. 켈로그Kellogg 콘푸로스트에는 토니라는 이름의 호랑이가 있다. 에너자이저Energizer에는 35년 이상 '오래가는 배터리'를 달고 달리는 에너지 넘치는 토끼가 있다. 하지만 이들 마스코트 가운데 어느 것도 엠앤엠즈의 캐릭터만큼 완벽하게 많은 인간적 특성을 갖추도록 개발되지 않았다. 2023년 엠앤엠즈 사탕 대변인spokescandies의 외모가 바뀐 뒤에 발생한 논란은 사람들이 엠앤엠즈 캐릭터 그리고 이 캐릭터와 맺은 본능적 연결을 마음속으로 얼마나 강하게 느끼고 있었는지 보여준다.

물론 엠앤엠즈의 커넥톰에 관한 한 엠앤엠즈 캐릭터가 퍼즐의 유일한 조각일 리는 없다. 엠앤엠즈는 다른 브랜드들이 실패한 일을 해냈다. 바로 브랜드 커넥톰을 계속 확장해서 점점 더 건강을 찾는 세상에서 연관성을 유지하는 것이었다. 1990년대부터 2000년대까지 엠앤엠즈는 초콜릿 사탕이라기보다는 완벽한 간식으로 자리매김하기 시작했다. 회사는 영리하게도 땅콩버터 엠앤엠즈나 프레첼 엠앤엠즈 같은 브랜드의 '간식' 측면을 키우는 온갖 종류의 획기적인 제품을 선보인 것이다. 이를 통해 브랜드에 전에 없던 일종의 허용성permissibility 연상, 즉 달콤한 설탕 코팅을 입힌 초콜릿 안에 땅콩만 들어 있는 게 아니라 실제 식품으로서 가치가 들어 있다는 생각이 더해졌다.

이제 마케팅의 초점은 초콜릿 껍질에 대한 홍보에서 그 껍질 안에 들어있는 부드러운 땅콩버터나 바삭한 프레첼로 옮겨 갔다. 포장 디자인에는 오렌지색 엠앤엠즈 초콜릿이 X선 검사 장비를 통과하면서 설탕 코팅 아래에 프레첼이 선명하게 보이는 모습을 훌륭하게 담아냄으로써 이 초콜릿이 가지는 식품으로서의 가치와 재료에 관한 회사의 투명성을 소비자에게 즉각적으로 전달했다.

한편 회사에서는 허용성과 관련해 조리법과 함께 계량스푼, 믹싱 볼 등의 조리 도구를 제공해서 엠앤엠즈를 베이킹으로 연결했다. 이는 두 가지 차원에서 효과가 있었다. 엠앤엠즈가 '단순한 초콜릿 조각'이 아니라 진짜 식품이라는 인상을 주었을 뿐만 아니라 사람들의 뇌가 엠앤엠즈를 부모와 자녀 또는 조부모와 손주가 종종 함께 즐기는 건전한 활동과 연결하도록 한 것이다.

할머니와 아이가 함께 쿠키 반죽을 펴서 엠앤엠즈 초콜릿을 올린다. 그리고 오븐 안에서 쿠키가 부풀어 오르는 모습을 지켜본다. 시간이 지나고 오븐 선반에서 뜨거운 쿠키를 꺼내 다 같이 간식을 먹는다. 물론 엠앤엠즈가 이를 굳이 말로 전할 필요는 없다. 뇌에는 이미 베이킹과 연결된 긍정적 연상이 무수히 많아서 이런 아이디어가 기존 네트워크에 편승하고 있기 때문이다. 이제는 엠앤엠즈 베이킹 비트의 포장지만 보면 우리 뇌에 있는 저 물리적 연결이 엠앤엠즈 브랜드를 할머니와 함께 쿠키를 굽는 긍정적 감정과 관련짓는다.

이처럼 건전한 연상이 커넥톰을 지배하고 있으므로 사람들은 더 이상 엠앤엠즈를 인공적으로 착색하거나 가공한 식품으로 생각하지 않는 것이다. 이제 다른 간식보다 엠앤엠즈 초콜릿 포장지에 손을 뻗는 모습이 본능적 행동인 이유를 알았을 것이다.

## 브랜드는 어떻게 확장되는가

엠앤엠즈의 가지는 계속 퍼져나가 한때는 있을 법하지 않아 보였지만 지금은 당연하게 여기는 영역에서도 자라나고 있다. 바로 스포츠팀이다. 인터넷에 접속하면 좋아하는 야구팀이나 미식축구팀 로고가 붙어 있는 엠앤엠즈 초콜릿과 함께 테마가 있는 옷까지 살 수 있다.

대체 초콜릿과 야구가 무슨 관련이 있을까? 그 자체로는 그리 큰 연관성이 없지만 야구는 미국에서 전통적으로 사랑받는 스포츠다. 만일 야구 팬에게 자기 팀을 상징하는 색깔과 팀 로고가 새겨진 엠앤엠즈 초콜릿 한 봉지를 받으면 좋아할 것이다. 그리고 그 초콜릿 봉지를 무릎 위에 올려놓으면 엠앤엠즈 브랜드를 자신의 팀과 연관 지어 생각할 것이다.

많은 사람이 알고 있듯이 일부 스포츠 팬은 매우 열광적이며 그중에서도 홈팀에 대한 열정은 광기에 가깝다. 이처럼 열정적인 팬이 엠앤엠즈 초콜릿을 먹으면 이들이 응원하는 팀에 대한 열정 일부가 자신도 모르게 엠앤엠즈 초콜릿으로 옮겨 간다. 다시 한번 말하지만 우리 뇌를 재구성하고 본능적 브랜드 선호에 영향을 미치는 이 모든 것은 물리적으로 이루어진다.

여기에 더해 광고에서 자유의 여신상이나 버킹엄 궁전 근위병처럼 차려입고 등장하는 엠앤엠즈 캐릭터는 시청자가 가지고 있는 국민적 자부심과 연결된다. 엠앤엠즈의 미스 그린 캐릭터가 뉴욕의 지하철 환풍구 바람에 흩날리는 치맛자락을 누르며 미소 짓는 매릴린 먼로처럼 나타나거나, 네 명의 사탕 대변인이 3,000만 장 넘게 팔린 비틀스의 명반 〈애비 로드Abbey Road〉의 커버처럼 걸어갈 때도 마찬가지로 새로운 연상이 형성된다.

우리가 사랑하는 영화배우와 록스타, 배우 모두가 엠앤엠즈의 이 거대하고 과감한 브랜드 커넥톰에 추가된다. 또한 엠앤엠즈는 겨울에는 빨강과 초록을, 독립기념일에는 빨강과 하양, 파랑을 사용하는 등 다양한 계절과 휴일에 맞춰 이를 기념하는 포장 디자인과 제품 색상을 다채롭게 선보인다.

이처럼 우리 삶의 소중하고 익숙한 모든 측면에 엠앤엠즈라는 브랜드가 연결되면서 긍정적 연상이 쌓여간다. 심지어 이번 장에서 지금 이 부분을 읽었을 때조차도 긍정적 연상이 떠올랐을 것이다. 어쩌면 엠앤엠즈 초콜릿이 비틀스로 분장한 모습은 본 적이 없을지 모르지만 지금 우리 뇌 안에는 비틀스와 엠앤엠즈를 연결하는 경로가 생겼다. 매릴린 먼로와 엠앤엠즈 사이에도 경로가 존재한다. 그리고 엠앤엠즈와 갓 구운 쿠키를 연결하는 경로는 이미 생겨났을 것이다.

브랜드가 영역을 확장함에 따라 뇌에서는 두 지점 사이에 연결을 만든다. 그리고 새롭게 놓인 신경 경로가 엠앤엠즈의 브랜드 커넥톰을 천천히 확장해 계속해서 더 커지게 한다. 이는 마치 수많은 점을 강제로 연결해서 서로 연결된 경로를 새롭게 형성하는 것과 같다. 이제는 '그냥 초콜릿일 뿐이야'라는 한 가지 연상이 아니라 수천 개에 이르는 훨씬 더 많은 연상을 가지고 폭발적으로 연결을 확장해 거대하고 지배적인 생태계를 생성한다.

그 결과 이런 연상은 초콜릿 주변에 가상의 '선의의 완충지대'를 만들어, 건강을 의식하는 문화적 흐름 속에서도 엠앤엠즈의 위상과 현저성을 거의 반사적으로 선택하는 간식의 수준으로 끌어올린다. 또한 베이킹과 애국심에서 우리가 사랑하는 셀럽과 스포츠팀에 이르기까지 우리 삶에 닿는 이 모든 다양한 접점은 하나로 합쳐져 엠앤엠즈를 본능적으로 선호하는 선택지로 만든다.

그러면 작은 회사나 벤처기업은 어떨까? 본능적 선택을 만들어내기 위해 엠앤엠즈와 같은 거대한 브랜드가 될 필요는 없다. 아직 사업이 자리를 잡지 못해 흔들리고 있더라도 얼마든지 자기 카테고리의 대규모 경쟁사와 맞먹는 브랜드 커넥톰을 구축할 수 있다. 먼저 기존 경쟁사의 커넥톰을 모니터링하는 것부터 시작해보자. 사람들이 경쟁사에 대해 가지고 있는 연상을 연구하면 경쟁사의 약점을 파악할 수 있다. 그리고 이를 통해 추진하는 사업이나 대의명분, 아이디어를 어떻게 포지셔닝할 것인지 판단할 수 있다.

이제 막 시작한 브랜드는 신중하게 커넥톰을 정의할 수 있다는 점에서 여러모로 장점이 있다. 처음부터 의식적으로 브랜드의 커넥톰을 개발하면 그 성장 과정을 더 잘 추적하고 관리할 수 있다. 게다가 긍정적이든, 부정적이든 오랜 시간 누적된 연상으로 가득 찬 커넥톰을 가지고 있는 유서 깊은 브랜드와는 달리 새로운 브랜드는 백지상태나 다름없다. 이는 어떤 마케팅 및 커뮤니케이션 활동으로 목표를 달성할 수 있는지 더 꼼꼼하게 들여다볼 수 있다는 의미다.

제대로 진행되는 경우 뇌에서 이 엄청난 양의 연상으로 많은 공간을 차지하는 브랜드는 본능적 선택이 된다. 따라서 진정한 마음 점유율을 확보하고 자신이 원하는 대로 사람들이 의사결정을 하도록 유도하려면 사람들의 뇌 안에서 자기 브랜드의 커넥톰을 키워 새로운 가지와 뿌리를 돋우고 가꿔서 신경 경로가 자라게 해야 한다. 나는 이 과정을 '뇌 브랜칭Brain Branching®'이라고 부른다.

## 뇌 브랜칭으로 마음 점유율 확보하기

뇌는 학습 장치다. 뇌에서 어떤 브랜드에 관해 무언가 새롭고 의미 있는 것을 학습하면 새로운 연상이 기존 가지돌기dendrite(수상돌기로 부르기도 함―옮긴이) 또는 짧게 줄여서 가지branch에 추가된다. 그런데 이 가지가 연상으로 가득 차면 새로운 정보가 갈 곳이 없다. 그래서 새로운 가지가 싹을 틔워서 이 새롭게 추가되는 연상을 담아야 한다. 이 과정을 가지돌기 분지dendritic arborization('가지내기'로 풀어 말하기도 함―옮긴이)라고 한다.

식물이 새잎을 내는 것처럼 뇌 브랜칭은 브랜드의 건전성을 나타낸다. 이는 브랜드가 살아 움직이는 존재이며 새로운 기억과 연상을 추가함으로써 진화하고 성장한다는 의미다. 만약 특정 브랜드에 대한 연상이 풍부하게 추가되면 그 브랜드는 뇌의 기억 구조를 더 많이 차지하게 되어 결국 본능적으로 선호하는 브랜드가 된다.

현직 효과incumbency advantage라는 말을 들어봤는가? 이는 보통 정치에서 현직에 있는 후보자가 경쟁자를 물리치고 다시 당선할 가능성이 크다는 뜻이다. 미국 대통령 선거에서는 1792년 초대 대통령 조지 워싱턴이 재선에 성공했다. 의회에서도 이런 효과를 발견할 수 있는데, 가깝게는 2020년 선거에서 현직 의원의 93퍼센트가 각자의 지역구에서 승리했다. 1964~2022년 동안 미 하원과 상원의 평균 재선율은 각각 93퍼센트와 83퍼센트에 이른다.

이 통계가 그렇게 놀라운 현상은 아니다. 현직 의원은 재임하는 수년간 대중에 노출되어 평판을 쌓기 때문이다. 이처럼 반복적인 노출은 수백만 달러짜리 광고를 무료로 하는 것과 같아서 현직 의원을 이기기 어려운 이유가 된다. 그렇지만 대중적 노출이 현직 효과의 유일한 이유는 아니다.

대통령은 재임 기간에 더 큰 위상과 가치를 갖는데, 다시 한 번 말하지만 이는 긍정적 연상의 결과다. 우리는 대통령이 전 세계의 최고 지도자들과 교류하고 유엔에서 연설하며 오벌 오피스Oval Office(백악관 내 대통령 집무실의 별칭—옮긴이)에서 법안에 서명하는 모습을 심심치 않게 본다. 연두교서State of the Union Address(연초에 미국 대통령이 국정의 방향을 밝히는 연설—편집자)를 할 때 대통령은 미국 국회의사당 건물 내 하원 회의장에서 모든 의원 앞에 선다. 이때 대통령 뒤로는 거대한 흑백 대리석 기둥이 우뚝 서 있고 그 사이로 성조기가 경건하게 늘어뜨려져 있으며 양쪽에는 황금색 파스케스fasces(나무 다발에 묶인 도끼로, 지도자의 권위와 힘을 상징하는 물건—편집자)가 걸려 있다.

이런 상징물에는 안정이나 민주주의, 인내와 같은 연상이 내재되어 있으며 사실상 우리 사회가 가지고 있는 가장 큰 열망을 담고 있다. 현직 대통령이 이런 상징물과 함께 사람들의 눈에 들어올 때 여기에 내재된 연상이 대통령에게 부여된다.

마찬가지로 브랜드는 그 브랜드가 가지고 있는 연상을 보면 알 수 있다. 따라서 이런 연상은 우리가 현직에 있는 사람에게 느끼는 가치와 존경의 수준을 끌어올린다. 마치 우리 마음이 그들을 받들어 모시는 것처럼 말이다.

국회의원도 다를 것은 없다. 이들이 연단의 뒤에 서서 연설하고 지역사회나 주, 국가의 리더와 만나며 결정적인 청문회에 나타나는 모습을 볼 때 이는 우리 마음속에서 새로운 물리적 연결을 계속 생성한다. 이처럼 권위 있는 자리에 있는 국회의원을 긍정적인 시각으로 더 많이 볼수록 우리 뇌에서는 가지가 더 많이 뻗어나갈 것이다. 그러면서 힘과 리더십, 가치를 함축하는 모든 의미가 우리 뇌에 물리적으로 이식된다. 그러니 현직 의원을 이기기가 그토록 어려운 것도 당연하다. 현직 의원이 선거에 질 가능성이 큰 경우는 유권자의 마음속에 형성된 커넥톰에 긍정적 연상 대신 부정적 연상이 많이 쌓였을 때다.

긍정적 접점이 많을수록 선거 후보자에 대한 대중의 인식은 더 크게 올라간다. 이런 이유에서 버락 오바마 대통령은 두 번째 임기를 위해 출마했을 때 〈더 뷰 The View〉나 〈지미 키멀 라이브! Jimmy Kimmel Live!〉 같은 프로그램에 출연했다. 그러는 사이 영부인인 미셸 오바마는 2013년 아카데미 시상식에서 영상을 통해 작품상을 시상했다. 오바마 대통령의 선거운동본부에서는 분명 이런 추가적인 접점을 통해 오바마라는 브랜드 커넥톰이 가진 연관성이 정부를 넘어 대중문화 영역으로 확대되어 더 많은 가지가 생기리라는 걸 알았을 것이다.

정상에 오르는 것은 어려운 일이다. 가지가 갈라지고 늘어난 가지들이 사람들의 마음을 장악해 낡은 마음을 제거하고 새로운 마음을 가져와야 한다. 그럼으로써 브랜드 커넥톰을 해악(즉 상대방의 공격)으로부터 보호해야 한다.

## 개인 브랜드에서 라이프스타일 브랜드로

한편 현직 정치인만이 거대하고 탄탄한 커넥톰을 키워 성공할 수 있는 것은 아니다. 모든 개인 브랜드에도 같은 일이 일어날 수 있다. 나아가 자기만의 개인 브랜드를 구축하고 싶은 사람은 누구나 자기 카테고리에서 최고의 브랜드, 즉 GOAT<sub>Greatest Of All Time</sub>의 성공 사례를 연구함으로써 많은 것을 배울 수 있다.

귀네스 팰트로의 굽<sub>goop</sub>, 칩 게인즈와 조애나 게인즈의 매그놀리아<sub>Magnolia</sub>, 제시카 알바의 어니스트 컴퍼니<sub>The Honest Company</sub>도 유명한 브랜드지만 그 이전에 오프라 윈프리가 있었다. 오프라 윈프리는 개인 브랜드를 진정한 라이프스타일 브랜드로 확장한 최초의 셀럽이라고 볼 수 있다. 테네시주 내슈빌 지역 방송국의 저녁 뉴스를 공동 진행하는 앵커였던 오프라는 방송 즉시 대중의 관심을 사로잡았다. 1986년 방송을 시작한 〈오프라 윈프리 쇼<sub>The Oprah Winfrey Show</sub>〉가 〈필 도나휴 쇼<sub>Phil Donahue Show</sub>〉를 몰아내고 낮 시간대 토크쇼 중에 1위 자리를 차지한 것도 그다지 놀랄 일은 아니다.

이유는 간단하다. 시청자가 보기에 오프라의 친밀한 토크 스타일은 마치 우리 집에 온 친구와 거실에서 이야기를 나누는 것처럼 느껴졌기 때문이다. 오프라는 시청자가 신뢰할 수 있고 속내를 털어놓을 수 있는 사람이었다. 그녀는 체중 감량과 관련해 개인적 고민을 진지하게 말하고 어린 시절 겪은 성적 학대에 대해 기꺼이 이야기하며 다양한 주제에 대한 자기 생각을 전하는 데 두려움이 없었다. 시청자의 마음에 그녀는 단지 토크쇼 진행자나 셀럽이 아니라 비밀을 털어놓을 수 있는 소중한 친구이자 인생의 동반자였다.

시청자의 뇌는 오프라에게 반복해서 긍정적으로 노출되고 그 과정에서 커넥톰이 성장하면서 거의 가족과 같은 유대감을 느끼기 시작했다. 그리고 오프라가 이처럼 시청자의 뇌 속 기억 구조로 들어가면서 어떤 면에서는 말 그대로 시청자와 하나가 되었다.

오프라의 초기 성공은 이렇게 설명할 수 있다. 하지만 이것이 이후 오프라가 거둔 눈부신 성공의 요인은 아니다. 《해리 포터》나 엠앤엠즈와 마찬가지로 오프라도 엔터테인먼트를 넘어 우리 삶의 많은 측면으로 개인 브랜드를 다각화했다. 이는 오프라의 브랜드 커넥톰이 시청자뿐만 아니라 일반 대중의 마음에서도 성장하는 결과를 낳았다.

오프라는 WW(이전 사명은 웨이트워처스WeightWatchers로 체중 감량, 정신 건강 등 종합 다이어트 프로그램 서비스 기업―옮긴이)의 대변인이 되었으며 세계적으로 유명한 북클럽을 만들었다. 그리고 오프라 윈프리 자선 재단을 설립해 다양한 곳에 4억 달러를 기부했다. 나아가 TV 토크쇼 하나로는 성에 차지 않는 듯 '오프라 윈프리 네트워크OWN'라는 이름의 종합 방송국까지 설립했다. 사람들은 오프라가 전하는 영양 섭취 제안과 요리법, 다이어트 팁을 복음처럼 받아들였다. 오프라의 북클럽은 가장 뛰어난 최고의 작가를 소개했다. '오프라'의 인증 도장이 찍힌 책은 〈오프라 윈프리 쇼〉에 소개되었고 일주일 뒤면 판매량이 평균 420퍼센트나 늘어났다.

오프라의 가지는 너무 많은 방향으로 뻗어나가 헤아리기 힘들 정도지만, 그 가지 하나하나는 우리 삶에 있는 여러 접점에 도달한다. 그녀의 브랜드는 다차원적이며 우리의 신경 경로를 물리적으로 지배한다. 우리는 오프라 윈프리 쇼의 애청자일 수도 있고 이 쇼를

한 번도 본 적이 없을 수도 있다. 열다섯 살이거나 아흔다섯 살일 수도 있으며, 미국이나 아프가니스탄에 살고 있을지도 모르지만, 사실 누구인지는 중요하지 않다. 오프라의 커넥톰은 너무나 포괄적이어서 전 세계 어디에서나 오프라를 안다.

오프라는 성공을 꿈꾸고 영감을 주는 여성이었으며 여전히 그렇다. 별로 가진 것 없이 시작해서 2000년대 초 최초의 흑인 여성 억만장자이자 거대 미디어 제국의 리더가 되었다. 하지만 어찌 된 일인지 오프라는 여전히 우리와 같은 평범한 사람이라고 느껴진다. 그래서일까. 2020년 대통령 선거에 앞서 PBS〈뉴스아워 NewsHour〉와 NPR, 마리스트 칼리지 Marist College가 함께 진행한 여론조사에서 등록 유권자의 절반이 오프라가 출마한다면 그녀에게 표를 던지겠다고 응답했다. 만약 오프라가 정말로 출마했다면 결과가 어떻게 되었을지 누가 알까? 오프라처럼 탄탄하고 다차원적인 커넥톰을 가지고 있다면 현직 효과를 뒤집기에 충분했을지 모른다.

오프라 윈프리의 사례를 통해 씨앗을 한 곳에만 심는 것이 아니라 들판 전체를 가로질러 뿌리면 브랜드가 뇌 전체로 가지를 뻗는다는 것을 알 수 있다. 대중의 마음속에 있는 여러 접점에 닿는 현직 정치인도 마찬가지다. 수년간 커넥톰을 구축해온 후보자는 엄청난 우위를 갖지만, 새롭게 도전하는 이들은 앞다퉈 진입해서 신속하게 자기 브랜드를 확립하기 위해 노력해야 한다.

오프라와 같은 셀럽들이 그토록 놀라운 성공을 이룰 수 있었던 것은 이들 또한 부인할 수 없을 정도로 거대하고 긍정적인 커넥톰을 키웠기 때문이다. 오프라 역시 다른 모든 사람과 마찬가지로 아무도 모르는 씨앗으로 시작했다. 이것이 바로 뇌 브랜칭이 실제로 작동하는 놀라운 모습이다. 그리고 규칙을 따르는 한 누구나 이를 실현할 수 있다.

다시 말하지만 핵심은 연결을 만드는 데 있다. 성공하기 위해서는 대중의 마음속에서 자기 브랜드를 계속 성장시키고 그 가지가 계속 갈라져 뻗어나가게 해야 한다. 뇌 전체에 걸쳐 물리적으로 연상을 겹겹이 쌓으면 믿기 어려울 정도의 현저성을 만들어내 경쟁 브랜드가 아무리 많더라도 반사적으로 선택하는 브랜드가 된다.

## 나무 한 그루가 거대한 숲이 되기까지

모든 것은 첫 번째 씨앗에서 시작된다. 그 씨앗은 책의 첫 장일 수도 있고 작은 초콜릿 조각을 둘러싼 단단한 설탕 코팅일 수도 있다. 선거 운동일 수도 있으며 지역 TV 방송국의 일자리일 수도 있다. 그게 무엇이든 상관없다. 이번 장을 시작하면서 나는 시장에서 어떤 브랜드를 재무적으로 성장시키는 유일한 방법은 먼저 사람들의 마음속에서 그 브랜드에 대한 인식이 자라게 하는 것, 즉 작은 씨앗이 싹을 틔워 거대한 세쿼이아 나무로 커가는 것이라고 말했다.

그런데 사람들에게는 조금 덜 알려졌지만 세쿼이아 나무보다 좀 더 나은 비유가 될지도 모르는 나무가 있다. 팀맘마 마리마누 Thimmamma Marrimanu는 인도 동남부에 있는 550년 이상 된 한 그루의 반얀트리로 불교, 힌두교 및 기타 동양 종교 신도에게 종교적 의미가 있으며, 2만 평방미터가 넘는 면적에 걸쳐 세계에서 가장 큰 나무 그늘을 드리우고 있다.

헬리콥터 등을 타고 위에서 보면 이 나무가 만든 거대한 덮개가 주변 풍경을 압도한다. 만약 이 나무가 없었다면 건조하고 메말랐을 대지에 나무는 깊이 뿌리내리고 가지를 뻗어 영속과 생명, 성장의 상징이 되었다. 단 한 그루의 나무임에도 불구하고 이 나무의 가지는 사방으로 뻗어나가 서로 얽히고설켜서 자기만의 숲을 형성한다. 그리고 그 아래에는 거대한 망을 이룬 뿌리가 토양 전체에 퍼져 있다. 이 나무가 자기 힘으로 계속 그 자리에서 자란 것은 아니다. 지역의 산림부에서 조심스럽게 보살피면서 어린뿌리는 더 넓게 퍼지고 더 큰 뿌리는 계속 자라도록 유도했다.

독자 여러분의 브랜드 커넥톰도 팀맘마 마리마누 나무처럼 성장하고 번성할 수 있다. 다만 그러기 위해서는 계속해서 물과 토양, 영양분을 더해야 한다. 그렇지 않으면 브랜드는 잠재력을 최대로 발휘하지 못할 것이다.

## 법칙 03 제품과 욕망을 연결하라

> 소비자에게 우리 브랜드를
> 사라고 강요할 순 없지만
> 그들의 본능적 행동을 바꿀 순 있다.

1990년대 중반, 한 거대 치즈 제조사가 모든 포장과 광고에서 소와 농장, 외양간 이미지의 사용을 피하겠다고 선언했다. 이 회사는 치즈를 잘게 잘라 포장한 슈레드 치즈를 대대적으로 출시하면서 치즈가 어디에서 오는지에 초점을 맞추는 대신, 편의성에 초점을 맞춘 제품 혁신을 무기로 마케팅 활동을 전개했다. 슈레드 치즈는 미국 전역의 바쁜 부모들이 준비하는 식사 시간, 심지어 간식 시간까지 더 쉽고 더 간단하게 만들어주었다. 아이들이 나초를 먹고 싶다고 아우성칠 때 강판을 꺼내 치즈 덩어리를 잘게 갈 여유가 있는 사람이 어디 있을까?

회사에서는 피자 파티를 위한 모차렐라 치즈, 타코 요리를 위한 시그니처 치즈 블렌드, 아침에 달걀을 더 맛있게 해주는 페퍼 잭 치즈 등 갖가지 방식으로 맞춤형 슈레드 치즈를 포장해 수백만 개를 판매했다. 그러나 이후 거의 모든 광고 및 홍보 활동이 이 슈레드 치즈와 다시 밀봉할 수 있는 포장에 초점을 맞추면서 회사가 의도치 않은 새로운 연상이 서서히 소비자의 마음속에 쌓여갔다. 시간이 지나면서 이런 연상은 암묵적 장벽으로 바뀌었다. 미리 잘게 잘라서 포장한 제품은 진짜 치즈가 아니었던 것이다. 고도로 가공되어 자연스럽지 않으며 비닐 포장 안에 들어 있는 혼합물일 뿐이었다. 그 후로 이 치즈 브랜드는 시장점유율을 계속 잃었다.

이들이 소 이미지를 포장에 넣지 않은 건 제품에 거름 냄새나 더러움, 심지어 지구 온난화(어쨌든 소는 농업에서 대기 중에 온실가스를 가장 많이 배출하는 원천이다)를 연결하고 싶지 않았기 때문이었을 것이다. 아니면 유제품을 상징하는 일반적인 이미지에서 벗어나야 한다고 생각했을지도 모른다. 하지만 안타깝게도 세계에서 가장 큰 치즈 회사 중 하나가 원천 이미지, 즉 식품이 어디에서 비롯되는지를 보여주는 시각 자료를 사용하지 않기로 한 의사결정은 아주 큰 구멍을 남겼다.

그러는 사이 알디Aldi의 해피 팜Happy Farms이나 세이프웨이Safeway의 루선 데어리 팜Lucern Dairy Farms, 크로거Kroger에 이르기까지 거의 모든 PB 상품 제조사가 포장 전체에 빨간색 벽에 하얀색 지붕을 한 우사, 은색 사료 저장고, 젖소의 이미지가 들어간 자체 치즈 브랜드를 시장에 내놓았다. 이런 브랜드는 오랜 시간 버텨온 회사로부터 시장점유율을 상당히 많이 빼앗아왔다. 원래 소비자는 브랜드 제품이 PB 상품보다 우수하다고 생각했기에 기꺼이 더 높은 가격을 감수했지만, 이제는 PB 치즈도 품질이 똑같이 좋거나 어쩌면 더 좋을 수 있다고 믿기 시작했다.

소비자에게 어떤 치즈의 이미지가 가장 매력적인지, 즉 가장 좋아하는 치즈가 무엇인지 물어보면 피자 한 조각 위에 길쭉하게 늘어나는 치즈 토핑이나 햄버거 빵 사이로 튀어나온 부드럽고 쫄깃쫄깃한 치즈, 아니면 포크로 집어서 입안 가득 넣은 라자냐에서 녹아 나오는 완벽한 맛을 지목할 것이다.

하지만 다시 그 소비자에게 '더 우월한superior' 치즈가 무엇인지 물으면 소비자의 마음속에 떠오르는 이미지는 전혀 달라진다. 보편적으로 떠올리는 이미지는 소, 농장 그리고 푸른 하늘 아래 펼쳐진 풀밭과 함께 납작한 원통 모양의 치즈 휠이나 이를 조각 피자처럼 잘라놓은 웨지 치즈다. 심지어 위치도 같다. 위스콘신의 시골 마을, 버몬트의 목축 마을 등 치즈 원산지에 가까운 모든 곳은 소비자가 우수한 품질과 동일시하는 장소다.

PB 상품 제조사도 이를 인지했는지, 위와 같은 이미지를 사용하기 시작했다. 그러자 낙농과 소, 진짜 치즈에 대한 긍정적 연상이 PB 치즈 상품의 브랜드 커넥톰에 더해지면서 수많은 신경 경로가 자라는 것이 보였다. 서서히 PB 치즈의 커넥톰이 물리적으로 커진 것이다. 품질과 전문성에 대한 연상이 증가하면서 대중의 마음속에서 PB 치즈의 현저성이 자랐다. 그렇게 PB 치즈는 소비자가 본능적이고 반사적으로 선택하는 브랜드가 되었지만 앞서 말한 회사의 커넥톰은 부정적 연상으로 가득 찼고 그 현저성은 작아졌다.

이런 일이 일어날 수 있다는 걸 믿기는 쉽지 않을 것이다. 미국에서 처음으로 대중적으로 치즈를 판매한 회사였으며 이들의 낙농 전문성은 논란의 여지 없이 높은 수준이었다. 그러나 무의식적 마음에 관한 한 현실은 중요치 않다. 중요한 것은 인식과 그에 따른 연상이다.

소비자에게는 이런 이미지가 무엇을 의미하는지, 어떤 브랜드의 치즈가 더 건강에 좋고 자연적이며 정통성이 있는지 알려주는 광고가 필요하지 않다. 미국 문화가 이미 그 일을 했기 때문이다. 광고가 전달하려는 메시지에 대한 연상은 평생 우리의 기억에 각인되었다. 어떤 브랜드가 진짜 유제품의 원천과 가깝고 믿을 만하다고 느껴지는 농장, 치즈 휠, 웨지 치즈와 연관되면 그 브랜드가 기존에 영향력이 있었는지, 시장에 새롭게 진출하는지와 관계없이 이런 연결에 편승할 수 있다.

이는 순간적으로 지나가는 감정이 아니다. 오히려 브랜드는 신경 경로에 이미 기록되어 내재된 연상을 활용한다. 이미 마음속에 있는 것에 편승해 가장 저항이 적은 경로를 따르는 것이다. 여기서 중요한 건 우리가 어떤 브랜드나 제품에 대해 느끼는 감정적 연결은 긍정적 연상의 결과이지, 원인이나 입력값이 아니라는 사실이다.

## 브랜드 '사랑'은 없다

2000년대 중반 이후 대니얼 카너먼 같은 심리학자들은 의사결정의 비이성적 본질을 주장했다. 카너먼의 저서 《생각에 관한 생각》이 주류 이론이 되면서 대중에게 행동과학에 대한 새로운 지식과 통찰을 전달했다. 마케팅 및 광고 산업 전체도 이런 시류에 편승했지만, 잘못된 해석에 도달하고 말았다. 이들은 사람들이 비이성적으로 의사를 결정하기 때문에 '감정적으로' 의사소통해야 한다고 결론지었다.

하지만 감정적 연결은 그런 식으로 작동하지 않는다. 이 개념은 마케팅에서 가장 많이 오해받는 것이기도 하다. 유대감은 감정을 노골적으로 드러낸다고 해서 생겨나지 않으며 유머나 아쉬움, 감상으로 가득한 메시지와도 아무런 관련이 없다. 무언가를 보고 웃지만 곧장 그 느낌이 사라지는 것처럼, 감정은 잠시 왔다 금세 사라져 사람들의 기억 구조에 깊이 스며들지 못한다. 대신 사람들이 이미 마음속에 담고 있는 기존 연상을 활용해 브랜드와 연결해야 한다. 감정적 연결은 바로 이렇게 만들어야 한다.

앞서 소개한 거대 치즈 제조사도 결국에는 치즈 휠과 웨지 치즈 이미지를 사용하고 포장 전체에 '천연치즈'라는 문구를 눈에 띄게 표기하기 시작했고, PB 치즈에 빼앗긴 고객 일부를 되찾아올 수 있었다. 하지만 시장점유율은 결코 최고 수준으로 회복되지 않았다.

처음에 편의성을 강조하는 방향으로 전환하는 동안 이들이 해야 했던 일은 유제품 농장과 우월한 치즈의 이미지를 통합하는 것이었다. 예를 들면 치즈 장인이 치즈 휠에서 치즈 조각을 깎아내는 모습을 묘사함으로써 그 잘게 자른 슈레드 치즈가 실제로 어디에서 왔는지 보여주는 것이다. 이런 이미지와 아이디어를 함께 제시했다면 '천연'과 '편의성'을 동시에 전달했을 수 있다. 그리고 여러 메시지를 겹겹이 쌓아 현저성을 확장할 수 있었을지도 모른다.

이렇듯 감정만 사용한다면 전혀 마케팅 효과가 없다. 누군가에게 나를 사랑하라고 강요할 수 없는 것처럼 사람들에게 우리 브랜드를 사랑하라고 강요할 순 없다. 이는 단지 사랑에 관한 것만은 아니다. 감정이 노골적으로 드러나는 광고는 오래 유지되는 긍정적 연상을 만들어내지 못하면 완벽하게 실패한다.

여기에는 유머도 포함된다. 올바르게 사용하기만 하면 유머는 브랜드를 구축하고 기억 구조에 스며드는 효과적인 방법이 될 수 있다. 그러나 대부분 광고대행사는 현저성을 구축하는 것보다 웃기는 것을 우선시하는 경우가 많다. 이는 결과적으로 유머가 브랜드와 그 이점을 가려버리는 광고로 이어진다.

2023년 슈퍼볼 중간광고를 살펴보자. 퀴즈노스Quiznos는 수백만 달러를 들여 작은 털북숭이 생명체가 등장해서 퀴즈노스 샌드위치에 대해 노래하는 '스퐁멍키Spongmonkey' 광고를 만들어 내보냈다. 이 광고가 웃음을 자아내기는 했지만 매출에는 큰 도움이 되지 않았다.

그해에 스키틀즈Skittles에도 같은 일이 일어났다. 이들이 내보낸 '스키틀팍스Skittelpox' 광고에는 스키틀즈를 좋아하는 사람들이 여러 가지 색깔의 스키틀즈 사탕이 얼굴 전체를 뒤덮는 전염병에 걸린(그리고 그 사탕을 먹어치우는) 장면이 나온다. 하지만 광고는 스키틀즈의 훌륭한 맛이나 달콤한 기쁨을 전달하지 못했기 때문에 그만한 돈을 쓸 가치가 없었다. 유머나 장난이 이야기를 압도하면 브랜드와 실제 혜택이 뇌의 기억 구조에 전혀 스며들지 않는다.

그러나 브랜드 커넥톰과 긍정적 연상이 어떻게 선택을 이끄는지 알면 소비자의 본능적인 행동을 바꿔 어떤 카테고리에서든 계속 우리 브랜드를 선택하게 할 수 있다. 즉 브랜드를 소비자가 관심을 두는 아이디어와 연결해 소비자의 본능적인 뇌에 스며들 수 있다. 앞서 치즈 사례에서 소비자는 가공식품보다는 자연식품에, 공장에서 생산한 것보다는 농장에서 신선하게 재배한 재료에 더 관심이 있다. 하지만 그렇다고 해서 소비자가 슈퍼마켓에서 고급 로크포르Roquefort 블루 치즈를 고르며 의식적으로 이런 측면을 생각한다는 것은 아니다. 이런 연상은 소비자의 기억에 저장되어 있기 때문이다. 그리고 앞서 이야기한 것처럼 시장에서 성장을 주도하려면 소비자의 무의식적 마음 안에서 연상이 갖는 존재감을 키워야 한다. 그러기 위해서는 성장 트리거Growth Triggers®가 필요하다.

## 성장 트리거의 의미

성장 트리거란 긍정적 연상으로 가득한 간결한 코드나 신호다. 성장 트리거는 인간의 오감을 이용해 긍정적 연상과 풍부한 의미를 전달한다. 그렇게 전달된 강력한 이미지와 말, 소리, 냄새에 심지어 질감까지도 우리 마음속에 이미 있는 기억과 인상, 좋은 감정을 촉발한다.

성장 트리거는 사람들이 익숙해하는 것에 의존하기 때문에 마치 트로이 목마처럼 들키지 않고 새로운 아이디어를 사람들의 마음속으로 침투시킬 수 있다. 우리의 눈과 귀, 피부 등 오감을 통해 머릿속으로 들어간 성장 트리거는 긍정적 연상이나 의미와 함께 폭발해 뇌의 다양한 부분에 달라붙으며 뇌 전체에서 영향력을 확대한다. 또한 커뮤니케이션이나 고객 경험, 제품 개발에 활용되어 더 성공적인 혁신을 만들어낼 수 있다.

광고나 커뮤니케이션의 관점에서 성장 트리거가 매우 효율적인 이유가 여기에 있다. 치즈라는 제품 카테고리에서 소와 유제품 농장, 바퀴 모양은 완벽한 예다. 이들은 뇌 안에서 수많은 긍정적 연상을 바탕으로 높은 지위에 올라 있어서 우리는 본능적으로 이들에게 끌린다. 또한 소비자 전반에 걸쳐 보편적 가치를 가진다. 만약 어떤 신호가 청중의 일부나 특정 집단의 사람들에게만 효과적이면 절대 성장 트리거가 될 수 없다.

브랜드와 이런 신호 사이에 연결을 형성하면 소비자의 뇌에서 브랜드 커넥톰이 차지하는 물리적 영역을 빠르게 성장시킬 수 있다. 반면 감정은 그렇게 할 수 없다. 진심 어린 메시지나 유머러스한 메시지는 아무리 기발하더라도 소비자와 강한 유대감을 형성하지 못한다. 이런 메시지는 순식간에 지나가버려서 사람들의 기억에 남지 못한다. 실제로 감정적 연결은 감정을 표현함으로써 발생하지 않기 때문이다. 감정적 연결은 어떤 브랜드가 사용하는 성장 트리거가 타깃 고객의 마음에 이미 존재하는 생각과 맞아떨어지는 경우에만 발생한다.

프롤로그에서 잠시 소개한 이야기로 돌아가보자. 나는 J&J에서 마침내 상사를 설득해서 존슨즈 베이비 샴푸에 아빠를 등장시켰을 때 처음으로 이 신호를 발견했다. 작고 연약한 아기를 다정하게 돌보는 아빠의 이미지는 힘이 세지만 섬세한 아빠와 마침내 휴식을 취하는 엄마를 포함한 긍정적 연상을 많이 전달했다. 이런 신호는 브랜드나 아이디어, 대의명분, 제품에 긍정적 연상을 붙이는 데 꼭 필요하다. 그래서 어쩌면 직관에 반하는 듯 보일 수도 있지만, 감정적 연결을 만들어내는 열쇠는 감정을 표현하는 것이 아니라 뇌가 이미 이해하고 있는 긍정적 연상으로 가득 찬 익숙한 신호를 이용하는 것이다.

　모든 카테고리나 브랜드에는 핵심 신호가 많지 않다. 따라서 어떤 브랜드를 성장시키려면 그 브랜드에만 해당하는 성장 트리거가 아니라 브랜드가 속하는 카테고리의 성장 트리거를 가져야 한다. 이처럼 중요한 지표를 잃으면 카테고리 자체의 점유율을 잃게 된다. 다국적 치즈 브랜드 사례에서 그 브랜드가 속한 카테고리의 가장 강력한 코드와 신호는 건강에 좋고 자연적이며 원천에 가까운 유제품의 이미지였지만, 회사는 그중 상당수를 활용하지 않으려 했다. 그러니 다른 PB 치즈 상품이 시장을 잠식해 들어가는 걸 손 놓고 볼 수밖에 없었던 것이다.

　소비자가 이런 신호가 있는 브랜드를 볼 때, 브랜드가 상징하는 것과 소비자가 마음속에 이미 가지고 있는 것 간에 조화가 이루어져 머릿속에 어떤 생각이 번뜩이는 순간이 찾아온다. 마치 퍼즐 두 조각이 서로 맞물려 하나로 합쳐지는 것처럼 말이다. 그러면 이제 본능이 지배하게 된다. 더 이상 광고에 많은 돈을 낭비할 이유가 없고, 할인 쿠폰도 필요하지 않다. 단지 포장 디자인만으로도 충분하다.

　물론 성장 트리거는 포장 디자인보다 훨씬 더 많은 영역에 적용된다. 다양한 감각 신호가 소비자에 닿는 모든 접점에 에너지를 불어넣을 수 있는 것이다. 서면 의사소통이나 소셜 미디어, 광고, 실시간 행사는 물론 CEO의 연설이나 어닝 콜(earnings call(기업 경영진이 분기 또는 연간 결산 후 주주, 투자자, 애널리스트 등 이해관계자와 함께하는 회의―옮긴이)까지 사실상 모든 접점이 기회가 된다. 그러면 이처럼 다양하게 성장 트리거를 활용할 수 있는 창의적인 방법을 찾아보자. 래핑카우Laughing Cow 치즈가 바퀴처럼 납작한 원통 안에 피자처럼 여러 조각으로 나뉘어 있는 이유가 무엇이라고 생각하는가?

**성장 트리거는 우리 마음속에 존재한다**

사실 성장 트리거는 이미 우리 마음속에 존재한다. 마음속 저 어딘가에 있으니 그저 찾기만 하면 된다. 많은 성장 트리거가 특정 카테고리에 속해 있기 때문이다. 따라서 무엇을 찾는지 알기만 하면 어디서나 볼 수 있을 것이다.

금융 서비스를 들여다보자. 온라인 거래의 도입이나 핀테크의 탄생처럼 끊임없이 변화하는 시장에서는 매년 계속해서 성장을 추진한다. 인베스토피디아Investopedia에 따르면 2021년 말 기준 금융 서비스 시장은 전년 대비 약 9.9퍼센트 성장해 22조 5,000억 달러 규모에 이르렀다. 오늘날 금융 서비스 부문은 세계 경제의 20~25퍼센트를 차지한다. 늘 새로운 참여자가 나타나 끝없이 커지는 파이의 작은 조각이라도 차지하려 한다.

로빈후드Robinhood도 그중 하나다. 2015년 설립된 이 회사는 휴대전화 앱을 통해 주식, ETF, 암호화폐 등을 수수료 없이 거래하는 비즈니스 모델의 선두에 서 있다. 로빈후드의 미션은 '모두를 위한 금융의 민주화'로 그에 맞는 브랜드를 구축했다. 회사의 로고는 유명한 민족적 영웅의 모자를 장식했다고 알려진, 단순화된 초록색 깃털이다. 부자에게 훔쳐서 가난한 이들에게 나눠 주고 폭정에 맞서 싸운 인물로 우리가 알고 있는 로빈후드의 이미지가 소환된다. 그리고 깃털은 누구나 부에 다가갈 수 있다는 아이디어를 떠올리게 한다.

로빈후드의 깃털이 효과적인 이유는 겨우 한 조각의 이미지에 불과하기 때문이다. 최고의 성장 트리거는 이처럼 엄청나게 압축되고 간결한 신호다. 로빈후드의 모자는 필요하지 않다. 그저 깃털 하나면 충분하다. 누구나 알아볼 수 있는 이 한 조각의 이미지는 뇌가 그림의 나머지 부분을 완성하며 로빈후드가 원하는 연결을 만들어낸다.

이는 뇌가 재미를 느끼는 활동이다. 우리의 마음은 공간을 상상으로 채우고 자신이 직접 연상하려고 한다. 작은 퍼즐 조각 하나를 건네고 뇌가 퍼즐을 완성하는 것은 마치 사람들과 회사가 협력해 하나의 완전한 이미지를 만들어낸다.

로빈후드는 어떤 의미나 긍정적 연상을 만들지 않았다. 그 일은 대중문화가 회사를 위해 이미 끝내놓았다. 19세기부터 출간되어 적어도 90권의 책에 담겨 있는 유명한 신화적 이야기 말이다. 부자가 가진 것을 훔쳐 가난한 사람들에게 나눠 준 이 전설적인 도적에 관한 영화는 20편 넘게 제작되었고, 1938년 에롤 플린부터 2010년 러셀 크로까지 다양한 배우가 로빈후드 역을 맡아 연기했다.

또 다른 예는 하인즈Heinz 케첩에서 찾을 수 있다. 이 소스는 시간이 가면서 점점 더 초가공 식품과 연결되었지만 소비자는 식단 선택에서 건강을 의식하고 있었다. 자연식품이 식탁으로 들어왔고 가공식품은 퇴출당했다. 이에 하인즈는 점점 커지는 부정적 연상을 제거하기로 했다. 어떻게 했을까? 바로 소비자에게 케첩의 원천을 상기시킨 것이다. 수분이 많고 신선한 선홍색 토마토 말이다.

믿을 수 없이 창의적인 '슬라이스' 광고에는 하인즈의 유리병 케첩이 토마토처럼 얇게 썰려 있고 맨 위에는 전형적인 하얀색 병뚜껑 대신 초록색 꼭지가 놓인 채 등장했다. 그리고 그 이미지 아래로는 '하인즈처럼 케첩을 재배하는 곳은 없습니다'라는 광고 문구가 나온다. 얇게 썰린 병과 토마토, 광고 문구는 그 하나하나가 성장 트리거로, 마치 여름철 토마토 가지에서 바로 딴 것처럼 신선하고 수분이 많은 토마토에 대한 긍정적 연상을 자아냈다.

이 광고 이미지에 노출된 소비자들은 즉각적으로 반응을 보였다. 하인즈 케첩에 대한 인식은 눈 깜짝할 사이에 초가공 식품 소스에서 자연식품으로 전환되었다. 이 이미지는 하인즈 케첩 광고를 본 사람들의 기존 신경 경로에 편승했다. 그 신경 경로에는 얇게 썬 잘 익은 토마토에 대한 긍정적 연상이 압도적으로 많았다. 만약 이것으로 충분하지 않다면 이번에는 광고 문구가 나설 차례다. 하인즈 케첩은 제조되지 않고 '재배된다'는 메시지 말이다. 로빈후드와 마찬가지로 하인즈는 이런 연상을 일부러 만들어내지 않았다. 연상은 이미 사람들의 마음속 어딘가에 있었다.

한편 성장 트리거는 메시지 전달에만 국한되지 않는다. 제품 혁신에서도 정확히 같은 방식으로 효과를 발휘한다. 모든 마케터나 기업의 리더가 알고 있는 통계로 신제품 10개 가운데 아홉 개는 실패한다는 것은 입증된 사실이다. 이 통계를 뒤집고 성공적인 신제품을 계속 출시하는 가장 좋은 방법은 기존 소비자 행동을 이용하는 것이다.

2001년 4월 출시된 켈로그 스페셜 K 레드 베리는 아주 좋은 사례로, 그야말로 시장의 판도를 바꾼 제품이었다. 이 시리얼이 너무나 성공적이다 보니 켈로그에서는 증가하는 수요에 맞춰 생산할 수 없다는 이유로 소매업체에 홍보나 판촉 활동을 자제해달라고 요청할 정도였다. 〈월스트리트 저널 Wall Street Journal〉에 따르면 2002년 켈로그는 제너럴 밀스 General Mills를 누르고 미국 내 시리얼 사업에서 1위를 차지했다.

이런 제품 혁신이 그토록 크게 효과를 낸 이유는 무엇일까? 스페셜 K는 인간의 기존 행동에 주의를 기울였다. 시리얼 위에 신선한 과일을 잘라 얹는 것은 수많은 사람이 아침에 하는 흔한 일과다. 하지만 슈퍼마켓에 가서 신선한 딸기를 사는 일이 항상 쉽지만은 않고, 더구나 딸기는 상하기 쉬운 품목이다. 어느 날 아침 딸기 몇 개를 잘라 먹고 나머지는 포장 그대로 냉장고의 과일 칸에 넣어둔다. 그리고 그곳에 딸기를 넣어두었다는 사실을 기억할 때면 이미 곰팡이가 핀 다음이다. 게다가 아침 출근길에 서둘러 집을 나서야 할 때는 딸기를 예쁘게 자를 시간이 없다.

물론 동결건조 딸기가 진짜 딸기만큼 좋지는 않겠지만 딸기에 대한 모든 긍정적 여상 덕분에 바쁜 현대인들에겐 최고의 대안이 된다. 빠르고 건강한 아침 식사를 위해 딸기가 들어간 시리얼 한 상자를 찬장에 두는 것은 오래 고민할 만한 일이 아니다.

## 성장 트리거를 찾는 방법

자극은 감정적 연결로 가는 관문이다. 따라서 적절한 자극들은 쓸모 있는 코드와 신호를 알아내는 데 매우 중요하다. 성장 트리거를 찾으려면 다섯 가지 감각 가운데 적어도 한 가지에 영향을 미치는 자극을 연구해야 한다. 고객이 보고 듣고 만지고 맛보고 냄새를 맡을 수 있다면 이는 인지적 지름길 역할을 할 수 있다. 사실 많은 사람이 자극이 중요하다는 점을 알고 있다. 이제 우리가 해야 할 일은 이를 정확히 인식하고 모든 마케팅 접점에 통합하는 것이다.

### 이미지 트리거®

우리가 이미지 트리거라고 부르는 시각적 성장 트리거는 가장 강력한 유형의 트리거로서 학습을 위한 언어보다도 영향력이 크다. 그래서 입력된 정보의 시각적 처리가 기억 형성에 무엇보다 중요하다. 어떤 이미지를 보면 시각 정보와 언어로 두 번 기억 속에 저장되지만 언어는 한 번만 저장된다. 또한 3M에서 진행한 연구에 따르면 인간은 이미지를 문자보다 6만 배나 빠르게 처리한다고 한다.

로빈후드 로고의 초록색 깃털이나 유제품 농장과 젖소, 웨지 치즈처럼 이미지 트리거는 암묵적 연상을 생성하는 모든 색이나 모양일 수 있다. 흔히 볼 수 있는 예로는 나무가 있다. 소비자로서 우리는 나무가 생명과 성장, 보호를 상징한다는 말을 들을 필요가 없다. 반사적으로 그와 같은 연상을 만들어내기 때문이다. 이미지 트리거로서 나무는 단 하나의 시각 정보에 이 모든 연상을 담아 전송한다.

또 다른 예로 나이키의 스우시 로고가 있다. 이 로고는 속도와 역동성, 나아가는 힘을 전달한다. 혹은 코요테를 속인 후 먼지 기둥과 스피드 라인(만화 등에서 움직이는 대상의 속도감을 표현하기 위해 넣은 선—옮긴이)만 남긴 채 깃털을 날리며 사라져버리는 로드러너Roadrunner 같은 오래전 만화 속 캐릭터를 떠올리게 한다. 나이키의 스우시 로고는 스피드 라인의 현대 버전으로 극도로 빠른 움직임을 암시한다. 이 로고가 나이키라는 단어 바로 아래에 놓이면 마치 발밑에 스피드 라인이 그려진 것처럼 본능적인 연상이 발동해 50년 전과 마찬가지로 오늘날에도 강력한 힘과 효과를 발휘한다.

### 언어적 트리거™

나이키는 스우시 로고에서 멈추지 않았다. 로고만큼이나 자주 인용되는 세 단어, '저스트 두 잇Just Do It'이 있다. 하인즈의 '하인즈처럼 케첩을 재배하는 곳은 없습니다'와 같이 나이키의 이 슬로건도 언어적 성장 트리거다.

이미지 트리거와 마찬가지로 언어적 신호도 기존 연결에 의존한다. 다시 말해 우리 마음속에 이미 있으니 굳이 설명할 필요가 없다는 것이다. '저스트 두 잇'이라는 세 단어가 가지고 있는 힘은 우리가 이미 많이 구축한 긍정적 연상에서 나온다. 이 문구는 굳이 말로 표현하지 않더라도 인내와 헌신, 동기라는 메시지를 전달한다. 또한 이 짧은 슬로건을 들으면 잠시 멈춰 생각할 필요도 없이 곧바로 이런 연상이 우리 마음속에 내려앉는다.

언어적 성장 트리거는 좀처럼 예상하기 힘든 곳에서도 찾을 수 있다. 스위스계 미국인인 피에르 외젠 뒤 시미티에르Pierre Eugene du Simitiere가 만들어 1776년 미국을 상징하는 국장(또는 국새)에 새겨 넣자고 제안했으며, 지금은 모든 미국 동전의 뒷면을 자랑스럽게 장식하는 문구로 '여럿이 모여 하나'를 뜻하는 '에 플루리부스 우눔E pluribus unum'이 그 대표적인 예다.

상속세와 지구 온난화라는 중립적 표현 대신 각각 '사망세'와 '기후변화'라는 말을 사용하는 것처럼, 정치권에서는 다양한 언어적 코드와 신호를 이용해 특정 정책에 대한 지지나 반대를 확보한다. 또한 1960년대 반전운동의 슬로건인 '전쟁이 아니라 사랑을 나누자 Make love, not war'처럼 각종 사회운동에서도 이런 신호를 활발하게 사용했다.

심지어 살인사건 재판에서도 그랬다. 형사사건 전문 변호사 조니 코크란 Johnnie Cochran이 재판에서 판사가 O. J. 심슨에게 권투 장갑을 착용해보라고 요청하자 남긴 유명한 말, "맞지 않으면 무죄를 선고해야 한다 If it doesn't fit, you must acquit"는 매우 효과적인 언어적 지름길이었다. 또한 변호인단은 평범한 시민들로 구성된 배심원단이 쉽고 빠르게 이해할 수 있도록 최대한 간결하고 익숙한 표현을 사용하려고 했다. 예를 들면 DNA 증거와 관련해 다른 변호인인 배리 셰크 Barry Scheck는 오염된 범죄 현장을 "쓰레기가 투입되면 쓰레기가 배출된다 garbage in, garbage out"라는 뜻이 분명한 표현으로 규정함으로써 의뢰인에게 불리한 모든 증거에 의문을 제기했다.

반면 검사 측은 쉽고 간결한 문구보다 이해하기 어렵고 설득력도 훨씬 떨어지는 데이터의 바다로 배심원단을 밀어 넣었다. 사실 인간의 뇌는 게으르며, 열심히 일하는 것도 싫어한다. 그래서 우리가 내리는 결정은 대체로 효과적인 인지적 지름길에 의해 만들어진다. O. J. 심슨의 재판에서 배심원은 철저히 연구해야 할 것 같은 엄청나게 많은 복잡한 정보와 순식간에 이해할 수 있는 간단한 트리거 사이에서 선택해야 했다. 이처럼 강력하고 효과적인 문구에 맞선다면 그 어떤 검사도 이길 수 없을 것이다.

언어적 트리거는 고객 경험에서 특히 도움이 된다. 패스트푸드 전문점 칙필레Chick-fil-A의 고객 응대 직원은 계산대에서 주문하는 고객이 고맙다고 말할 때 "천만에요"라는 말을 절대 하지 않는다. 대신 이들은 "(도움이 되어) 저도 기쁩니다"라고 말한다. 이 특별한 표현은 직원이 진정으로 고객을 돕고 싶다는 메시지를 전달한다. 이 문구는 고객 서비스에 대한 진심 어린 약속에서 비롯된 것으로, 직원이 그 자리에 있고 싶어 하며 일을 즐기고 있다는 확신을 준다.

오늘날 많은 기업이 고객 경험을 향상하는 데 어려움을 겪고 있다. 위처럼 긍정적으로 눈길을 사로잡는 문구 하나를 만들어낸다면 고객을 상대하는 과정에서 발생하는 일부 실수를 잠재울 수 있다.

### 청각적 트리거™

소리는 들리는 즉시 연상을 만들어낸다. 새가 노래하는 소리는 어떨까? 봄, 젊음, 회춘, 부활, 빛나는 햇살과 피어나는 꽃 등이 떠오르지 않는가? 마이크로소프트에서 이메일을 전송했음을 알릴 때 사용하는 '쉭' 하는 소리는 어떨까? 이 소리는 사용자가 '보내기'를 클릭하기만 하면 현실 세계에서는 한 번도 본 적이 없을지 모르는 옛날의 우편물 발송 장치로 편지를 보내는 것 같은 느낌을 준다.

중요한 것은 이런 소리가 우리 뇌 안 어딘가에 깊이 각인되어 있다는 사실이다. 어쩌면 비둘기가 다리에 쪽지를 달고 '쉭' 소리를 내며 날아올라 메시지를 전달하던 시절로 거슬러 올라갈지 모른다. 아니면 봉투를 우편함에 넣는 소리일 수도 있다. 어쨌든 이 모든 신호는 우리 뇌 어딘가에 새겨져 있다.

음악은 또 다른 청각적 신호다. 현대 음악은 이전에 나온 소리와 스타일, 테마를 기반으로 하며 수십 년간 성장해온 거대한 커넥톰에 올라탄다. 사실 음악 산업 전체가 쉽게 인식할 수 있는 테마에 의존한다. 이처럼 익숙한 구석이 없다면 우리 마음은 새로운 음악을 대부분 거부할 것이다. 또한 좋아하는 노래에 즉각적으로 감정적 반응을 보이는 이유이기도 하다.

**후각적 트리거™**

방향제에서 소비자가 반사적으로 찾는 향 중 하나는 '클린 린넨'으로, 그리 놀랄 만한 선택은 아니다. 누구나 방금 세탁기에서 꺼낸 옷가지에 코를 대고 상쾌한 향기를 맡는 느낌을 알고 있다. 어쩌면 이 느낌은 침대에 들어가기 전에 건조기에서 막 꺼낸 시트를 까는 부모님의 모습을 생각나게 할지도 모른다. 아니면 어느 화창한 아침 뒷마당에서 할머니가 새것처럼 하얀 옷을 빨랫줄에 널고 있고 그 사이로 바람이 살랑살랑 부는 모습이 생각날 수도 있다.

모든 성장 트리거와 마찬가지로 냄새도 우리 마음에 숨어 있는 감정과 기억에 무의식적 연상을 활성화하지만 이게 다는 아니다. 과학계에서는 다른 감각과 비교했을 때 냄새와 관련된 기억이 더 큰 감정을 불러일으킨다고 여긴다. 마르셀 프루스트Marcel Proust의 《잃어버린 시간을 찾아서》에는 화자가 마들렌을 차에 적신 다음 어린 시절에 겪은 일을 다시 떠올리는 장면이 나온다. 이 경험을 직접 확인한 모넬 화학감각 연구소Monell Chemical Senses Center의 패멀라 돌턴Pamela Dalton 박사는 가장 강력한 향은 '어린 나이에 처음 경험한' 향이라고 결론지었다.

양키캔들 매장에서 좋아하는 소나무 향이 나는 양초를 떠올려보자. 숲길을 덮은 솔잎을 가볍게 밟는 발소리가 들릴 듯하다. 가슴을 가득 채우는 차갑고 상쾌한 공기는 자연에서만 찾을 수 있는 순수함이다. 머릿속에서는 따뜻한 벽난로 옆에 옹기종기 모여 가족과 시간을 보내는 겨울철 휴가를 가고 있을지 모른다.

좋아하는 백화점의 가정용품 코너에서 양초를 꺼내 뚜껑을 열고 숨을 들이마실 때면 이 모든 연상이 마음 한구석을 간지럽힌다. 아니면 배스 앤드 보디 웍스Bath & Body Works에서 1990년대에 유행했던 큐컴버 멜론 향을 다시 출시한 것일 수도 있다. 이 향은 갓 자른 오이와 과일의 상큼한 냄새를 떠올리게 할 뿐만 아니라, 스마트폰도 없었고 동네 쇼핑몰에서 백스트리트 보이즈의 노래가 들려오던 시절에 청소년기를 보낸 여성에게 향수 어린 연상을 불러일으킬 수도 있다.

### 미각적 트리거™

후각과 마찬가지로 미각도 강력한 성장 트리거를 생성한다. 이 역시 놀랄 만한 일은 아니다. 우리는 매일 무언가를 먹을 뿐만 아니라 가족이나 친구와 나누는 많은 사회적 경험이 음식과 음료를 중심으로 이뤄지면서 우리 마음에 연상을 저장하는 창고를 만들기 때문이다.

많은 에너지바 회사가 원재료를 으깨서 잘 알아보기 힘든 네모난 나무토막처럼 바를 만들었을 때 카인드Kind라는 기업에서는 원재료를 그대로 살려 바를 만들었다. 이 에너지바는 큼직하고 실속이 있었다. 카인드의 에너지바를 한입 베어 문 소비자는 견과류, 건포도, 씨앗 등 원재료를 전부 볼 수 있기 때문에 자신이 무엇을 먹는지 볼 수 있었다. 다양한 견과류를 혼합해 담아놓은 병에서 한 움큼 집어 맛있게 먹는 즐거움을 간단한 에너지바 하나로 누릴 수 있는 것이다.

입안 가득 느껴지는 맛이 부인할 수 없이 만족스러운 것도 사실이지만, 그에 못지않게 중요한 것은 '진짜 음식 운동'과 암묵적 연결을 맺는다는 점이다. 앞에서 소개한 치즈 사례와 마찬가지로 음식의 자연적 원천까지의 거리를 줄이면 긍정적 연상이 생성된다.

**촉각적 트리거**

어떤 제품이 손이나 발에 닿는 느낌을 떠올려보자. 여기 '콤팩트'라고 불리는 파우더 케이스가 있다. 이제 이 콤팩트가 딸깍 소리를 내며 닫힐 때 묵직하고 튼튼한 느낌을 주는 것과 약하고 무언가 부족한 느낌을 주는 것을 비교한다고 생각해보자.

현재 포장에 사용하는 매우 효과적인 촉각적 접점 하나는 크라프트지로, 잘 찢어지지 않는 이 갈색 포장지는 손에 닿는 즉시 긍정적 연상에 신호를 보낸다. 소비자가 표백하지 않은 갈색 크라프트지를 잡고 있으면 자연스러운 느낌을 자아내 그 안에 들어 있는 제품이 장인정신이 깃든 물건처럼 느껴지게 한다. 또, 서로 다른 세 가지 포장지에 담긴 똑같은 초콜릿을 받은 사람들은 각각 다른 맛이 나는 경험이었다고 생각하기도 한다. 물론 당연히 포장을 빼면 바뀐 것은 없지만 말이다.

## 1인 브랜드를 위한 트리거

오늘날 모든 사람은 인터넷, 직장, 사생활 등 어디에서나 개인 브랜드를 구축하기 위해 노력한다. 대학 입학 원서를 준비할 수도 있고 직장에서 승진 기회를 모색할 수도 있으며 퍼스널 코칭 경력을 위해 SNS에서 이슈를 끌어모으는 일을 할 수도 있다. 그 목표가 무엇이든 관계없이 적극적으로 자신을 하나의 브랜드로 만들고자 할 때, 다시 말해 자신을 판매하려 할 때 성장 트리거는 효과적이다.

하지만 대부분 사람들은 퍼스널 브랜딩, 즉 개인 브랜드를 만드는 일에 아무렇게나 접근한다. 이들은 이런 일을 효과적으로 하는 방법이나 체계를 알지 못한다. 또한 더 빨리 승진해서 성공하고는 싶지만 승진이라는 목표로 나아가는 과정에 큰 힘이 될 수 있는 지표에 대해서는 생각하지 않는다.

비즈니스 사상가 세스 고딘Seth Godin과 그의 상징과도 같은 노란색 안경을 살펴보자. 이 안경은 영리한 시각적 신호로서 지성과 호기심, 독특한 관점에 대한 연상을 만들어낸다. 노란색 안경과 짧게 자른 머리 덕분에 누구나 알아보는 인사가 된 고딘은 쇼타임Showtime이 제작한 TV 드라마 〈빌리언스Billions〉 시리즈에 카메오로 출연해서 자기 자신을 연기함으로써 비즈니스 아이콘으로서 갖는 지위를 굳건히 했다.

마찬가지로 매번 카멜레온처럼 스타일을 바꾸는 레이디 가가가 다음엔 또 어떤 모습으로 나타날지 알 수 없지만, 그녀의 이미지 하나는 그 강력한 연상 때문에 우리 기억 속에 영원히 남아 있다. 자신을 상징하는 백금색 가발에 새빨간 립스틱까지 자랑하듯 보여주는 레이디 가가의 이미지는 매릴린 먼로에서 제인 맨스필드에 이르는 할리우드의 황금기를 호출한다. 특히 그녀가 작고한 토니 베넷과 함께 브로드웨이를 수놓은 뮤지컬 넘버를 부를 때는 더더욱 그렇다. 우리 마음속에 고정된 그 페르소나persona로 인해 레이디 가가가 어떻게 변신하든 상관없이 매혹적인 아이콘에 대한 연상은 그대로 남는다.

물론 성장 트리거의 혜택을 받으려면 세스 고딘이나 레이디 가가가 되어야 한다는 말은 아니다. 일례로 어떤 일자리에 지원할 때 단지 학력과 경력, 자격을 나열하는 것만으로는 충분하지 않다. 교육이나 업무 경험, 숙련된 기술로 서류 전형을 통과할지는 몰라도 다음 단계로 넘어가면 모든 지원자가 비슷한 자질을 갖추고 있을 가능성이 크다.

그렇다면 최종 결정에서 본능이 가장 큰 역할을 할 때가 매우 많을 때 어떻게 차별화할 수 있을까? 바로 의사결정권자의 마음속에 이미 존재하는 연결을 활용하는 것이다. 그 사람을 잘 모른다고 걱정할 필요는 없다. 성장 트리거는 보편적이다. 그리고 세스 고딘의 노란색 안경이 전하는 지성이나 호기심 같은 연상의 보편성이 성장 트리거를 매우 효과적으로 만든다.

1장에서 사례로 나온 화장품 회사의 애나를 기억하는가? 애나는 채용 인터뷰 자리에 깔끔한 흰색 정장을 입고 나타났다. 나중에 회사에서 경영진 보고 때 입었던 바로 그 정장이었다. 애나는 우아하게 발표를 진행하고 싶었을 뿐만 아니라, 의사결정권자들이 그녀의 제안을 듣고 한눈에도 옳다고 느끼기를 바랐다. 애나가 입은 정장은 이 계획에 딱 들어맞았다.

하얀 옷이 실용적이지 않다는 것은 누구나 안다. 그리고 애나에게는 이 사실이 중요했다. 아무도 그런 패션을 자연스럽게 선택하지 않는다. 애나의 의상은 완벽한 립스틱 색상처럼 자신의 의도와 실행 의지를 전달했으며, 이런 긍정적 연상과 함께 애나의 눈부신 이력을 분명히 보여주었다.

또한 애나가 한 선택은 20세기 초 흰색 계열의 옷을 입고 뉴욕 거리를 휩쓴 여성 참정권 운동가를 소환했다. 뷰티 산업은 똑똑하고 패기만만한 여성으로 가득했고, 애나는 여성에게 투표권을 선사한 이 역사적 캠페인에 대한 긍정적 연상에 기대를 걸었다. 미 의회의 여성 의원들이 2019년 대통령 연두교서에 흰색 의상을 입고 참석했을 때 이들은 긍정적 연상의 효과를 잘 이해하고 있었다. 의원들이 보낸 무언의 메시지는 진보의 필요성과 연대였다. 2020년 대통령 선거에서 미국 역사상 처음으로 여성 부통령이 된 카멀라 해리스Kamala Harris가 첫 공식 행사에 흰색 바지 정장을 입고 등장한 것도 이상한 일이 아니다. 이런 이미지는 그 역사적 순간을 지켜보는 모든 사람의 본능적 뇌로 곧장 들어간다.

말하는 방식과 같은 언어적 트리거 역시 개인 브랜드를 구축하는 또 다른 방법이다. 악센트 높낮이의 조절, 특정 문구나 표현의 사용, 공식적 또는 비공식적 발언 등은 모두 청중에게 보내는 신호로 말하는 사람에게 유리하도록 활용될 수 있다.

험프리 그룹의 설립자이자 《무대를 장악하다: 여성이 목소리를 높이고 돋보이며 성공하는 방법 Taking the Stage: How Women Can Speak Up, Stand Out, and Succeed》의 저자 주디스 험프리Judith Humphrey는 다른 사람이 자기 말에 귀를 기울이기를 원하는 여성이라면 목소리가 바닥에 깔리는 것처럼 더 천천히, 더 낮은 톤으로 말해야 한다고 제안한다. 대체로 직장에서 여성은 너무 빨리, 너무 높은 톤으로 말한다는 인식이 많은데 이는 자신감 부족을 본능적으로 알리는 신호다. 어쩌면 이런 현상은 보통 남성이 지배하는 일터에서, 사람들이 여성이 하는 이야기에 흥미가 없거나 아예 처음부터 듣고 싶어 하지 않기 때문에 기회가 찾아왔을 때 한꺼번에 이야기해야 한다고 느끼기 때문일지 모른다(나도 사업 초기에는 그런 느낌을 받았다).

그러나 실제로는 말하는 속도를 늦춤으로써 자신이 전하는 내용에 대한 자신감을 더 많이 보여줄 수 있다. 그리고 목소리 톤을 낮춰 자신이 하는 말이 더 진지하고 중요하게 느껴지도록 유도할 수 있다. 그런 의미에서 낮은 목소리로 천천히 하는 말은 매우 효과적인 신호다.

## 가장 단순한 것이 가장 효과적이다

너무 복잡하게 생각하지 말자. 가장 효과적인 인지적 지름길은 가장 단순한 법이다. 그 예로 노란색 안전모를 떠올려보자. 부동산 개발회사의 임원이 건설 현장에 나타나 안전모를 쓸 때는 명확한 메시지를 보내는 것이다. 물론 그 메시지는 안전과는 전혀 무관하다. 여기서 안전모는 힘들고 어려운 일이나 노력을 상징한다. 온몸을 바쳐 이 나라의 기반을 다진 건설 노동자의 고된 일을 그 예로 들 수 있다. 안전모는 건물의 가장 높은 층에 있는 사무실에 앉아 현실에 완벽히 무관심할 것 같은 회사 임원이 지상의 건설 현장에서 팀의 일부가 된 것처럼 보이게 한다. 또한 임원도 자신이 무슨 일을 하고 있는지 잘 알고 있으며 힘든 일도 마다하지 않겠다는 신호를 보낸다.

회사 임원이 종종 소매를 걷어붙이는 것도 마찬가지 이유다. 이는 정치인들이 각종 기공식이나 선거 운동 기간에 배포하는 홍보 자료에서 적극적으로 활용하는 또 다른 이미지 트리거다. 걷어붙인 소매는 우리가 사는 도시와 마을 전역에 인프라를 구축하는 건설 노동자처럼 그 정치인이 열심히 일하고 있으며 유권자를 위해 성과를 낼 준비를 마쳤다는 신호를 보낸다. 이렇게 다양한 연상은 모두 걷어붙인 소매라는 하나의 시각적 신호를 통해 회사 임원이나 정치인에게 옮겨 간다.

이처럼 무엇을 입는지, 어떻게 입는지가 하나의 성장 트리거가 될 수 있다. 그러나 개인 브랜드를 구축하는 다른 방법도 있다. 이미지와 언어를 동시에 사용해 특정 전문성을 브랜드와 관련짓는 것이다. 한 예로 세계적으로 유명한 정리 컨설턴트이자 작가인 곤도 마리에를 들 수 있다.

곤도 마리에가 그토록 유명해진 이유는 자신이 쓴 책 때문이 아니라 아무렇게나 던져놓은 속옷과 잔뜩 구겨진 셔츠를 아름다운 정물화 작품으로 탈바꿈시키는 독특한 상자형 정리 기법으로 대중의 마음에 자기만의 접근 방식을 각인했기 때문이다. 곤도 마리에 식으로 정리한 서랍이나 옷장을 계속해서 보여줌으로써 사람들에게 이런 정리 방법은 그녀의 정리 방법이라고 인식하게 했으며, 이에 영감을 받은 사람들은 각자 자기 삶에서 그녀의 접근 방식을 따르게 되었다.

하지만 주목받거나 아이디어에 대한 동의와 수용을 얻기 위해 이런 것들을 챙겨야 하는 이유는 무엇일까? 왜 트리거를 이용해야 할까? 굳이 목소리를 바꾸고 옷이나 안경을 걸치며 면접에서 이력서 항목을 설명하는 것 이상의 일을 할 필요는 없는 것 아닌가? 세상이 그렇게 간단하기만 한 것이라면 틀린 말은 아니다. 그러나 우리가 반드시 이런 일을 해야 하는 이유는 세상이 그렇게 돌아가기 때문이다. 세상은 한 가지 간단한 이유로 인해 돌아가기도 하는데, 그 방식이 바로 우리 뇌가 작동하는 원리와 같기 때문이다.

## 소비자의 선택은 감정이 아닌 반사 행동이다

우리의 의사소통은 점점 더 짧고 급해지고 있다. 사람들은 문자 메시지를 보낼 때 긴 문장을 사용하지 않으며 약자나 줄임말이 그 자리를 대신한다. 우리는 매우 짧은 표현에 더 많은 의미를 욱여넣을 수 있는 새로운 언어를 만들어낸 셈이다. 그리고 이런 변화가 바로 성장 트리거의 핵심이다. 성장 트리거는 한 방 크게 날릴 수 있는 간결한 코드이자 신호다.

또 소박한 면도 있다. 모든 연상을 말로 설명할 필요는 없다. 뇌가 우리 문화와 이전에 학습한 내용을 바탕으로 그 일을 대신하기 때문이다. 이전에 마케터나 광고주가 배운 것과는 달리 감정을 표현한다고 해서 감정적 연결을 만들지는 못한다. 순간적으로 터진 웃음이나 눈물은 오래가지 않는다.

그리고 사람들이 좋아하는 것은 신뢰하기 힘들다. 많은 걸 좋아할 순 있지만 그렇다고 행동으로 이어지는 건 아니다. 직관에 어긋나는 것처럼 들릴 수 있지만 감정적 연결은 특정 감정을 표현하는 방식으로 생겨나지 않는다. 성장 트리거가 타깃 고객의 마음에 이미 존재하는 생각과 맞아떨어지는 자극을 통해서만 감정적 연결이 발생한다. 두 개의 퍼즐이 합쳐지는 바로 그 순간 마케터와 광고주가 찾아 헤매던 감정적 연결이 나타난다. 이때 제품은 억지로 찾는 것이 아니라 반사적인 선택의 대상이 된다. 누군가 그 제품을 본능적으로 선택한다면 그들의 마음은 이미 넘어간 것이다. 이제 그들은 별다른 생각 없이 우리의 제품에 손을 뻗게 된다.

## 법칙 04  부정적 연상을 끊어라

> 브랜드의 발목은 시장 상황이 아니라 부정적 연상에 잡힌다.

2000년대 초반 맥도날드의 이미지는 타격을 입었다. 2001년에 출간된 《패스트푸드의 제국Fast Food Nationl》에서 에릭 슐로서Eric Schlosser는 패스트푸드 기업의 관행, 식품 생산, 노동자 안전, 미국의 보건과 사회에 미치는 영향을 철저하게 조사했다. 2004년 모건 스펄록Morgan Spurlock의 다큐멘터리 〈슈퍼 사이즈 미Super Size Me〉는 패스트푸드의 건강과 관련된 문제 중에서 특히 맥도날드의 메뉴와 '특대형' 옵션을 겨냥했다.

이런 책과 영화는 당시 사회 전반의 반反기업 정서와 맞아떨어졌다. 게다가 자기가 사는 지역에서 먹고 쇼핑하자는 새로운 문화까지 더해지면서, 사람들은 패스트푸드 체인을 피하고 동네 모퉁이에 있는 카페와 주말 농산물 시장을 선호하게 되었다.

하지만 이런 요인 가운데 그 어느 것도 이 패스트푸드 체인의 치킨 너겟과 무시무시한 핑크 슬라임$_{\text{pink slime}}$(식품 첨가제로 쓰이는 쇠고기 부산물―옮긴이)이 들어간 햄버거 제조 과정을 폭로한 영상만큼 맥도날드의 명성에 부정적인 영향을 미치진 못했다. 한 영상은 커다란 수도꼭지에서 연분홍색에 내장처럼 생긴 끈적끈적한 고기 부산물이 마치 소프트아이스크림처럼 흘러나오는 모습을 보여주었다.

영상은 입소문을 타고 퍼져나갔다. 심지어 그게 전부가 아니었다. 말고기와 소의 눈알, 벌레부터 고기에 들어가는 베일에 싸인 혼합물과 암모니아로 처리한 소고기, 절대로 상하지 않는 햄버거와 실험실에서 만든 단백질까지 모든 소문이 대중의 이목을 집중시켰다. 이런 주장은 맥도날드에서 제공하는 음식이 수준 이하거나 심지어 자연적이지 않다는 인상을 심어주었다. 즉 맥도날드가 '가짜' 음식을 만들어 팔고 있다는 것이었다.

나중에 밝혀진 바에 따르면 이 모든 소문이나 주장은 진실과는 거리가 매우 멀었다. 핑크 슬라임 영상은 사기였다. 사람들이 주목했던 '창의적인' 햄버거 재료는? 그중 어느 것도 맥도날드 제품에 사용되지 않았다. 그런데도 이런 부정적 연상이 소비자를 사로잡으면서 회사의 평판이 추락하기 시작했다.

그리고 맥도날드의 대응은 상황을 개선하지 못했다. 맥도날드의 경영진은 회사에 실제로 문제가 있다는 것을 인정하기 시작했으며 다른 모든 회사와 같은 방식으로 대응했다. 바로 부정적인 주장을 반박하고 진실을 말하는 것이었다. '무대 뒤'에 실제로 무엇이 있는지 보여주겠다는 생각으로 생산시설 내부를 촬영한 영상을 제작해 치킨 너겟과 햄버거가 어떻게 만들어지는지 공개했다.

그중 한 영상은 맥도날드의 주요 공급업체 중 하나인 카길Cargill의 식품 가공 공장에서 진행자가 작업자들과 함께 컨베이어 벨트 옆에 서서 가공되지 않은 고기가 생산라인을 따라 이동하는 모습을 지켜보는 것으로 시작했다. 영상이 시작되고 10초 정도 지났을 때, 그때까지 아무 말도 하지 않았던 진행자가 질문을 던졌다. "지미, 저기에 소의 입술이나 눈알이 있습니까? 생산 공정의 어느 지점에서 핑크 슬라임을 주입하나요?"

새로 제작한 광고에서는 고객이 맥도날드 매장에서 주문하기 전에 대표 메뉴인 치킨 너겟에 정말 핑크 슬라임이 들어 있는지 묻는 모습이 나왔다. 또한 맥도날드의 음식이 실제로 썩는다고 공개적으로 밝히면서 이는 과학자에게 물어보면 알 수 있다고 말했다.

문제는 이런 대응이 갖가지 소문에 대한 사람들의 생각을 바꾸기보다는 오히려 부정적 연상을 증폭시켜 사람들의 마음속에서 더욱 커지게 했다는 것이다. 전혀 사실이 아닌 부정적 연상을 강조한 결과 더 많은 사람에게 맥도날드의 음식에 문제가 있을지도 모른다고 경고한 것이나 다름없었다.

맥도날드는 미끼를 문 것과 마찬가지였다. 부정적인 주장에 반응하고 반박함으로써 의도치 않게 그 주장에 힘을 실었다. 입소문을 타고 퍼진 영상을 보지 않은 이들까지 더 많은 사람이 맥도날드의 음식에 무언가 미심쩍은 부분이 있다고 의문을 품었다. 매출은 더욱 감소했고, 점점 커지는 부정적 인식을 직접적으로 반영하는 결과였다. 회사에서는 대응 방향을 전환해야 했지만 맥도날드같이 거대한 〈포춘〉 500대 기업에는 쉽지 않은 일이었다.

## 맥도날드는 어떻게 부정적 이미지를 벗었을까

결국 맥도날드는 회사 역사상 가장 종합적이고 가장 잘 실행된 전략으로, 엔진을 최고 출력으로 가동해서 결국 배를 돌렸다. 시작은 맥도날드 음식의 현실에 대한 홍보였다. 햄버거 패티는 전부 미 농무부USDA 검수를 통과한 소고기로 만들고 소와 닭은 농장에서 사육되며 모든 달걀은 USDA 기준 A등급이라는 내용이었다.

이제 맥도날드는 음식이 어디에서 오고 어떻게 고객의 테이블에 오르며 꼬마 손님의 해피밀에 들어가는지에 초점을 맞추기 시작했다. 워싱턴의 감자 농장이나 미시간의 사과 과수원, 일리노이와 위스콘신의 유제품 농장처럼 가족이 경영하는 사업장이 다수 포함된 공급사를 홍보하기도 했다.

또한 방금 깬 신선한 달걀이 대표 메뉴인 에그 맥머핀으로 변신하는 모습 같은 인지적 지름길을 만들어 농장에서 재료를 가져와 그릴에서 방금 만든 음식에 대한 연상을 제공했다. 이 '진짜 음식' 전략은 그동안 회사가 말하지 않았던 이야기를 들려주었다. 맥도날드는 이 정보를 밝힘으로써 소비자의 마음에 긍정적 연상을 만들어내기 시작했다.

부정적 연상은 그대로 두면 브랜드가 가지고 있는 모든 긍정적 연상을 상쇄해서 브랜드 커넥톰이 부정적 연상에 잠식되도록 한다. 그런 일이 일어나면 브랜드는 본능적인 첫 번째 선택지가 아니라 마지막 선택지가 되거나 완전히 사라지고 만다. 대부분의 리더들은 브랜드의 성장이 광고비 지출 수준이나 카테고리의 성장률, 경쟁사의 공격성, 경제 여건의 유불리와 같은 요인에 달려 있다고 믿는다. 물론 이런 요소도 분명히 일정한 역할을 하며 기업에서 주간 영업 회의나 분기별 실적 보고서의 초점이 될 정도로 리더의 주의를 끌지만, 우리가 대부분 믿는 것과는 달리 기업의 성장에 큰 역할을 하지는 않는다.

빠르게 성장하는 분야도 브랜드 커넥톰이 부정적 연상으로 뒤덮인 치명적인 불모지라면 아무런 의미가 없다. 그리고 누적된 부정적 연상이 브랜드를 손상하는 일을 해결하지 못하면 이는 자기 브랜드의 커넥톰을 돌보고 있지 않다는 것이다.

기업과 사회 리더 중 이런 사실을 고려하는 사람은 극히 드물다. 이들은 목표로 하는 대상의 무의식적 마음 안에서 어떤 일이 일어나고 있는지를 추적하지 않는다. 낮은 성장률이나 무의미한 브랜드라는 결과를 받아들 때도 이들은 부정적 연상을 곧장 없애거나 그 의미를 깎아내리려 함으로써 상황을 더 악화시키는 경우가 많다. 리더의 의도와 계획은 최선일지 몰라도 이런 노력은 부정적 연상을 제거하기는커녕 무의식중에 이를 강화하게 된다.

하지만 좋은 소식도 있다. 부정적 연상을 밀어내고 성장을 회복할 열쇠가 있다. 바로 긍정적 연상으로 부정적 연상을 압도하는 것이다. 그 방법을 이해하고 브랜드를 성장 궤도에 다시 올려놓기 위해서는 부정적 연상이 처음에 어떻게 생겨났는지 알아야 한다.

## 부정적 연상은 어떻게 형성되는가

우리 인간에게는 부정적인 것에 편향되는 성향이 있는데 이는 SNS만 봐도 알 수 있다. 인도적 기술 센터Center for Humane Technology의 공동 설립자인 트리스탄 해리스Tristan Harris는 그전에 구글의 디자인 윤리 전문가였으며 소셜 미디어의 해악에 대해 목소리를 높인 것으로 유명하다. 그의 말에 따르면 분노는 긍정성보다 빠른 속도로 퍼져나간다. 페이스북 같은 SNS 플랫폼의 인공지능은 참여를 기반으로 작동한다. 긍정적인 것과 부정적인 것의 차이를 알아차리지 못하며 단지 가장 많은 클릭을 유도하는 방법에만 집중한다. 그래서 해리스가 지적한 것처럼 "분노와 관련된 게시물이 가장 많은 클릭을 얻기 때문에 가장 상위에 노출된다."

케임브리지대학교의 한 연구에 따르면 SNS상에서 정치에 관해 어떤 정당의 견해를 칭찬하기만 하는 게시물보다 반대 정당에 대한 부정적인 게시물에서 이용자 참여가 두 배로 증가한다. 이는 SNS에만 해당되는 이야기가 아니다. 온라인 미디어도 일반적으로 부정적 정보에 대한 편향성을 드러낸다. 우리가 온라인 미디어 플랫폼에서 뉴스를 볼 때면 제목에 부정적인 단어가 하나 추가될 때마다 그 제목을 클릭해서 기사를 읽을 가능성이 2.3퍼센트 커진다.

다시 말해 소비자는 타당하든 아니든 부정적인 이야기를 만들고 퍼뜨리는 성향을 타고났다. 따라서 기업이나 사회운동, 모든 종류의 브랜드를 이끌어가는 리더에게 부정적 연상을 제거하는 공식은 그저 알고 있으면 좋은 것이 아니라 생존에 꼭 필요하다.

부정적 연상은 사실상 어디에서나 나올 수 있지만 그 원천은 크게 직접적 원천과 간접적 원천 두 가지로 나뉜다. 직접적 원천에는 오염이나 제품 리콜에 관한 뉴스 보도, 팝 스타의 스캔들, 마이크가 꺼져 있다고 생각한 정치인의 부적절한 발언 등이 포함될 수 있다. 또한 초점에서 벗어나 논란을 일으킨 회사의 메시지에서 부정적 연상이 생겨나기도 한다.

이런 직접적 원천은 겉으로 드러나 있어 멀리서도 잘 보이므로 어디인지 가리키기 쉽다. 그래서 어떤 브랜드 커넥톰이 부정적 연상을 보이기 시작할 때 그 원천이 어디인지 어렵지 않게 알 수 있다. 맥도날드의 사례에서 직접적 원천은 입소문을 타고 퍼져나간 핑크 슬라임 영상이었으며 이 영상은 잘못된 이야기를 퍼뜨리고 확장해서 사람들의 무의식적 마음을 장악했다.

간접적 원천은 상대적으로 더 미묘하고 어떤 면에서는 더 음흉하다. 겉으로 잘 드러나지 않다 보니 회사나 브랜드에서 이를 간과하는 경우가 많다. 조금 더 정확히 말하면 사람들의 뇌가 어떤 브랜드에 대해 왠지 그 브랜드가 의도한 것과는 다른 방향으로 해석하는 것이다.

뇌는 신호에 따라 작동하기 때문에 접촉하는 신호와 자극을 바탕으로 끊임없이 해석한다는 사실을 기억하자. 그래서 기업이 브랜드 커넥톰을 적극적으로 모니터링하지 않으면 자기도 모르는 사이에 잠재 고객의 마음속에 부정적 연상이 쌓일 수 있다. 부정적 연상의 직접적 원천은 마치 기습적인 공격처럼 느껴질 수 있는 반면 간접적 원천은 브랜드 내부에서 천천히 은밀하게 자라는 바이러스와 같다. 그 영향이 수면 위로 올라와서 손익계산서에 나타날 때는 이미 손쓸 수 없는 상태인 경우가 많다.

빅토리아 시크릿Victoria's Secret은 그 완벽한 사례다. 1970년대 후반 설립된 빅토리아 시크릿은 수십 년간 소매 시장의 연인이었다. 빅토리아 시크릿이라는 이름은 슈퍼모델과 하늘하늘한 실크 잠옷, 고급스럽지만 너무 작은 속옷의 이미지를 떠올리게 했다. 수백만 명의 시청자가 20년 이상 TV에서 황금시간대에 생방송으로 중계된 연례 빅토리아 시크릿 패션쇼를 시청했으며, 슈퍼모델이 초대형 천사 날개를 달고 하이힐을 신은 채 런웨이를 걷는 최고의 엔터테인먼트를 즐겼다.

사람들은 자신이나 배우자를 위해 섹시한 사치품을 선물하는 마음으로 이 브랜드의 란제리를 구매했다. 그리고 빅토리아 시크릿의 란제리를 입는 여성들은 대체로 자기 자신이 매력적이며 욕망과 동경의 대상이 된 것 같다고 느꼈다. 당시 많은 이에게 빅토리아 시크릿과 여성성은 동의어였다. 하지만 2010년대가 되면서 문화적 트렌드가 바뀌었고, 빅토리아 시크릿은 이런 현실에 두 눈을 완전히 감고 있는 것처럼 보였다.

그렇다고 해서 그전에 징후가 없었다는 말은 아니다. 빅토리아 시크릿이라는 브랜드가 유지되는 동안 페미니스트 운동은 계속 진화해왔다. 2000년대 중반에 네 번째 페미니즘의 물결은 사회의 주류가 되어 평등만이 아니라 여성의 권리 확보와 더 큰 사회적 변화에 초점을 맞췄다. 또한 미투#MeToo 운동은 패션을 포함한 엔터테인먼트 산업 전반과 그 너머에서 일어나는 구조적인 성적 학대 이슈를 드러냈다.

이와 더불어 사회에서 여성의 역할과 재정적 자립은 비약적으로 진전하고 있었다. 2014년에는 남성보다 더 많은 수의 여성이 대학을 졸업했다. 1990~2022년 사이에 2,000만 명이 넘는 여성이 미국의 노동시장에 새롭게 진입했고, 이 시기가 끝날 무렵에는 여성 노동자의 수가 7,400만 명에 이르렀다. 또한 여성의 중간 임금도 1980~2021년 사이에 네 배 이상 증가했다.

그러나 과거에 효과가 있었던 것에서 벗어나기 두려운 데다 앞서 말한 문화적 변화의 맥을 짚지 못한 빅토리아 시크릿은 여전히 시대에 뒤처진 여성성을 상징하는 미라클 브라 등을 연달아 내놓았다. 그리고 많은 사람이 이 브랜드가 시대에 뒤떨어졌다는 느낌을 받았다. 한때 섹시해 보였던 것이 불쾌하거나 그보다 더 나쁜 것처럼 느껴졌다.

이에 반해 아메리칸 이글 아웃피터스American Eagle Outfitters의 에어리Aerie 같은 신규 브랜드들은 섹시한 욕망보다 편안함에 초점을 맞춰 시장에 진입했다. 그리고 룰루레몬Lululemon이나 알로 요가Alo Yoga 같은 스포츠웨어 회사의 등장과 함께 애슬레저 트렌드가 시장을 장악해가고 있었다. 이런 변화 속에서 빅토리아 시크릿은 점점 시장에서 의미와 존재감이 사라졌다. 게다가 더 많은 란제리 회사가 자기 몸 긍정주의(몸무게나 체형과 관계없이 자기 몸 있는 그대로를 사랑하자는 주의—옮긴이) 메시지를 내보내는 데 집중하기 시작했다.

빅토리아 시크릿의 커넥톰에 누적된 부정적 연상은 변화하는 세상과 극명하게 대조되는 브랜드가 낳은 결과였다. 맥도날드와는 달리 브랜드에 대한 직접적인 공격은 없었다. 아무도 빅토리아 시크릿의 브랜드 커넥톰에 그런 부정적 연상을 주입하지 않았다. 오히려 상황은 간접적으로 발전했다. 진화하는 사회문화적 환경과 여성을 1차원적으로 표현하는 브랜드 사이의 극명한 차이를 보고 소비자의 뇌가 빅토리아 시크릿에 대한 자기 나름의 이야기를 만든 것이다.

그리고 때맞춰 직접적 원천도 무대에 뛰어들었다. 회사에서 괴롭힘을 당한 직원과 모델에 대한 보도가 이어졌으며, CEO인 레슬리 H. 웩스너Leslie H. Wexner가 10년 이상 제프리 엡스타인Jeffrey Epstein(아동 성매매로 기소된 후 교도소에서 사망한 금융가 — 옮긴이)을 고용한 일을 둘러싸고 여러 논란과 추문이 뒤따랐다. 직접적 원천과 간접적 원천이 맞물린 이 퍼펙트 스톰에 2016~2022년 사이 빅토리아 시크릿의 매출은 연평균 3.4퍼센트 떨어졌다.

어떤 브랜드에 관한 부정적 연상도 긍정적 연상과 마찬가지로 우리 뇌에 이미 존재하는 신경 경로에 각인될 수 있으며 새로운 신경 경로를 생성할 수도 있다. 주의 깊게 관찰하지 않으면 부정적 연상이 누적되다 아예 새로운 이야기가 브랜드 커넥톰까지 지배할 수도 있다. 타깃 고객이 브랜드에 관한 부정적인 정보에 반복적으로 더 많이 노출될수록, 그 브랜드에 대한 태도는 점점 더 극단적으로 변한다. 그렇게 브랜드는 직접적 원천 또는 간접적 원천으로부터 엄청난 손상을 입지만 그런 손상이 일어나고 있는지 알지도 못한다.

## 부정적 연상은 바이러스처럼 퍼진다

우리는 긍정적 연상보다 부정적 연상에 더 많이 연결되어 있기 때문에 긍정적 연상을 만드는 것보다 부정적 연상을 바꾸는 것이 더 어렵다. 그러나 올바른 방법을 알고 있다면 생각보다 쉽게 이런 부정적 연상을 끊어낼 수 있다.

중요한 점은 기업을 이끄는 리더 대다수가 이런 부정적 연상이 사업상 어려움의 근원이라는 사실을 인식하지 못한다는 것이다. 설문조사나 브랜드 추적 조사는 이들에게 모든 것이 괜찮다고 말한다. 그렇게 넘어가다 브랜드의 성장이 둔화하고 시장점유율을 잃기 시작하면 리더들은 그제야 깜짝 놀란다. 트리거즈에 따르면 고객만족도 조사에서는 85~90점을 받는 것으로 나타나지만, 현장에서는 매일 현금이 대규모로 유출되고 시장점유율을 잃은 기업도 있었다.

이런 현상은 마치 펑크 난 타이어와도 같다. 어느 날 아침 출근 시간에 쫓겨 자동차로 달려갔는데 타이어 바람이 완전히 빠진 것을 알 때까지 타이어에서 바람이 빠져나가고 있다는 사실을 눈치조차 채지 못하는 것이다. 하지만 타이어를 교체 시기에 맞춰 제때 교체했었다면 아마도 그런 문제는 발생하지 않았을 것이다.

이와 유사한 상황이 대규모 기업에서는 항상 발생한다. 숫자가 들어올 때까지는 모든 것이 장밋빛으로 보인다. 그러다 숫자가 곤두박질치면 이사회에서는 성장이 정체되거나 하락하는 이유에 대해 모두 각자 다른 주장을 편다. 경쟁이 원인일까? 인플레이션이 문제인 걸까? 그도 아니면 '대사직(COVID-19 이후 특히 MZ 세대를 중심으로 발생한 대규모 자발적 퇴사 현상 — 옮긴이)' 때문인가?

하지만 이들이 놓치고 있는 것이 있다. 바로 진정한 근본 원인은 누적된 부정적 연상이라는 사실이다. 기업의 리더가 이런 원인을 파악하지 못하는 이유는 이들이 NPS나 브랜드 추적 속성 brand-tracking attribute 처럼 잘못된 데이터에는 초점을 맞추지만 정작 기저의 연상에는 크게 주목하지 않기 때문이다. NPS 점수 같은 지표는 의식적인 생각만 고려한다. 그리고 속성은 '가격 대비 좋은 가치의 제공'이나 '가족 모두에게 이익'처럼 브랜드에 대해 기업이 추적하고 싶어 하는 질적 요인이나 특징일 뿐이다. NPS 점수나 속성은 표면적인 수준이며, 그에 반해 연상은 다차원적 기억으로 사람들의 기억 구조에 스며들어 훨씬 더 깊은 곳으로 흘러 들어간다.

이런 이유로 전통적인 소비자 조사는 브랜드를 종종 잘못된 길로 인도하곤 한다. '맛있음', '건강 옵션 있음', '양질의 재료 함유' 등 속성에 대한 소비자 평가를 추적한다고 해도 이미 알고 있는 내용만을 들을 수 있을 뿐이다. 물론 속성을 추적하는 일 자체에는 잘못된 것이 없다. 예를 들어 표준 평가 기준에 따라 자사 브랜드가 경쟁사에 비해 어떤 성과를 내는지 알면 좋다. 그러나 이런 속성 평가에서 좋은 점수를 얻는 것은 마치 포커 테이블 위에 놓인 칩처럼 누구나 볼 수 있는 현상일 뿐이다.

따라서 연상은 배제한 채 속성 점수만 추적하면 테이블 아래에서 실제 벌어지고 있는 일을 놓치게 된다. 그리고 이는 믿을 수 없는 현실로 이어진다. 바로 전 세계 기업의 리더 대부분이 자기 브랜드의 진짜 구매 장벽이나 동인을 모른다는 것이다. 물론 그 이유는 이들이 보고받는 데이터가 피상적인 속성이나 클릭 수, 노출뿐으로 연상과는 아무런 관련이 없는 세상이기 때문이다.

기업의 리더가 왜 이런 지표에 크게 의존하는지는 이해하기 어렵지 않다. 합리적이고 구체적이며 추적이 쉽기 때문이다. 또한 브랜드가 속한 산업의 다른 기업과 비교할 수 있는 기준을 제공하기 때문이다. 반면에 연상은 덜 합리적이고 더 미묘하며 대부분의 표준 조사 방법으로는 접근하거나 측정하기 어렵다. 하지만 연상을 모니터링하지 않으면 마음속에서 부정적 연상이 마치 바이러스처럼 자라서 계속 퍼져나간다.

부정적 연상을 밝혀내기 위해서는 사람들의 기억을 파헤쳐 브랜드에 도움이 되지 않는 방향으로 뇌가 스스로 만들어온 연결을 찾아야 한다. 부정적 연상은 세심하게 주의를 기울이지 않으면 자신도 모르는 사이에 브랜드를 손상시킬 수 있다. 연상은 눈에 잘 보이지 않으며 소비자가 이를 인식조차 하지 못하기 때문에 많은 기업과 리더들이 브랜드 커넥톰에 무슨 일이 일어나고 있는지 놓치기 쉽다. 그리고 이런 연상이 대부분 부정적이면 '마이너스 성장'이라는 피할 수 없는 결과를 맞이하게 된다.

## 부정적 연상과 마이너스 성장의 연관성

느린 성장이나 마이너스 성장보다 브랜드에 나쁜 것은 없다. 존경받는 기술 기업가에서 프로 야구팀, 〈포춘〉 100대 기업, 직장에서 누구나 알고 좋아하는 직원에 이르기까지 모든 브랜드는 성장하지 않으면 죽어가는 것이다. 지나치게 과장된 이야기처럼 들릴 수 있다. 그러나 인기가 떨어져 출연 기회를 못 찾거나 먹고살기 힘든 영화 배우에게 물어보면 정확히 같은 이야기를 들을 것이다.

부정적 연상 그리고 정체되거나 마이너스로 떨어진 매출 성장 사이에는 직접적인 상관관계가 존재한다. 이 둘은 떼려야 뗄 수 없는 관계다. 부정적 연상을 잡초라고 생각해보자. 잘 손질된 정원에서 시간과 노력을 들여 가꾼 온갖 아름다운 존재를 둘러싸고 자라나서 결국 그 아름다움을 질식시키는 바로 그 잡초 말이다.

역으로 브랜드가 성장하거나 성장하더라도 경쟁사보다 성장률이 낮은 경우, 사실은 잠재적 구매자의 마음에 부정적 연상이 작용해서 브랜드 커넥톰의 신경 경로를 장악한 것이라고 보면 된다. 광고 예산이 충분하다고 해서 이 문제를 해결할 순 없다. 매년 광고에 1,000달러를 쓰든, 1억 달러를 쓰든 상관없다. 타깃 고객의 마음속에 암묵적 장벽이 많으면 브랜드에 다가오지 않을 것이기 때문이다.

한 예로 2018년까지만 해도 콜스Kohl's 백화점 체인은 시장을 지배하고 있는 것처럼 보였다. 2018년 2월에 이 브랜드는 미국 내 49개 주에 걸쳐 1,158개 지점에서 총 770만 평방미터의 판매 공간을 확보하고 있었다. 연 매출이 약 190억 달러에 이르고 주가도 사상 최고치인 70.11달러까지 올랐다. 콜스라는 브랜드는 향후 수년간 시장을 선도하는 위치에서 두 주요 경쟁사인 메이시스Macy's와 노드스트롬Nordstrom을 제치고 갭Gap과 JC페니JCPenney를 포함한 다른 브랜드들보다 좋은 성과를 낼 것으로 보였다.

한편 콜스가 추진한 몇몇 계획은 이 회사가 최신 트렌드에 뒤처지지 않고 있음을 보여주었다. 콜스는 2001년 콜스닷컴Kohls.com을 시작하면서 온라인 판매 및 전자상거래 시장에 조기에 진입했다. 아마존에서 구매한 제품을 전국의 콜스 백화점에서 무료로 반품할 수 있는 서비스를 제공했으며 나이키, 아디다스, 언더아머Under Armour와 같은 애슬레저 브랜드를 중심으로 밀레니얼 세대 시장을 공략하기도 했다. 또한 2006년 대중문화 블로그에서 성장한 미디어 및 기술 기업 팝슈가PopSugar에서 큐레이션한 의류를 제안하기 시작했다. 적어도 표면적으로는 콜스가 시장에서 의미 있는 브랜드로 남기 위해 해야 하는 모든 일을 적절하게 하는 것처럼 보였다.

하지만 불과 4년 만에 콜스는 완전히 다른 자리에 서 있었다. 시장점유율은 하락했으며 주가는 26.49달러까지 떨어졌다. 투자사인 마셀룸 어드바이저Macellum Advisors는 2021년 콜스의 지분 약 5퍼센트를 확보한 다음 전면적인 브랜드 개편을 원했다. 또한 새로운 이사회 구성과 잠재적으로는 최고경영자 교체를 요구하면서 회사를 뒤집어엎으려고 했다. 결국 2021년과 2022년 사이에 콜스의 시장점유율은 무려 17퍼센트나 줄어들었다. 불과 3년 전인 2018년에는 시장을 선도하는 것만 같았던 그 회사가 말이다.

유통 산업의 다른 기업들이 매년 두 자릿수로 성장하는 사이 콜스의 연평균 성장률은 0.5퍼센트에 불과했다. 콜스의 시장점유율이 대폭 하락하는 것은 시간문제였다. 그러면 그 줄어든 시장점유율은 어디로 갔을까? 티제이맥스T.J. Maxx 같은 할인매장 브랜드나 월마트Walmart, 타깃, 코스트코 등의 창고형 매장 브랜드는 물론 아마존을 중심으로 하는 온라인 전문 소매 브랜드들이 콜스의 시장점유율을 잠식했다. 그런데 콜스처럼 전자상거래와 애슬레저 시장을 선점하고 디자이너 제품 라인에 대중문화 파트너십까지 도입한 브랜드에 어떻게 이런 일이 일어날 수 있었을까? 도대체 어디서부터 잘못된 것일까?

## 소비자 만족도 조사에 의존하면 안 되는 이유

콜스는 여러 면에서 빅토리아 시크릿과 같은 문제에 부딪혔다. 회사가 알지 못하는 사이 수많은 부정적 연상이 콜스의 브랜드 커넥톰으로 흘러 들어갔다. 혁신과 새로운 제품군에 집중하는 동안 콜스의 경영진에서는 누구도 회사의 대표 브랜드에 대한 기존 인식에 주의를 기울이지 않았다. 심지어 기존 고객을 위한 로열티 및 보상 프로그램을 만들어내느라 바쁜 여러 마케터들도 마찬가지였다.

문제가 있을지 모른다는 징후가 처음 보였을 때 경영진은 브랜드를 둘러싼 속성이 아니라 브랜드에 대한 연상을 파헤쳤어야 했다. 브랜드 커넥톰에 부정적 연상이 거의 없다는 생각이 드는 그 순간이 어쩌면 다시 한번 살펴봐야 할 때일 수 있다. 전통적인 만족도 조사의 좋은 결과에 속아서는 안 된다. 성장 정체와 시장점유율 하락은 이런 조사가 실제로 무슨 일이 일어나고 있는지 포착하지 못한다는 사실을 알려주는 경고다. 분석에서 무언가 놓친 것이 있고 그 '무언가'는 바로 브랜드를 만들거나 망칠 수 있는 부정적 연상이자 암묵적 장벽이다.

하지만 현재 고객의 마음속에서는 문제를 유발하는 고도로 미묘한 연상을 찾을 수 없다. 답을 찾기 위해서는 성장 타깃growth target, 즉 잠재 고객에게 가야 한다. 사실 잠재 고객조차도 브랜드의 문제가 무엇인지 말해주진 않는다. 잠재 고객이 하는 말에서 더 깊이 들어가 이들이 우리 브랜드와 암묵적으로 연결하는 부정적 연상을 찾아 모아야 한다. 또한 문화적 트렌드나 경쟁사에서 절대 눈을 떼지 않고 지켜보면서 그들이 사람들의 마음속에서 쌓아가지만 우리 브랜드는 놓치고 있는 긍정적 연상을 찾아야 한다.

콜스의 경우에는 기존 고객과 잠재 고객의 마음 모두에서 부정적 연상이 쌓이고 있었다. 그러나 보다 공격적으로 성장하고 싶다면 성장 타깃에 우선순위를 두고 대응해야 한다. 또한 잠재 고객을 브랜드로 전환하는 데 필요한 핵심 동인을 계획해야 한다. 정치인이 인구통계학적으로 분류한 어느 한 유권자 집단이나 다른 집단의 표를 얻기 위해 경쟁할 때는 항상 이런 일을 한다. 하지만 이는 소비자 브랜드가 성장하는 주된 방법이기도 하다.

성장 타깃의 마음속에 있는 브랜드 커넥톰에 긍정적 연상보다 부정적 연상이 더 많으면 브랜드 매출은 대개 정체되거나 하락한다. 그런데 2018~2021년까지 콜스의 브랜드 커넥톰에 부정적 연상이 쌓이는 와중에도 콜스의 경영진 중 그 누구도 여기에 주의를 기울이는 사람이 없었다. 그 사이에 부정적 연상은 경쟁사 제품을 구매하는 밀레니얼 세대 고객의 무의식적 마음을 서서히 장악했다. 아마도 콜스의 기존 고객 일부의 마음도 마찬가지였을 것이다. 그러나 매출 하락은 콜스가 판매한 제품과는 거의 관련이 없었고 콜스의 브랜드에 대한 연상과 더 많은 관련이 있었다.

전 세계에서 아무리 많은 파트너십을 체결하고 유명 디자이너가 만든 제품 라인을 새롭게 도입하더라도 사람들을 브랜드와 연결시키지 못하면 부정적 연상을 극복하고 사업 성장을 이끌 수 없다. 이는 마치 누군가에게 불난 매장으로 와서 여유롭게 통로를 거닐어보라고 요청하는 것과 같다. 이에 선뜻 응하는 사람을 찾기란 매우 어렵다. 그럼에도 기업에서는 줄기차게 이런 일을 한다.

기업에서는 신제품을 출시하거나 제품 구성을 확대하는 방법으로 성장을 유도하기 위해 끊임없이 노력하지만 만약 브랜드가 소비자의 고려 대상에 없다면 신제품은 그런 상황을 바꾸지 못하며 그 어떤 잠재력도 발휘하지 못한다. 다시 말해 신규 고객이 콜스라는 브랜드 자체에 신경을 끊으면 그 순간 이미 그 고객을 잃은 것이다. 이들은 애당초 콜스의 홈페이지를 방문하거나 매장에 오지 않는다. 그리고 어떤 방법을 쓰더라도 이들은 콜스가 야심 차게 준비한 신제품을 절대로 경험할 수 없을 것이다.

콜스에 대한 부정적 연상은 변하는 시대가 낳은 결과이기도 하지만, 빅토리아 시크릿과는 달리 그 변화는 사회문화적 변화가 아니라 패션과 스타일의 변화였다. 오랜 시간 콜스는 미국 전역의 중년의 중산층 엄마들이 반사적으로 찾는 브랜드였다. 하지만 시간이 가면서 그 명성은 새로운 의미를 갖게 되었다. 젊은 세대의 눈에 콜스는 시대에 뒤떨어진 브랜드처럼 보였다. 교외에 거주하며 할인가로 일상복을 쇼핑하는 50대 기혼 여성의 스타일로 보였던 것이다. 부담 없고 합리적이라고 장기간 광고하던 가치가 이제는 싸구려에 나쁜 품질로 여겨지면서 경쟁 브랜드보다 나을 게 전혀 없는 브랜드가 되었다. 그렇게 콜스는 최신 유행에 뒤처지고 입으면 실례가 되는 패션 브랜드가 되었다.

2010년대 초반부터 2020년대 초반까지 콜스의 브랜드 광고를 보면 시간에 갇힌 한 브랜드를 목격할 수 있다. 메이시스나 타깃 같은 유사한 소매유통 기업들이 스타일과 품질이 좋고 디자이너 브랜드와 비슷한 의류를 비교적 저렴한 가격에 제공하며 지속적으로 이미지를 업그레이드했던 반면, 콜스의 대표 브랜드 광고는 품질보다는 부담 없고 합리적인 가격을 크게 강조했다. 콜스의 광고를 달러 제너럴Dollar General 같은 할인점 광고와 나란히 비교하면 둘 사이의 차이점을 알아차리기 어려울 정도로 말이다.

심지어 세포라Sephora처럼 상위 브랜드 기업과 더 많은 파트너십을 체결했음에도 콜스에는 아무런 도움이 되지 않았다. 콜스가 제품 라인을 변경하면서 자사 대표 브랜드의 이미지를 발전시키는 데 실패했기 때문이다.

메이시스와 타깃이 비교적 저렴한 가격에 고급스럽고 세련된 제품을 제공한다는 이미지를 전달할 때 콜스에서는 저가 이미지만을 전달했다. 그런데도 사람들이 콜스를 찾을 이유가 있을까? 모든 일에는 좋은 것도 있고 나쁜 것도 있기 마련이다. 그러나 사람들은 나쁜 것은 피하고 좋은 것만 누리고 싶어 한다.

제품 라인을 업그레이드하기 위한 노력에도 불구하고 콜스는 진화하는 모습을 전혀 보여주지 못했다. 경쟁사에 비해 심각하게 불리한 상황에 놓였고 그 결과는 예상에서 벗어나지 않았다. 대표 브랜드를 심도 있게 점검해 브랜드 커넥톰 전반에 퍼진 부정적 연상을 찾아내지 못하면서 콜스는 새로운 시장에 진출하지도, 경쟁사의 고객을 빼앗아올 수도 없었다. 성장으로 가는 몇 안 되는 확실한 경로가 사라진 것이다.

## 마음의 장벽을 넘어서는 길

부정적 연상은 성장으로 이어지는 길을 방해하는 암묵적 장벽의 역할을 한다. 그 원천이 직접적이든, 간접적이든 부정적 연상이 성장 타깃의 마음에 전파되면 이들을 우리 브랜드로 끌어오기는 어렵다. 하지만 기업 대부분은 이런 장벽을 인식하지 못하기에 경쟁사가 광고에 돈을 더 많이 쓴다거나, 경제적인 요인처럼 그들의 힘으로 어찌하기 힘든 요인이 영향을 미친다고 간주한다. 그들은 본능적 마음을 활용하고 부정적 연상을 극복하면 의식적 경로를 통해서는 달성할 수 없는 수준까지 매출을 올릴 수 있음을 알지 못한다.

브랜드 커넥톰을 활용하는 이점은 기업에서 현시점에 달성할 수 있는 수준을 넘어선다. 기업의 리더나 소유주로서 성장 타깃의 비밀스러운 마음을 들여다보면 미래의 매출 수준을 예측하는 데 실제로 도움이 될 수 있다. 이때 성장 타깃의 마음속에 암묵적 장벽이 많으면 성장을 추진하기가 상당히 어려워질 것이다. 새로운 고객을 확보하기 위해 마케팅에 쏟는 모든 돈이 난관에 부딪힐 것이기 때문이다. 그에 반해 단단하고 긍정적인 브랜드 커넥톰이 있으면 마케팅 활동은 방해받지 않고 타깃 고객에게 도달할 뿐만 아니라 심지어 긍정적으로 받아들여질 수도 있다. 사업이 더 높은 궤도까지 성장하는 것은 물론이다.

기본적으로 브랜드에 대한 암묵적 연상과 장벽을 밝혀내면 회사의 매출 전망을 추정하고 조정하는 일을 더 잘할 수 있다. 이를 통해 기업은 재무 전망과 공급사슬 관리부터 채용까지 모든 것을 계획하는 과정에서 본능적으로 유리한 위치를 확보하게 된다. 그리고 이런 접근 방식의 이점은 이미 소유한 사업이나 브랜드 너머까지 도달한다.

잠재 고객의 마음속에 있는 브랜드 커넥톰을 평가하는 일은 기업이나 사모펀드에서 타깃 기업을 인수하기 전에 인수의 건전성을 평가하는 베스트 프랙티스best practice로 새롭게 자리 잡았다. 이들은 검토 대상인 사업이나 브랜드에 대한 부정적 연상이 있는지 보고 싶어 한다. 당연히 부정적 연상이 많을수록 단시간에 성장해서 높은 투자 수익을 내기가 더 어려울 것이기 때문이다. 또한 이들은 평가 과정에서 알게 된 내용을 바탕으로 투자 의향이 있는 인수가를 조정한다. 이처럼 암묵적 장벽을 찾는 일은 새로운 수준의 기업 실사 프로세스로서 '기업의 내면을 깊이 들여다보자'라는 기업 실사 원칙의 최종 버전이다.

어떤 브랜드가 난관에 빠지고 그 성장이 멈췄을 때 기업에는 일련의 행동 단계가 있다. 먼저 운영을 개선한다. 고객 서비스를 보완하고 새로운 앱도 추가한다. 그리고 기존 광고대행사를 해고하고 새로운 곳을 고용하는 동시에 광고 캠페인을 바꾸고 감정을 자극하는 광고 슬로건도 새로 만든다. 이들은 모든 곳에서 성장을 찾아 헤매지만 정말로 답이 있는 곳은 놓치고 만다. 바로 타깃 고객의 무의식적 마음이다. 사업이 하락세를 겪는 기간이 길어질수록 타깃 고객의 마음속 장벽은 높아지고 성장을 유도하기가 어려워진다. 하지만 이 역시 충분히 돌이킬 수 있는 일이다.

## 긍정적 연상은 부정적 연상을 압도한다

많은 사람이 브랜드의 이미지가 제한적이거나 브랜드에 부정적 장벽이 있으면 거기서 벗어나기 힘들다고 생각한다. 그렇다 보니 자신의 브랜드 에쿼티brand equity(기업 및 고객에게 제품이나 서비스가 제공하는 가치를 증가 또는 감소시키는 브랜드 자산과 부채의 집합으로, 브랜드 강도와 브랜드 가치를 포함하는 개념―옮긴이)가 새로운 제품이나 서비스로 확장될 수 있는지 확신할 수 없어서 결국 좋은 기회를 선뜻 받아들이지 못하기도 한다.

이는 마치 무알코올 주류 시장에 들어가지 않기로 한 주류 회사나 마음에 드는 여성에게 첫 데이트를 신청조차 하지 않는 미혼 남성과도 같다. 그러나 무알코올 주류 시장은 2021년에만 33퍼센트나 성장해 3억 3,100만 달러 규모가 되었다. 그리고 로맨틱 코미디 영화에서는 영 가망이 없어 보이던 남자가(물론 많은 경우 극적인 변신을 꾀하거나 남자의 내면의 가치가 빛을 발한 다음에) 항상 여자를 차지한다.

사실 거의 모든 부정적 연상을 제거할 수 있다는 걸 사람들은 이해하지 못한다. 어떻게 그런 일이 가능한 걸까? 치과에서 이를 뽑듯이 누군가의 뇌에 손을 뻗어 뇌를 떼어낼 순 없다. 하지만 이와 마찬가지로 효과적이면서 덜 고통스러운 방법이 있다.

부정적 연상은 긍정적 연상으로 극복할 수 있다. 다만 이 긍정적 연상이 충분히 강하거나 잘 달라붙어야 한다. 잘 달라붙는 연상은 부정적이든 긍정적이든 상관없이 뇌를 재구성할 수 있다. 가령 우리가 존중하는 취향을 가진 사람이 특정 아이스티가 지금껏 마셔본 것 중 최고라고 말하면 그는 우리 뇌 안에 있는 그 아이스티에 대한 커넥톰에 추가된다. 여기에 과거에 본 광고나 다른 경험을 통해 그 아이스티에 대한 긍정적 연상이 이미 있다면 그 연상은 더욱 강화된다.

그런데 어떤 사람이 아이스티가 들어 있는 플라스틱병이 현재 바다를 가득 채워 소중한 생태계를 파괴하고 있다고 말한다면, 그런 부정적 연상도 그 아이스티의 커넥톰에 추가될 수 있다. 특히 그 아이스티를 가볍게 즐기는 사람이라면 더욱 그렇다. 하지만 그 아이스티가 우리가 지금까지 가장 좋아한 아이스티라면 이런 정보는 우리 뇌에 전혀 영향을 미치지 못할 수도 있다. 어쩌면 우리 마음속에 있는 그 아이스티의 브랜드 커넥톰에 들어가지도 못할 가능성이 크다.

즉 커넥톰 안에 이미 존재하는 모든 긍정적 연상은 단편적인 새로운 정보를 밀어낸다. 이는 긍정적 연상으로 가득 차 크고 탄탄한 브랜드 커넥톰이 선의의 완충지대 역할을 해서 부정적 연상이 잘 달라붙지 못하게 만들기 때문이다. 또한 충분히 강하고 잘 달라붙는 긍정적 연상은 부정적 연상을 압도한다.

한 유명인의 재기에 관한 고전적인 이야기를 살펴보자. 영웅의 귀환 이야기는 우리 주변 어디서나 쉽게 찾을 수 있으며 대중은 그런 이야기를 사랑한다. 엔터테인먼트 산업 전반에는 로버트 다우니 주니어나 브렌던 프레이저 같은 배우가 있다. 마이크 타이슨 같은 스포츠계 거물도 있고 마사 스튜어트 같은 TV 속 유명인도 있다. 그리고 윈스턴 처칠과 같은 역사적 인물도 있다.

처칠은 젊은 장교로 복무하던 시절부터 베스트셀러의 저자로 이름을 알린 시절을 지나, 1900년 처음으로 의회에 진출한 순간까지 수년간 대중적인 페르소나를 구축했다. 그러나 1922년에 처칠은 식민지 장관 자리에서 물러났다. 잠시 의회로 복귀하기도 했지만 1929년이 되자 처칠을 비롯한 보수당은 선거에서 패하고 정권을 잃었다. 다른 많은 사람과 마찬가지로 처칠도 대공황으로 큰 타격을 입었다. 그렇게 상당 기간 정치권의 주변부에 머물렀지만 계속 글을 쓰고 강연도 했다.

오랫동안 처칠의 브랜드 커넥톰에는 그가 인도의 자치를 반대했다는 점이 일부 반영되어 형성된 현실과 동떨어진 인물이라는 이미지처럼 부정적 연상이 꾸준히 누적되었다. 처칠은 시대의 흐름에 적응하지 못한 만화 속 주인공 '블림프 대령 Colonel Blimp(영국의 풍자 만화가 데이비드 로 David Low가 창조한 인물. 이 캐릭터를 모티브로 한 〈블림프 대령의 삶과 죽음〉이라는 영화도 만들어졌다―편집자)'처럼 누구도 진지하게 받아들이지 않는 인물이었다. 심지어 판단력이 부족한 사람이라는 이미지도 있었다. 이는 제1차 세계대전 중 다르다넬스 해협에서 처칠이 해군 장관으로서 공격을 주도했으나 연합군 병력 4만 6,000명을 잃는 참사가 발생한 결과였다.

한편 보수당과 자유당을 오간 이력 때문에 생겨난 기회주의적이고 신의가 없다는 이미지에 선거에 이기지 못하는 후보라는 이미지까지 덧대졌다. 게다가 고가의 집과 음식, 시가를 즐긴 덕분에 방탕한 한량이라는 인상까지 주었다. 이뿐만이 아니었다. 평판이 좋지 않은 사람들과의 우정은 대중의 마음속에 부정적 연상을 한 꺼풀 더했다.

처칠이 어울렸던 친구로는 많은 사람이 가짜라고 생각한 아일랜드 출신 국회의원인 브렌던 브래켄 Brendan Bracken이 있었다. 또한 처칠의 과학 고문이었으며 너무 오만한 나머지 연구위원회의 모든 위원이 견딜 수 없다는 말을 남기고 그만두게 한 프레더릭 린더만 Frederick Lindemann도 있었다. 불공평하다고 생각할 수도 있지만, 브랜드와 마찬가지로 개인도 각자가 유지하는 관계에 영향받을 수 있다.

하지만 처칠이 영국과 나치 독일 간 갈등에 대해 공개적으로 우려를 표명했을 때 영국이 이 문제를 처리할 준비가 되어 있지 않았다는 현실은 처칠에 대한 대중과 동료들의 인식을 크게 바꾸었다. 처칠은 1936년 말까지 독일의 공군력이 영국 공군력의 1.5배까지 강해질 것이라고 경고하며 독일 공군의 재무장이 영국에 큰 위협이 될 것으로 봤다. 또한 정치권과 군에서 우려하기 한참 전부터 히틀러를 전쟁광으로 봤다. 이런 선견지명과 고위 정치인으로서의 지혜는 처칠을 주류 정치로 되돌리고 가장 높은 위치까지 올려놓을 만한 긍정적 연상을 충분히 끌어냈다. 결국 처칠은 총리로 선출되었고 영국군과 연합군을 이끌고 제2차 세계대전에서 승리했다.

## 낡은 부정적 연상은 가지치기하라

긍정적 연상이 부정적 연상을 압도하는 능력에 관한 사례로는 전 세계 골프 팬들을 놀라게 한 타이거 우즈가 있다. 그는 처음 대중의 눈에 들어왔을 때 흠잡을 데 없는 이미지를 가지고 있었다. 우즈의 브랜드 커넥톰은 거대했으며 긍정적 연상으로 가득했다. 그가 참전 군인의 아들이며 백인 위주의 스포츠에서 다양한 인종적 배경을 지닌 뛰어난 운동선수이자 가정적인 남자라는 이미지는 진정한 미국식 성공 신화였다. 그러나 얼마 안 가 그를 둘러싼 많은 추문 때문에 우즈의 결혼 생활은 크게 흔들렸고 결국 끝을 맞이했다.

우즈는 골프를 잠시 중단했고 그 뒤로 수년간 경기력에 영향을 미치는 각종 부상에 시달렸다. 2010년 PGA 투어에 참여한 골프 선수 71명을 대상으로 설문조사를 실시한 결과 24퍼센트는 우즈가 성장 호르몬을 포함한 약물을 이용했다고 믿었다. 2016년 ESPN에서 PGA 투어의 프로 골프 선수 60명을 대상으로 설문조사를 실시했을 때 70퍼센트는 우즈가 다시는 메이저 골프 챔피언십 타이틀을 차지하지 못할 것이라고 응답했다. 이듬해 우즈는 진통제를 과다복용한 후 차에서 잠든 채 발견되기도 했다. 이즈음 우즈의 브랜드 커넥톰은 불륜, 성 도착, 마약, 스테로이드, 인생 막장 등 수많은 부정적 연상이 장악했다.

시끌벅적했던 이혼 후 우즈는 성중독 재활센터에 들어갔고 전 부인 엘린 노르데그린과 수년간 노력한 끝에 건강한 관계를 회복할 수 있었다. 그리고 마침내 2018년 우즈는 5년 만에 처음이자 PGA 투어 통산 80번째 우승 타이틀을 거머쥐며 동료 선수들이 틀렸음을 증명했다(그 어떤 것도 우승 타이틀만큼 부정적 연상을 잘 제거하지는 못한다).

지금도 우즈의 커넥톰에는 부정적 연상이 일부 남았을지 몰라도, 삶에서 가장 격동적인 시기를 이겨내고 앞으로 나아간 그는 자신의 커넥톰을 긍정적 연상으로 다시 가득 채웠다. 여기에는 끈기, 쓰러져도 다시 일어나는 의지, 진정한 챔피언, 부모에 대한 사랑, 전 부인과의 화해, 더 나은 운동선수이자 인간이 되려는 노력, 두 번째 기회에 감사하는 태도 등이 포함된다.

그래서 2021년 LA에서 우즈가 운전 중에 단독 사고를 당했을 때도 사고 원인을 둘러싸고 부정적 연상이 쌓일 수 있었음에도 논란은 짧은 시간 안에 가라앉았다. 이는 우즈의 브랜드 커넥톰에서 긍정적 연상이 부정적 연상보다 더 크고 강하게 성장해서 이 새로운 정보가 선의의 완충지대를 뚫을 수 없었기 때문이다.

긍정적 연상이 부정적 연상을 압도할 수 있는 것은 뇌의 작동 방식 덕분이다. 뇌는 학습 장치로서 매일 새로운 정보를 습득한다. 새로운 경험은 뇌 안의 일부 연결은 강화하는 반면 다른 연결은 없애거나 '가지치기'한다(신경과학에서는 이 과정을 '시냅스 가지치기 synaptic pruning'라고 한다). 이는 부정적 연상은 결국 자리를 잡지 못한다는 뜻이다.

우리 마음에서 새로운 긍정적 연상이 자라면 이 연상과 관련된 신경 경로가 생성되어 낡은 부정적 연상을 압도하고 사실상 밀어낸다. 이 과정은 빠르게 진행될 수도 있고, 어느 정도 시간이 걸릴 수도 있다. 그리고 부정적 연상이 억제되거나 사라지면서 뇌에서는 긍정적 연상이 풍부해지고 결과적으로 탄탄한 브랜드 커넥톰이 자란다. 그런 다음에는 여러분도 예상하는 바와 같이, 이때가 바로 새로운 본능적 행동이 형성되는 순간이다.

선거 여론조사를 생각해보자. 여론조사에서 유권자들은 자신이 경제, 일자리, 의료, 이민, 조세, 복지 등에 관심이 많다고 말한다. 하지만 실제로 투표소에 들어가면 자기 마음속에 가장 큰 긍정적 커넥톰을 가지고 있는 후보를 선택한다. 마치 우리가 본능에 따라 브랜드를 선택하는 것처럼, 우리가 던지는 표는 어떤 정당이나 후보와 관련된 누적된 기억을 바탕으로 한다. 그 정당이나 후보의 공공정책이나 그 유효성과는 관련이 있을 수도 있고 없을 수도 있다.

다시 한번 말하지만 뇌는 게으르다는 진실을 기억하자. 어떤 후보의 선거 참여 이력과 정책 공약을 조사하려면 노력을 들여야 한다. 그래서 우리는 긍정적이든 부정적이든 상관없이 연상을 바탕으로 즉석에서 결정하는 것이다. 이 결정이 최선은 아닐 수도 있지만 뇌에 가장 저항이 적은 경로인 것은 분명하다.

커넥톰을 성장시킬 때는 긍정적 연상이 부정적 연상보다 항상 더 도움이 된다. 그러나 커넥톰의 크기나 현저성이 가장 중요하다는 점을 잊지 말아야 한다. 가장 큰 커넥톰이 경쟁 상대를 압도하는 경향이 있다. 작은 긍정적 커넥톰은 더 큰 긍정적 커넥톰에 거의 언제나 자리를 내준다. 더 큰 긍정적 커넥톰에 부정적 연상이 일부 있더라도 결과는 다르지 않다. 커넥톰의 물리적 크기(브랜드의 영역 또는 영향력)가 가장 중요하기 때문이다.

커넥톰을 잘 관리하면서 긍정적 가지는 키우고 부정적 가지는 가지치기하면 브랜드는 경쟁사의 브랜드보다 더 눈에 띄고 긍정적인 이미지를 유지할 것이다. 사람들의 마음속에서 가장 두드러지는 브랜드가 바로 소비자가 반사적으로 선택하는 브랜드가 된다. 그리고 브랜드에 대한 긍정적 연상을 계속 쏟아부으면 부정적 연상이 감소하고 사람들이 계속 우리 브랜드를 선택하게 할 수 있다.

## 우리는 편향된 뇌를 가지고 있다

브랜드 선택은 편향이다. 이는 판단을 내포하는 표현이 아니며 불편한 진실이다. 코카콜라 대신 펩시에 손을 뻗는다는 건 브랜드 커넥톰이 펩시에 긍정적으로 편향되고 코카콜라에 부정적으로 편향된다는 의미다. 공화당보다 민주당을 공개적으로 지지한다는 건 정치적 브랜드 커넥톰이 민주당에 긍정적으로 편향되고 공화당에 부정적으로 편향된다는 의미다.

편향이란 한 가지 선택에 대해서는 긍정적 연상이 우세하고 다른 선택에 대해서는 부정적 연상이 우세하다는 의미다. 그리고 사람들은 자신이 하는 선택을 의식적으로 통제하고 있다고 생각하지만 실은 마음속 편향이 늘 영향을 미친다.

백신 접종과 기후변화에서부터 달걀을 삶는 가장 좋은 방법에 이르기까지, 적어도 두 가지 측면이 있는 모든 문제는(실제로 모든 문제에는 두 가지 이상의 측면이 있다) 이런 관점에서 생각할 수 있다. 둘 이상의 측면 중 어느 한 측면에 대해 긍정적 연상보다 부정적 연상이 많으면 본능적 행동과 의사결정에 영향을 미치는 부정적 편향을 갖게 된다. 이런 편향은 모두 뇌 안에 있는 커넥톰과 그 위에 누적된 모든 연상이 낳은 결과다.

물론 연상은 긍정적이든 부정적이든 관계가 없다. 그리고 우리는 삶의 거의 모든 영역에서 편향이 드러나는 모습을 볼 수 있다. 정치 무대에서 민주당원과 공화당원 간의 분열이 점점 커지는 모습을 생각해보자. 이는 여론조사가 양극화된 탓이 아니라 유권자의 커넥톰이 양극화된 탓에 일어나는 현상이다.

골수 공화당원과 골수 민주당원의 브랜드 커넥톰은 각자의 상대방이 거울에 비친 모습일 가능성이 크다. 확고한 공화당원의 뇌에는 긍정적 연상으로 가득한 공화당 커넥톰이 있고 민주당 커넥톰은 부정적 연상으로 가득 차 있다. 자신이 지지하는 당에 대한 공화당원의 브랜드 커넥톰은 대부분이 긍정적 연상으로 구성되며 부정적 연상은 비교적 그 수가 적다. 민주당에 대한 공화당원의 브랜드 커넥톰은 정반대다. 긍정적 연상은 얼마 없으며 대부분이 부정적 연상이다.

그리고 민주당원의 경우에는 반대로 뒤집어 생각하면 된다. 골수 민주당원은 긍정적 연상이 가득한 민주당 브랜드 커넥톰을 가지고 있고, 공화당 브랜드 커넥톰에는 부정적 연상이 가득하다.

앞서 언급한 것처럼 어떤 브랜드가 시각적, 언어적 또는 다른 방식으로 표현한 내용이나 메시지를 전할 때 감정적 연결은 그 내용이나 메시지가 소비자의 머릿속에 이미 있는 것과 맞아떨어지면 발생한다. 마치 두 개의 퍼즐 조각이 정확히 들어맞는 것처럼 말이다. 하지만 현 상태에서는 민주당에 대한 브랜드 커넥톰과 공화당에 대한 브랜드 커넥톰이 딱 들어맞지 않는다. 어느 한쪽의 긍정적 연상이 다른 쪽의 부정적 연상일 때 두 커넥톰은 두 자석의 같은 극처럼 서로를 밀어낸다. 두 사람이나 두 집단의 커넥톰이 이처럼 서로 대비될 때, 즉 상극일 때는 공통점을 찾기 어렵다. 하지만 반드시 그래야 할 필요는 없다.

공화당과 민주당의 브랜드 커넥톰에는 각각 자체적인 브랜드 이미지와 성격 유형, 가치에 더해 다른 모든 소비자 제품 브랜드처럼 자체적으로 인지한 '사용자'까지 있다. 그리고 이 사용자는 각 정당에 당원으로 가입한 실제 사람들을 닮은 이미지인 경우가 매우 많다. 또한 상업적 브랜드와 마찬가지로 뇌에서 이들 정당에 대해 생성하는 연상은 사실일 수도 있지만 그렇지 않을 수도 있다.

하지만 사실인지 아닌지는 전혀 중요하지 않다. 골수 민주당원의 뇌와 골수 공화당원의 뇌는 각각 지지하는 정당에 대한 연상과 반대하는 정당에 대한 연상이 함께 누적된 수렴 생태계 convergent ecosystem(곤충의 날개와 새의 깃처럼 서로 다른 종이 유사한 환경에 적응해 비슷한 모습으로 진화하는 생태계—옮긴이)를 가지고 있다. 따라서 공화당원에게 민주당 후보에게 투표하거나 민주당원에게 공화당 후보에게 투표하도록 설득해도 별 소용은 없을 것이다.

요즘은 두 당의 당원을 설득해서 서로 대화하게 하기조차 어렵다. 정책에 대한 합의는 말할 것도 없다. 만약 이들이 가족이 모인 자리에 함께 앉아 있거나 전국에 중계되는 TV 프로그램에 출연해 정치를 논하기라도 할 때면 두 집단이 가지고 있는 커넥톰 사이의 극단적인 차이가 활활 타오르는 불기둥을 만들어낸다. 먼저 심장 박동이 빨라지기 시작하고, 곧 투쟁-도피 반응fight-or-flight response(스트레스 환경이나 공격, 생존 위험에 노출되었을 때 맞서 싸우거나 피하는 본능적 반응—옮긴이)이 나타난다. 결국 두 사람 모두 얼굴이 벌겋게 상기된 채 서로를 앞다퉈 비난하는 장면이 연출된다.

## 평화를 위한 길, 생각의 공유

와튼스쿨의 마케팅 및 신경과학 담당 교수인 마이클 플랫은 브랜드 로열티와 관련된 뇌 활동을 연구하면서 놀라운 사실을 발견했다. 브랜드 사용자가 자신이 사용하고 있는 제품에 대한 부정적인 소식을 들었을 때 사용자의 뇌에서 통증 영역이 활성화된 것이다.

상상해보자. 열정적으로 좋아하는 브랜드에 대한 공격은 마치 신체적 통증을 느낄 때처럼 뇌에서 물리적 반응을 유발할 수 있다. 이 반응은 정치적 브랜드에 대한 로열티의 사례에서도 나타난다. 사실 이 경우에는 생리적 반응이 훨씬 강할 가능성이 크다. 이처럼 강한 반응의 이면에는 서로 다른 존재지만 거울에 비친 상대방의 모습을 한 두 커넥톰 간의 대립이 있다.

몇몇 과학자는 공화당원의 뇌와 민주당원의 뇌가 기능적으로 다르다고 주장했다. 2011년 한 연구에서 엑시터대학교의 대런 슈라이버Darren Schreiber와 연구진은 사람들의 뇌 기능을 살펴보면 82.9퍼센트의 확률로 그들이 지지하는 정당을 정확하게 예측할 수 있음을 발견했다. 그러나 특정 정당을 지지하거나 반대하는 유전적 성향은 존재하지 않는다. 태어날 때부터 왼쪽 또는 오른쪽으로 기울어진 사람은 어디에도 없으니 말이다.

사람들의 정치적 성향이 다른 이유는 생물학적으로 다른 뇌를 가지고 있기 때문이 아니라 환경, 양육, 친구, 영향력 있는 사람, 미디어, 개인적 경험 등이 영향을 미친 결과 마음속에 누적된 방대한 기억의 네트워크 때문이다. 즉 정치에 관해서는 선천적 요인이 아니라 후천적 요인이 중요하다. 또한 요즘은 SNS 알고리즘이 에코체임버를 만들어 현재 고수하고 있는 관점이 끊임없이 강화되기 때문에 사람들의 정치적 커넥톰이 점점 더 양극화되고 있다.

이 양극화 문제를 과연 해결할 수 있을까? 어떻게 하면 그 열기를 식힐 수 있을까? 공통점을 찾는 열쇠는 각 집단의 커넥톰이 새로운 긍정적 연상을 접하게 하는 데 있다. 그 시작으로 우리를 나누고 분리하며 편을 가르는 SNS 알고리즘에 저항해야 한다. 민주당원은 공화당에 대한 균형 잡힌 정보를 찾아 정독해야 하며 공화당원도 민주당에 대한 자신의 커넥톰에 균형을 회복하기 위해 똑같은 일을 해야 한다. 그리고 이는 우리 각자의 개인적 책임이다.

만약 요즘 유행하는 문화전쟁이라는 주제에 대해 서로 크게 소리를 지르는 대신, 양측이 길 건너편에 있는 보다 온건한 생각에 반복해서 노출된다면 진전이 가능할 것이다. SNS에서 누군가를 공격하는 화난 영혼에서 보이는 것은 왜곡되고 편향된 브랜드 커넥톰이다. 이런 브랜드 커넥톰은 다양한 정치적 영향에서 생겨나는 것이 아니라 단 하나의 정치적 영향에 계속 노출되는 데서 비롯된다. 그리고 개인 차원만이 아니라 우리 사회 전체에 지극히 유해하다.

우리는 모두 같은 처지에 놓여 있다. 양 정당의 당원들이 서로에 대해 더 많이 알게 된다면 세상에는 우리를 분열시키는 것보다 통합하는 것이 더 많으며, 그 과정에서 긍정적 연상이 생성된다는 것을 발견하고 놀랄 것이다. 그리고 새로운 신경 경로가 형성되어 양당 당원 모두의 마음속에 있는 커넥톰에 균형이 잡힐 것이다. 그 과정에서 개인적 성장이 일어나고 편견은 감소하며 마침내 모든 사람의 혈압도 낮아질 것이다.

어느 한 가지 입장을 다른 입장보다 본능적으로 선호하는 모습이 단순히 긍정적으로 또는 부정적으로 편향된 커넥톰이 낳은 결과임을 이해하고 나면, 우리는 분열과 갈등을 초래하는 모든 문제에서 앞으로 나아갈 수 있다. 편견 아래에 무엇이 있는지 알면 자유를 얻는다. 서로를 더 잘 이해할 수 있을 뿐만 아니라 더 생산적인 방식으로 타인에게 영향을 미칠 수 있기 때문이다. 또한 뿌리 깊은 편견처럼 보이는 것에 영향을 미치는 규칙은 누군가의 반사적인 브랜드 선호를 바꾸기 위해 활용하는 규칙과 정확히 같기 때문이다.

어떤 문제나 브랜드, 소속 정당에 관한 입장은 절대 고정된 것이 아니다. 해야 할 일은 부정적 연상을 긍정적 연상으로 바꾸는 것뿐이다. 이는 다른 사람을 비난하자는 말이 아니다. 멍청하다고 말하자는 것도 아니며 비판하자는 것도 아니다. 서로 공유하는 생각을 바탕으로 사람들을 연결하고, 그들의 마음을 끌어당기는 강력한 인지적 지름길을 제시해, 결국 긍정적 연상으로 더해 새로운 신경 경로를 형성하고 풍성하게 만들자는 말이다. 덜 양극화되고 번성하는 사회를 원한다면 길 양쪽의 뇌를 함께 성장시켜야 한다.

## 취약한 브랜드일수록 긍정적 연상을 늘려라

어떤 브랜드에 부정적 연상이 많을 때 기존 수법은 도움이 되지 않는다. 뇌가 그 브랜드에 문자 그대로 '신경을 끄기' 때문이다. 그렇게 되면 세상 그 어떤 홍보도 잠재 고객이 우리 브랜드로 전환하도록 유도하지 못한다. 더구나 부정적 연상이 가득한 브랜드는 취약하다. 그러면 오염된 제품이나 SNS 실수와 같은 일종의 외부 문제가 발생했을 때 이미 취약해진 브랜드와 사업은 더 깊은 침체를 겪을 수 있다.

그러나 좋은 소식은 어떤 회사나 브랜드가 시장점유율을 아무리 많이 잃었다 하더라도 대개는 다시 활력을 찾을 수 있다는 것이다. 유일한 예외는 브랜드가 수십 년 이상 쇠퇴해서 너무 멀리 가버린 경우다. 하지만 그런 상황은 상당히 드물다(어쩌면 시어스Sears 백화점이 그중 하나일지는 모르겠다). 부정적인 것을 긍정적인 것으로 압도하면 부진한 사업을 대부분 반전시킬 수 있다.

2022년 맥도날드의 매출액은 231.8억 달러에 이르렀으며 지금까지도 전 세계에서 가장 큰 패스트푸드 기업으로 남아 있다. 소비자가 이 패스트푸드 체인의 음식에 대해 가지고 있었을지도 모르는 부정적 연상은 대부분 긍정적 연상에 뒤덮여 보이지 않는다. 물론 그렇다고 해서 부정적 연상이 아무도 모르게 다시 돌아올 수 없다는 말은 아니다. 개인, 직업 등 모든 유형의 브랜드가 마찬가지다. 그러므로 자기 브랜드의 커넥톰을 끊임없이 모니터링하고 관리함으로써 더 높은 성장을 향한 여정에서 긍정적 연상을 늘려야 한다. 그렇게 할 때 환경의 희생양이 되지 않고 브랜드를 통제하면서 한발 앞서 나갈 수 있다.

## 법칙 05  익숙함의 뿌리를 찾아라

> 익숙함은 특이함보다 강력하다.
> 하지만 독특함은 그 무엇보다 강하다.

슈퍼마켓에서 매대 사이를 걷다가 선반에서 집어 든 생수에 대해 다시 생각하는 사람은 별로 없다. 그 선택에 의도나 계획, 고민은 없다. 폴란드 스프링Poland Spring 생수를 마시는 사람이라면 소나무와 졸졸 흐르는 개울이 보이고 초록색과 파란색이 뒤섞인 라벨이 붙은 생수병에 본능적으로 손을 뻗는다. 또는 항상 아쿠아피나Aquafina 생수를 찾는 사람이라면 파란색 라벨 안에 눈 덮인 산 이미지가 있는 생수병을 집어 든다.

우리의 뇌는 인지적 지름길을 이용해 그처럼 순간적인 결정을 내린다. 이는 세상을 이해하는 데 도움이 되는 한 가지 방법이다. 오늘날 슈퍼마켓에는 3만 가지 이상의 품목이 있다. 만약 뇌에 이런 기능이 없다면 아마 쇼핑하는 데만 몇 주가 걸릴 수도 있다.

그런데 어떤 브랜드의 생수를 본능적으로 가장 자주 찾는지와 상관없이, 생수병 라벨의 색은 물과 얼음의 색상인 파란색과 하얀색일 가능성이 크다. 그리고 라벨에는 반짝이는 시냇물이나 높은 산, 솟구치는 온천을 상징하는 이미지가 들어갈 것이다. 이런 색 구성과 그림 이미지는 소비자의 마음속 긍정적인 기억이나 연상과 맞아떨어진다. 차갑게 고요하고 상쾌하게 경이로운 자연이 모두 이 생수병 하나에 들어 있는 것이다.

시장에서 가장 성공한 생수 브랜드에서 이처럼 비슷한 색상과 이미지를 사용하는 데는 꽤 중요한 이유가 있다. 바로 이 물이 정수된 것이든, 여과된 것이든, 아니면 인간의 손길이 닿지 않은 것이든 상관없이 이상적인 상태를 유지하고 있으며 우리가 구매할 수 있는 최고의 물이라고 우리 뇌에 시사하기 때문이다.

그러나 의식적 마음에 기반한 전통적인 마케팅 규칙은 생수 회사를 운영하는 사람이라면 반짝이는 시냇물이나 눈 덮인 산 이미지와 하얀색과 파란색이 조합된 라벨을 붙이지 않는 편이 바람직하다고 이야기할 것이다. 모두 다 진부하고, 이미 가본 곳이고 해본 일이며, 평범할 뿐이라고 말이다.

사무실 안에서 탁상공론을 일삼는 마케터들의 머릿속에 박힌 오래된 마케팅 원칙 하나는, 브랜드와 사업을 구축하는 핵심은 특이함$_{uniqueness}$이라는 믿음이다. 수십 년 동안 비즈니스 세계에서는 '눈에 띄어야 한다', '퍼플 카우$_{purple\ cow}$가 되라', '차별화하지 않으면 죽는다'처럼 조언을 빙자한 경고의 말이 난무했다.

하지만 자세히 들여다보면 특이함의 규칙은 말이 되지 않는다.

그리고 타당하지도 않다. 뇌과학은 분명히 말한다. 인간은 특이한 것이 아니라 익숙한 것과 연결되도록 구성되어 있다고 말이다. 우리는 익숙함familiarity을 갈망한다. 엄마 품에서 아기를 떼어놓으면 아기가 그 품에 다시 안길 때까지 서럽게 우는 것처럼 말이다.

이런 모습이 가장 극명하게 드러났던 때는 아마도 우리의 생존 본능이 최고조에 달했던 COVID-19 초기에 있었던 패닉바잉panic-buying(물가 상승, 공급 부족 등에 대한 불안과 두려움으로 생필품, 주식, 부동산 등을 사들이는 일―옮긴이) 현상일 것이다. 이때 소비자는 낯선 것은 찾지 않았다. 이들이 쇼핑 카트에 담은 것은 캠벨이나 스머커즈Smucker's, 하기스Huggies, 코튼넬Cottonelle, 스캇Scott(마지막 세 가지는 킴벌리-클라크Kimberly-Clark에서 만든다)처럼 편안함과 안정감을 주는 레거시 브랜드legacy brand였다. 소비자는 자신이 가장 잘 아는 것을 구매한 것이다.

우리가 배운 것과는 달리 특이함은 사람들을 브랜드로 끌어오지 못하며 오히려 밀어낸다. 그런데도 많은 디자인 전문 회사에서는 눈에 띄기를 바라는 마음에 무언가 다른 결과물을 내놓는 데 너무 집중하다 보니 정작 소비자와 진정으로 연결되는 것을 놓치고 만다. 생수 시장에서 수십억 달러의 매출을 올리는 최고의 브랜드를 살펴보자. 에비앙Evian, 아쿠아피나, 글라소Glaceau, 폴란드 스프링Poland Spring, 크리스탈 가이저Chrystal Geyser, 디어 파크Deer Park 등 모든 브랜드가 비슷한 색상과 상징적인 이미지를 활용한다.

그런데 슈퍼마켓의 생수 판매 통로에 있는 브랜드 가운데 이 목록에서 빠진 것이 있다. 바로 피지다. 밝게 빛나는 분홍색 히비스커스 꽃이 마치 3차원 그림처럼 생수를 사러 온 사람에게 다가간다.

생생한 꽃 그림과 직육면체 모양의 병은 생수 시장에서 상당히 차별화되는 포장 디자인이다. 그리고 한눈에 봐도 멋지지 않은가! 안타깝지만 생수와는 거의 상관없는 것들이다. 독특한 것은 분명하지만 익숙하지 않고 연관성이 없다는 느낌이 들며 다른 브랜드보다 돋보이는 연상도 없다.

물론 그 꽃이 순수함과 300개가 넘는 섬으로 이뤄진 군도의 자연미, 햇살에 반짝이는 남태평양 바다를 마음속에 불러낸다고 주장할 수도 있다. 하지만 그 누구도 바닷물을 병에 담아 마시지는 않는다. 그리고 피지섬이 매력적이기는 하지만 평범한 소비자는 피지에 대해 잘 알지 못한다. 물론 피지 생수병에 담긴 물이 비티레부섬의 자분대수층(지하수의 수압으로 자동 분출되는 지하수층 — 옮긴이)에서 솟아 나온 물이라는 사실은 말할 것도 없다.

따라서 포장 디자인이 매력적이거나 특이할 수 있지만 경쟁 브랜드만큼 고객의 커넥톰과 연관되지 않는다. 또한 눈에 띄는 데 중점을 두다 보니 브랜드의 잠재력에 한계가 있다. 눈에 띄고 돋보이는 것은 인간이 하는 선택과는 거의 관련이 없다. 관련 있는 것은 익숙함이다.

## 특이함을 넘어서는 익숙함에 대하여

이제 눈 덮인 산으로 돌아가 보자. 눈 덮인 산은 마케팅의 경이로운 업적이다. 무의식적 마음속에서 자기만의 자리를 가지고 있기 때문이다. 산은 특이하지 않다. 그러나 그 안에는 순수하고 깨끗하며 자연적인 데다 차갑고 환경 친화적이라는 긍정적 연상을 수없이 가지고 있다. 심지어 사람들이 산 정상에 올라가서는 병에 빙하수를 채운 다음 산 아래로 내려가 인근 매장으로 배달하는 모습까지도 상상할 수 있다. 이 모든 아름다운 연상을 생수와 연결하고 싶지 않을 이유가 있을까?

물론 어떤 상징적인 이미지를 찾아서 있는 그대로 사용하는 것처럼 간단한 일은 아니다. 그보다는 많은 것이 필요하다. 이미지는 긍정적 연상을 전달해야 하며 브랜드와 분리할 수 없는 방식으로 사용되어야 한다. 익숙함은 특이함을 이기지만 독특함distinctiveness이 그보다 더 중요한 이유가 여기에 있다.

독특함은 무의식적 마음속에 이미 존재하는 익숙하고 긍정적인 경로와 기억, 연상을 활용하면서도 이를 브랜드와 연관시켜 타깃 고객이 본능적으로 우리 브랜드를 선택하도록 유도한다. 독특함은 특이함과는 다르다. 특이함은 빨간 토마토소스 매대에 있는 검은색 병처럼 눈에 띄는 것이 중요하다. 특이함을 추구하면 사람들을 멀어지게 할 수도 있지만 독특함은 사람들을 끌어들인다.

생수 시장을 선도하는 브랜드인 아쿠아피나는 이 독특함을 아름답게 구현했다. 이들은 눈 덮인 산맥 위로 오렌지색 태양이 떠오르는 모습을 우아하고 추상적인 이미지로 디자인해서 이를 생수 라벨과 포장에 눈에 띄게 담아냈다. 이 이미지는 눈 덮인 산 정상에 대한 긍정적 연상을 활용하면서도 이를 우아하고 추상적으로 만들어낸 결과 독특함을 갖추게 되었다. 아쿠아피나만의 상징적인 이미지가 된 것이다. 바로 여기에 우리의 목표가 있다. 즉 익숙함을 활용하는 동시에 독특함을 만들어내는 것이다.

## 익숙한 것을 새로운 맥락으로 보게 하라

어떤 기업이 브랜드를 시장에 내놓고 경쟁이 치열한 분야에서도 두드러지게 만들 수 있다면 보통 그 브랜드는 성공할 것으로 여긴다. 잠깐이라도 주의를 끄는 광고는 온갖 시끄러운 잡음을 뚫고 창의적인 업적으로 주목받는다.

이런 광고는 종종 광고계의 오스카 시상식인 칸 국제광고제 Cannes Lions Awards나 클리오 어워즈CLIO Awards, 디앤에이디 어워즈 D&AD Awards, 디 원 쇼The One Show에서 최고의 상을 받는다. 또한 우리의 이목을 끌고 우리를 웃게 만들기도 한다. 창의적이며 흥미진진하기 때문에 슈퍼볼 경기가 끝나고 나서도 이야기하거나 심지어 인터넷에서 다시 찾아본다. 그렇게 눈에 띄는 광고가 된다. 하지만 눈에 띄는 광고가 반드시 매출로 이어지는 건 아니다.

어떤 분야에서 비약적인 발전 또는 눈부신 발견을 의미하는 '브레이크스루breakthrough'는 실제로 광고 산업에서 매우 중요한 핵심 지표로 디지털, 인쇄물, TV 등 모든 광고 채널에서 작업한 결과물의 성공을 추적하는 데 사용된다. 30초짜리 TV 광고일 수도 있고 유튜브에 올라온 7초짜리 영상일 수도 있다. 브레이크스루가 일어나면 광고를 본 시청자들은 광고 자체는 물론 광고에서 소개하는 제품 또는 서비스까지 기억할 수 있다.

문제는 마케팅 및 광고 산업에 종사하는 사람 대다수가 브레이크스루 광고의 핵심이 특이함이라고 생각한다는 것이다. 마치 화성에서 온 무언가처럼 참신할수록 좋다는 생각이 만연하다. 많은 광고대행사와 기업의 마케팅 부서는 여전히 의식적 마음에 있는 낡은 마케팅 규칙에서 헤어나지 못하고 있다.

사실 특이함을 선호하는 이런 성향은 우리 모두에게 영향을 미친다. 우리는 모두 성공하려면 눈에 띄어야 한다는 믿음에 사로잡혀, 지금까지 누구도 본 적 없는 창의적이고 새로운 제품이나 커뮤니케이션을 끊임없이 추구한다. 그러나 브레이크스루는 새로운 것을 찾아내거나 눈에 띄려는 노력에서 생겨나지 않는다. 그보다는 사람들을 끌어들여 브랜드가 전하고자 하는 메시지와 사람들의 기억이 맞아떨어지도록 하는 데서 비롯된다.

뇌는 무언가 익숙한 것을 새로운 맥락에서 인식하면 마치 불꽃을 향해 달려드는 나방처럼 그 인식에 마음이 끌린다. 이런 광고를 만들면 단지 광고제에서 인정받는 창의성이 아니라 진정으로 사업을 구축하는 창의성을 갖출 수 있다. 〈포춘〉 500대 기업의 CMO, 리더십 코칭 컨설팅 회사를 시작한 사업가, 기술 벤처기업의 CEO 등 그 누구라도 기억해야 할 점은 특이한 광고가 아니라 소비자를 자기 브랜드로 유도할 만큼 광고가 충분히 잘 달라붙어야 한다는 점이다.

가장 좋은 성과를 낸 TV 광고를 살펴보면 이런 접근 방식을 계속 따르고 있음을 알 수 있다. 2023년 슈퍼볼에서 방송된 한 팝코너스Pop Corners 광고는 〈브레이킹 배드Breaking Bad〉에서 영감을 받아 제작되었다. 배우 브라이언 크랜스턴과 애런 폴은 각각 〈브레이킹 배드〉에서 연기한 것처럼 고등학교 과학 교사에서 마약왕으로 변신한 월터 화이트와 그의 조수로 메스암페타민 제조를 돕는 제시 핑크먼 역으로 등장했다. 두 사람은 여기서 보여준 연기로 프라임타임 에미상 16개와 골든글로브상 두 개를 비롯해 수많은 찬사를 받았다.

팝코너스 광고에서 이 엉뚱한 2인조는 무언가 완전히 새로운 것을 요리하지만 이들이 만들어낸 것은 〈브레이킹 배드〉를 대표하는 마약 블루스카이가 아니라 한번 먹기 시작하면 도저히 멈출 수 없는 팝코너스 과자였다. 팝코너스의 이 '브레이킹 굿' 광고는 익숙한 것과 창의적인 비틀기가 완벽하게 결합된 사례이자 트리거즈의 플레이북에서 가장 효과적인 마케팅 기법이다.

이 광고는 글로벌 시장조사 기업 입소스Ipsos의 크리에이티브/스파크Creative/Spark 분석에서 창의성 효과 지수Creative Effect Index 216점을 받았다. 참고로 평균 지수는 70~130점이다. 입소스에 따르면 창의성 효과 지수가 높은 광고는 이 지수가 낮은 광고에 비해 매출이 약 44퍼센트 증가한다고 한다.

같은 슈퍼볼 경기에 디즈니와 구글도 각각 입소스 창의성 효과 지수 184점과 130점으로 좋은 평가를 받은 광고를 내보냈다. 디즈니는 〈잠자는 숲속의 미녀〉, 〈메리 포핀스〉, 〈겨울왕국〉, 〈엔칸토: 마법의 세계〉 등 디즈니 애니메이션 영화의 상징적인 장면과 함께 디즈니의 100년 역사를 불러냈다. 여기에는 심지어 월트 디즈니 본인의 내레이션까지 포함되었다. 사실 미국에서 자란 거의 모든 사람에게는 어린 시절 디즈니와 연결된 기억이 있다. 그리고 그 연결은 긍정적 연상으로 가득 찬 가운데 성인이 될 때까지도 지속되는 경우가 꽤 있다. 이처럼 향수를 불러일으키는 장면을 새로운 맥락으로 구성함으로써 디즈니는 시청자의 뇌를 사로잡을 수 있었다.

구글은 훨씬 더 주목할 만한 일을 했다. 구글의 '픽셀에 사로잡히다' 광고에서 픽셀 핸드폰 사용자는 사진에서 사람 등 일부분을 지운다. 사진의 일정 부분에 동그라미를 그리고 그 안을 지우개로 지우듯 문지르는 익숙한 동작을 시각적 장치로 활용해 반복해 보여줌으로써 구글은 셀럽에 의존하지 않고도 엄청난 시청자 참여와 고객 전환을 끌어냈다. 진정으로 대단한 성과였다.

## 마케팅 규칙의 혁신, 기억을 이용하라

너무 많이 눈에 띄는 것이 좋기만 한 것은 아니다. 격식을 차려야 하는 행사에서 핼러윈 의상을 입고 나타나고 싶지는 않을 것이다. 그렇게 입으면 분명히 눈에는 띄겠지만 다음번 행사에는 아마도 초대받지 못할 것이다. 다국적 은행에서 진행하는 면접에 하와이안 셔츠와 반바지 수영복을 입고 샌들을 신은 채 등장하면 면접관은 분명히 기억하겠지만 1차 면접도 통과하지 못할 것이다.

여기서 기존 마케팅 규칙을 또다시 변경해야 한다. 애나의 흰색 정장이 의도와 실행 의지를 전달하는 동시에 20세기 초 여성 참정권 운동가의 힘을 불러낸 방식처럼, 브랜드가 전달하는 메시지는 브랜드와 소비자의 뇌 사이에 인지적 지름길을 만들어야 한다. 인지적 지름길을 통해 익숙한 대상을 활용함으로써 브랜드는 잠재 고객의 기억에 스며든다.

혁신에 관해서도 우리는 전에 한 번도 본 적 없는 것을 원하지 않는다. 비록 신선한 비틀기가 있더라도 잘 인식할 수 있고 맥락을 쉽게 파악할 수 있으며 심지어 안전해 보이는 것을 원한다. 예를 들어 스위퍼Swiffer 밀대는 가정용 청소용품 카테고리에서 엄청난 혁신으로 알려졌지만 여전히 보통의 대걸레처럼 보이며 똑같이 밀고 닦을 수 있다. 대걸레를 볼 때 무의식적 마음이 인식하고 기대하는 핵심 요소인 긴 손잡이와 걸레 부분을 그대로 반복한 것이다.

이처럼 무언가 완전히 새로운 것을 소개하는 게 아니라 익숙한 요소를 활용함으로써 뇌와 협력해 기존 신경 경로에 동참할 수 있다. 이 개념은 우리가 구매하는 제품에서 시청하는 영화와 TV 프로그램에 이르기까지 모든 분야에서 성공을 이끈다.

### 라인 확장, 시퀄과 프리퀄

매년 수많은 브랜드에서 기존 제품 라인에 약간의 변화를 주는 방식으로 제품 라인을 확장한다. 이들의 특징은 간단히 말해서 기존 제품에 대한 신선한 해석이라 할 수 있다. 유명 비스킷의 저칼로리 버전, 카메라 렌즈가 추가되어 업그레이드된 스마트폰, 같은 소재지만 실루엣이 달라진 바지, 속눈썹을 두 배 더 위로 올려주는 마스카라 솔, 인기 있는 드라마의 새 시즌, 작가의 이전 작품에 기반한 자기계발서 등이 그 예다.

이 모두를 라인 확장으로 볼 수 있으며, 기업에서는 수년 전부터 전체 제품의 파이프라인을 구축해 세상에 내놓는다. 그래서 도리토스Doritos는 대표 제품인 나초치즈와 쿨렌치, 스파이시 스위트 칠리, 플레이밍 핫 나초부터 심플리 오가닉 화이트 체다와 마운틴 듀까지 무려 100가지 맛을 갖추게 된 것이다. 이들 모두가 회사와 브랜드를 대표하는 토르티야 칩으로 각자 다른 맛이 가미된 제품이다.

브랜드에서 신제품을 출시하는 대신 라인 확장을 선택하는 이유는 분명하다. 아무것도 없는 백지상태에서 시작해서 완전히 새로운 제품을 개발하고 출시하기가 훨씬 어렵기 때문이다. 이는 단지 돈이 더 많이 들기 때문만은 아니다. 라인 확장은 브랜드의 기존 연상에 올라타서 그 커넥톰을 활용한다. 라인 확장을 시작한 브랜드는 이미 형성된 긍정적 연상을 이용해 지난 수년간 브랜드 개발에 투자해온 만큼 시간과 노력을 아낄 수 있다.

그리고 라인 확장으로 출시한 제품은 기존 제품에 가까울수록 시장에서 더 성공한다. 일례로 도리토스는 소비자가 생각지도 못한 몇 가지 터무니없는 맛을 개발했지만('야밤의 치즈버거 맛'이라고 들어본 사람이 있을까?) 나초치즈 이후 라인 확장을 통해 처음으로 출시한 맛인 쿨렌치가 가장 인기가 많다.

시퀄Sequel과 프리퀄prequel은 라인 확장의 엔터테인먼트 버전이다. 2022년에 큰 인기를 얻은 넷플릭스 시리즈물인 〈웬즈데이Wednesday〉를 살펴보자. 〈웬즈데이〉는 스트리밍 첫 주에만 약 1억 시간 시청되었으며 역대 넷플릭스 프로그램 가운데 누적 시청 시간 3위 안에 들었다. 이 시리즈는 인기 드라마 〈아담스 패밀리The Addams Family〉 속 등장인물을 기반으로 제작되었다.

〈아담스 패밀리〉는 1938년 만화로 처음 등장했으며, 그 후 1960년대에 방송된 TV 시리즈는 전 세계로 팔려나갈 정도였다. 1990년대에는 영화 세 편이 제작되었는데, 그중 가장 처음으로 극장에 걸린 영화는 당시 기준으로 개봉 첫 주말이 아닌 주말에 역대 두 번째로 많은 관람객을 동원했고 개봉 첫 주말 관람객 수로는 역대 12번째였다. 그리고 각각 2019년과 2021년에 제작된 두 편의 장편 만화는 대중의 마음속에 이 가족을 각인하는 동시에 새로운 세대에 소개했다. 〈아담스 패밀리〉의 자본은 현대 관객을 위한 재구성에 적합했다.

〈웬즈데이〉에는 기존 작품에서 공포를 소재로 괴기스러운 데다 으스스하기까지 한 괴짜 가족을 구성했던 것과 같은 주요 인물이 등장한다. 하지만 여기서는 모티시아와 고메즈 대신 그들의 딸인 웬즈데이가 시리즈의 주인공이다. 이는 〈왕좌의 게임 Game of Thrones〉의 대너리스 타가리엔부터 〈더 마블러스 미세스 메이즐 The Marvelous Mrs. Maisel〉의 미리엄 메이즐과 수지 마이어슨, 〈시녀 이야기 The Handmaid's Tale〉의 준 오스본에 이르기까지 강한 여자 주인공이 성공하는 드라마 시리즈가 주축이 된 시대에 완벽하게 들어맞은 진화였다.

〈웬즈데이〉에서 아담스 가족의 딸 웬즈데이는 동생을 괴롭힌 남학생들을 찾아 수영장으로 가서 양손에 든 봉지에 들어 있던 피라냐를 물속에 풀어버린다. 이 괴상한 짓 때문에 그녀는 학교에서 쫓겨나 네버모어 기숙학교에 가게 된다.

이 드라마를 보며 베이비붐 세대는 1960년대 흑백 TV로 보던 시트콤을 기억했고, 밀레니얼 세대는 영화를 떠올렸다. 그리고 Z세대는 웬즈데이가 추는 특별한 춤에 매료되었다. 센세이션을 일으킨 이 춤은 입소문을 타고 Z세대는 물론 미국의 록 밴드 크램프가 1981년 발표한 〈구-구-먹 Goo Goo Muck〉에 맞춰 웬즈데이의 동작을 따라 하는 엄마들 사이에서 널리 퍼져나갔다. 〈웬즈데이〉가 스트리밍을 시작했을 때 아담스 패밀리의 커넥톰은 거의 85년 동안 성장해왔다. 그렇기에 등장인물의 새로운 반복은 커넥톰이 더 성장하는 데 도움이 되었다.

익숙함은 우리 뇌에 편안함을 가져오기 때문에 어떤 제품이나 스트리밍 영상, 아이디어가 잘 알려질수록 사람들에게 선택될 가능성이 커진다. 〈아담스 패밀리〉는 이미 우리 신경망을 돌아다니고 있었기 때문에 그 가족의 부활은 우리가 신경망에 간직하고 있는 연상과 기억에 영향을 미쳤다.

신선한 비틀기도 있었다. 〈웬즈데이〉는 1930년대 만화나 1960년대 TV 시트콤 또는 1990년대 영화도 아니다. 현대적인 드라마 시리즈로 요즘 시대에 맞는 옷차림과 손에는 핸드폰이 있다. 물론 아담스 패밀리 주변의 등장인물만 그렇다. 모티시아, 고메즈, 퍼그슬리, 러치 그리고 웬즈데이는 여전히 20세기 초반의 까맣고 칙칙한 옷을 입고 있다. 웬즈데이는 늘 그렇듯이 트레이드마크인 검은색 머리띠를 한 채 차갑고 감정이 없는 모습을 유지한다.

만약 새로운 버전의 등장인물이 짧은 금발 머리에 꽃무늬 원피스를 입고 미소를 지으며 화면에 나타났다면 무언가 맞아떨어지지 않는 것처럼 보였을 것이다. 우리의 뇌는 이 새로운 등장인물을 거부할 것이고, 드라마는 그다지 성공하지 못하거나 어쩌면 아예 제작되지 못했을 수도 있다.

익숙함의 힘은 엔터테인먼트 산업 전반에서 관찰할 수 있다. 〈웬즈데이〉가 세상에 등장한 그해에, 1986년에 개봉된 〈탑건〉의 시퀄인 〈탑건: 매버릭〉은 미국과 캐나다에서만 7억 1,900만 달러를, 전 세계에서는 총 14억 달러를 벌어들여 그해 가장 많은 수익을 올린 극장 개봉작이 되었다. 〈탑건〉이 처음 상영된 지 40년이 지난 지금도 이 영화의 커넥톰은 너무나 커서 그 유일한 라인 확장 작품이 경쟁작을 완전히 꺾어버렸다.

물론 그 40년 사이 수많은 제품과 패러디, 문화적 언급을 통해 우리 마음속에 영화와 그 등장인물이 살아 있었기 때문에 〈탑건〉의 익숙함이 강화된 것이다. 케니 로긴스의 노래 〈데인저 존Danger Zone〉이나 〈탑건 앤섬Top Gun Anthem〉을 들을 때 영화 말고 다른 것을 생각할 수 있는 사람은 아무도 없다. 게다가 주연배우 톰 크루즈는 〈탑건〉 이후에도 거의 모든 영화 관객의 삶에서 늘 함께했다. 톰 크루즈가 주연한 〈미션 임파서블〉도 또 다른 훌륭한 예다. 1960년대에 방송된 〈제5 전선〉이라는 TV 드라마가 원작인 이 여덟 편의 영화는 1996년 처음 극장에 걸린 이후 엄청난 성공을 거두고 있다.

라인 확장은 엔터테인먼트 프랜차이즈가 형성되는 방식이다. 제임스 본드, 인디아나 존스, 스타워즈, 마블 유니버스, 배트맨, 셜록 홈스 등 그 예는 매우 많다. 하지만 조심해야 한다. 라인을 확장한다고 해서 성공이 보장되는 것은 아니다. 어떤 브랜드 커넥톰이 약하거나 그 안에 부정적 연상이 많다면 라인 확장이 연약한 기반에서 시작하기 때문에 성공할 가능성이 크지 않다.

따라서 만일 라인 확장을 검토하고 있다면 두 가지 질문을 해야 한다. 첫째, 대표 브랜드의 인기 하락으로 인한 매출 감소를 메우기 위해 라인 확장에 착수하는가? 둘째, 대표 브랜드에 신규 고객이 유입되고 있는가? 만약 첫 번째 질문에 대한 답이 "네"이고 두 번째 질문에 대한 대답이 "아니요"라면 추진하는 라인 확장은 최대 잠재력에 도달하지 못한다. 그러나 건강하고 풍성한 브랜드 커넥톰은 수년간 라인 확장에 성공해 브랜드의 제품 구성을 완성할 수 있다. 이런 방법을 통해 한 카테고리의 단일 브랜드가 여러 카테고리를 넘나드는 '메가 브랜드'로 발전할 수 있다.

물론 기존 브랜드의 익숙한 연상만을 활용하면 그 결과가 평범하거나 지루하거나 진부할 가능성이 꽤 있다고 주장하는 사람도 있을 것이다. 하지만 오해하면 안 된다. 이전에 한 일을 그대로 복제하는 것은 아무 효과가 없다. 익숙한 것 위에 새롭고 신선한 해석을 추가해서 독특한 것을 만들어내야 한다.

## 독특함의 힘

완벽한 오렌지를 상상해보자. 모양은 동그랗고 생기가 넘친다. 시트러스 향에 약간의 산미와 깊은 단맛이 어우러진 맛, 농장에서 갓 따낸 신선함, 플로리다 최상품에서만 느낄 수 있는 고급스러움…. 이런 이미지를 오렌지 주스 한 병에 담으면 이미지 트리거가 된다.

하지만 시장에서 가장 많이 팔리는 오렌지 주스 브랜드 트로피카나Tropicana는 이 오렌지에 작은 디테일 하나를 더해 아주 강력한 차이를 만들어냈다. 바로 빨갛고 하얀 줄무늬가 있는 빨대였다. 눈에 잘 띄는 빨대로 원재료에서 곧장 주스를 뽑아 마실 준비를 마친 소비자는 그 빨대가 과일에 꽂히는 동작을 생생하게 느낄 정도다. 마치 이 완벽하게 익은 오렌지의 과즙을 너무나 마시고 싶어 더는 기다릴 수 없는 것처럼, 이는 그저 동그란 오렌지 그 이상의 무언가다. 그렇다고 아주 엄청난 것도 아니다. 그런데도 말없이 무언가를 분명히 보여준다.

오렌지 이미지에서 긍정적 연상이 쏟아져 나오는 가운데 이제 이런 연상은 그저 완벽한 오렌지와 연관되는 것이 아니라 완벽한 오렌지 주스와 연관된다. 최고의 맛과 의심할 여지 없는 신선함 그리고 최상의 시기에 따서 가공하지 않고 농장에서 곧장 가져온 진짜 과일. 모든 효과적인 성장 트리거와 마찬가지로 이런 인지적 지름길은 우월한 인상을 만들어내 긍정적 연상을 풍부하게 끌어낸다.

다시 한번 말하지만 이건 익숙한 오렌지 위에 아주 작지만 창의적인 비틀기를 시도한 것뿐이다. 그러나 그 작은 차이가 그 이미지를 특별하게 만들고 트로피카나만의 독특함을 창조한다. 단지 과일 하나와 빨대일 뿐이다. 하지만 그 빨갛고 하얀 줄무늬가 있는 빨대가 꽂혀 있는 오렌지는 우리 뇌의 기억 구조 일부가 되어 트로피카나의 브랜드 커넥톰을 구성하고 그 안에 존재하는 방대한 긍정적 연상의 네트워크 형성에 이바지한다. 그리고 이는 트로피카나가 미국 시장을 선도하는 오렌지 주스 브랜드로 냉장 오렌지 주스 시장에서만 10억 달러 가까운 매출을 올리는 이유가 된다.

독특함은 '특별한 브랜드 자산 Distinctive Brand Asset, DBA'이 낳은 결과인 경우가 많다. DBA는 브랜드가 의도적으로 또는 연상을 통해 가지고 있는 익숙한 요소다. 또한 강력한 차별화 요소로서 사람들의 기억 구조에 스며들어 브랜드와 긴밀하게 연결된다. DBA의 장점은 현저성의 성장 속도를 높여 커넥톰의 크기를 키우고, 소비자에게 의미 있는 연관성을 만들어내며, 차별성 또는 명확성이라고도 하는 독특함을 더한다는 것이다.

그런 의미에서 로고는 최초의 DBA다. 아마존의 화살표나 메르세데스 벤츠의 삼각별, 올림픽의 서로 맞물린 다섯 고리, 인스타그램의 카메라, CVS의 각진 하트, 〈뉴욕 타임스〉의 대문자 T, 애플의 한입 베어 먹은 사과까지 모든 로고는 각 브랜드를 한 번에 알리는 신호로 즉시 알아볼 수 있다.

그러나 로고 그 자체만으로는 충분하지 않다. 오늘날 현저성을 구축하려면 브랜드 스토리를 전달해야 할 뿐만 아니라, 건강하고 거대한 브랜드 커넥톰을 구축하기 위한 소비자와의 접점 그리고 반복적으로 사용되는 DBA 포트폴리오 전체가 필요하다. DBA의 구성 요소는 다음과 같다.

- **브랜드 세계**: 브랜드가 존재하는 장소이자 사용하는 마케팅 채널과 상관없이 일관성을 유지하는 세계다. 하이킹화를 생산하고 판매하는 경우 브랜드 세계는 숲을 가로지르는 산책로나 산이 될 수 있다.
- **전문성**: 여기서 전문성은 어떤 제품이나 우수한 결과를 만들어내는 회사의 접근 방식을 빠르게 전달하는 생생한 이미지를 말한다. 일례로, 다양한 색상으로 표현되는 콜게이트의 타원형 스우시는 콜게이트 치약이 입안 전체에 보호막을 만들어서 충치를 막을 뿐만 아니라 잇몸과 볼 안쪽, 혀에서 세균을 죽인다는 광범위함을 상징한다. 콜게이트 광고에서 보호를 상징하는 보편적인 신호로 치약 상자와 사람들의 머리 주위에 모두 사용되는 이 스우시 로고는 콜게이트의 우수한 구강 관리 전문성을 전달한다.
- **소비자 혜택**: 소비자가 특정 브랜드의 제품이나 서비스를 사용함으로써 받게 되는 영향이나 혜택을 전달하는 시각적 자산이다. 예를 들어 레드불 Red Bull의 날개는 레드불 음료의 에너지가 소비자에게 어떤 느낌을 줄지 시각적으로 표현한 것이

다.

- **상징**: 상징은 긍정적 연상이 가득하며 가장 간결하고 단순해서 한눈에 전달할 수 있는 신호다. 예로는 동그란 마크 안에 '100퍼센트 천연(또는 유기농)'이라는 말과 함께 들어간 나뭇잎이나 포장 상자에 표시된 삼각형 재활용 기호를 들 수 있다. 여기서 주의할 점은 마크 자체가 권위와 신망의 표시이므로 그 자체로 강력한 인지적 지름길이지만, DBA가 되기 위해서는 디자이너가 마크를 특정 브랜드에 독특한 무언가로 바꿔야 한다.

시각적 광고와 청각적 광고를 포함해 2,000개가 넘는 미국 내 광고를 대상으로 입소스에서 진행한 연구에 따르면, 비언어적 DBA를 사용한 광고는 그렇지 않은 광고보다 높은 인지도를 갖는다. 그리고 이런 광고는 정확한 브랜드 어트리뷰션brand attribution(소비자 구매 행위의 원인이 특정 브랜드임을 밝히는 과정 — 옮긴이)으로 좋은 성과를 낼 가능성이 34퍼센트 높았다.

DBA가 성장 트리거와 비슷하게 들릴 수도 있지만 완전히 같은 것은 아니다. 앞서 언급한 트로피카나 사례에서 오렌지에 꽂힌 빨대는 그 안에 내재하는 모든 긍정적 연상 때문에 DBA인 동시에 성장 트리거가 된다. 반면 어떤 브랜드의 마스코트는 DBA일 수는 있지만 성장 트리거는 아니다. 호랑이 토니는 켈로그 콘푸로스트와 영원히 연결되겠지만 호랑이 그림 자체는 시리얼과 관련된 어떤 긍정적 연상도(또는 그 어떤 연상도) 제공하지 못한다. 애플랙Aflac의 거위나 가이코GEICO의 도마뱀도 마찬가지다. 거위와 도마뱀 자체는 보험 카테고리와 관련된 긍정적 연상을 내포하지 않으며, 따라서 성장 트리거가 되지 못한다.

트로피카나의 오렌지와 빨대 또는 아쿠아피나의 눈 덮인 산 등 강력한 연상이 가득한 인지적 지름길을 찾은 다음 브랜드의 DBA로 선택할 수 있을 때 진정한 승리가 가능하다. 이 두 로고는 단순한 성장 트리거를 넘어서는 것으로서 여기서는 '특별한 브랜드 트리거Distinctive Brand Trigger®, DBT'라고 부를 것이다.

DBT는 그 자체로 에너지 가득한 신호인 동시에 DBA다. 이를 염두에 두고 DBT 개발을 시작하는 최고의 방법은 자기 카테고리에서 의미 있는 이미지나 상징을 가져오고 나서 브랜드와 연관시키되 독특한 방식으로 브랜드를 제시하는 것이다. 이런 방법이 무엇보다 중요한 이유는 DBA가 뇌의 기억 구조에 저장될 가능성이 가장 크기 때문이다. 그리고 이는 브랜드 커넥톰을 빠르게 확장하고 매출 성장을 높이는 데 꼭 필요하다.

예를 들어 뉴로로직neurologic나 짧게 줄여 뉴로neuro라고도 하는 신경계 질환 치료 신약의 개발에 전념하고 있는 바이오 벤처기업 헤로필로스Herophilus의 로고는 뇌의 두 반구를 추상적으로 표현한 이미지다. 이 기업이 연구하는 영역을 고려하면 적절해 보이지만 평범함과는 거리가 멀다. 로고를 자세히 보면 왼쪽 반구에는 시냅스나 뉴런을 상징하는 여러 개의 원으로 뇌의 내부 활동을 표현했으며, 오른쪽 반구에는 대뇌 표면을 보다 전형적으로 표현한 단순한 이미지가 있다.

이처럼 뇌의 두 반구에 대한 추상적 표현이 모여 전문성과 복잡한 존재의 단순화, 과학적 정확성을 본능적으로 전달하는 놀라운 이미지가 되었다. 로고를 본 순간 우리는 순식간에 헤로필로스라는 기업이 신경학에서 획기적인 발전에 성공할 수 있는 요소를 갖추고 있다고 생각하게 된다.

이와 더불어 인류 역사 최초의 해부학자인 고대 그리스인 헤로필로스의 이름을 딴 회사명은 그 자체로 하나의 DBT다. 이 이름은 긍정적인 역사적 연상을 제공하는 동시에 독창성은 물론 무언가 새롭고 혁신적인 일의 시작과 브랜드를 동일시하게 되는 효과가 있다. 긍정적 연상으로 가득 찬 로고와 이름은 헤로필로스의 DBA가 되어 인식된 우월성을 만들어낸다.

이처럼 DBA는 그 효과가 너무 크다 보니 법조계에서는 다른 브랜드의 DBA와 유사한 자산을 사용하는 행위가 지식재산권 침해에 해당하는지에 대한 의문을 제기했다. 다른 회사의 DBA를 이용해 오랜 시간 구축한 긍정적 연상을 말 그대로 '훔치는' 것은 아닐까? 확실히 문제가 될 수 있다고 생각한다.

J&J를 대표하는 눈물방울 이미지를 떠올려보자. 이 눈물방울은 지난 50년 이상 J&J의 '노 모어 티어즈$_{No\ More\ Tears}$' 기술을 대표해온 것이지만, 대규모 브랜드의 자산을 가장 흔하게 빌려 쓰는 PB 상품 유통사에서는 제품 포장에 비슷한 눈물방울을 종종 사용한다. 이들이 눈물방울 모양을 아주 조금 바꿔 붙여놓으면 소매점에서는 PB 상품을 J&J 제품 옆에 놓아둔다.

결과는 어떨까? 오리지널 브랜드가 사람들의 마음속에 수십 년 걸려 구축한 긍정적 연상을 활용한 이들 PB 상품은 상당한 수준의 시장점유율을 차지한다. 일부 카테고리에서는 PB 상품의 시장점유율이 10퍼센트에 미치지 못하지만 다른 카테고리에서는 30퍼센트에 육박하거나 이를 넘어서기도 한다. 이는 전적으로 PB 상품이 자리가 잘 잡힌 DBA의 기존 연상에 편승하기 때문이다.

이처럼 DBA는 너무 강력해서 심지어 그 일부만 보여주더라도 소비자의 뇌가 나머지 빈자리를 채운다. 유명 브랜드의 DBA를 대상으로 실험해보자. 예를 들어 도브Dove의 대표 제품인 비누의 포장에서 D나 e만 보여도 사람들은 비누의 브랜드가 도브라는 사실을 즉시 알아차린다. 도리토스Doritos의 D나 아마존 화살표의 끝부분, 애플의 사과에서 한입 베어 먹은 부분, 아쿠아피나의 눈 덮인 산 정상부, 영화 〈탑건〉에서 선글라스를 쓴 톰 크루즈의 얼굴 일부와 같이 이번 장에서 지금까지 언급한 모든 브랜드도 마찬가지다.

이처럼 DBA 일부만 보여주어도 실제로 더 많은 참여를 유도할 수 있다. 뇌에 이는 재미있는 퍼즐과 같기 때문이다. 기본적으로 뇌는 이전에 노출된 것을 바탕으로 DBA의 나머지 부분을 예측할 수 있다. 뇌는 받아들이는 정보를 단순히 처리하는 대신 뇌에 제시된 자극과 입력된 정보를 적극적으로 예측한다. 어떤 브랜드의 DBA가 온갖 마케팅 활동에서 사용되어 너무 많이 알려진 나머지 거의 어디에서나 볼 수 있다면, 뇌는 빠진 부분을 더 잘 예측해서 전체를 보지 않고도 그림을 완성할 수 있다. 즉 DBA가 온전히 노출되지 않아도 소비자가 알아볼 수 있을 정도로 강력하고 효과적이면 그 DBA는 분명히 자기 역할을 다하고 있는 것이다.

안타깝게도 많은 기업이 자기 DBA가 가진 힘을 제대로 인식하지 못하고 있다. 그 가치를 모르는 것이다. 현대화나 혁신을 핑계로 또는 단순히 그 중요성을 충분히 이해하지 못한 까닭에 일부 기업에서는 자기 브랜드의 DBA를 서슴없이 버리기도 한다. 너무도 쉽게 이름을 바꾸거나 포장을 업데이트하고, 마스코트를 없애거나 매장 환경을 완전히 바꾸기도 한다. 그리고 그 과정에서 무심코 의미 있는 요소까지 제거한다.

하지만 우리 뇌에 자체 내비게이션이 있다고 생각할 때, 어떤 기업이 DBA를 제거하는 건 소비자의 뇌가 그 브랜드의 제품을 찾고 품질을 판단하는 데 사용하는 이정표를 제거하는 것과 같다. 브랜드에서 너무 많은 것을 제거하면 뇌에 입력하거나 뇌를 어떤 제품이나 아이디어로 유도할 것이 남아 있지 않게 된다. 독특함, 즉 DBA가 가진 이 엄청난 힘을 진정으로 이해하기 위해 DBA가 사라졌을 때 어떤 일이 일어날지 생각해보자.

### 빨갛고 하얀 줄무늬 빨대의 힘

2008년 트로피카나는 브랜드를 쇄신하기로 했다. 그리고 이는 마케팅 역사상 가장 유명한 포장 디자인 실수로 남았다. 그러나 겨우 '실수'라는 표현으로는 이 잘못된 결정의 의미를 제대로 전달하지 못한다. 자그마치 회사에 약 5,500만 달러의 손실을 입힌 최악의 재앙이었기 때문이다.

트로피카나는 디자인 및 커뮤니케이션 서비스 기업인 아넬Arnell 그룹을 고용했다. 원래 주스 팩에는 오렌지에 줄무늬 빨대가 꽂힌 이미지가 있었다. 하지만 그들은 오렌지에서 빨대를 제거하는 것뿐만 아니라 주스 포장에서 오렌지를 아예 빼버리기로 했다. 대신에 가느다란 손잡이가 있는 커다란 유리잔에 방금 따른 오렌지 주스가 가득 담겨 있고, 유리잔에서 입술이 닿는 부분에 거품이 남아 있는 이미지로 대체되었다. 주스 팩의 마개도 오렌지를 닮은 것으로 바꾸기도 했지만 소비자의 뇌에 남아 있던 빨대 및 오렌지와 연결되기에는 충분하지 않았다.

아넬 그룹은 트로피카나를 설득해 진짜 오렌지에서 그 안에 들어 있는 주스로 초점을 옮기려고 한 것 같았다. 그러나 음식이나 음료가 천연의 원천에 가깝다고 인식되면 활용할 수 있는 긍정적 연상이 매우 많아진다. 하지만 아넬 그룹과 트로피카나는 방향을 바꿔 이미지가 원천에서 더 멀어지고 소비에 더 가까워지게 했다.

하지만 주스 팩에 담긴 오렌지 주스를 유리잔에 따라 마시는 건, 오렌지에 빨대를 직접 꽂은 후 마시는 것과는 다르다. 마치 신선한 샘물을 그 자리에서 마시는 것과 아닌 것의 차이와 같다. 빨대와 오렌지는 주스의 원천과 나아가 그 품질에 호소하지만, 주스는 농축액으로도 만들 수 있다. 물에 희석될 수도 있고 품질이 떨어지기도 쉽다. 그 짧은 시간에 브랜드가 이러한 강력한 신호를 통해 축적한 모든 긍정적 연상이 사라진 것이다. 이 포장 디자인 변경은 브랜드에 긍정적 영향을 미치는 대신 가치 파괴value destruction의 사례가 되었다.

이 같은 유형의 가치 파괴는 그 여파가 크다. 2009년 1월 새로운 포장이 시장에 등장하고 얼마 지나지 않아 재무적 문제가 발생하기 시작했다. 두 달 만에 매출이 20퍼센트(3,000만 달러)나 감소했고 그사이 경쟁사는 트로피카나의 이전 고객을 긁어모았다. 어떻게 이런 일이 일어날 수 있을까?

그 답은 의외로 간단하며 많은 기업에서 발생할 수 있는 현상이다. 모든 기업이 자사의 소중한 자산을 잘 알고 있는 건 아니다. 그 결과 본능적 의사결정 과정에서 그 중요성을 과소평가하기도 한다.

따라서 DBA에서 머리카락 한 올만큼 아주 작은 부분이라도 만일 바꾸고자 한다면 그전에 소비자가 그 DBA와 관련해 가지고 있는 연상을 파악해야 한다.

이번 장에서 이야기하려는 것은 소비자의 단순한 호불호가 아니다. 오렌지와 빨대 그리고 주스가 담긴 유리잔을 두고 만약 전통적인 조사 문항처럼 '둘 중 어느 것이 더 매력적인가?'라고 묻는다면 소비자는 유리잔이 들어간 포장을 선택하고 그 이유는 더 현대적이기 때문이라고 말할지도 모른다. 그러나 이는 소비자의 의식적 마음에서 나오는 말이다.

정말로 물어야 하는 질문은 '두 가지 디자인이 불러일으키는 연상은 무엇인가?'다. 그렇게 하면 빨대가 꽂힌 오렌지가 품질이나 신선함, 자연스러움 면에서 제품의 위상을 높이는 긍정적 연상을 쏟아낸다는 걸 알게 될 것이다. 우리 브랜드의 DBA에 이와 같은 힘이 있고, 특히 그 DBA가 소비자가 매장이나 온라인에서 우리 브랜드를 찾는 데 사용하는 신호라면 그런 DBA에는 매우 신중해야 한다. 그리고 당연히 큰 변화는 피해야 한다.

아주 쉽게 말해서, 트로피카나가 고용한 디자인회사는 프로젝트 대상인 DBA의 힘을 깨닫지 못했다. 이들은 DBA에 신경을 쓰지 않았으며, 소비자가 슈퍼마켓에서 원하는 브랜드를 찾는 데 이용하는 표지일 뿐만 아니라 트로피카나 오렌지 주스의 우월성을 알리는 긍정적 연상으로 가득한 귀중한 자산을 제거해버렸다.

이들은 포장에 사용한 글꼴도 바꿨지만 그 정도 변화는 오렌지를 없앤 것에 비하면 아무것도 아니었다. 대다수 소비자가 찾았던 것은 브랜드명 자체가 아니라 포장지에 있던 줄무늬 빨대와 오렌지 이미지였기 때문이다. 물론 글꼴도 DBA가 될 수 있지만 트로피카나의 경우에는 이미지의 힘이 더 강했다. 그런데 이미지를 변경해 브랜드 자체를 쉽게 알아볼 수 없게 되었으니 글꼴 변화는 알아차릴 기회조차 드물었을 것이다.

 뇌의 작동 방식을 이해하면 이런 포장 디자인 변경이 그토록 큰 실패였던 이유를 쉽게 이해할 수 있다. 트로피카나가 물리적으로 소비자의 기억 구조 일부분이 된 독특한 요소를 제거한 것은 고객의 뇌에서 자사 이미지를 잘라낸 것이나 다름없었다.

 매장을 찾은 손님들이 새로운 트로피카나 라벨을 봤을 때 이들의 마음속에 처음 떠오른 생각은 '어? 내 주스가 어디 갔지? 내가 매주 사던 그 주스 자리가 바뀌었나?'였을 것이다. 포장 바깥에 보이는 말과 이미지가 그 안에 들어 있는 내용물을 알려주는 법이다. 이 때문에 그 강력한 신호를 제거하자 오렌지 주스 자체가 바뀌었다는 신호를 전송했던 것이다.

 사실 포장 디자인 업데이트는 아주 작은 변화만으로도 고객에게 제품 자체가 바뀌었다는 인상을 줄 수 있기 때문에 일반적으로 매출이 10~15퍼센트 감소할 수 있다. 그리고 이는 제품의 내용물이 정확히 같은 경우에도 마찬가지다. 이른바 포장 개선으로 기대할 수 있는 신규 고객 증가는 그런 변화로 인해 관심을 잃은 기존 고객 손실을 메우기에 충분하지 않다.

 트로피카나의 경우 그 강력한 시각적 신호가 신규 고객에게는 더 이상 존재하지 않았으며, 이는 오렌지 주스 카테고리로 들어오는 잠재 고객이 포장 변경 전까지 수많은 고객을 끌어들인 이미지 트리거를 경험하지 못했다는 뜻이다. 이처럼 우월성을 갖춘 오렌지 주스 이미지를 전달하는 DBT가 사라진 트로피카나는 기존 고객뿐만 아니라 잠재 고객도 잃었다.

이런 일은 종종 일어난다. 누군가가 오렌지 주스 브랜드는 하나같이 오렌지를 사용한다면서 이제 무언가 새로운 것을 시도해보자고 설득했을 가능성이 크다. 이미 예상했겠지만 이때 새로운 시도가 특이함을 주리라 여겨졌을 공산이 크다. 하지만 우리 뇌가 원하는 것은 특이함이 아니다. 뇌는 익숙함과 의미에 더해 비틀기를 원한다.

2008년에는 오렌지 아랫부분에 작은 녹색 잎을 놓아둠으로써 농장에서 갓 따온 오렌지라는 생각을 강화하려 하기도 했다. 하지만 빨대 없는 오렌지는 그저 익숙한 카테고리 신호 category cue(어떤 제품이 특정 카테고리에 속한다는 것을 보여주는 디자인 요소나 정보 — 옮긴이)였다. 빨대가 함께해야 비로소 오렌지가 DBA가 될 수 있다. 만약 오렌지와 빨대 중 하나라도 없다면 실패작이 될 것이다.

트로피카나는 포장 변경 후 무슨 일이 벌어지고 있는지 알자마자 이전 포장 디자인으로 되돌아갔다. 결국 오렌지와 빨대는 돌아왔고 트로피카나도 제자리로 돌아와 오늘날까지 오렌지 주스 카테고리의 선두 주자로 남았다.

**네일 아티스트 vs. 노란 새끼 오리**

포장 디자인에서 중요한 신호나 DBA가 제거되거나 많이 수정되는 대규모 변경은 가치 파괴의 한 형태일 뿐이다. 그 밖에도 많은 유형의 가치 파괴가 존재한다. 이제 마스코트를 살펴보자. 사랑받는 마스코트는 너무도 강력한 긍정적 연상을 암묵적으로 전달한다.

이런 마스코트를 버리는 것은 카테고리를 선도하는 브랜드와 1위의 자리에서 밀려나는 브랜드의 차이를 만들 수 있다.

1960년대 팜올리브Palmolive는 주방세제 광고에서 여배우 잔 마이너Jan Miner가 연기한 중년의 사랑스러운 네일 아티스트 '매지Madge'를 선보였다. 거의 30년 동안 미국 내 TV 및 지면 광고에 등장한 매지는 종종 고객의 손을 보고 "경찰에 신고 좀 해주세요! 이런 손은 범죄예요!", "손님의 손을 보면서 제가 간호사였으면 좋겠다고 생각했다니까요" 같은 농담을 던지며 그 해결책으로 팜올리브 세제를 제시했다.

광고에서 매지의 고객은 믿을 수 없다는 표정을 짓지만 곧이어 자기 손이 담겨 있는 액체가 사실은 주방세제라는 사실을 깨닫는다. 매지가 말한다. "손이 촉촉해졌네요." 고객은 반사적으로 액체에서 손을 꺼낸다. "부드럽다고요?" 별다른 낌새를 눈치채지 못한 네일숍의 다른 고객이 깜짝 놀라며 묻는다. 매지는 "아, 그냥 부드럽기만 한 게 아니에요"라고 대답한다. 그리고 "팜올리브는 설거지하는 동안 손을 부드럽게 해준답니다"라는 말을 반복하며 가장 의심이 많은 고객인 가정주부조차 팜올리브의 경이로움을 수긍하게 한다.

주방세제는 그릇을 효과적으로 세척하고 손에 부드럽다는 두 가지 혜택을 소비자에게 제공해야 한다. 팜올리브가 설거지를 깨끗하게 할 뿐만 아니라 건조하고 갈라진 피부에 놀라운 일을 할 수 있다는 아이디어는 그 자체로 매력적인 제안이었을지 모르지만, 그 마법 같은 무대의 주인공은 매지였다.

사람들은 매지를 사랑했다. 매지는 유쾌하고 조금은 삐딱하지만 현실적인 인물로 기꺼이 자신의 일급 비밀을 공유했다. 특히 1960년대부터 1980년대까지 광고의 주요 타깃이었던 시청자는 동네 네일숍의 친절한 네일 아티스트와 이미 만들었거나 만들고 싶었던 유대감과 비슷한 감정을 느꼈다. 어쩌면 더 나은 점은 손톱을 가꾸려고 네일숍에 갈 필요가 없다는 것이다. 여기 매지가 있고 팜올리브는 언제든 살 수 있으니 말이다.

이 시기에는 많은 여성이 일하기보다는 집에 머물며 자녀를 돌보고 가사를 전담했다. 미용실이나 네일숍에 가는 것은 일종의 사회활동이자 기분을 내는 일이었다. 1960년대에는 엄마가 심리상담을 받는 모습이 흔치 않았지만 매지와 같은 이웃 주민과는 마음을 열고 솔직하게 이야기를 나눌 수 있었다. 팜올리브 광고에서 매지는 엄마이자 가정주부를 아끼고 사랑했으며 네일숍을 찾은 고객의 손에 해를 끼치는 일은 절대로 하지 않을 것만 같았다. 그녀는 엄마이자 가정주부인 고객을 돌보고 이들은 그 대가로 매지에 대한 믿음을 돌려주었다.

그러던 어느 날, 지난 수십 년간 브랜드를 구축하는 데 도움을 주었던 매지가 사라졌다. 1990년대에 팜올리브의 마케팅팀은 매지가 할 일은 끝났다고 판단했다. 이들이 생각할 때 특히 X세대에게 매지는 더 이상 연관성이 없었다. 이제는 앞으로 나아갈 차례였다. 그러나 팜올리브는 그 긴 시간 광고에 등장한 매지를 통해 얼마나 많은 연상이 쌓였는지 몰랐다. 우리를 아끼고 우리가 믿을 수 있는 친구이자 현실적이고 꾸밈이 없으며 재미있는 조언자인 매지 말이다. 팜올리브에서는 비밀을 털어놓을 수 있는 친구이자 네일 아티스트인 매지에게서 벗어나는 다양한 광고를 시작했다.

매지의 해고는 갑작스러웠으나 그 여파는 천천히 찾아왔다. 적어도 트로피카나의 사례와 비교하면 그랬다. 처음에 팜올리브는 브랜드 에쿼티나 전체 가치를 살펴보는 브랜드 속성 추적에서 큰 변화를 관찰할 수 없었다. 그러더니 몇 년이 지난 시점에 난데없이 브랜드의 전반적인 건전성이 두 자릿수로 하락하며 급격하게 고꾸라졌다. 회사에서는 무슨 일이 일어난 것인지 알지 못했다. 이는 사람들의 기억을 모니터링하지 않았기 때문이다. 앞에서 이야기한 것처럼 팜올리브에서는 연상이 아니라 오해의 소지가 큰 브랜드 속성만을 추적하고 있었다.

무슨 일이 일어난 것일까? 매지와 같은 DBA는 결코 쉽게 잊을 수 없기 때문에 그 기억은 소비자의 뇌에 오랫동안 남아 브랜드 인식에 긍정적인 영향을 미쳤다. 그러는 동안 팜올리브의 경영진은 사업이 잘 굴러가고 있는 데다 브랜드 건전성까지 안정적이라는 사실에 고무되었을 가능성이 크다. 하지만 수년간 안정적인 결과가 이어지고 나면 기억은 희미해지고 그와 더불어 브랜드 건전성도 급격히 하락한다. 암묵적인 마음을 모니터링하지 않는 경영진은 허를 찔리게 된다.

약이나 카페인처럼 우리 뇌의 기억에도 반감기가 있다. 기억은 잠시 머물 뿐이다. 강화되지 않은 기억은 시간이 가면서 희미해지기 시작하고 새로운 기억과 연상에 밀려난다. 그렇게 소비자의 뇌에 존재하는 브랜드 커넥톰의 물리적인 크기가 줄어든다. 이는 카테고리와 브랜드를 가리지 않고 항상 일어나는 일이다.

DBA 제거나 일관성 없는 마케팅 캠페인, 광고 예산 삭감이 수년간 계속되고 나면 브랜드는 처음 몇 년 동안 안정적으로 유지되다가 갑자기 자유낙하를 경험한다. 인간의 뇌는 입력된 정보와 자극에 따라 끊임없이 변화한다는 사실을 기억하자. 강력한 자산을 제거하는 것은 개봉일에 영화를 보기 위해 서 있던 줄에서 벗어나는 것과 같다. 한번 나가면 다시 제자리를 찾는 것은 거의 불가능하다.

그리고 팜올리브에서 바로 그런 일이 일어났다. 팜올리브가 사람들의 마음속에서 기억 구조를 잃어가자 주요 경쟁사 한 곳이 시장에 조금씩 진입하더니 마침내 팜올리브의 자리를 차지했다. 그리고 공교롭게도 그 원동력은 귀여운 노란 새끼 오리였다.

1978년 국제조류구조연구소IBRRC(지금은 국제조류구조대IBR로 명칭을 변경했다)는 수년간 기름 유출 사고의 여파로 오염된 조류를 씻기는 다양한 방법을 실험했다. 그 결과 실험에 사용된 모든 주방세제 가운데 이 작업에 가장 적합한 것은 돈Dawn이라는 브랜드의 주방세제임이 밝혀졌다. IBRRC의 수장 제이 홀콤Jay Holcomb에 따르면 돈은 지방 성분을 분해해 기름을 빠르게 제거하고 조류가 먹어도 괜찮으며 조류의 피부나 눈에 닿더라도 씻겨내기만 하면 유해하지 않았다.

돈의 주방세제는 오염된 조류에서 기름을 제거하는 효과적인 수단일 뿐만 아니라 조류의 섬세한 깃털에도 부드럽고 안전했다. 또한 홀콤이 지적한 바와 같이 알래스카의 가장 외진 곳에서도 쉽게 구할 수 있는 동시에 세척 효과까지 우수했다. 이 정도의 언론 보도는 억만금을 주고도 살 수 없는 것이었다.

하지만 P&G에서 돈을 출시하고 15년 이상 지난 1989년이 되어서야 엑손 발데스 원유 유출 사고Exxon Valdez spill에서 이 제품으로 오염된 조류를 씻기고 구한 일에 관여했다는 사실이 대중의 관심을 끌었다. 자원봉사자들이 물가에서 돈을 사용해 오리 깃털에서 기름을 부드럽고 세심하게 제거하는 모습이 카메라 렌즈에 잡혔다. 그리고 만약 그 제품이 작은 오리 새끼에서 기름을 효과적이고 조심스럽게 제거할 수 있다면, 분명히 접시에 남은 기름도 제거하고 손을 보호할 것만 같았다. 돈이 언론 보도로 간접적인 홍보 효과를 누리며 매출이 급증하자 제조사인 P&G는 제품 라벨과 포장에 작고 노란 오리 이미지를 넣었다.

일반적으로 광고가 홍보 전략을 주도하지만, 이번 경우에는 홍보가 포장 및 광고 방향을 이끌었다. 홍보 캠페인에서 나온 상징을 가져와 전체 브랜드의 상징으로 포장에 배치하는 건 이전에 한 번도 없었던 일이었다. 다른 모든 성장 트리거와 마찬가지로 새끼 오리에는 순하고 부드러우며 소중한 데다 환경까지 의식한다는 강력한 긍정적 연상이 가득하다. 여기에 돈의 탁월한 세척 효과도 잊으면 안 된다. 이런 인지적 지름길은 돈이 가장 연약한 생명에 순하게 작용할 뿐만 아니라 이 세상에서 가장 독성이 강하고 더러운 요소 중 하나인 기름을 제거할 만큼 효과적이라는 메시지를 전달한다.

마케팅 역사상 가장 화려한 홍보 캠페인에서 노란 오리는 이렇게 돈의 마스코트이자 브랜드와 직접 연결된 강력한 DBT가 되었다. 35년이 지나 엑손 발데스 원유 유출 사고를 전혀 기억하지 못하는 젊은 세대조차도 여전히 오리가 상징으로서 기원을 초월해 브랜드와 연관성이 있다고 생각한다.

부드러움과 세척 효과가 완벽하게 균형을 이룬 돈의 새로운 마스코트는 매지보다 훨씬 효과적이었다. 주방세제에서 가장 중요한 두 가지 혜택인 부드러움과 세척 효과를 담은 메시지를 전달한 돈은 시장점유율을 엄청나게 확대한 결과 팜올리브를 크게 앞지를 수 있었다.

## 브랜드 자산을 다양하게 개발하라

특이함은 과대평가된 요소다. 브랜드 10개 중 아홉 개가 실패하는 이유가 바로 여기에 있다. 이렇게 실패하는 브랜드는 지나치게 최첨단이라서 고객이 한 번도 본 적 없는 것으로 고객을 유인하려 한다. 이는 사람들이 원하는 게 아니다. 사람들은 특이함이 아니라 익숙함을 원한다. 그리고 독특한 비틀기를 좋아한다. 뇌가 여전히 잘 알아보고 쉽게 이해할 수 있는 것 말이다.

사람들은 이미 알고 있고 이해하는 것에 가치를 더하는 것만큼 새로운 아이디어를 원하지 않는다. 특히 강력한 기존 기반 위에 구축한 특별한 브랜드 자산을 다양하게 개발하면 사람들의 마음속에 브랜드가 도약할 다양한 발판을 마련할 수 있다. 그런 DBA를 제거하는 것은 다시는 회복하기 어려울 수 있는 가치 파괴의 한 가지 형태다. DBA를 없애면 소비자의 뇌 안에 구축한 기억 구조까지 없애는 것이나 다름없다. 그렇게 오랜 시간 쌓아온 긍정적 연상을 버리고 떠나면 브랜드의 건전성뿐만 아니라 사업까지도 손상을 입는다.

사실 DBA나 DBT를 버리는 건 나뭇가지를 잘라버리거나 그 뿌리를 파내는 것과 같다. DBA와 DBT는 마음에서 가장 강하게 뿌리를 내리고 있어서 다른 어떤 자산보다 뇌 깊숙한 곳까지 들어간다.

DBA나 DBT를 잘라내기 시작하면 더 이상 타깃 고객의 기억 구조에서 성장할 기회를 얻지 못한다. DBA에 변화를 가져올 때마다 커넥톰의 크기는 점점 줄어든다. 그렇게 긍정적 연상을 잃으면서도 소비자는 어찌 된 영문인지 이해하기가 어렵다.

이런 결과를 받아드는 대신, 새끼를 보호하려는 어미처럼 DBA를 보호해야 한다. DBA에 무심해서는 안 되며 그 힘을 존중하는 마음을 가져야 한다. 그리고 만약 DBA를 버렸다면 매출 감소가 불가피하게 찾아왔을 때 놀라지 않기를 바란다.

## 법칙 06   다채로운 이야기를 뇌에 각인시켜라

단일한 브랜드 메시지는 성장을 방해한다.
반면 다양한 메시지는 성장을 촉진한다.

스킨케어 브랜드 세라비CeraVe는 2006년 출시될 당시 보습 크림, 보습 로션, 수분 클렌저 등 단 세 품목만을 소비자에게 제공했다. 그 뒤로 10년 동안 이 브랜드는 조용히 시장점유율을 확대했으며 2017년 모기업인 밸리언트Valeant(2018년 7월 바슈 헬스 컴퍼니스Baucsh Health companies로 사명을 변경했다 — 옮긴이)에서 다국적 화장품 기업 로레알L'Oreal로 인수되었다. 그리고 4년 만에 세라비가 제품군을 70개 이상 확대해 스킨케어 카테고리를 지배하자 대다수의 경쟁사는 충격에 휩싸였다.

2021년 세라비는 미국 내 핸드로션 및 보디로션 카테고리의 선두 주자로서 약 2억 달러의 매출을 올리며 골드 본드Gold Bond, 니베아Nivea, 세타필Cetaphil, 저겐스Jergens, 유세린Eucerin, 아비노Aveeno 등 유명 레거시 브랜드를 압도했다. 또한 페이셜 클렌저 카테고리에서도 세타필보다 수백만 달러 많고 뉴트로지나Neutrogena보다는 거의 7,000만 달러 많은 매출을 올렸다. 그리고 그것만으로는 충분치 않다는 것처럼 같은 해 페이셜 모이스처라이저 카테고리에서도 그간 페이셜 스킨케어 시장의 여왕으로 군림하던 올레이Olay를 몰아내고 1위 자리에 올랐다.

이 브랜드가 낯설지 않다면 하얀색과 파란색을 주로 사용한 제품 포장 그리고 라벨에 명확하게 표시된 것처럼 이 제품이 피부과 전문의와 함께 개발되었다는 사실을 잘 알고 있을 것이다. 그러나 세라비의 성공 비결은 이 요인뿐만이 아니다. 물론 세라비가 피부과 전문의의 개발과 인증에만 초점을 맞췄어도 전문가가 개발해 확실히 믿을 수 있으며 과학적이라는 긍정적 연상이 분명 있었을 것이다. 하지만 그것만으로 세라비를 먹이 사슬의 꼭대기로 올려보내 오랜 시간 버티도록 하기에는 충분하지 않았을 것이다. 대신 세라비는 마케팅 및 광고 전문가 대부분이 하지 말라는 바로 그 일을 했다.

경영대학원이나 광고대행사, 마케팅 교육 프로그램에서는 커뮤니케이션 전략을 세울 때 한 가지의 강력하고 큰 테마로 정제된 단 하나의 메시지에 집중해야 한다고 가르친다. 일부 마케팅 전문가는 이를 '전략적인 한 가지'라고 부른다. 다른 이들은 '차별점'이라고도 한다. 예를 들어 볼보는 안전과 동의어다. 타이레놀은 보살핌을 상징하며 애플은 창의성이다. 전통적인 마케팅에서 가장 중요한 이 규칙은 기업이 여러 혜택을 동시에 제시하면 메시지가 희석된다는 잘못된 믿음에 뿌리를 두고 있다. 그리고 그 근거는 뇌가 한 번에 한 가지 아이디어에만 집중한다는 것이다.

그러나 이는 브랜드와 소비자 사이의 연결과 관련해서는 전혀 상관없는 내용이다. 뇌가 단순함을 탐닉하기는 하지만 본능적 브랜드 선호도에 도달하려면 하나의 메시지가 아니라 다양한 메시지와 신호에 뇌가 동시에 빠져들어야 한다. 이처럼 겹겹이 쌓은 메시지는 뇌가 이해할 수 있는 것을 더 많이 제공한다. 그리고 여기에 활력과 느낌을 더한다. 예로 머릿속에 라자냐를 떠올려보자. 리코타 치즈와 토마토소스, 달콤한 이탈리안 소시지, 다진 소고기가 쌓인 여러 층이 없다면 남은 것은 건조하고 축 늘어진, 납작한 면 여러 장뿐일 것이다.

다양한 테마나 아이디어는 브랜드의 커넥톰을 성장시키고 현저성을 키우는 데 도움이 된다. 세라비가 처음 시장에 등장했을 때 핵심 메시지는 전부 피부과 전문의에 관한 것이었다. 소비자가 건강과 관련된 문제를 결정할 때 의사는 믿을지 몰라도 누군가가 실험실 가운을 입고 현미경을 들여다보는 모습 자체는 일차원적이고 특징이 없다. 그런데 세라비의 제품 포장 또는 광고에 나타난 메시지, 홈페이지와 SNS의 이미지는 무언가 달라도 많이 달랐다. 제품 포장에도 '피부과 전문의가 추천하는 1등 스킨케어 브랜드'라는 문구와 더불어 병원 이미지가 들어가 있지만 그 이상의 무언가가 있었다. 즉 다양한 메시지가 서로 얽혀 있었다.

인터넷에서 가장 많이 본 광고 중 하나를 살펴보자. 여성의 어깨나 얼굴, 몸의 아름다운 피부 이미지가 하얗고 깨끗한 배경과 대조를 이룬다. 고급 화장품 광고에서 어렵지 않게 볼 수 있는 모델이 등장한다. 그리고 보습 크림 병에서 뿜어져 나오는 파랗고 하얀 파도가 화면 가득 물결치며 여성의 피부를 부드럽게 어루만진다.

시청자는 곧 이 파도가 피부에서 자연적으로 발견되는 분자로서 건조한 피부와 여드름, 습진을 피하는 데 꼭 필요한 세라마이드를 상징한다는 것을 알게 된다. 소비자 뇌의 해석 결과는 명확하다. 세라비는 제품에 세라마이드 성분을 사용함으로써 해로운 화학 물질 없이 피부의 자연스러운 재생 과정을 지원하고 보호하고 있다는 것이다. 그런 다음 광고는 '데모' 장면으로 넘어간다. 이제 앞 장면에서 나왔던 바로 그 파랗고 하얀 파도가 물방울 이미지와 짝을 이뤄 피부 단면으로 내려앉고, 내레이터의 목소리가 들린다. 세라마이드가 어떻게 피부의 자연적인 수분 장벽을 회복하고 수분이 빠져나가지 못하도록 하고 유해 물질로부터 보호하는지 설명하는 것이다.

아름다운 피부를 가까이 들여다보는 장면과 함께 제품이 피부 안에서 어떻게 작용하는지 보여주는 이 광고는 한 편의 완벽한 이야기를 전달함으로써 소비자의 뇌를 완전히 사로잡는다. 세라비가 원래 전하던 것처럼 피부과 의사가 뒷받침하는 과학적인 이야기도 있지만, 이 광고를 본 소비자는 이제 브랜드에 대해 '보다 종합적이고 균형 잡힌 그림'을 본다.

2022년 영화 〈에브리씽 에브리웨어 올 앳 원스Everything Everywhere All at Once〉의 등장인물인 에블린 왕이나 고전 동화 《신데렐라》에서 세상 밖으로 나온 신데렐라처럼, 세라비가 피부과 전문의의 하얀 가운을 던져버리자 훨씬 더 많은 존재감과 스타일, 매력이 있다는 것이 밝혀졌다. 아름다움과 과학, 자연, 전문성이 완벽하게 조화를 이루면서 세라비는 단순히 임상 결과가 뒷받침하고 의사가 추천하는 브랜드를 훨씬 뛰어넘는 브랜드로 부상했다.

이 브랜드의 이전 소유주인 밸리언트는 피부 세포에서 발견되는 지질로 건강한 피부 장벽을 유지하는 데 도움이 되는 세라마이드라는 첨단기술을 발견했다. 세라비는 이 특별한 성분으로 습진이나 여드름, 건조함과 같은 흔한 피부 질환을 예방할 수 있었다. 하지만 이 기술적인 이야기를 모두가 원하는 것처럼 아름답고 깨끗하며 매끄러운 피부로 연결한 것은 바로 로레알이었다. 임상 측면에만 의존했을 때도 브랜드는 성장했다. 그러나 여러 테마를 중심으로 포지셔닝했을 때 브랜드는 사람들의 뇌에서 폭발적으로 성장했으며 매출도 그 뒤를 이었다.

## 로레알의 마법, 긍정적 연상의 레이어링

스킨케어 카테고리에서 과학과 아름다움은 둘 다 추구해야 할 중요한 요소다. 하지만 많은 브랜드가 단일 메시지에 전념해야 한다는 낡고 오래된 마케팅 규칙에 사로잡혀, 어느 하나에 집중하다가 나머지 모두를 희생하곤 한다.

어떤 브랜드는 제품의 효과나 기능성에 대한 증거가 거의 또는 전혀 없는 가운데 커뮤니케이션에서 미용 측면의 느낌을 과하게 강조한다. 또 어떤 브랜드는 제품 기술과 성분에만 초점을 맞춘다. 반면 세라비는 이 둘을 훌륭하게 결합하는 동시에 소비자의 뇌 안에서 수많은 다른 긍정적 연상을 통합해 브랜드 커넥톰을 빠르게 성장시켰다.

아마 전통적인 마케팅에서는 '피부과 전문의와 함께 개발한 스킨케어 제품' 위에 겹겹이 올려놓은 이 모든 추가 테마가 사소하고 불필요하며 나아가 브랜드에 유해하다고 주장할 것이다. 또한 많은 마케팅 및 광고 전문가가 수분, 첨단 과학, 자연, 건강, 아름다움 등 서로 다른 다섯 가지의 테마를 하나의 커뮤니케이션에 어떻게 담을 수 있느냐며 의문을 제기할 것이다. 하지만 다수의 낡은 마케팅 규칙과 마찬가지로 이들의 이야기도 설득력이 약하다. 세라비의 광고를 보기만 해도 이 다섯 가지 테마가 한곳에 모여 아주 멋진 조화를 이루고 있음을 알 수 있기 때문이다.

모든 메시지를 하나로 묶을 수만 있다면 메시지 간의 충돌은 절대로 일어나지 않는다. 오히려 메시지들이 서로 협력해 다차원적이지만 하나로 통합된 브랜드 스토리에 기여하고 강화한다.

세라비의 경우는 커뮤니케이션 전반에 걸쳐 하나의 연속적인 시각석 이미지 트리거, 즉 부드러운 피부와 수분, 세라마이드를 동시에 상징하는 파랗고 하얀 파도를 사용하는 것도 나쁘지 않았다. 마치 아름답게 포장된 선물 상자처럼 끊임없이 물결치는 리본은 다섯 가지 테마를 완벽한 나비매듭으로 묶는 데 도움이 된다. 그리고 이 나비매듭은 매우 중요하다.

연상의 벡터는 상호보완적이어야 한다. 그래야 서로 단절되거나 모순되는 한 무더기의 연상이 여기저기 아무렇게나 찔러보는 모습에 머물지 않고, 다양한 연상이 하나로 합쳐져서 그 무엇보다 중요한 조화로운 인식을 형성할 수 있다. 겹겹이 잘 쌓인 메시지는 모든 것을 아우르는 브랜드 세계를 구축함으로써 브랜드 커넥톰을 성장시키고 타깃 고객의 마음속에서 한 자리 차지하게 한다.

2021년 세라비는 스킨케어 카테고리에서 정상의 자리에 올랐을 뿐만 아니라 그해에 매출 10억 달러를 달성했다. 로레알은 2017년 이 브랜드를 인수한 직후 기존 뷰티 및 패션 산업 배경이나 랑콤Lancome, 가르니에Garnier, 슈에무라Shu Uemura, 아르마니Armani, 입생로랑YSL 등 플래그십 브랜드와 일관된 메시지를 겹겹이 쌓는 작업을 즉시 시작했다. 이와 같은 고급 백화점 및 디자이너 브랜드 에쿼티 포트폴리오를 관리하고 있었기에 로레알은 소비자가 동경하는 이미지를 만드는 방법을 알고 있었고, 바로 이것을 세라비에 적용한 것이다.

로레알이 세라비를 인수했을 당시에도 세라비는 이미 미국 스킨케어 카테고리에서 빠르게 성장하는 브랜드였다. 로레알은 세라비와 다른 두 스킨케어 브랜드인 애크니프리AcneFree와 앰비Ambi를 함께 인수했는데, 인수 시점에 세 브랜드의 전체 매출은 약 1억 7,000만 달러였다. 이 정도 규모의 사업을 인수해서 4년도 안 되는 사이에 10억 달러 규모의 브랜드로 키운 것은 결코 쉬운 일이 아니다.

사람들은 이런 성공의 원인이 마케팅 지원의 증가와 로레알의 어마어마한 유통력 덕분이라고, 그래서 이전까지 국내 브랜드였던 세라비가 전 세계로 진출할 수 있었다고 조심스레 이야기했다. 실제로 2022년까지 세라비의 미국 내 매출은 연초 대비 40퍼센트 이상 증가했다. 또한 Z세대 팔로워가 600만 명이 넘는 틱톡 인플루언서 하이람 야브로Hyram Yarbro가 엄청나게 밀어준 영향도 있다.

이런 유통상의 이점과 SNS 바이럴 마케팅에 따른 노출 증가가 브랜드의 성장에 중요한 역할을 했다는 점에는 의심할 여지가 없다. 그러나 이들 두 요인이 세라비의 성공을 이끈 유일한 원동력은 아니었다. 대체로 큰 기업은 작은 기업을 인수한 다음에 상당한 자금과 유통력을 제공하지만 세라비처럼 엄청난 규모의 투자 수익을 올리는 경우는 드물다. 그리고 SNS 인플루언서가 브랜드의 주요 성장 동력이 될 순 있지만 브랜드를 해당 카테고리의 정상에 올려 놓는 경우는 쉽사리 찾아보기 힘들다.

밸리언트 제약이 소유한 브랜드였을 때와 로레알 그룹 산하 브랜드인 지금의 가장 큰 차이는, 로레알의 뷰티 전문성과 감성이 세라비가 이전에는 가져본 적 없는 차원을 더했다는 것이다. 그리고 이처럼 새롭게 쌓인 여러 층은 멈출 수 없는 전체 브랜드 스토리를 만들어냈다.

2017~2021년 사이 미국 시장에서 세라비의 매출은 매년 공격적으로 성장했다. 이는 소비자의 마음속에 수분과 첨단 과학, 자연, 건강, 아름다움이라는 여러 층의 연상을 심은 덕분이다. 이런 방식으로 테마를 다양하게 가져가는 것은 단순히 그렇게 하면 좋은 일이 아니라 반드시 해야 하는 일이다. 의식에 기반한 마케팅 규칙에 어긋나기는 하지만 여러 층으로 겹겹이 쌓아가며 메시지를 전달하는 다층적 메시징 multilayered messaging은 더 큰 정신적 가용성으로 이어져 브랜드 커넥톰을 확장한다.

자전거 바퀴에 있는 많은 바큇살처럼, 긍정적 연상 하나하나가 모여 안정적인 바퀴를 만든다. 바큇살이 단 하나밖에 없는 바퀴는 창고에서 나와 도로 위를 달리지 못하는 법이다.

## 단일한 메시지에는 아무런 장점이 없다

브랜드에 대한 강력한 메시지를 딱 하나만 전달한다는 아이디어는 마케팅 전략 전문가인 잭 트라우트Jack Trout와 앨 리스Al Ries가 쓴 《포지셔닝》에서 언급한 전략이다. 1981년 처음 출간된 이 책에서 저자들은 포지셔닝이란 사람들의 마음속에 이미 존재하는 것을 가지고 굳이 무언가 '새롭고 다른' 것을 만들어내지 않고 기존 연결을 다시 시도하는 일이라고 설명했다.

마케팅 분야에서 행동경제학이나 신경과학이 알려지기 한참 전이었던 당시 트라우트와 리스는 단지 자신들의 주장이 얼마나 맞는지 알지 못했다. 이들이 정말로 부족했던 부분은 소비자의 마음과 실제로 연결하는 방법이었다. 《포지셔닝》은 브랜드가 간결한 아이디어 하나면 된다는 전제를 뒷받침한다. 트라우트와 리스는 "지나치게 말이 많은 사회에서 가장 좋은 접근 방식은 지나치게 단순한 메시지다"라고 주장했다. 즉 밀러는 라이트 맥주이고 세븐업은 콜라가 아니라는 생각을 고수해야 한다.

또한 저자들은 "마음속에 있는 구멍을 메우는 것"에 대해서도 이야기했다. 하지만 움푹 팬 곳 하나 메운다고 일이 되지는 않는다. 그보다는 사람들의 마음속에 이미 존재하는 다른 기억까지 이어지는 고속도로 네트워크를 만들어야 브랜드 커넥톰을 성장시킬 수 있다.

단일 메시지에는 아무런 장점이 없다. 사실 커뮤니케이션을 하나의 브랜드 차원으로 정제하는 것은 브랜드와 그 커넥톰이 움츠러드는 지름길이다. 단 하나의 메시지만 있는 커넥톰은 신경 경로를 거의 차지하지 않는다. 사방으로 뻗어나간 뿌리와 엄청나게 큰 덮개를 가진 그 거대한 팀맘마 마리마누 나무가 아니라 한낱 잔가지일 뿐이다. 그런 커넥톰은 마음속에서 아주 작은 자리만을 차지한다.

모노폴리 게임과 마찬가지로 가장 효과적인 커넥톰은 가장 많은 부동산을 소유하고 가장 큰 물리적 영역을 차지한다는 사실을 기억하자. 단 하나의 메시지나 긍정적 연상만 있는 브랜드를 갖는다는 건 마을 전체에서 집을 단 한 채만 소유하는 것과 같다. 그러나 만약 브랜드에 다채로운 메시지가 있어서 수많은 긍정적 연상을 만들어낸다면 이는 마치 도시 전체에 걸쳐 부동산을 소유하는 것과 같다.

긍정적 연상이 풍부하면 뇌 안에서 현저성과 회복 탄력성이 더 뛰어난 네트워크를 형성할 수 있기 때문에 소비자는 긍정적 커넥톰이 가장 크고 테마가 많이 있는 브랜드를 본능적으로 선택한다. 사실 무엇이든 많을수록 즐거운 법이다.

미국에서 볼보는 오랜 기간 안전의 대명사로 알려졌는데, 박스형 왜건 디자인이 그 이유 중 하나였다. 또한 볼보는 자사 엔지니어인 닐스 볼린Nils Bohlin이 1959년 설계한 3점식 안전벨트나 후향식 카시트 같은 자동차 안전장치 분야를 개척했다. 1970년대 초반부터는 볼보 자동차와 관련된 사고를 분석하는 사고조사 전담 부서를 운영했다. 이 부서는 사고에서 무슨 일이 일어났는지 연구하고 데이터를 추출함으로써 차량의 안전성을 개선하는 데 이바지했다.

볼보의 박스형 왜건은 한때 그 안전성과 크기 덕분에 교외 가족 나들이의 주인공이었다. 하지만 이런 두 가지 연상만으로는 소비자

취향의 변화를 따라잡기에 충분하지 않았다. 특히 현대판 가족용 왜건인 해치백과 SUV의 인기가 높아지면서 더욱 그랬다. 결국 볼보는 사각형 차량 프레임을 버리고 안전에 대한 긍정적 연상을 유지하며 첨단기술, 편안함, 혁신, 적절한 가격, 고급 등 다른 긍정적 연상까지 끌어왔다.

2021년 〈뉴욕 타임스〉는 볼보가 '세련된 새로운 모습'과 함께 자동차 구매자를 사로잡고 있다고 주장하는 기사를 게재하기도 했다. 1990년대 볼보 900 시리즈에 대해서는 들어본 적 없는 찬사였다. 이후 볼보는 성장하려면 안전에 대한 강조 그 이상이 필요하다는 것을 깨달았다. 최초의 브랜드 정체성을 유지하기 위해서는 안전에 대한 메시지를 중심으로 꾸준히 브랜드를 포지셔닝할 필요가 있었지만, 이처럼 새로운 메시지 층을 쌓음으로써 잠재적인 자동차 구매자의 마음속에서 연관성을 높일 수 있었다.

## 소비자의 뇌 활용도 높이기

뇌는 자극을 갈구한다. 뇌에 다양한 긍정적 연상이 찾아오면 뇌는 그 연상이 발전시키는 이야기에 사로잡힌다. 또한 확장되는 다양한 연상에 관여함으로써 주의를 기울이고 깨어 있는 상태를 유지한다. 반면에 앞서 설명한 다층적 메시징에 반대되는 개념인 단일 메시징singular messaging은 뇌 활용도brain utilization가 낮다. 간단히 말해서 목적이나 건강과 같이 하나의 메시지에만 집중하면 소비자의 뇌에서 어느 한 부분과만 연결된다.

다차원적 신호와 마찬가지로 다양한 메시지는 뇌에서 여러 부분을 목표로 삼는다. 뇌 활용도가 높을수록, 즉 뇌에서 메시지와 연결된 부분이 많을수록 뇌는 더 많이 참여하게 된다. 뇌가 이해할 수 있는 다양한 메시지를 제공함으로써 소비자의 신경 경로에 더 많은 긍정적 연상이 새겨지기 때문이다.

이 원칙이 대학 입시보다 눈에 띄게 나타나는 분야도 없다. 예로 최근 대학에 지원한 스티븐과 그의 부모는 스티븐이 예일대학교에 어렵지 않게 합격할 것으로 생각했다. 고등학교 최우등 졸업, 학교 신문사 편집장, 축구부 슈퍼스타, 뛰어난 SAT 점수 등에 더해 주말에 지역 병원에서 자원봉사한 이력까지, 더할 나위 없는 지원자였다. 하지만 스티븐은 예일대학교에 들어가지 못했다. 사실 아이비리그 대학 그 어느 곳에서도 입학 허가를 받지 못했다. 그런데 스티븐과 함께 고등학교를 졸업한 니콜라스는 더 낮은 성적에 별다른 교외 활동 이력이 없었지만, 지금은 예일대학교의 올드 캠퍼스 기숙사에 살면서 미식축구팀인 예일 불독스를 응원한다. 어떻게 된 일일까?

답은 간단하다. 스티븐은 의식적인 접근 방식을 따랐기 때문이다. 대학 입학 지원서에서 지원자에게 가장 자랑스러운 성과를 기술하는 부분에서 스티븐은 소프트웨어 개발에 대한 열정과 그 열정이 사회에 미칠 긍정적 영향을 설명했다. 자신이 훌륭한 지원자인 합리적이고 이성적인 이유를 이보다 더 잘 설명할 순 없었다.

반면 니콜라스는 겹겹이 쌓은 연상을 엮어 다채로운 그림 한 점을 만드는 것처럼 지원서를 구성했다. 그는 자신과 할머니의 특별한 관계와 첫 해외여행에 관해 에세이를 작성해 대학교 입학 사정관의 마음을 사로잡았다. 역사와 전통을 사랑하는 청년 니콜라스는 자신이 여행에서 위대한 인물들 사이를 걸었던 웅장한 역사적 유적지로 독자를 데려갔다. 그곳에서 인류의 선각자들이 되살아나고 신성한 복도에 그들의 목소리가 울려 퍼지면서 니콜라스는 영감을 주는 모토와 조언을 얻었다. 그리고 할머니와 영상통화를 하며 이 경험을 통해 크게 변화한 자신이 어떤 길을 갈 것인지 굳게 결심한 바를 전하는 장면으로 에세이를 마무리했다.

니콜라스가 합격한 이유는 무엇일까? 니콜라스의 에세이는 스티븐의 에세이와는 완전히 다른 수준에서 읽혔다. 바로 본능적 수준이었다. 스티븐은 말로 표현하기보다는 이미지적으로 보여주는 데 집중했다. 과거의 업적을 알리는 대신 미래에 초점을 맞췄으며, 자신이 열정적이라고 선언하기보다는 이야기로 이를 증명했다. 역사 소설과 판타지가 만나는 곳에서 니콜라스의 650단어짜리 에세이는 입학 사정관 마음의 여러 측면과 연결되었다.

입학 사정관도 어쨌든 다른 모든 사람과 마찬가지로 자기 스스로 결정하는 인간이다. 이들의 눈에 니콜라스는 열정과 철학, 개성에 유머 감각까지 있는 살아 숨 쉬는 인간으로 보였다. 반면 스티븐은 종이에 생명이 없는 일차원적 통계 목록이었다. 일반적인 믿음과 달리, 일정한 범위 안에 있는 숫자 하나는 합격 여부를 가르지 못한다. 그보다는 풍부한 연상이 겹겹이 쌓여 다차원적인 지원자 개인 브랜드 커넥톰을 빠르게 성장시키는 것이 훨씬 더 중요하다.

### 비누의 진짜 목적은 씻기 위한 것

2010년 유니레버Unilever는 당시 CEO 파울 폴먼Paul Polman의 리

더십 아래 목적 지향적 브랜드 전략을 수립한 다음, 이를 바탕으로
'유니레버의 지속 가능한 생활 계획Unilever Sustainable Living Plan'을 추
진했다. 폴먼은 이 거대 다국적 생활용품 및 소비재 기업을 지속 가
능성을 중심으로 이끄는 장기 전략을 수립하기로 단단히 마음먹
었다. 그러나 이 근시안적 전략은 상당 기간 회사에 조용히 손실
을 입혔다. 2023년 유니레버의 이익은 5년 연속 감소하고 있었으며
2022~2023년 사이 주가도 약 18퍼센트나 하락했고, 투자자들도 불
만이 많았다.

유니레버의 지분을 15번째로 많이 소유하고 있는 펀드스미스
에쿼티 펀드Fundsmith Equity Fund의 설립자이자 대표 펀드 매니저인
테리 스미스Terry Smith는 유니레버의 목적 지향적 전략을 비판하면
서 제품의 효용이 그 이면의 목적보다 중요하다는 점을 강조했다.
그는 "헬만스Hellmann's 마요네즈의 목적을 정의해야 한다고 생각하
는 회사는 우리가 볼 때 시장이 어떻게 돌아가는지 모르는 것이 분
명합니다"라고 언급했다. 또한 '여성들이 일상적인 성차별적 비판
을 넘어 자신의 아름다움과 여성성을 당당하게 표현하도록 영감을
준다'라는 목표를 지닌 유니레버의 비누 브랜드 럭스LUX의 메시지
에도 의문을 제기했다. 그러면서 스미스는 자신이 아는 한 비누는
씻기 위한 것이라고 일침을 가했다.

스미스의 발언이 조금 가벼워 보일 수는 있지만 유니레버가 목
적을 지나치게 강조하면서 브랜드가 손상되었을지 모른다는 사실
을 깨달은 사람은 스미스 혼자만이 아니었다. 유니레버의 커뮤니
케이션 및 대외협력 책임자인 폴 매튜스Paul Matthews는 유니레버가
"브랜드의 성장과 성공에 필요한 모든 것을 외면하고 브랜드의 목

적에 관해서만 지나치게 이야기했던 것 같군요"라고 인정했다.

목적에 대한 지나친 집중이 다른 모든 메시지를 집어삼키고 손익계산서를 엉망진창으로 만들자, 일부 소비자와 투자자는 브랜드가 무엇을 의미하는지 모르겠다며 혼란스러워했다. 브랜드 목적에만 집중하는 전략의 단점을 깨달은 후 매튜스는 자신에게 찾아온 깨달음을 공유했다. "엄청난 혁신도 필요하고 올바른 가격책정 지점도 필요하며 소비자가 이용할 수도 있어야 하죠."

이를 통해 유니레버는 중요한 교훈을 얻었다. 브랜드의 목적과 브랜드가 아우르는 가치는 특히 환경·사회·지배구조ESG 프레임워크가 기업과 사회의 중심이 된 시대에 매우 중요한 요소다. 하지만 ESG는 브랜드 성장의 주요 원동력이 아니라 단지 하나의 요소일 뿐이다. 따라서 브랜드 전략에서 지나치게 큰 자리를 차지해서는 안 된다. 유니레버만 이런 실수를 저지른 것은 아니다. 2009년 무렵부터 많은 브랜드가 다른 무엇보다 목적에 집중했다. 그 이유를 정확하게 집어내기는 어렵지만 특히 강렬한 인상을 남긴 목소리 하나가 있었다. 그리고 그 목소리가 전한 메시지는 다른 많은 이의 지지를 받았다.

그해에 작가이자 많은 사람에게 영감을 주는 연설가인 사이먼 시넥Simon Sinek은 지금은 너무나 유명해진 〈나는 왜 이 일을 하는가 Start with Why: How Great Leaders Inspire Action〉라는 TED 강연을 진행했으며 같은 제목의 책을 출간했다. 지금까지 6,500만 명이 넘는 사람들이 본 이 강연에서 시넥은 어떻게 사업을 해야 하는지에 대한 새로운 비전을 제시했다. 바로 무엇을 팔 것이고 어떻게 만들 것이며 왜 파는지의 순서로 집중하는 대신, 그 틀을 거꾸로 뒤집어 다른 무엇보다 '왜'에 집중하라는 제안이었다.

〈포춘〉 500대 기업들은 시넥의 아이디어에 완전히 매료되었다. 이들은 수십만 달러를 들여 브랜드 목적을 정의하고 수백만 달러짜리 마케팅 커뮤니케이션(기업에서 브랜드, 제품, 서비스 등에 관한 정보를 직간접적으로 소비자에게 전달하기 위해 사용하는 수단 — 옮긴이)을 통해 이를 홍보했다. 시장조사 회사에서는 소비자가 브랜드의 목적에 얼마나 관심이 있는지 그리고 지속 가능성, 다양성 등 여러 ESG 지표와 같은 중요 추진 과제에서 회사의 실적은 어떤지를 추적하기 시작했다.

그리고 예상한 바와 같이 밀레니얼 세대와 Z세대에서 목적을 중요시하는 비율이 다른 세대보다 높게 나타났고, 이는 젊은 소비자를 끌어들이려는 브랜드가 목적에 더욱 주목해야 하는 이유가 되었다. 그 뒤로 10년 동안 이런 트렌드는 계속되었으며 COVID-19의 영향으로 더욱 강화되었다. COVID-19의 여파로 소비자는 공정함이나 포용, 환경과 같은 사회적 문제에 이전보다 더 민감하게 반응하는 것처럼 보였다. 2019~2021년까지 브랜드가 자신이 중요하게 여기는 가치를 반영하기를 원하는 사람들의 비율은 무려 6퍼센트포인트나 증가했다.

여기에는 문제가 딱 하나 있다. 독자 여러분도 이미 예상했겠지만, 바로 소비자가 자신이 원한다고 말하는 것과 궁극적으로 선택하는 것 사이에는 상관관계가 거의 없다는 사실이다. 그리고 그 이유는 소비자의 행동은 무의식적 마음의 지배를 받기 때문이다. 전체 소비자의 65퍼센트가 자신은 목적 지향적인 브랜드를 원한다고 말하지만, 실제로 그 브랜드를 구매하는 사람은 26퍼센트에 불과하다.

 이는 사람들이 어떤 브랜드를 선택하도록 유도하는 다른 동인이 많기 때문이다. '목적 지향적 동인'과 비교했을 때 이런 '비즈니스 동인'에는 소비자 혜택, 탁월한 전문성, 첨단기술, 문화적 연관성, 브랜드 이미지 등의 요소가 포함된다. 이와 같은 요소가 없는 브랜드는 현저성에 이바지하지 못하는 일차원적 메시지 안에 갇히고 만다. 그렇다고 목적이 다층적 메시징 접근 방식으로 전달하는 메시지 중 하나가 될 수 없거나 되어선 안 된다는 말은 아니다. 균형을 맞추는 게 중요하다. 적절한 수준의 목적 전달과 브랜드의 성장 간에는 직접적인 상관관계가 있기 때문이다.

 그런데 여기서 말하는 적절한 수준이 생각만큼 많지 않을 수 있다. 예를 들어 일부 목적 중심의 브랜드는 사회적 대의명분, 자선단체 기부, 지속 가능성 등 목적 지향적 동인에 커뮤니케이션의 약 90퍼센트를 사용하고 비즈니스 동인에는 10퍼센트만을 남겨놓는다. 하지만 실제로는 메시지의 10퍼센트만 목적에 사용해야 한다.

 목적을 나타내는 메시지는 주인공이 아니라 조연이 되어야 한다. 게다가 우리 브랜드가 '좋은 일을 하고 있다'라는 메시지를 전달하는 것과, 고객에게 혜택을 제공하는 동시에 실제로 좋은 일을 하는 것은 같지 않다. 브랜드의 목적을 전달하는 것이 새로운 마케팅 트렌드가 되면서 그런 메시지가 실제로 효과가 있다는 증거가 거의 없는데도 불구하고 마케팅 전문가들까지 벌떼처럼 몰려들었다. 브랜드 선호도와 성장을 이끄는 진정한 원동력에 대한 이해가 매우 부족하다 보니, 이런 유형의 트렌드는 감성적 포지셔닝emotional positioning, 초세분화hyper-segmentation, 브랜드 사랑brand love 등의 이름으로 약 10년마다 주기적으로 등장한다. 그러나 트렌드가 대부분 그렇듯이 이 역시 일시적인 유행이다. 따라서 표면적으로는 목적에 집중하는 모습이 고상해 보일지 몰라도, 성장이 위축되고 사업이 곤두박질치고 있다면 그 누구에게도 그다지 좋은 일이 일어나지는 않을 것이다.

## 다양한 메시지를 조화롭게 전달하는 법, 레이어링

앞서 설명한 바와 같이 연관성은 브랜드가 사람들의 마음속에서 다양한 일상적인 접점과 연결될 때만 일어난다. 이는 광고뿐만 아니라 일자리에 지원하거나 잠재 고객에게 서비스를 홍보할 때도 마찬가지다. 그리고 다양한 접점과 연결되기 위해서는 반드시 메시지를 여러 층으로 겹겹이 쌓아야 한다. 다양한 브랜드 연상이 조화를 이루면 마음속에 더 많은 경로와 더 큰 현저성이 형성되어 사람들의 본능적 의사결정에 더 강력한 영향을 미칠 수 있다.

 몇 가지 되지도 않으면서 서로 단절되고 충돌하는 메시지에 집중하면 절대 안 된다. 균형 잡힌 브랜드 커넥톰을 구축하려면 다양한 동인을 신중하게 만든 다음, 그런 동인이 한데 모여 조화로운 브랜드 스토리를 전달하고 인식된 우월성을 형성하도록 해야 한다. 그리고 여기에는 다양한 동인과 함께 그 아래로는 기둥처럼 떠받쳐서 모든 가치를 담아내는 브랜드 정체성이 필요하다. 이것이 바로 '레이어링layering' 기법이다.

 그 예로 한 전설적인 스니커즈 브랜드도 20년 이상 계속해서 시장점유율을 잃은 끝에 레이어링의 힘을 깨달았다. 한때 운동화 카테고리를 주도하던 이 브랜드의 시장점유율은 약 20년에 걸쳐 최고 50퍼센트에서 25퍼센트까지 서서히 하락했다. 모든 대형 광고대행사에서 이 흐름을 뒤집으려 시도했으나 어느 곳도 눈에 띄는 성과를 내지 못했다.

그러던 어느 날 브랜드의 최신 스니커즈 모델을 신은 자신의 발을 내려다보던 CMO는 전화기를 들고 자신과 같은 경영대학원을 졸업하고 경영 컨설팅 회사에서 일하는 친구에게 연락했다. 2년이라는 시간과 1,000만 달러의 돈을 쓴 끝에 컨설턴트들이 사업을 되살리는 방법으로 내놓은 답은 브랜드 포지셔닝을 '더 많이 성취하라'라는 단 하나의 메시지로 바꾸는 것이었다.

이는 충분히 합리적인 해결 방안처럼 보였다. 어쨌든 이 브랜드는 성취가 가장 중요한 스포츠 브랜드였기 때문이다. 회사는 시장에 새로운 전략을 선보이면서 유명 농구선수를 섭외해 디지털 및 TV 광고를 제작하는 데 수백만 달러를 썼다. 그리고 그 광고를 내보내는 데 그만한 돈을 더 썼다. 하지만 안타깝게도 이런 전략이나 광고는 성장을 유도하지 못했다. 성취 그 자체만으로는 회사의 고민을 해결해줄 수 없었다.

이제 CMO는 한 번도 해보지 않은 방법을 시도하기로 했다. 암묵적인 수준에서 조사하고 전략을 수립한 것이다. 그리고 그 브랜드 사용자가 별로 없는 밀레니얼 세대를 포함해 잠재 고객을 브랜드로 유인하려면 다양한 테마가 중요하다는 점을 파악했다. 성취, 스타일, 고급 신발 기술, 조깅과 러닝 문화가 부상하던 때의 초기 개척자였던 회사의 역사 같은 다양한 테마였다. 그리고 이 네 가지 동인을 결합해 성장 타깃을 브랜드의 고객으로 전환해서 경쟁에서 승리한다는 시나리오였다.

밀레니얼 세대를 사업으로 끌어들이기 위한 성장 비법으로 무장한 회사는 새로운 전략을 바탕으로 360도 마케팅 캠페인을 전개했다. 그리고 엄청난 일이 벌어졌다. 감소하던 매출이 불과 몇 주 사이에 두 자릿수 성장으로 반전한 것이다. 시장에서 결과가 나오자 깜짝 놀란 CMO는 이렇게 말했다. "재밌더라고요. 지난 몇 년 동안 여러 테마를 개별적으로 시도하기는 했지만 모든 테마를 동시에 사용한 적은 없었습니다."

결과가 너무나 놀라워서 마치 마법처럼 보였지만 실은 마법이 아니라 과학이었다. 브랜드가 사람들의 마음속에서 연상이 거의 없는 단일한 동인에서 연상이 많이 있는 다양한 동인으로 성장하자, 더 큰 현저성을 만들어내고 새로운 성장의 파도를 불러일으킨 것이다. 이런 다양성 개념에서 중요한 것은 단지 폭이 아니라 의미와 지식이다. 브랜드를 많이 이해할수록 뇌가 브랜드와 더 많이 연결되므로 다양한 동인은 더 높은 전환율로 이어진다. 예를 들어 어떤 브랜드의 설립자나 배경에 관한 이야기를 알고 있으면 그렇지 않을 때보다 브랜드 로열티가 올라간다.

불행히도 많은 회사가 시대에 뒤처지는 과거나 유산은 브랜드를 구식처럼 보이게 한다는 이유로 그들의 과거와 유산을 외면하려 한다. 그러나 설립자에 관한 이야기가 단지 한 층의 메시지에 불과해도 다른 메시지들이 이를 뒷받침한다면 놀라운 결과를 만들 수 있다. 이는 스니커즈 브랜드뿐만 아니라 다른 많은 브랜드에서도 쉽게 볼 수 있는 이야기다. 그리고 반드시 오래된 과거나 유산이 아니어도 상관없다.

캘리포니아에 본사를 둔 조시 셀라스Josh Cellars 와인을 살펴보자. 소믈리에이자 와인 양조업자이며 전직 와인회사 임원이었던 조 카Joe Carr가 2007년 설립한 회사다. 그는 2009년까지도 조시 셀라스 와인을 트럭에 싣고 다니며 판매했다. 캘리포니아 기반의 와인 제조업자였던 카는 문자 그대로 수백 년 전에 캘리포니아 최초의 와이너리가 설립된 이후 치열한 경쟁과 오랜 역사를 자랑하는 시장에 맞서야 했다. 그렇지만 카에게는 자기만의 역사가 있었다. 이제는 와인의 이름이 된 아버지 조시 카Josh Carr의 역사에 의지하기로 마음먹은 것이다.

조시 셀라스 와인은 시장에 진출한 지 그리 오래되지는 않았지만 조 카는 아버지로부터 물려받은 성실함과 섬세함, 열정이라는 전통을 브랜드에 불어넣었다. 그가 마케팅 활동 전반에서 설립자의 이야기를 전하는 방식은 와인 장인이자 가정을 소중히 여기는 남자로서 아버지가 겪은 경험을 바탕으로 한 것이었다. 브랜드의 역사는 조시 카의 탄생에서 시작한다. 그리고 군 복무 시절과 결혼 생활은 물론 고향인 뉴욕 북부의 소도시 베를린에서 벌목꾼과 의용소방대원으로 일한 시간까지 조명했다.

지금 브랜드는 와인 양조업자의 아버지에 대해 이야기하고 있다는 것을 기억하기 바란다. 심지어 와인 양조업자 본인에 관한 이야기도 아니다. 그리고 브랜드가 전한 이야기 가운데 어느 것도 카가 제조하는 와인과 직접적으로 연관되지 않는다는 점은 명백하다. 그런데도 브랜드는 가족과 끈기 그리고 아메리칸드림이라는 연상에 편승한다.

일부 와인 전문가는 이 브랜드에 콧방귀를 뀔지도 모르지만 와인 시장이 들려주는 이야기는 다르다. 조시 셀라스는 2018~2023년까지 매년 두 자릿수 성장을 반복했다. 2014년 판매량은 겨우 30만 상자에 불과했지만 2018년에는 200만 상자를 넘겼다. 2023년에는 어땠을까? 연 판매량이 500만 상자에 이르렀다. 현재 미국 내 프리미엄 테이블 와인 카테고리에서 1위 브랜드인 조시 셀라스의 역사와 설립자에 관한 이야기에는 전통이 깊이 스며들어 있다.

하지만 역사에서 멈추기에는 충분하지 않다. 브랜드에 관한 생각이 딱 하나만 떠오른다면 그 생각은 우리 마음속에 사람의 발길이 닿지 않은 어느 외딴길에서 뇌 안에 있는 중요한 연상이나 기억과 연결되지 못하고 고립된 채 계속 숨어 있을 것이다. 그러나 그 생각 위에 다양한 메시지를 겹겹이 쌓으면 긍정적 연상으로 구성된 탄탄한 생태계가 만들어지고 뇌는 그 안에 빠져든다.

각각의 핵심 메시지를 자동차에서 동력을 전달하는 기어의 톱니바퀴라고 생각해보자. 예를 들어 톱니바퀴 1은 브랜드가 타깃 고객에게 제공하는 혜택을 가리킨다. 그리고 톱니바퀴 2는 혜택을 전달하기 위해 제품이나 서비스가 작동하는 방식을 의미하며, 톱니바퀴 3은 브랜드가 개척한 발전이나 혁신을 뜻한다. 이제 모든 톱니바퀴가 연결되어 다 함께 돌아가면서 브랜드의 엔진에 동력을 공급한다. 물론 톱니바퀴끼리 잘 맞물려 돌아가야 한다. 그렇지 않으면 어디에도 갈 수 없다. 하지만 서로 맞물려 함께 돌아가면 다가올 미래를 위한 성장 엔진이 된다.

## 브랜드는 메시지가 아니라 '이야기'임을 기억하라

다양한 메시지는 소비자가 등장인물처럼 등장하는 매력적인 이야기를 만들어낸다. 그렇게 메시지는 이야기의 일부가 되고 브랜드가 된다. 그러나 오늘날 광고주와 광고대행사 대부분은 이런 방식으로 접근하지 않는다. 만약 마케팅 커뮤니케이션을 실행하면서 다차원적 접근 방식을 따르자고 주장한다면 많은 반발을 예상해야 한다. 그 모든 메시지를 창의적인 생각 하나에 담아내는 일은 불가능하다고 말하는 사람이 많을 것이다. 그렇기에 이들은 영원히 구분하기만 한다.

만약 "우리가 조사해보니 브랜드에 세 가지 비즈니스 동인이 있더군요"라고 이야기하면 광고대행사에서는 전통적인 접근 방식에 따라 메시지를 구분한 다음 각 메시지를 서로 다른 미디어 매개체media vehicle에 태울 것이다.

예를 들어 TV 광고에서는 제품 자체나 소비자 혜택을, 디지털 광고에서는 제품을 믿어도 좋은 이유를 그리고 홈페이지에서는 목적을 각각 소개하고 설명할 수 있다. 하지만 그렇게 하면 안 된다. 뇌는 서로 전혀 다른 정보 출처를 종합해서 하나의 조화롭고 이해하기 쉬운 브랜드 스토리로 엮을 수 없다.

한 유명 시리얼 브랜드의 예를 보자. 그 브랜드는 수년간 시장에서 최상의 위치를 찾으려 노력했다. 메시지를 계속 바꿔가며 한때는 맛을 강조하다 다음에는 건강을 강조하고 그다음에는 천연 원재료 100퍼센트를 강조하더니 다시 처음으로 돌아갔다. 이런 노력은 아무 소용이 없었다. 오히려 좋은 맛, 건강, 천연 등 세 가지 특성을 하나의 마케팅 캠페인으로 연결했을 때 비로소 브랜드가 다시 성장하기 시작했다.

개별적인 메시지의 테마나 층은 성장 타깃을 우리 브랜드로 전환하는 잠재적인 동인이나 원동력이라고 봐야 한다. 따라서 모든 메시지가 중요하다. 어디에 집중할 것인지 정할 때는 먼저 서너 개의 메시지 층에서 시작하면 된다.

예를 들어 매장에서 반경 80킬로미터 이내에 거주하는 열정적인 장인들이 수작업으로 만든 가구를 판매하는 소규모 가구점을 운영한다고 상상해보자. 전통적인 마케팅 모델에 따르면 지역 주민의 장인정신이라는 한 가지 테마에 집중한 메시지를 만들어야 한다. 그러나 가구의 세련된 디자인이 집을 멋지고 매력적으로 만든다는 점도 소비자에게 알려야 한다. 바로 이 지점에서 다양한 메시지를 결합하는 일이 필요하다. 지역 장인정신만으로는 모든 것을 할 수 없기 때문이다.

만약 커피숍을 운영한다면 커피를 만들 때 사용하는 모든 원두가 공정무역 인증을 받았고 전문 바리스타가 따뜻한 마음으로 커피를 제공하며, 매장 판매 수익의 일부를 지역 축구팀과 야구팀 지원에 사용한다는 점을 강조할 수 있다. 이렇게 커피 전문성, 브랜드의 목적, 지역사회에 관한 메시지가 준비되었다. 여기서 주목할 점은 다양한 메시지 중 어느 것도 서로 충돌하지 않으며 각 메시지는 다른 메시지와 결합해 브랜드 커넥톰이 성장하는 데 도움이 된다는 사실이다.

이제 전달하고 싶은 메시지를 선택했다면 실행에 옮겨야 한다. 이때 성장 트리거를 잊으면 안 된다. 자연에서 갓 따온 신선하고 잘

익은 무언가에 대한 60초짜리 TV 광고는 똑같은 메시지를 몇 초 만에 전달할 수 있는 적절한 신호나 특별한 브랜드 자산 몇 가지만 있으면 된다. 나머지는 시청자의 뇌가 처리하기 때문이다. 여기서는 카테고리와 브랜드 트리거가 모두 효과적이다. 그리고 앞서 언급했듯이 카테고리에 속한 모든 브랜드가 특정 성장 트리거를 가질 수 있지만 우리는 우리 브랜드에만 그 트리거가 작동할 수 있게 만들어야 한다.

예를 들어 세라비의 파도 이미지는 시장의 모든 스킨케어 브랜드에서 부드러운 피부를 상징하는 데 사용할 수 있다. 그러나 세라비는 브랜드의 주요 색상 구성인 파란색과 흰색이 뒤섞인 파도가 세라비의 보습 크림 병에서 뿜어져 나와 세라마이드 기술과 부드러운 피부로 연결되는 이미지로 성장 트리거를 갖게 되었다. 그리고 이런 파도가 깨끗하고 맑은 피부를 타고 흐르며 물결칠 때 뇌는 마음에 내재하는 수분과 건강의 의미를 처리한다. 세라비 제품이 피부 아래로 들어가는 모습을 통해 소비자의 기억 구조에 제품의 효과를 전달하는 것이다.

핵심은 소비자의 뇌가 브랜드 스토리에 몰입하도록 유도하는 것이다. 좋은 예로는 '소유주가 임대하는 휴가용 숙박시설Vacation Rentals By Owner'의 약자를 사용한 익스피디아의 VRBO에서 찾을 수 있다. 이 서비스 브랜드는 전 세계에서 가장 경치 좋고 아름다운 곳에서 휴가를 보낼 수 있는 집을 소개한다. 물론 그게 다는 아니다. 이들은 이 메시지를 가족, 친구, 휴가 그리고 모든 것에서 벗어나는 모습에 대한 연상과 결합한다. 이 모든 메시지가 뒤섞여 조화를 이루면서 모든 사람이 가고 싶은 완벽한 휴가의 이미지가 생성된다.

이제 우리 뇌는 물론 우리 자신이 브랜드 내러티브brand narrative 의 중심으로 들어간다. 그렇게 몰입하면서 그곳에 있는 자기 자신을 상상한다. 그 아름다운 환경에서 여러 가지 일과 세상에 대한 걱정 없이 사랑하는 사람과 휴가를 즐기는 모습 말이다. 또한 에어비앤비나 호텔과 달리 VRBO에서는 '온전한 휴가용 주택'을 임대할 수 있어, 복도 저편에 낯선 사람 없이 오로지 우리만 있는 공간에서 행복한 시간을 보내는 장면도 상상할 수 있다.

만약 이처럼 다양한 메시지 가운데 하나에만 집중한다면 뇌는 전체 그림을 파악하지 못할 것이다. 가족이나 친구와 함께한다는 것은 좋은 일이지만, 만약 그 위치가 혼잡한 도심에 있는 방 하나짜리 답답한 아파트에 편의시설마저 거의 없다면 그 휴가 제안에 선뜻 응하는 사람은 없을 것이다. 이런 이유에서 VRBO는 숨 막힐 듯 멋진 환경에 있는 아름다운 집, 가족과 친구, 머무는 동안에는 온전히 자기만의 것이라고 할 수 있는 공간 등 세 가지 핵심 테마를 이용해 VRBO에 대한 본능적 선호도를 유도한다.

더불어 VRBO는 여러 매체나 감각을 통해 다양한 메시지를 표현하는 방법을 보여준다. VRBO의 광고에서는 휴가용 주택이 위치한 경치 좋은 장소를 말이나 글로 설명하지 않고 보여준다. 실제로 이런 이미지가 많은 일을 하기 때문에 광고 문구에 너무 큰 부담이 들지 않는다.

## 개인 브랜드의 메시지 레이어링 전략

개인 브랜드를 구축할 때도 같은 레이어링 원칙이 적용된다. 자기 자신에 대한 메시지를 하나만 제공한다면 단조로워 보일 가능성이 크다. 저녁 식사 자리에서 함께할 때마다 같은 이야기를 되풀이하는 사람을 떠올려보자. 당신은 금세 흥미를 잃고 마음은 다른 곳에 가 있을 것이다. 이것이 바로 이력서에 자신의 직무 능력만 언급하면 안 되는 이유다. 업무 성과, 교육, 자원봉사, 취미 및 기타 세부 사항을 보여주는 부분도 그에 못지않게 중요하다. 고용주는 대체로 직무를 수행하는 방법을 알 뿐만 아니라 전반적으로 팀에 긍정적인 영향을 미칠 수 있는 사람을 채용하고 싶어 하기 때문이다.

채용 면접에서 다양한 메시지를 겹겹이 쌓으면 특히 도움이 된다. 지원자의 강점과 기술, 지금까지 이룬 성취를 브랜드 전문성으로, 회사에 도움이 되는 장점으로 만들어보자. 그리고 회사가 하는 일에 대한 이해와 열정을 우수한 팀워크나 직업윤리와 같은 가치라고 생각하자. 여기에 더해 배경이 되는 이야기, 즉 지금의 나를 만들고 여기까지 이끌어온 독특한 서사를 넣는 것이다.

물론 그 이야기의 상당 부분은 면접 때마다 달라지지는 않겠지만 지원하는 기회에 맞춰 조정해야 한다. 소비자가 반사적으로 찾은 브랜드가 되려면 브랜드가 소비자의 기억에 저장된 것과 맞아떨어져야 하는 것처럼, 지원자의 이야기도 헤드헌터나 채용 담당자가 자신의 기억에 저장해놓은 이상적인 직원과 맞아떨어져야 한다. 그럴 때 비로소 일자리를 제안받게 된다. 또한 다른 브랜드들과 마찬가지로 다른 이들에게 자신이 사려 깊고 똑똑하며 재미있는 사람이라고 말하기만 해서는 안 된다. 반드시 그런 특성을 전달하는 사례를 공유해야 면접관이 지원자에 대해 같은 결론에 도달할 수 있다.

흥미로운 점은 한 설문조사에서 고용주의 70퍼센트가 지원자의 성격을 가장 중요한 세 가지 채용 요인으로 꼽았던 반면, 외모와 학력을 꼽은 고용주는 각각 7퍼센트와 18퍼센트에 불과한 것으로 나타났다. 우리 뇌는 본능에 따라 작동한다. 따라서 면접 과정에서 무형의 요인이 엄청난 역할을 한다는 것이 놀랄 만한 일은 아니다. 지원자의 맞은편에 앉아 질문을 던지는 사람도 결국 인간일 뿐이다. 이들의 뇌도 다른 모든 사람의 뇌와 같은 방식으로 그리고 소비자가 제품을 선택할 때와 같은 방식으로 작동한다.

채용 면접의 경우 흔히 말하는 '성격'은 모든 것을 아우르는 표현이다. 즉 고용주가 자기 마음속에 간직해온 이상적인 지원자와 자기 앞에 있는 지원자가 일치할 때 느끼는 직감을 설명하기 위해 사용하는 단어다. 그러면 고용주는 실제로 지원자의 성격을 판난하고 있을까? 그렇지 않다. 만약 고용주가 지원자의 성격을 마음에 들어 했다면 이는 지원자가 전달한 메시지에 따라 고용주와 지원자의 두 커넥톰이 일치했다는 의미다.

우리는 모두 브랜드라는 사실을 기억하자. 모든 메시지의 신호가 함께 힘을 모아 브랜드 커넥톰을 구축한다. 한자리에 모인 메시지는 다양한 암묵적 연상을 생성해 지원자 개인 브랜드에 대한 인식을 높임으로써 면접관이 지원자와 본능적으로 연결되도록 한다.

## 다양한 연상으로 뇌를 환하게 밝혀라

단일성 접근 방식에 따라 브랜드를 구축하며 성장해온 산업에서 볼 때 다양한 메시지라는 개념은 낯설게 느껴질 것이다. 그리고 의식적 마케팅의 낡은 규칙을 따르는 사람과 이런 이야기를 나누기라도 하면, 이들은 강하게 반박하면서 이렇게 이야기할 것이다.

"광고에 둘 이상의 메시지를 담을 수 없습니다."(사실이 아니다.)

"뇌는 한 번에 둘 이상의 메시지를 처리할 수 없습니다."(뇌는 풍부함을 즐기므로 그 반대가 사실이다.)

"당신이 말하는 접근 방식은 목적이 불분명하고 정제되지 않았습니다."(다양한 메시지도 분명히 집중할 수 있으며 유리하게 이용할 수 있다.)

하지만 한 걸음 물러나서 생각해보자. 층이 없다면 물리적인 지구는 어떨까? 복잡성이 없다면 우리 문화는 어떨까? 다양한 등장인물이나 줄거리, 긴장이 없다면 이야기는 어떨까? 우리가 모두 똑같다면 세상은 어떤 모습일까? 인간은 다면적이다. 따라서 인간에게 보내는 메시지도 다면적이어야 함은 당연하다.

다양한 수준에서 사람들과 연결되면 우리 브랜드의 커넥톰으로 그들의 뇌를 환하게 밝힐 수 있다. 소비자의 신경 경로를 최대한 많이 채워 기존 긍정적 연상과 연결하는 동시에 새로운 긍정적 연상을 만들어내야만 브랜드가 소비자의 마음속 구석구석으로 확장될 수 있다. 신경 경로 하나만으로는 아무런 효과가 없음을 기억하자.

**법칙 07  판타지를 자극하는
무의식적 욕망을 겨냥하라**

> 사람들은 현실을 원한다고 말하지만,
> 매번 본능적으로 판타지를 선택한다.

머릿속에 너무나 멋진 추수감사절의 저녁 식사를 한번 그려보자. 오븐에서 방금 꺼낸 칠면조를 커다란 접시 위에 올려놓고 식탁으로 가져갈 때 풍기는, 취할 것만 같은 그 냄새를 아마 대부분이 기억할 것이다. 우리는 가족 또는 친구들에게 둘러싸여 황금빛으로 바삭하게 구워진 칠면조를 보며 환호성을 지른다. 사랑하는 사람들이 미소 짓는 모습을 보며 감사하는 마음이 온몸을 따스하게 감싸는 느낌을 받는다.

반면 산산조각이 난 채 반쯤 먹다 만 칠면조가 부엌 조리대 위에 너무 오래 방치되어, 강아지가 그 주변을 어슬렁거리는 사이 차게 굳어버린 장면은 생각나지 않을 것이다. 엄마가 손수 만들어온 옥수수빵이 너무 딱딱하다며 삼촌이 투덜거릴 때 일어난 말다툼도 상상하지 못할 것이다. 이는 모두 실제로 무슨 일이 일어났는지에 관계없이 뇌는 가장 이상적인 형태로 기억을 저장하기 때문이다.

이처럼 그리 달갑지 않은 기억은 불쾌하고 지저분해서 사람들이 그리 관여하고 싶지 않은 진실 가운데 하나가 된다. 하지만 상당수의 광고주는 이것이 바로 소비자가 원하는 것, 즉 진실이라는 생각을 머릿속에 가지고 있다. 이보다 큰 착각은 없다. 무의식적 마음이 원하는 것은 바로 '판타지'이기 때문이다. 그래서 뇌는 강아지가 남은 칠면조를 먹어치우고 엄마가 삼촌의 시답잖은 불평에 버럭 화를 내기 한참 전에, 오븐에서 방금 꺼낸 칠면조를 본 순간과 사랑하는 사람들과 함께하며 느낀 기쁨만 기억 속에 저장한다.

사람들이 가장 열망하는 판타지나 가장 내밀한 욕망은 모두 다 이런 기억이 저장된 무의식적 마음에서 비롯된다. 성공은 현실을 극적으로 표현한다고 해서 오지 않는다. 브랜드가 사람들이 가진 판타지와 맞아떨어졌을 때 비로소 성공이 찾아온다. 이런 긍정적 연상을 활용하면 우리 브랜드가 사람들의 판타지와 똑같은 신경 경로를 타고 들어가 그들의 마음속에서 여러 판타지를 하나로 묶을 수 있다. 어쩌면 그런 판타지에는 행복과 건강이나 호화로운 요트에서 즐기는 은퇴 생활, 유명세, 농구 경기에서 상대를 완파하는 능력 등이 포함될 수 있다.

## 판타지 위에 세워진 비즈니스

사실상 모든 산업이 판타지 위에 만들어졌다. 그 예로 1970년대 레브론Revlon의 '찰리Charlie'라는 향수 광고를 살펴보자. 찰리는 여러 면에서 최초의 현대 판타지적인 향수였다. 출시 첫해인 1973년 1,000만 달러의 매출로 당시 제품이 출시된 해에 가장 많은 매출을 기록한 향수였다. 찰리의 광고에는 여배우 셸리 핵Shelley Hack이 세련되고 독립적이며 자신감 넘치는 여성으로 등장한다.

'찰리'라는 인물로 광고에 등장한 그녀는 하얀색 롤스로이스를 타고 품격 있는 레스토랑 앞에 차를 세우더니 향수를 뿌린 다음 차에서 내린다. 그녀는 자신이 타고 온 차와 어울리는, 반짝거리는 황금빛 점프슈트 차림으로 레스토랑에 들어선다. 그리고 바비 쇼트Bobby Short가 "조금은 젊은 이 순간, 찰리! 조금은 자유롭고 놀라운, 찰리!"라고 노래하는 동안 바를 지나쳐 데이트 상대와 춤을 추다가 머리카락을 흩날리며 둘만의 자리에 앉는다.

다른 광고에서 찰리는 화려한 요트에서 열린 파티의 분위기가 무르익은 순간 보트를 타고 도착한다. 이번에는 반짝거리는 검은색 재킷과 검은색 바지를 입은 채 북적거리는 또 다른 레스토랑에 들어서며 사람들의 시선을 사로잡는다. 그 순간 멜 토메Mel Tormé가 느긋하게 부르는 찰리의 주제곡이 울려 퍼진다. 목에 향수를 뿌린 찰리는 사람들 사이를 다니며 파티의 주인공이 된다.

당시 이 두 광고는 1970년대 많은 여성이 원하던 판타지를 화면에 담아냈다. 화려함과 에너지가 여성의 독립성과 만나 강력하고 섹시하며 빛나는 새로운 세대를 위한 새로운 판타지였다. 이렇게 '가장 독창적인 향수'로 홍보된 찰리는 수년간 가장 많이 팔린 향수가 되었다. 또한 향수 시장의 주요 전환점에서 중요한 역할을 했다. 1973년 찰리가 등장하기 전까지 향수 판매는 대체로 크리스마스와 같은 휴일을 중심으로 이뤄졌으며 보통 남성들이 배우자나 파트너를 위한 선물로 구매했다. 그러나 레브론은 찰리를 통해 365일 어느 때나 남성을 거치지 않고 여성에게 직접 판타지를 판매했다.

오늘날 일부 시청자에게는 이 광고가 진부하거나 약간 느끼하게 보일 수도 있지만, 찰리라는 여성이 TV 광고에서 자신감 있게 레스토랑을 가로질러 걸어가고 신문 광고에서는 지면을 가로질러 걸어가는 이미지는 '여성 해방'의 대명사가 되었다.

판타지 위에 구축된 다른 산업으로는 자동차가 있다. 메르세데스-벤츠만 봐도 광고에서 판타지가 어떤 역할을 했는지 확실히 알 수 있다. 2013년 CLA 모델에 대한 광고는 특히 남성을 중심으로 하는 시청자의 마음을 판타지로 가득 채웠다. 이 짧은 광고는 (악마 같은 외모의 윌렘 데포Willem Dafoe가 멋지게 연기한) 악마가 한 젊은 남성에게 영혼을 팔면 신형 CLA를 주겠다고 유혹하는 장면으로 시작한다. 악마는 그 남자에게 계약서에 서명한다면 어떤 미래를 갖게 될 것인지 보여준다. 가상의 미래에서 남자는 가수 어셔와 밤새 파티하고 모델 케이트 업튼과 팔짱을 낀 채 레드카펫을 걸으며 유명 잡지의 표지에 얼굴이 나온다. 그리고 한 무리의 여성 팬이 록 스타라도 쫓는 양 거리에서 따라다닌다. 남성이 가지고 있는 스포츠카에 대한 판타지를 이보다 효과적으로 포착한 광고는 아마도 없을 것이다.

시청자가 이 고급 승용차를 사면 이런 일이 정말로 일어날 것이라고 믿는지는 중요하지 않다. 메르세데스-벤츠가 소비자의 마음 속에 그와 같이 잘 달라붙는 연상을 심는 순간부터 소비자는 이제 그 자동차와 영원히 연결되기 때문이다. 더 좋은 점은 광고가 끝날 무렵 그 남자는 영혼을 팔지 않고도 그 모든 판타지를 가질 수 있음을 깨닫는다는 것이다. CLA에 합리적인 가격이 책정된 것이다. 그리고 바로 그 순간 판타지는 실현 가능한 현실이 된다. 예전엔 악마에게 사는 CLA나 레브론의 찰리처럼 화려함과 매력, 독립성이 사람들의 판타지였지만 이제는 새로운 현대 소비자를 위해 업데이트되고 포장된다.

그리고 패션 산업도 빼놓을 수 없다. 우리가 입는 옷은 우리가 누구인지 그리고 다른 사람이 우리를 어떻게 인식하길 원하는지 말해준다. 가장 성공한 브랜드는 이 사실을 잘 알고 있다. 오늘날 가장 가치 있는 패션 브랜드로는 루이비통(323억 달러)과 에르메스(183억 달러), 구찌(182억 달러)가 있다. 화장품이나 자동차와 마찬가지로 각 브랜드는 타깃 고객의 마음이 혹하는 특정 유형의 판타지를 구축해 브랜드 스토리에 담는다.

그중 구찌는 조화롭고 고급스러우며 진정한 자아가 되고자 하는 열망과 연결되는 동시에 매력적이고 바람직하다. 구찌의 '길티 Guilty'라는 이름의 향수 라인 광고는 완벽한 사례다. 광고에서 배우 엘리엇 페이지 Elliot Page와 줄리아 가너 Julia Garner는 래퍼 겸 프로듀서인 에이셉 라키 A$AP Rocky와 함께 음모와 로맨스가 가득한 저녁을 보낸다.

판타지를 파는 데 있어 화장품이나 고급 자동차, 디자이너 패션은 낯선 산업이 아니다. 전통적인 마케터라면 심지어 이런 산업을 '판타지 카테고리'로 분류할 수도 있다. 그러나 일반적인 믿음과는 달리 판타지는 이런 산업에만 국한되지 않는다. 판타지는 사실상 모든 위대한 브랜드를 이끌어 더 높고 나은 자아에 대한 욕망에 호소하는 동시에, 카테고리를 넘나드는 본능적 브랜드 선호도를 창출한다.

브랜드가 지저분한 액체를 마법처럼 흡수하는 바운티Bounty의 '빠르게 강력하게 깨끗하게' 키친타월이든, 아니면 자신 있게 소매를 걷을 수 있게 하는 오테즐라Otezla의 건선 치료제든 상관없다. 키친타월, 피부약, 청소용품, 의료, 제약, 사회운동, 모금, 선거 운동 등 어떤 카테고리든 상관없다. 모든 카테고리와 브랜드에서 판타지는 다른 어떤 것보다도 위에 선다.

그러나 사람들은 그렇게 말하지 않는다. 언제나 현실을 원한다고 말한다. "저랑 비슷한 사람이면 좋겠습니다. 우리 주위에 있을 것만 같고 몸매가 완벽하지 않은 사람 말입니다. 집은 조금은 지저분하고 아이들도 말을 잘 듣지 않겠죠. 우리처럼요." 그러나 이는 그들의 의식적 마음이 말하는 것이다. 이미 여러 차례 이야기한 것처럼, 우리가 하는 말과 우리가 하는 행동은 전혀 다르다.

그런데도 전통적인 마케터나 광고기획자는 이런 현실적 욕구를 충족시키려는 노력을 멈추지 않는다. 물론 어쨌든 이들도 소비자에게 귀를 기울이는 것은 맞다. 하지만 그들이 추구하는 현실은 원하는 결과를 가져다주지 않는다. TV나 SNS에 나오는 광고든, 아니면 디지털 광고든 상관없이 시장에서 꾸준히 최고의 성과를 내는 모든 창의적인 콘텐츠는 우리가 대부분 이룰 수 없는 완벽함을 다룬다고 할 수 있다.

빈티지 조명이 비추는 가운데 야외 테라스에서 깔끔한 차림으로 식사하는 가족이나 〈베터 홈스 앤드 가든스Better Homes and Gardens〉라는 잡지에 소개될 만큼 멋진 집일 수도 있다. 아니면 친구들과 저녁을 함께하기 위해 우아하게 빼입고 스포츠카에서 내리는 커플이나 즉흥적으로 미식축구 게임을 하다 넘어지며 웃음을 터트리는 아빠와 아들일 수도 있다. 바로 이런 이미지가 우리 마음 안에서 맴돈다. 이는 깨닫든, 깨닫지 못하든 우리가 모두 판타지의 영향을 받고 있기 때문이다. 어쩔 도리가 없다. 뇌가 판타지를 간절히 원하니 말이다.

## 뇌 활용도를 높이는 판타지

다층적 메시징과 마찬가지로 판타지도 뇌 활용도가 높다. 판타지는 마음을 환하게 밝혀 뇌의 여러 부분을 활용하는 동시에 기억 속에 저장된 이상적인 생각과 이미지에 연결된다. 그렇게 하는 과정에서 마음속에 있는 긍정적 연상을 활용해 우리의 주의를 빼앗고 우리를 둘러싼 세상을 차단한다. 마치 예정된 일정을 훨씬 초과해 진행되는 회의에 갇힌 채 다가올 주말에 대한 몽상에 사로잡힌 것과 같다. 완벽한 주말을 보낼 방법에 너무 집중하다 보니, 상사의 질문을 듣지도 못하고 옆자리의 동료가 얼른 대답하라고 재촉하는 모습을 눈치채지도 못하는 것이다.

판타지란 우리 마음이 미래의 목표나 꿈과 관련해 독창적으로 꾸며낸 이야기로서 우리 뇌 안의 네트워크를 사용해 구성된다. 이런 네트워크에는 기억이나 학습, 기분에 중요한 역할을 하는 해마가 포함되지만 그게 다는 아니다. 판타지가 작동하려면 뇌의 다른 영역이 관여해서 기억을 코드화하거나 다시 불러오고, 복잡하지만 일관성 있는 장면을 생성하며, 감정을 조절해야 한다. 이처럼 판타지는 수많은 뇌 활동을 필요로 하기 때문에 일시적으로 마음을 지배하고 다른 모든 것을 차단할 수 있다.

한편 판타지는 우리의 오감을 모두 활용하고 주의를 완전히 빼앗아간다. 따라서 우리는 실생활에서 도달할 수 있을지 없을지도 모를 이야기를 마음속에서 안전하게 구성하거나 이미 구성된 이야기에 접근한다.

판타지는 보편적이다. 즉 우리 각자가 가지고 있는 구체적인 목표는 서로 다를지도 모르지만 많은 사람이 똑같은 판타지를 가지고 있다. 프로 선수를 열망하는 아마추어 운동선수든, 주말마다 길거리 농구를 하는 중년 남성이든 상관없이 누구나 게임에서 이기고 싶어 한다. 또한 발리의 해변에 있는 자신을 상상하든, 걱정 없이 집에서 휴식을 취하든 모든 사람은 살아온 배경과 무관하게 은퇴 후 돈 걱정 없이 여가 생활을 즐기는 삶을 원한다. 물론 로맨스와 친밀함에 대한 보편적인 욕망인 사랑도 빼놓을 수 없다.

이처럼 소비자의 이상적인 경험을 투사하면 그 경험이 무엇이든 상관없이 소비자의 기억 속에 저장된 판타지와 브랜드 사이에 신경 경로가 생성된다. 독특한 것 대신 익숙한 것, 즉 엄마가 사용한 브랜드에 대한 향수를 불러일으키는 기억과 연결되는 것처럼 소비자가 내면에 깊이 간직해온 열망과 맞아떨어지면 소비자의 마음속에 있는 긍정적 연상을 활용해 브랜드 커넥톰을 성장시킬 수 있다. 브랜드가 판타지를 투사하면 소비자의 뇌는 여기에 완전히 사로잡혀 다른 모든 것을 차단할 뿐만 아니라 경쟁까지도 차단한다.

### 감춰진 열망과 욕망에 연결하기

판타지는 미래에 대한 희망, 야심 찬 목표, 더 건강한 몸, 가족과 함께하는 소중한 시간, 이루기 힘든 부, 건강한 환경, 편안한 수면 등 우리가 가장 원하는 것 중심으로 형성된다. 즉 우리가 도달하고 싶은 이상적인 상태나 갖고 싶은 이상적인 경험을 표현한다. 그리고 브랜드가 무의식적 수준에서 소비자와 연결될 수 있도록 한다. 브랜드와 타깃 고객이 하나로 수렴되는 판타지를 찾아낼 때 브랜드와 소비자의 뇌는 서로 짝을 이뤄 맞아떨어지며, 그 결과 소비자는 자기 꿈을 이룰 수 있다는 약속에 사로잡힌다.

최근 부동산 검색 및 중개 서비스를 제공하는 질로$_{Zillow}$에 소비자들이 집착하는 이유를 살펴보자. 이사할 계획이 별로 없는 사람들조차도 매물을 살펴보며 감당하기 힘든 가격의 집을 자주 찾아본다. 2021년 진행한 설문조사에서 응답자 1,000명 중 55퍼센트는 하루에 한 시간에서 네 시간 동안 질로의 매물을 둘러보며, 그중 80퍼센트는 일주일에 한 번 이상 질로에서 본 집에 사는 모습을 상상한다고 답했다. 같은 설문조사에서 49퍼센트는 심지어 성관계를 하는 것보다 질로의 매물을 보는 편이 낫다고 했다.

질로는 홈페이지 방문자 수억 명의 고상한 자아, 즉 되고 싶은 사람이나 살고 싶은 방식에 호소한다. 이 방문자들은 자신이 살 집이 좁아터진 방 하나짜리 아파트나 몇 년 동안 쓸모없는 물건으로 가득 차 너저분한 집이 아니라 멋진 성인 것처럼 상상하고 싶어 한다.

주택 리모델링 TV 프로그램이 계속 인기가 있는 이유도 이 때문이다. 부동산 관련 케이블 TV 채널인 HGTV는 미국에서 매달 9,500만 가구가 유료로 가입해 아홉 번째로 많은 시청자를 보유한 채널이다. 이런 프로그램이나 채널이 집에 대한 판타지를 너무나 잘 홍보하다 보니 실제로 사람들이 집을 사고팔거나 개조하는 방식을 주도하기 시작했는데, 이런 현상을 'HGTV 효과'라고 한다. 조사에 따르면 주택 소유자들은 자기 취향을 희생하더라도 지금 사는 집을 TV나 〈베터 홈스 앤드 가든〉 같은 잡지에서 보는 집처럼 바꿀 의향이 있다고 답했다.

미국 내 시장 규모가 95억 달러에 이르는 판타지 스포츠 역시 같은 방식으로 작동한다. 프로 스포츠 세계는 우리 대부분이 아무리 원대한 꿈을 꾸더라도 결코 가질 수 없는 재능을 지닌 엘리트 선수들이 모인 집단이다. 하지만 판타지 스포츠에서는 비록 가상이라도 꿈을 실현할 수 있다. 우리가 선택한 선수가 우리 구단의 일원이 되며 그 선수가 현실 세계에서 거둔 성공이 판타지 스포츠에서 점수나 통계에 영향을 미친다. 판타지 스포츠 속 프로 선수와 연결된 우리는 구단주나 감독, 코치의 역할을 하면서 마음속에서 판타지를 키워나간다.

여기서 판타지는 그저 이 산업의 마케팅 및 커뮤니케이션 활동 일부가 아니라 문자 그대로 이 산업이 제공하는 핵심 가치다. 미국에서만 5,000만 명 넘는 사람이 즐기고 있으며 그중 33퍼센트가 여성이기도 한 판타지 스포츠 산업은 해마다 성장을 거듭하고 있다.

이 가상 스포츠 게임에 참여하는 이들은 어린 시절의 꿈을 실현하기 위해 거의 필사적이다.

그러나 의식적인 유형의 마케터나 광고기획자는 여전히 소비자가 열망의 대상이 아니라 접근할 수 있는 상품과 서비스, 커뮤니케이션을 원한다고 주장한다. 이들은 너무 먼 곳에 있어서 손에 닿기 힘들어 보이는 무언가로 잠재 고객을 쫓아버리고 싶어 하지 않는다. 예를 들면 콜스처럼 할인 상품 중심의 백화점은 평범한 사람들이 매일 입는 평범한 옷을 걸친 모습을 보여주면서 가격이 저렴하다는 신호를 보내야 한다고 주장한다. 물론 알다시피 그런 비즈니스 모델은 아무런 효과가 없다.

사람들은 두 세계의 장점을 모두 원한다. 즉 소비자는 유명인이 입어서 모두가 열망하는 바로 그 스타일도 얻고 돈도 더 적게 지불하고 싶어 한다. 그래서 합리적인 가격으로 좋은 품질의 패션을 약속하는 타깃과 같은 기업이 매년 1,000억 달러가 넘는 매출을 올리는 것이다.

오늘날 소비자는 소득 수준에 상관없이 패션과 품질, 장인정신에 노출되어 있기 때문에 역사상 그 어느 때보다 교육이 잘 되어 있는 상태다. 이들은 유명인이 입는 디자이너 브랜드의 이름을 알고, 디자이너의 의상이나 구두에서 섬세한 바느질과 같은 특징을 알아차리며, 시계 내부의 정밀한 크로노그래프chronograph(시간을 정확히 기록하는 장치 — 옮긴이)를 높이 평가한다. 타깃에서는 이런 소비자의 판타지를 실현하는 데 필요한 품질과 스타일에 중점을 둔다.

**판타지와 현실을 나란히 두기**

판타지가 작용하지 않는다고 생각할 때조차도, 더 깊이 들여다보면 우리는 판타지가 항상 현실을 이긴다는 걸 알고 있다. 그리고 판타지와 현실이 나란히 존재할 때 그 결과는 강력하고도 효과적이다.

한 예로, 20년 전만 해도 적극적인 환경운동가나 그린피스 직원과 같은 소수의 집단만이 기후변화를 우려했다. 그런데 2006년에 놀랍게도 '지구 온난화의 심각성은 대체로 과소평가되었다'라는 말에 동의하는 비율이 당시 사상 최고인 38퍼센트에 도달했으며 전 세계 인구의 43퍼센트는 환경을 '매우 많이' 걱정했다. 이처럼 환경에 대한 우려가 갑자기 커진 것은 쓰나미나 지진, 가뭄, 어떤 종의 멸종 때문이 아니었다. 당시 수백만 명이 본 영화 한 편 때문이었다.

미국의 부통령이었던 앨 고어Al Gore가 출연해 2006년에 개봉한 영화 〈불편한 진실An Inconvenient Truth〉은 오스카 시상식에서 최우수 다큐멘터리로 선정되었다. 이 다큐멘터리는 5,000만 달러에 육박하는 극장 상영 수익을 올리는 등 상업적으로 성공했을 뿐만 아니라 평단에서도 좋은 평가를 받았다. 이 영화가 미친 영향에 대해 한 연구에서는 이전의 어떤 영화나 사건보다 미국이 기후 온난화에 대해 의식적으로 생각하고 행동하도록 바꾸는 전환점이 되었다고 밝혔다. 하지만 보는 사람이 그리 많지 않은 장르인 다큐멘터리 영화 한 편이 그토록 엄청난 인기를 얻은 배경과 이유는 무엇일까?

바로 판타지의 힘이었다. 수년간 기후 지킴이를 자처해온 이들은 각종 연구와 데이터, 사실, 그림을 제시해왔다. 그러나 이런 정보는 모두 의식적인 뇌를 목표로 삼았기 때문에 사람들의 마음을 바꾸거나 의사결정에 영향을 미치지 못했다. 반면 고어의 〈불편한 진실〉이 보여준 효과는 한때 에덴동산과도 같았던 이상적인 자연을 제시했다. 그곳이 바로 우리 내면의 욕망이었다. 영화는 우리가 그곳으로 돌아갈 수 있고 반드시 돌아가야 한다고 암시했다. 고어는 세계에서 가장 상상석이고 유명한 자연 속 다양한 보물을 보여주는 장엄한 이미지를 통해 이런 판타지를 투사했다. 또한 판타지를 현실과 나란히 보여줌으로써 생생한 대조가 이뤄지도록 했다.

이런 대조 기법은 뇌에게는 스테로이드와 같다. 한 예로 이탈리아의 한 소스 브랜드가 가운데에 나무 숟가락이 똑바로 세워져 있는 소스 병(자사 브랜드명 표기)과 숟가락이 옆으로 처진 소스 병('다른 이탈리아 소스'라고 표기)을 나란히 두고 비교하자 판타지가 즉각적으로 생겨났다. 그 브랜드의 걸쭉한 토마토소스가 경쟁사 제품의 묽은 B급 소스와 대조를 이룬 덕분에 풍미가 더 진하게 느껴진 것이다.

고어의 다큐멘터리는 알프스와 페루, 아르헨티나, 킬리만자로, 파타고니아의 빙하와 얼어붙은 툰드라를 항공 촬영한 사진을 제시한 다음 시간이 흐르면서 얼음이 어디까지 물러나는지 보여줌으로써 이탈리아의 소스 브랜드와 같은 효과를 달성했다. 눈과 얼음이 가득한 한 장의 사진은 황량한 갈색 대지를 찍은 사진에 자리를 내준다. 이제 시청자는 무슨 일이 일어나고 있는지 생각할 필요가 없다. 본능적으로 위기의 심각성을 파악할 수 있기 때문이다. 만약 영화가 판타지나 현실 중 하나만 보여주었다면 뇌는 영화가 어떤 생각을 전하고 싶은지 이해하지 못했을 것이다. 또 영화의 핵심 메시지도 그다지 효과적이지 못했을 것이다.

아쿠아피나의 눈 덮인 산처럼 빙하도 훌륭한 성장 트리거로서 역할을 했다. 자연이 만든 이 장엄한 구조물은 순수함과 신선한 공기, 자연의 아름다움, 깨끗함을 상징한다. 눈앞에서 이 모든 것이 말 그대로 녹아내리는 모습을 보는 건 극도로 마음 아픈 일이었다.

더불어 고어는 격자무늬 안에 놓인 다양한 동물이 하나씩 사라지는 장면도 보여주었다. 이는 종의 쇠퇴와 궁극적으로는 멸종을 은유적으로 표현한 시각적 장치였다. 그러더니 픽사 애니메이션에서 튀어나온 듯한 북극곰이 등장했다. 점점 줄어드는 얼음덩어리를 향해 헤엄치는 북극곰의 이미지는 시청자의 기억에 남아 기후변화 커넥톰에 강렬한 인상을 남긴 현실이자 부정적 성장 트리거가 되었다.

그곳에 존재하는 판타지는 그 작고 외로운 얼음 조각이 기후변화 이전 영광스러웠던 그 거대한 빙하로 다시 커지는 것이었다. 이처럼 과거와 현재의 극명한 대조를 목격한 사람들은 자연을 보호해야 한다는 영감을 받았다. 여기서 사람들의 판타지는 맑은 공기와 깨끗한 하늘, 건강한 생활, 순수한 아름다움이었다. 그리고 사람들은 이 판타지에 동참했다.

그러나 만약 판타지를 강화하는 일을 중단하면 더는 같은 수준의 뇌 활용도를 유지할 수 없게 되어 기억은 희미해지고 마음 점유율을 잃을 수 있다. 활용도가 낮아지면 발전이 더뎌지고 결국 성장이 잠시 멈추거나 완전히 중단된다. 이런 정체 효과는 미국 내에서 기후변화에 대한 우려가 적어도 2016년 이후로 어떻게 정체되었는지를 보면 알 수 있다.

미국 시민의 70퍼센트 이상이 지구 온난화가 일어나고 있다고 생각하지만, 이 수치는 뒤이어 나타날 것으로 예상할 수 있는 '우려'로 연결되지 않는다. 갤럽에서 진행한 여론조사에 따르면 현재 미국인의 43퍼센트만이(2006년과 같은 비율임) 지구 온난화를 '매우 우려'하고 있으며 이 비율은 2016년 이후로 매년 거의 비슷하게 유지되고 있는 것으로 나타났다(퓨 리서치 센터 Pew Research Center에 따르면 2022년 현재 미국 성인의 54퍼센트만이 기후변화가 국가를 크게 위협하는 요인이라고 생각한다).

기후변화 운동은 가능한 판타지와 잃어가는 현실이 더 이상 대조되지 않을 때 그 추진력을 상실한다. 이 운동의 지지자들은 고어가 효과를 입증한 공식과 함께 전진하기보다는 기후변화가 생존 위기라고 언급하며 거의 불가피한 일이라고 주장하는 방향으로 전환했다.

2019년 유엔 본부에서 열린 기후 행동 정상회의에서 그레타 툰베리 Greta Thunberg는 유엔 회원국과 진 세계 시청자를 감정적으로 질타했다. "여러분은 공허한 말로 내 꿈과 어린 시절을 도둑질했습니다. 인류는 대멸종의 입구에 들어섰는데 여러분이 하는 말은 돈과 영원한 경제 성장이라는 거짓말뿐입니다. 어떻게 감히 그럴 수 있습니까?"

툰베리의 이런 분노는 그녀가 사실과 그림을 장황하게 설명하기 전까지는 손에 잡힐 듯 분명했다. 툰베리의 분노에는 충분한 이유가 있었고 그 연설은 전 세계의 뉴스를 장식했다. 하지만 암울한 현실에 대한 묘사는 상대를 의식적으로 설득하려는 고전적인 시도로서, 공감을 얻기 힘들 뿐만 아니라 완전히 멀어지게도 할 수 있는 공격적인 접근 방식이었다. 우리가 다 함께 할 수 있는 일, 즉 세상을 구하고 환경적 유토피아에 도달할 방법에 관한 희망의 메시지가 없는 연설은 사람들의 행동을 변화시킬 힘을 갖지 못했다.

조사에 따르면 '툰베리 효과'는 이미 기후변화를 의식하고 있는 젊은 세대가 개인적 행동이 변화를 가져올 수 있다고 느끼게 했다. 당연히 존경할 만한 성과다. 그러나 문제는 툰베리가 기존 고객을 향해 이야기하고 있었다는 점이다. 그녀의 연설은 기후변화를 둘러싼 기존 서사를 변화시키지 못했을 뿐만 아니라 잠재 고객을 기후변화 운동으로 전환하지 못했다.

전통적인 마케팅 규칙이 주장하는 것과는 달리 우리는 현실을 원하지 않는다. 우리가 원하는 것은 판타지다. 그리고 기후변화 사례에서 그 판타지는 바로 깨끗한 미래다. 툰베리와 환경 운동이 앞으로 성공하고자 한다면 사람들의 보편적인 열망과 욕망을 엄하게 질책하는 것이 아니라 똑똑하게 활용해야 한다.


## 마음을 지배하면 시장을 지배한다

시장의 모든 카테고리에는 지배적인 판타지가 있다. 아웃도어의 경우 판타지는 모험과 흥분, 성찰, 나와 자연 사이의 연결이다. 스킨케어의 판타지는 내면의 건강과 행복을 외부로 드러내는 신호인 완벽한 피부다. 가정용품과 가구의 판타지는 멋지고 편안한 꿈의 집이다. 스포츠음료의 판타지는 타의 추종을 불허하는 성과다. 지배적인 판타지는 정치나 사회운동에도 존재한다. 가정을 꾸릴 수 있는 안전하고 깨끗한 거리와 부담스럽지 않은 가격의 주택, 모두가 평등하게 대우받는 세상이 그것이다.

모든 브랜드는 잠재 고객의 열망이나 욕망을 활용해 무의식적 수준에서 그들의 판타지와 연결할 수 있다. 하지만 각 카테고리 내에서는 판타지를 소유하는 브랜드가 카테고리를 지배한다. 카테고리의 판타지를 소유한다는 말은 진입장벽이 구축된다는 의미다. 만약 그 소유권이 매우 강력하다면 카테고리를 정의해 우리 브랜드와 판타지 사이에 경쟁 브랜드보다 먼저 연결을 만들 수 있다.

이는 마치 카테고리의 모든 경쟁사가 산을 오르며 정상을 차지하려 경쟁하는 것과 같다. 그러나 정상에 오를 수 있는 브랜드는 하나뿐이기에 나머지는 가파른 절벽 쪽으로 밀려난다. 판타지를 소유한다는 것은 마음을 지배한다는 것이다. 그리고 마음을 지배하면 시장을 지배하고 본능적 우위를 누린다.

게토레이는 1965년 브랜드 출시 이래 스포츠음료 부문을 이끌어왔다. 2023년 연간 62억 5,000만 달러의 매출을 기록하며 주요 경쟁사인 보디아머BodyArmor(16억 5,000만 달러)와 파워에이드(12억 6,000만 달러)보다 각각 네 배와 다섯 배 넘는 성과를 냈다. 게토레이가 최초의 스포츠음료인 건 사실이다. 하지만 이 브랜드가 보여준 지속적인 성장은 타의 추종을 불허하는 성과라는 판타지를 밀어붙인 결과다.

1980~1990년대 슈퍼스타 농구선수이자 게토레이 모델이었던 마이클 조던은 땀샘에서 네온 오렌지색 땀방울이 새어 나오는 모습으로 광고에 등장하는데, 이는 게토레이가 끌어내는 그의 뛰어난 운동 능력과 내면의 투지를 상징한다. 게토레이는 이런 판타지

를 통해 시청자의 뇌 안에서 물리적으로 더 지배적인 위치를 차지한다. 그러나 게토레이처럼 시장에 가장 먼저 진출해야만 판타지를 소유할 수 있는 것은 아니다. 판타지를 소유하기 위해 해야 할 일은 그저 그 특정 판타지가 어떤 것인지 알아본 다음 이를 브랜드와 관련짓는 것이다.

다른 예를 살펴보자. 1984년 폴저스Folgers 커피는 새로운 광고 캠페인을 시작했다. 이 캠페인은 광고계와 마케팅 역사의 전설이자 가장 효과적인 특별한 브랜드 자산을 만들어냈다. 바로 폴저스 커피를 상징하는 광고 문구이자 노래인 '깨어나는 최고의 순간은 컵에 든 폴저스 커피입니다'였다(혹시 노래를 알고 있다면 이 가사를 읽는 순간 마치 노래가 귓가를 맴도는 것 같았을 것이다).

1970년대부터 1980년대 초까지 폴저스와 맥스웰 하우스Maxwell House는 미국에서 가장 큰 커피 브랜드로서 똑같은 시장점유율을 유지하고 블라인드 테스트에서도 동등한 성과를 내면서 시장에서 치열한 경쟁을 벌였다. 두 회사 모두 오랜 역사를 자랑한다. 폴저스는 1850년대 캘리포니아 골드러시 때 광부에게 서비스를 제공하면서 시작된 브랜드다. 맥스웰 하우스는 그로부터 약 40년이 지난 1892년 내슈빌에서 설립되었으며, 브랜드명은 설립자의 첫 고객이었던 맥스웰 하우스 호텔에 대한 헌정의 의미를 담고 있다.

다시 그 '깨어나는 최고의 순간' 광고로 돌아가서, 이 광고가 TV와 신문을 뒤덮자 폴저스는 맥스웰 하우스를 빠르게 추월해서 불과 몇 년 사이에 미국에서 최고의 커피 브랜드로 떠올랐다. 그 이유는 무엇일까? 이 광고 캠페인을 통해 폴저스가 '완벽한 아침'이라는 판타지를 소유할 수 있었기 때문이다.

지금은 믿기 어려울지 몰라도 당시에는 어떤 커피 회사도 하루의 그 중요한 시간에 초점을 맞추지 않았다. 그때까지만 해도 커피 회사에서는 만약 아침에만 집중하면 마치 한 바구니에 모든 달걀을 담는 실수를 할까 봐 두려워했다. 오후 3시에 나른함을 깨우려고 마시는 커피나 저녁 식사를 마친 다음 마시는 커피처럼, 사람들이 방금 탄 뜨거운 커피 한 잔을 원하는 다른 시간과 상황을 혹시라도 놓칠까 봐 무서웠던 것이다.

이들이 이해하지 못한 점을 트리거의 브랜드 전략가이자 매니징 디렉터인 모건 시마크Morgan Seamark는 다음과 같이 명쾌하게 설명한다. "마케팅 대상과 판매 대상은 서로 전혀 다릅니다." 폴저스가 커피를 판매하고 있었는지는 몰라도 마케팅하는 것은 훨씬 더 많았던 것이다.

DDB 니드햄DDB Needham에서 폴저스 광고 프로젝트를 담당하던 광고기획팀은 광고를 개발하는 동안 계속 벽에 부딪혔다. 크리에이티브 디렉터CD는 팀에서 제안한 아이디어를 검토할 때미디 고개를 저었다. 한번은 CD가 사무실을 둘러보다가 바닥에 나뒹구는 한 뭉텅이의 광고 시안을 가리키더니 "이게 뭔가?"라고 물었다. 카피라이터는 그리 마음에 들지 않는 것들이라 쓰레기통으로 들어갈 운명이라고 말했다.

그런데 그때 무언가가 CD의 눈길을 사로잡았다. CD는 누군가가 컵에 담긴 커피를 마시는 대신 두 눈을 감고 얼굴에는 미소가 번지는 가운데 풍부한 향을 들이마시며 냄새를 맡는 장면이 이어지는 한 광고 시안에 대해 설명해달라고 했다. 그는 이 아이디어에 희망이 있다고 느꼈다. 이 광고 시안은 커피를 마시는 사람이 카페인이 아니라 향 덕분에 가능성으로 가득 찬 새로운 하루를 시작하는 순간을 낭만적으로 묘사했다. 실제로 뇌에서 향은 뛰어나고 풍부한 맛을 전달하는 신호이자 커피 카테고리에서 가장 강력한 성장 트리거 중 하나라는 사실이 밝혀지기도 했다.

그러자 오후나 저녁에 커피를 즐기는 고객을 잃을지 모른다는 우려는 어느새 사라졌다. 폴저스는 '아침을 바꾸는 첫 잔에 담긴 커피'라는 판타지가 고객이 줄곧 원하던 욕망임을 알게 됐다. 그리고 이 판타지가 고객이 하루 중 다른 시간에 폴저스를 선택하지 못하도록 막지는 않을 것이라고 생각했다. 그래서 아침에 마시는 첫 잔이 그 무엇보다 중요한 스트레스 테스트stress test(어떤 제품의 최대 성능을 판단하는 검사 방법 — 옮긴이)가 된 것이다. 아침에 깨어나 마시는 맛없는 커피는 하루를 망칠 수도 있기 때문이다.

이렇게 '완벽한 아침'이라는 판타지의 힘은 폴저스 커넥톰을 성장시켰다. 그리고 폴저스 커피의 사용 시간이 제한되기보다는 하루 중 어느 시간에나 반사적으로 찾는 브랜드가 되었다. 폴저스의 시장점유율은 급격히 커졌으며 이 브랜드는 '풍부한 맛과 향'에서 상당한 본능적 우위(실제보다 인식이 중요하다)를 계속해서 누렸다. 그렇게 폴저스는 맥스웰 하우스를 능가했고 이후 상당 기간 다른 커피 브랜드가 넘기 힘든 진입장벽을 만들었다.

## 셀럽 그리고 인플루언서 활용하기

판타지와 셀럽은 떼려야 뗄 수 없는 관계다. 인터넷이나 뉴스에 등장해 유명해진 사람부터 프로 운동선수, 인기 배우, 음악가, 성공한 기업가를 거쳐 현시대의 문화적 시대정신을 상징하는 사람에 이르기까지 이런 인물은 올바르게 사용하면 효과적인 성장 트리거가 될 수 있다.

유명인을 의미하는 셀럽은 인플루언서의 한 유형이다. 다른 유형의 인플루언서 역시 우리가 하는 의사결정을 좌우할 수 있다. 모임이나 동호회 같은 사회적 무리 내에서 우두머리 역할을 하는 사람, 남들보다 늘 한 발짝 앞서 가는 직장 동료, 매력적인 삶을 사는 것처럼 보이는 멋진 이웃, 헬스클럽에서 만난 훌륭한 복근이 있는 친구 등 다양한 인플루언서가 있지만 그 누구도 셀럽만큼 판타지를 잘 활용할 수 있는 존재는 없다.

어떤 브랜드의 메시지나 마케팅에서 사람들이 잘 알고 좋아하는 셀럽이 등장하면, 그 셀럽은 무조건 멋진 삶을 살 것이라는 우리의 본능적 믿음 때문에 셀럽에 대한 판타지가 생성된다. 셀럽은 부유하고 더 좋은 파티에 참석하며 중요한 사람들과 자주 어울린다. 또한 대통령도 만나고 여러 채의 집을 가지고 있으며 화려한 휴가를 가기도 한다. 이런 사람들은 사회적으로 높은 지위에 있기도 해서, 우리는 그들을 우러러본다.

냉소적인 사람들은 자신은 그렇지 않다고 할지도 모르지만 우리 모두의 마음속엔 셀럽을 부러워하는 마음이 있다. 그렇게 셀럽은 우리 뇌가 기능하는 방식의 하나가 된다.

인류가 진화하는 내내 이런 현상은 지속되었다. 인간의 뇌는 사회적으로 가장 명망이 높은 사람을 우러러보도록 설계되어 있기 때문이다. 하버드대학교에서 인간진화생물학을 연구하는 조지프

헨릭Joseph Henrich 교수와 정치인류학자 프란시스코 호세 길화이트Francisco Jose Gil-White에 따르면 자연선택natural selection의 원리(생존에 더 적합한 형질을 지닌 개체가 그렇지 않은 개체보다 생존과 번식에 유리하다는 이론 — 옮긴이)는 자기 주변에서 가장 성공한 사람들의 행동을 모방하는 능력을 갖춘 사람을 선호한다.

여기에는 성공한 이들의 환심을 사서 그들과 가능한 한 많이 상호작용하려는 모습도 포함된다. 인류가 더 넓은 지역으로 퍼져나가고 사람들이 영향력을 행사할 수 있는 범위도 확장되는 과정에서, 성공한 이들을 모방하려는 욕망은 그대로 남아 사회 전체에서 가장 인기가 많은 인물을 모방하고 우러러보는 본능적 선호도로 발전했다.

가장 흥미로운 셀럽 현상으로 2023년 테일러 스위프트 열풍만한 것도 없을 것이다. 테일러 스위프트의 〈디 에라스 투어The Eras Tour〉는 티켓 판매로만 5억 9,000만 달러의 매출을 달성해 역대 여성 아티스트의 콘서트 중 가장 많은 매출을 올렸다. 350만 명 이상이 사전 판매 티켓을 구매하기 위해 등록했다. 심지어 접속 폭주로 티켓마스터Ticketmaster 홈페이지가 다운된 뒤에도 하루 만에 200만 장의 티켓이 판매되었을 정도였다. 콘서트 장소를 빼곡하게 채운 팬들은 팔을 위로 뻗은 채 테일러 스위프트의 마법이 자기에게도 내려와 닿기를 바랐다. 마치 1960년대 비틀스의 열풍이 되살아난 것만 같았다.

테일러 스위프트의 성공은 자기 음악의 여러 '시대'를 강조하고 현재 팬들이 가지고 있는 향수를 자극하며 새로운 팬들에게 끊임없이 자기 레퍼토리를 소개하는 모습에서 어느 정도 그 원인을 찾을 수 있다. 그러나 더 중요한 것은 테일러 스위프트가 슈퍼스타로서 자신의 위치를 독특한 방식으로 관리한다는 점이다. 즉 그녀의 열성 팬들은 그녀가 사는 판타지로 들어가면서도, 그런 삶에도 존재하는 부침에 관해 열린 마음과 현실적인 태도로 이야기할 수 있다.

셀럽 대부분이 팬들에게 무심한 모습을 보이는 것과 달리, 테일러 스위프트의 팬들은 이처럼 열망과 접근성이 비할 데 없이 완벽하게 혼합된 관계 속에서 그녀와 친구가 된 듯한 느낌을 받는다. 팬들은 심지어 자신과 테일러 스위프트 사이의 깊은 관계를 기념하는 우정 팔찌를 만들기도 한다.

## 셀럽의 '붙이기' 효과

브랜드는 그 브랜드가 유지하는 연상을 보면 알 수 있다는 점을 기억하자. 어떤 브랜드가 셀럽의 인증이나 지지를 받으면 우리는 무의식적으로 해당 브랜드의 제품이나 서비스, 투자, 대의명분이 좋다고 생각한다. 이는 그 셀럽에 대해 가지고 있는 긍정적 연상이 브랜드에 옮겨 가기 때문이다. 셀럽의 지위가 셀럽과 연관된 브랜드의 위상까지 상승시키는 것이다.

템플대학교 교수이자 심리학자인 프랭크 팔리Frank Farley에 따르면 우리가 미디어를 통해 셀럽이나 유명 인사에 대해 알게 될 때 "우리 삶의 일부를 그들을 통해 살아가는 경우가 많다." 이는 '스타스트럭starstruck('스타에게 완전히 빠지다'라는 뜻 — 옮긴이)'이라는 표현에 새로운 의미를 부여한다. 이는 꼭 할리우드 셀럽의 집을 구경하러 달려간다는 의미가 아니다. 그보다는 무의식적으로 셀럽의 지위와 연결되기를 원한다는 뜻이다. 팔리는 그 이유를 이렇게 설명한다. "우리는 모두 부, 명예, 행복, 스타일, 사회적 영향력 등을 꿈꾸죠. 그리고 이 꿈은 일찌감치 동화나 아이들을 키우는 방식에서부터 시작됩니다."

그 결과 어떤 셀럽이 제품이나 개념, 아이디어에 관해 이야기하면 사람들은 그 셀럽을 이미 알고 있으므로 마음속에 있는 브랜드 커넥톰에 그 이야기가 잘 새겨진다. 셀럽은 사람들의 마음속에 이미 거대한 커넥톰을 가지고 있다. 따라서 잘 구축된 이런 연상에 편승하면 브랜드를 성공시킬 수 있다. 셀럽의 커넥톰과 브랜드의 커넥톰이 융합하면 브랜드는 더 큰 현저성과 마음 점유율을 만들어낸다.

본질적으로 이는 셀럽, 셀럽이 대변하는 판타지, 브랜드를 함께 붙이는 것이다. 레스터대학교의 한 연구에서는 이런 '붙이기' 효과가 실제로 나타났다. 연구진은 먼저 참가자들에게 에펠탑 위에 있는 제니퍼 애니스톤의 이미지를 보여주고 특정 뉴런이 활성화되는 것을 지켜봤다. 그런 다음 애니스톤과 에펠탑의 이미지를 각각 따로 보여주었다. 그랬더니 두 경우 모두 같은 뉴런이 활성화되었다. 실험 참가자의 마음속에서 에펠탑과 애니스톤이 떼려야 뗄 수 없는 관계가 된 것이다.

소비자의 뇌에는 지난 30년 동안 영화와 TV에서 그녀가 연기한 여러 역할을 통해 물리적으로 구축된 애니스톤 커넥톰이 이미 존재한다. 특히 인기 시트콤 〈프렌즈Friends〉에서 연기한 레이첼 역은 그녀의 커넥톰 성장에 큰 도움이 되었다. 애니스톤은 이웃집 아가

씨이자 미국의 연인이다. 아비노의 스킨케어 제품이나 스마트워터 Smartwater와 연결된 애니스톤을 보면 각 브랜드에 대한 새로운 메시지가 애니스톤에 대해 이미 가지고 있는 신경 경로에 추가된다. 그 결과 브랜드는 더 오래 기억에 남고 그 브랜드에 대한 커넥톰도 더 빨리 싹트고 성장한다.

애니스톤이 50대에도 놀라울 정도로 멋진 모습을 유지하고 있어서 두 브랜드에 건강과 탄탄한 몸매, 자신감 등의 긍정적 연상을 가져온다는 점도 도움이 된다. 이처럼 잘 알려진 셀럽을 활용해 새로운 정보와 이미지를 그 셀럽에 추가한다면 아예 새로운 것을 추가하기보다 더 빠르고 효과적으로 새로운 연상을 만들어낼 수 있다. 이 제니퍼 애니스톤 뉴런은 다른 할리우드 배우나 프로 운동선수, 사교계 유명 인사는 물론이고 밀레니얼 세대와 Z세대를 사로잡고 끊임없이 성장하는 SNS 인플루언서에게도 똑같이 적용될 수 있다.

2019년 시장조사회사 모닝 컨설트 Morning Consult의 설문조사에 따르면, 젊은 미국인의 54퍼센트가 SNS 인플루언서가 되고 싶으며 86퍼센트는 자기 계정에 돈을 받고 게시물을 올릴 의향이 있다고 답했다. 퓨 리서치 센터의 설문조사에서는 18~29세의 SNS 사용자 중 54퍼센트가 SNS 인플루언서가 구매 의사결정에 영향을 미친다고 답했다. SNS 인플루언서는 이제 소셜미디어 활동을 넘어 하나의 거대한 산업이 되었다. 2022년 전 세계에서 인플루언서 마케팅에 들인 금액은 약 164억 달러에 이르는 것으로 추정된다.

A급 셀럽은 비싸다. 브랜드에서 이들을 광고 모델로 쓰려면 1년에 수백만 달러를 써야 할 정도다. 반면 SNS 인플루언서는 훨씬 더 합리적인 가격에 셀럽이 가진 힘과 영향력을 부분적으로 제공한다.

물론 셀럽보다 명성은 덜할지 몰라도 이들은 전문성과 소비자 참여로 부족한 인지도를 메운다. 흔히 팔로워라고 불리는 인플루언서의 소비자는 작게는 수천 명에서 많게는 수백만 명을 넘어서기도 한다.

하지만 팔로워 수에 상관없이, 좁은 범위의 소비자 또는 특정 집단과 강하게 연결된 인플루언서의 목소리도 엄청난 영향을 미칠 수 있다. 이런 인플루언서에게는 보통 집착에 가깝게 조언을 구하는 광적인 팬 네트워크가 있으며 이들은 인플루언서가 내는 목소리를 증폭하는 역할을 한다. 예를 들어 세계적으로 유명해서 누구나 아는 이름은 아닐지 몰라도 '밀레니얼 세대 육아 조언자'인 베키 박사Dr. Becky나 메이크업 아티스트이자 뷰티 블로거인 후다 카탄Huda Kattan 같은 인플루언서는 수백만 명의 열성 팔로워를 보유하고 있다.

이들만 그런 것이 아니다. 건강하고 아동 친화적인 요리법, 목공, 스킨케어, 투자 등에서 이름을 알린 인플루언서들이 수도 없이 많다. 물론 이탈리아의 '말 없는 코미디언'인 카바니 '카비' 라메Khabane 'Khaby' Lame나 2022년 틱톡에서 가장 많은 매출을 올린 인플루언서였던 전문 댄서 찰리 다밀리오Charli D'Amelio 같은 SNS 스타도 빼놓을 수 없다. 이때 주의할 점은 인플루언서 세계에서 가장 중요한 요인은 팔로워 수가 아니라 팔로워의 참여도라는 것이다. 인플루언서가 추천하는 것이라면 무엇이든 구매할 정도로 참여도가 높은 팔로워 1만 명은 참여도가 낮은 100만 명의 팔로워보다 가치가 있다.

인플루언서는 셀럽의 인증이나 지지와 비슷하지만 상대적으로 규모가 작고 좁은 범위의 소비자를 대상으로 한다는 면에서 차이가 있다. 그리고 반드시 거대한 기업에서 일하거나 수백만 달러 규모의 사업을 운영해야 인플루언서를 고용할 수 있는 건 아니다. 이제 막 회사를 설립한 기업가나 작은 사업을 운영하는 사람이라면 자기 회사나 사업이 속한 분야의 인플루언서, 즉 사람들이 신뢰하고 존중하는 목소리에 대해 알아보기를 바란다. 인플루언서가 비록 셀럽은 아닐지라도 소비자와 깊은 수준에서 연결된다면 브랜드 커넥톰을 빠르게 확장하는 효율적인 방법이 될 수 있다.

하지만 조심해야 한다. 많은 브랜드가 셀럽이나 인플루언서에 지나치게 의존하다 사업에 해를 끼치기도 하기 때문이다. 브랜드가 소비자의 마음속에 더 오래 머물게 하려고 셀럽이나 인플루언서에 계속 의존하다가 여기에 안주할 수도 있다. 더 나쁜 점은 이들이 브랜드를 압도할 수 있다는 것이다. 광고 반응을 시험해보면 사람들은 셀럽이 홍보하는 브랜드보다 셀럽 자체를 더 잘 기억하는 경우가 많다.

셀럽은 브랜드의 혜택을 극적으로 보이게 하는 촉매가 되어야지, 브랜드 스토리가 되어서는 안 된다. 만약 광고의 핵심이 브랜드의 혜택과 전문성이나 대의명분보다 셀럽에 치우치면 소비자는 무엇을 판매하는 것인지 분명히 이해하지 못한다. 더구나 그 셀럽이 인기를 잃으면 어떻게 될까? 어쩌다 캔슬 컬처 Cancel Culture(유명인의 과거 잘못된 행동이나 발언을 비판하고 결국 그 사회적 지위를 잃게 만드는 현상—옮긴이)의 희생양이 된다면? 만약 브랜드가 그 셀럽에 지나치게 의존하다 두 커넥톰이 합쳐지기라도 하면 셀럽에 쏟아지는 모든 부정적 연상이 고스란히 브랜드에 부정적 영향을 미칠 것이다.

셀럽은 나타났다 사라졌다 하는 존재다. 인기는 영원하지 않다. 어떤 기업가도 셀럽이 대중의 눈에서 사라지면서 브랜드도 함께 사라지기를 바라지는 않을 것이다.

시장조사 기업인 입소스에 따르면 광고에 브랜드만의 고유한 캐릭터(예를 들면 미쉐린Michelin 타이어 광고의 울퉁불퉁한 만화 캐릭터)가 등장하면 그렇지 않을 때보다 좋은 성과를 낼 가능성이 6.01배 커진다. 반면 셀럽이 나오는 광고가 좋은 성과를 낼 가능성은 그렇지 않은 경우의 2.84배에 불과하다. 따라서 셀럽이 매출을 끌어올리는 효과는 분명히 있지만 브랜드와의 연결이 브랜드를 위해 특별히 만들어낸 독특한 캐릭터만큼 강력할 수는 없다.

셀럽을 제외하더라도 기억 구조와 반사적으로 찾는 브랜드의 현저성을 구축하는 방법은 매우 많다. 독특한 브랜드 자산이란 단지 캐릭터나 색상, 포장 형태를 훨씬 넘어서는 것이다. 특별한 브랜드 세상부터 브랜드를 상징하는 로고까지 이 모든 마케팅 분야는 지금까지 그 누구의 손길도 닿지 않은 가능성으로 가득한 보물 창고나 다름없다. 기업이나 브랜드로서는 셀럽에게 많은 돈을 지출하는 것보다 특별한 브랜드 자산과 성장 트리거를 개발해 일관성 있는 브랜드 인지도를 형성하는 편이 바람직할 것이다.

## 미국 최악의 사기꾼이 남긴 교훈

전반적으로 볼 때 판타지는 우리에게 도움이 된다. 미국의 정신과 의사인 에설 S. 퍼슨Ethel S. Person이 설명한 것처럼 "우리는 판타지에 정말로 푹 빠져 있다. 판타지는 목표를 세우는 데 도움이 되며 목표를 달성하기 위해 노력할 동기를 부여한다."

그러나 판타지는 악용될 수도 있다. 사람들은 판타지의 힘을 이용해 우리에게 부당한 영향력을 행사하기도 한다. 만약 그들이 우리의 이익을 진심으로 생각한다면 아무런 문제가 없을 것이다. 상호 이익이 되는 거래가 이뤄질 수 있기 때문이다. 하지만 그 반대의 경우라면 일이 빠르게 틀어질 수 있다. 따라서 판타지의 작동 방식을 알면 진짜라고 믿기에는 지나치게 좋은 순간을 알아차리는 데 도움이 될 수 있다.

명성이나 명예, 아니면 악명이나 소셜 화폐(소셜 미디어 사용자의 적극적인 참여에 대한 경제적 보상으로 제공하는 가상의 화폐—옮긴이) 같은 열망에 본능적으로 끌려 우리는 위험 신호를 간과할 수 있다. 진실이 바로 눈앞에 있을 때조차도 영웅 숭배와 욕망은 상식을 대체하기도 하며, 우리는 그런 판타지의 작은 조각이라도 얻으려고 거의 무엇이든 한다. 그러다 보면 현실을 보지 못하고, 문제를 더 자세히 살펴보거나 적절한 수준으로 상황을 검토하지 못한다. 우리 사회는 이를 메이도프 효과Maddoff Effect라고 부른다. 이 명칭은 미국 역사상 최악의 금융가 버니 메이도프Bernie Madoff와 그가 30년 동안 벌인 폰지 사기Ponzi scheme에서 가져온 것이다.

메이도프 효과는 세 가지 요소로 구성된다. 첫째는 호감도 보호막인데, 이 보호막을 뚫기란 불가능에 가깝다. 메이도프는 상당한 시간을 들여 이런 보호막을 구축했다. 이는 수십 년간 눈부신 경력을 거치며 쌓은 긍정적 연상이 낳은 결과이기도 했다. 1960년대 금융계에 입문해 맨해튼과 플로리다주 팜비치의 대규모 투자자와 영향력 있는 사업가들과 관계를 맺은 메이도프는 나스닥 시장의 출범을 돕고 1990년대 초반 나스닥의 이사회에서 이사로 활동하면서 이름을 알렸다. 그는 신뢰할 수 있는 사람으로 알려졌고, 금융규제 기관과 좋은 관계를 유지하면서 미국 증권거래위원회SEC의 자문위원회에 참여하기도 했다.

1980년대 후반 메이도프는 자신의 명성을 굳건히 다질 기회를 놓치지 않았다. 훗날 '검은 월요일Black Monday'이라고 알려진 1987년 10월의 어느 월요일, 주식 시장이 붕괴했다. 당시 수백 명의 투자자가 조금이라도 투자한 돈을 회수하고 싶다는 간절한 마음으로 전화를 걸었던 몇 안 되는 증권사 가운데 하나가 바로 그의 회사였다. 메이도프는 그 암흑 속에서 빛나는 갑옷을 입은 기사처럼 등장했다. 검은 월요일의 그날, 메이도프는 엄청난 두께의 호감도 보호막을 형성했기에 그 누구도 그가 세계 최대 규모의 폰지 사기를 벌이고 있다고 의심하지 못했다.

메이도프 효과의 두 번째 요소는 부와 명성의 결합이다. 메이도프는 월스트리트의 연인이라는 자리에만 머물지 않았다. A급 유명인사와 최고 수준의 금융기관으로만 구성되어 배타적이며 고급스러운 향기를 풍기는 고객 기반을 다진 것이다. 여기에는 영화감독 스티븐 스필버그의 분더킨더 재단Wunderkinder Foundation(현재는 하트랜드 재단Heartland Foundation으로 명칭을 변경했다 — 옮긴이), 노벨 평화상 수상 작가 엘리 비젤Elie Wiesel의 자선 재단, 뉴욕 메츠 구단주 프레드 윌펀Fred Wilpon, 억만장자 미디어 거물인 모티머 주커만Mortimer Zuckerman, 영국의 HSBC 홀딩스, 스코틀랜드 왕립은행, 일본의 노무라 홀딩스, 프랑스의 BNP 파리바BNP Paribas 등이 포함되었다.

시간이 가면서 모두가 메이도프의 고객이 되고 싶어 했다. 그리고 판타지와 명망의 힘을 잘 알고 있던 메이도프는 그런 관심에 불을 붙였다. 그가 자신에게 돈을 맡긴 유명 인사와 훌륭한 금융기관의 이름을 대자, 사람들은 메이도프에게 맡긴 돈은 현명하고 안전한 투자가 확실하다고 생각했다. 그가 해야 할 일은 (너무 뻔한 언어적 성장 트리거지만) "스필버그가 우리 펀드에 투자했잖아요"라고 말하는 것뿐이었다. 그러면 투자자는 사실상 자기 돈을 가져가달라고 메이도프에게 애원하다시피 했다. 메이도프 펀드의 모든 투자자가 유명 인사 고객과 어울릴 수는 없었지만 적어도 그들의 돈과는 어울릴 수 있었으니 말이다.

모든 성공한 브랜드의 경우와 마찬가지로 메이도프 효과의 세 번째 요소는 특별한 브랜드 자산DBA과 성장 트리거다. 메이도프는 자기 브랜드와 일관성을 유지하며 부와 명망, 배타성, 성공이라는 긍정적 연상을 떠올리게 하는 DBA를 활용했다. 사무실을 맨해튼 미드타운 3번가의 매혹적이고 상징적인 립스틱 빌딩으로 옮겼으며, 뉴욕 북부의 전통적인 부촌 라이의 저택에서 수상 비행기를 타고 출근했다. 엘리트 펀드 매니저들은 사람들에게 메이도프가 마법사 같은 사람이라면서 그에게 투자해야 한다고 말하기 시작했다. 메이도프가 고객에게 엄청난 수익을 안겨주자 월스트리트의 마법사로서 그의 명성은 더욱 탄탄해졌다.

이 세 요소가 만든 결과는 메이도프 효과가 우리 마음에 내재하는 포모FOMO 증후군을 노린다는 것이다. 플로리다주 팜비치에 있는 에마누엘 유대교 사원의 랍비 레오니드 펠드먼Leonid Feldman은 이렇게 설명했다. "누군가가 '당신 펀드에 500만 달러를 투자하고 싶소'라고 말하면 메이도프는 '안 됩니다'라고 세 차례나 말할 겁니다. 메이도프에게 돈을 맡기려면 그를 아는 누군가를 아는 누군가를 아는 누군가를 알아야만 하죠."

사람들은 그에게 돈을 맡기고 투자하겠다고 아우성쳤다. 다시 말해서 메이도프 효과는 부분적으로 희소성 효과, 즉 공급이 부족한 무언가를 더 가치 있게 여기는 인지적 편향에 의존한다. 무언가가 다 팔리거나 그것을 다른 사람이 원한다는 말을 들으면 우리는 더 간절히 원하게 된다. 관심을 불러일으키는 데 있어 텅 빈 선반보다 효과적인 것은 없다.

여러 규제기관에서 메이도프가 연루된 여러 보고서를 받았으나 심지어 SEC조차도 그가 잘못할 리가 없다는 생각에 속고 말았다. 그러는 사이 500억 달러 규모의 자산이 메이도프의 주머니로 들어갔다. 그리고 어쩌면 메이도프 효과의 가장 비극적인 부분은 이 끔찍한 소용돌이에 무고한 사람들이 휘말려 희생당한 점일 것이다. 메이도프에게 투자할 수 있는 '특권'을 가졌던 평범한 이들은 완전히 망가졌다.

2000년대 중반 엔론 사태부터 2022년 CEO 샘 뱅크먼프리드Sam Bankman-Fried가 주도한 암호화폐 거래소 FTX의 붕괴까지, 세상에는 안타깝게도 너무 많은 사례가 있다. 이 모든 사례는 우리 뇌가 어떻게 작동하는지 그리고 메이도프 효과가 치명적 조합인 부와 명예를 둘 다 추구하는 무의식적 욕망을 어떻게 이용하는지에 대해 많은 것을 말해준다.

이런 기회는 때론 너무나 고귀하다 보니 생각할 필요도 없는 당연한 선택처럼 보인다. 그렇게 뇌는 의사결정이 연구와 조사를 진행할 필요성을 본능적으로 무시한다. 우리 마음속의 판타지는 사람들을 받들어 모시게 한다. 긍정적인 면은 과대평가하고 부정적인 면은 과소평가하도록 유도한다. 그리고 쉽게 돈을 벌 가능성으로 우리를 유혹한다. 따라서 판타지는 거대한 커넥톰을 형성하고 브랜드를 구축하는 데 도움이 될 수 있지만 그 함정도 알아차릴 수 있어야 한다.

## 판타지의 팽창과 수축 에너지를 이용하라

불꽃을 향해 달려드는 나방처럼 우리는 열망하는 브랜드와 아이디어에 마음을 빼앗긴다. 우리 중 아무리 많은 사람이 현실을 원한다고 주장해도 결과는 달라지지 않는다. 판타지는 여러 형태로 나타나며 뇌는 두 팔 벌려 판타지를 환영한다. 어떤 것은 우리가 이루고 싶은 것이지만 다른 것은 절대 실현되지 않을지 모른다. 어떤 것은 상쾌한 냄새가 나는 집을 갖는 것처럼 소박하지만 다른 것은 상상할 수 없을 정도로 부유해지는 것처럼 거창하다. 그렇다고 우리가 꿈꾸는 것까지 막지는 못한다.

그렇지만 안심해도 된다. 판타지는 화장품이나 패션처럼 일부 산업에만 국한되는 기술이 아니다. 판타지는 의료와 금융 서비스에서 TV와 엔터테인먼트에 이르기까지 모든 산업에서 효과적으로 작동한다. 열망과 욕망의 세부적인 내용은 사람마다 다를 수 있지만 우리의 판타지는 놀라울 정도로 같은 곳을 향해 수렴한다. 바로 단란한 가족과 직장에서 받는 인정, 이국에서 보내는 휴가다. 이런 판타지는 모두 우리가 되고 싶은 사람이나 삶에서 원하는 것, 평범한 일상에서 완전히 벗어난 일을 한다는 것이 어떤 의미인지에 관한 이야기다.

높은 뇌 활용도와 다차원적 연결로 판타지는 우리 마음을 지배하며 다른 모든 것은 차단한다. 마찬가지로 브랜드와 판타지가 연결되면 커넥톰이 성장해 경쟁사를 차단하고 본능적 우위에 이바지한다. 그러나 판타지는 조심하지 않으면 우리 눈을 멀게 할 수 있다. 명백한 데이터나 성과의 증거, 손실 위험처럼 꼭 찾아야 하는 정보로부터 우리를 차단하기 때문이다. 이런 사실을 알고 판타지의 작동 방식을 이해하면 적절한 수준의 검토가 필요한 시점을 인식하고 판타지로 우리를 속이려는 사람들로부터 우리 자신을 보호할 수 있다.

## 법칙 08 핵심 고객이라는 함정을 조심하라

> 기존 고객에게만 기대면 함정에 빠진다.
> 브랜드를 구매하지 않는 사람들에게서
> 더 큰 성장을 가져올 수 있다.

1997년 칩 윌슨Chip Wilson은 처음으로 요가를 배웠다. 한때는 알래스카에서 송유관을 관리하다 스케이트보드, 스노보드, 서핑 의류 디자인 및 제작 회사를 설립한 윌슨은 지난 몇 달 사이 요가에 관한 이야기를 점점 더 많이 들었다. 전봇대에 붙은 요가 수업 광고를 보기도 했고, 신문에서 요가 관련 기사를 읽기도 했다. 커피숍 옆 케이블에서 요가에 관한 이야기를 나누면 슬쩍 엿듣기도 했다. 그러다 요가가 왜 그렇게 화제가 되는지 궁금해졌고 결국 직접 요가를 배우기로 한 것이다.

윌슨은 요가를 배우고 4주 만에 요가 수업 참가자가 다섯 명에서 30명으로 늘어나는 것을 보고 놀랐다. 물론 그를 빼고 나머지는 모두 여자였다. 윌슨은 변화가 일어나고 있다고 느꼈다. 그런데 그들이 입고 있는 운동복은 체육관 밖에서는 절대로 입지 않을 낡고 헐렁한 티셔츠나 너덜너덜한 반바지가 전부였다. 윌슨은 새롭게 떠오르는 시장을 공략하기 위해 첨단기술을 입힌 새로운 유형의 의류를 개발하기로 마음먹었다. 새로운 타깃이란 바로 젊고 직업이 있으며 경제적으로 여유가 있어서 운동을 좋아하는 여성이었다. 1998년 룰루레몬은 그렇게 탄생했다.

낮에는 디자인 스튜디오로 그리고 밤에는 요가 스튜디오로 시작한 룰루레몬은 2000년에 라이크라 소재의 여성용 요가 팬츠만을 판매하는 전문 매장으로 변신했다. 시간을 빠르게 돌려 2023년에는 전 세계에 650개의 매장을 운영하고 그중 350개는 미국에 있을 정도로 성장했다. 2022년도 룰루레몬의 매출액은 놀랍게도 전년도보다 29퍼센트나 성장한 81억 달러였으며 그중 약 52퍼센트는 온라인 판매에서 나왔다. 칩 윌슨은 '체육관 의상'을 혁신해 완전히 새로운 종류의 운동복인 애슬레저로 탈바꿈시켰다.

그렇지만 룰루레몬에 대해 가장 인상적인 점은 이처럼 눈부신 과거가 아니라 미래에 지속 가능한 성장을 창출하기 위한 브랜드 포지셔닝 방법이다. 룰루레몬이 여성용 요가 팬츠에서 출발했을지는 몰라도, 앞으로 나아가면서 다른 많은 브랜드에서 간과하는 것을 잊지 않았다. 바로 현재 브랜드를 사용하지 않는 사람들이다. 전통적인 의식적 마케팅의 규칙을 따르는 브랜드 대부분은 이 비사용자들을 중요하게 생각하지 않는다. 신규 고객은 그 뒤를 쫓을 가치가 없거나 브랜드로 데려오기가 불가능하다는 근시안적인 관념을 가지고 있기 때문이다.

그런데 이런 관념은 '성장을 지속하기 위해 무슨 일을 할 것인가?'라는 근본적인 의문을 불러일으킨다. 인수나 합병으로 매출이 갑자기 증가할 수 있지만 그런다고 해서 브랜드가 정상의 자리에 오르지는 않는다. 게다가 유기적 성장은 단연코 브랜드가 이룰 수 있는 가장 존중받는 유형의 성장이자 기업 주가를 끌어올리는 핵심 열쇠다. 이미 보유한 고객과 비슷한 '유사' 고객이 브랜드를 선택하도록 노력하며 시간을 벌 수도 있겠지만 이는 잠재 고객의 풀을 심각하게 제한할 뿐이다.

그에 반해 룰루레몬은 로열티 높은 고객을 효과적으로 유지하는 동시에 전혀 예상치 못한 성장 타깃을 브랜드로 유인했다. 바로 남성이었다. 전통적인 마케터라면 누구나 불가능한 일이라고 말할 것이다. 여성용 요가 팬츠로 유명한 브랜드가 어떻게 남성 고객을 유치할 수 있다는 말인가? 대부분 마케터는 그런 일은 절대 일어나지 않을 것이라고 말할 것이다. 하지만 그들은 틀렸다. 지금도 룰루레몬 매출의 약 70퍼센트가 여성용 제품에서 발생하기는 하지만, 거꾸로 보면 남성용 제품의 비중이 30퍼센트나 된다는 이야기다.

그리고 또 무슨 일이 일어났을까? 이제 남성들은 룰루레몬의 제품을 좋아한다. 2020년 기준 룰루레몬의 남성용 제품 카테고리의 매출은 2년간 평균 27퍼센트나 성장해 여성용 제품 카테고리의 성장률을 앞질렀다. 2022년 〈월스트리트 저널〉은 룰루레몬 팬츠에 사로잡힌 열렬한 남성 추종자에 관한 기사를 보도한 바 있다. 같은 해 남성용 잡지 〈에스콰이어 Esquire〉는 룰루레몬의 ABC 팬츠(팬츠가 남성의 신체에서 가장 민감한 부위에 어떻게 맞는지에 대한 화려한 표현의 약자)를 가리켜 '컬트 클래식 cult classic (일부 소비자 사이에서 고전으로 자리매김한 브랜드―옮긴이)'이라고 언급했다.

룰루레몬의 남성용 팬츠 가운데 가장 인기 있는 ABC 팬츠와 커미션 팬츠는 주말에 집 안에서 편하게 입고 다닐 만한, 헐렁하고 다리가 짧아 보이는 운동복 팬츠와는 다르다. 중요한 날, 정장에 맞춰 입어도 좋을 정도의 디자인에 신축성 좋고 편안해서 운동에 적합한 첨단기술 원단이 사용됐다.

룰루레몬에서 글로벌 브랜드 관리 및 운영을 책임지는 고위임원인 데브 현Deb Hyun에 따르면 '룰루레-맨'이라는 별명과 함께 빠르게 성장하는 이 고객 세그먼트는 전체 판매에서 큰 비중을 차지하고 있다. 버튼이나 지퍼가 많지 않고 다른 불필요한 요소를 제거한 이 바지의 장점은 스타일과 편안함, 첨단기술이라는 세 가지 구매 동인 사이에서 훌륭하게 균형을 이룬다는 데 있다.

하지만 탁월한 제품이라는 점만으로는 룰루레몬이 어떻게 성장 타깃을 고객으로 만들 수 있었는지 설명할 수 없다. 브랜드에 대한 인식이 바뀌어야만 했다. 남자가 여성의 헤어스타일을 닮은 룰루레몬 로고가 들어간 옷을 입어보기는커녕 여성용 요가 팬츠 매장에 걸어 들어가는 모습조차 들키고 싶지 않을 것이라는 고루한 사고방식은 의식적 마케팅 원칙에 기반을 두고 있다. 여기서 인플루언서 효과가 무언의 인증으로 작용했다. 친구, 동료, NBA 선수는 물론 길거리에서 마주치거나 SNS 피드에서 본 사람까지 룰루레몬 팬츠를 입고 있는 모습을 보는 것이 남자들에게 큰 영향을 미쳤다. 이런 효과가 없었다면 '여성용 브랜드'라고 치부했을 것이다. 그러나 얼마든지 수용해도 좋다는 '허가'가 남자들에게 떨어진 것이다.

전통적인 마케터의 생각과는 달리 룰루레몬이 여성 전용 브랜드에서 남성 타깃 고객으로 방향을 전환한 것은 이 브랜드가 기존 고객에게만 얽매이지 않는다는 사실을 증명한다. 룰루레몬의 핵심은 확장 가능한 전문성을 구축하고, 제품 포트폴리오 전반에 걸쳐 단순한 스타일과 편안함의 최첨단 조합을 여성용에서 남성용까지 확장하며, 여기에 덧붙여 인플루언서가 암묵적인 마법을 부리게 한 것이다.

모든 브랜드는 본능적 수준에서 작용한다면 새로운 고객에게 다가갈 능력을 갖추고 있다. 그리고 이는 단순히 성장 타깃을 브랜드로 데려올 수 있다는 말이 아니다. 반드시 데려와야 한다는 뜻이다. 반면 전통적인 마케팅에서 전하는 지혜는 이렇다. '경쟁 브랜드 사용자는 그 브랜드의 제품이나 서비스에 대한 로열티 때문에 우리 브랜드로 전환하기가 거의 불가능하므로 핵심 고객에 집중하는 편이 바람직하다'. 그러나 이보다 더 잘못된 생각은 찾기 힘들 것이다.

인간의 뇌는 학습 장치다. 뇌는 끊임없이 변화하며 어떤 사람이 새로운 습관을 만들도록 하는 일은 생각보다 쉽다. 기존 고객에게 기대면 함정에 빠지지만, 이는 신규 고객 확보에 자원을 먼저 꾸준히 투입하면 충분히 빠져나오거나 처음부터 피할 수 있는 함정이다.

## '핵심 고객'이라는 함정

매년 CMO나 마케팅 리더의 약 3분의 2가 다음 해의 핵심 전략은 기존 고객에게 회사의 제품과 서비스를 마케팅하는 것이라고 발표한다. 언뜻 논리적으로 보인다. 이들은 신규 고객을 확보하는 것보다 기존 고객에게 상품이나 서비스를 많이 파는 편이 더 쉽고 돈이 덜 든다고 가정하기 때문이다. 또한 새로운 고객은 이미 바꾸기 힘든 습관과 로열티를 가지고 있어서 자사 브랜드로 끌어오는 일이 불가능에 가깝다고 생각한다. 그러나 이와 같은 사고방식으로는 똑같은 결과를 맞이한다. 새로운 고객보다 현재의 고객에게 마케팅 활동의 우선순위를 두는 기업은 사업이 부진을 겪다 시간이 가면서 결국에는 움츠러든다.

이런 모습을 보인 브랜드에는 앞서 언급한 콜스나 빅토리아 시크릿 같은 브랜드가 포함된다. 그리고 시어스, K마트, JC페니, 토이저러스Toys"R"Us, 서킷시티Circuit City, 로드앤테일러Lord & Taylor, 보더스Borders, 코닥, 블록버스터Blockbuster 등 다른 브랜드도 많이 있다. 이들은 모두 브랜드의 마케팅 자원, 소비자 조사 및 포지셔닝을 현재 고객에게 집중하는 경향을 보였다. 그 결과 경쟁사 대비 낮은 성장률을 보이며 시장점유율이 하락했고 일부는 파산하기까지 했다.

기존 고객에게만 전력을 다하는 기업은 브랜드가 현재 괜찮다고 마음 놓고 믿는다. 나는 이 믿음을 '핵심 고객 함정Core Customer Trap'이라고 부른다. 왜 함정일까? 세 가지 이유가 있다. 첫째, 모든 브랜드에서는 끊임없이 고객이 이탈한다. 충성스러운 고객의 로열티는 생각만큼 높지 않다. 둘째, 브랜드에 새로운 세대의 고객을 끊임없이 채워 넣지 않으면 사업 규모가 줄어든다. 새로운 세대의 고객에게 브랜드를 소개하는 것이 우리가 할 일이다. 확장하지 않으면 죽거나 사라지는 법이다. 셋째, 기존 고객은 브랜드에 잘못된 안정감을 준다. 이들은 브랜드를 있는 그대로 좋아하는 경향이 있기 때문이다.

모든 브랜드는 시간이 가면서 그 커넥톰에 부정적 연상이 쌓이지만 핵심 고객이 그런 문제를 드러내는 경우는 극히 드물다. 잠재적인 문제를 발견할 수 있는 유일한 방법은 성장 타깃의 마음속으로 스며드는 부정적 연상을 모니터링하는 것뿐이다. 그리고 이렇게 발견한 부정적 연상의 본질을 이해하면 부정적 연상을 압도하기 위해 어떤 일을 해야 하는지 알게 된다. 이것이 바로 새로운 사용자를 끌어들이는 열쇠다.

브랜드가 근본적으로 완벽해서 바꿀 필요가 없다고 믿거나, 아니면 단순히 기존 고객에게 판매하기가 더 쉽다고 생각해도 최종 결과는 같다. 기존 사용자에게 집중하고 성장은 느려진다. 그러나 기업 대부분은 이런 문제를 전혀 고려하지 않는다. 그러다 성장이 정체되는 현상을 목격하면 기존 고객을 충분히 만족시키지 못했기 때문이라고 생각한다. 그 결과 많은 브랜드에서 전력을 다해 노력하면서 기존 고객의 로열티가 브랜드를 지켜줄 것으로 기대한다. 하지만 이들이 깨달아야 하는 것은 로열티는 브랜드의 커넥톰만큼 강할 뿐이라는 점이다.

**진짜 로열티와 돈으로 산 로열티**

조사에 따르면 기업들은 2022년 한 해에만 각종 로열티 프로그램과 보상, 관련 인센티브에 56억 달러를 지출했다. 그러나 만약 그 돈을 고객의 로열티를 사는 데 쓴다면 그렇게 산 로열티를 정말로 로열티라고 부를 수 있을까? 고객이 브랜드에 남게 하려고 다양한 보상 및 로열티 프로그램으로 재무적 인센티브를 끊임없이 제공해야만 한다면 애당초 고객과의 관계를 다시 돌아봐야 하는 게 아닐까?

이 경우 브랜드와 고객 사이의 연결은 보상이 지속되는 동안 유지될 뿐이다. 만약 로열티가 이처럼 부서지기 쉽다면 이는 기업들이 사람들의 마음속에 충분히 긍정적인 거대한 브랜드 커넥톰을 만들지 못했다는 사실을 나타낸다.

기존 고객의 로열티에 기댄 사업은 들이는 노력에 비해 돌아오는 보상이 점점 더 낮아진다. 마치 같은 레몬을 계속 짜서 레모네이드를 만드는 것처럼 말이다. 이런 유형의 로열티는 그저 허약할 뿐이다. 물론 호텔과 항공 산업은 매우 정교하게 설계된 로열티 혜택으로 유명하며, 보상 프로그램은 기존 고객이 계속 돌아오도록 유도하는 데 도움이 될 수 있다. 또한 로열티 프로그램은 특히 브랜드가 초기 단계에 있는 경우 안정성을 구축하는 데도 도움이 될 수 있다.

하지만 고객을 유지하기 위해 이런 프로그램에 너무 의존한다면 브랜드 커넥톰에 문제가 있는 게 분명하다. 그렇다면 이런 일이 일어나고 있는지 어떻게 알 수 있을까? 공격적인 할인을 통해서만 판매 목표를 달성할 수 있다면 이런 의존성의 포로가 될 가능성이 크다.

뉴저지에 본사가 있는 베드 배스 앤드 비욘드Bed Bath & Beyond, BB&B를 살펴보자. 이 회사는 2023년 4월 법원에 파산보호를 신청했다. 콜스와 마찬가지로 이 브랜드도 1990년대와 2000년대 초반 미국 어느 곳에서나 볼 수 있었으며 핵심 고객 함정에 빠졌지만 헤어나오지 못했다. 이들은 성장 타깃에 우선순위를 두고 경쟁사에서 신규 고객을 데려오는 대신 기존 고객에게 할인 쿠폰을 계속 제공했다. 쿠폰 프로그램이 브랜드의 비즈니스 모델에서 매우 중요해지다 보니 BB&B는 매장에 갖춰진 다양한 가정용품보다 20퍼센트를 할인해주는 파랗고 하얀 종잇조각으로 더 유명해졌다.

〈CNN 비즈니스 뉴스CNN Business News〉가 묘사한 바와 같이 이 할인 프로그램은 BB&B의 상징이자 대중문화의 상징이었으며, 전국의 소비자는 지갑이나 핸드백 또는 책상 서랍이나 찬장에 이 할인 쿠폰을 쌓아두었다. 사실 쿠폰이 너무 많이 뿌려지다 보니 시간이 가면서 그 가치를 잃다시피 했다. 미국 전역의 360개 매장과 120개의 유아용품 전문 매장인 바이바이 베이비Buybuy Baby를 찾은 소비자는 쿠폰이 있든 없든 20퍼센트 할인을 기대하기 시작한 것이다. 할인 쿠폰과 그 쿠폰이 만들어낸 연상이 겹겹이 쌓이면서 BB&B에서 판매하는 제품의 실제 가치는 더 이상 소비자의 눈에 들어오지 않기 시작했다. 그리고 이런 고객 일부가 다시 돌아오기는 했지만 다른 많은 고객은 이미 베개나 수건, 커튼을 살 다른 장소를 찾고 있었다.

온라인 소매 산업의 부상과 아마존의 등장이 일정한 역할을 한 것은 분명하지만, 인터넷 때문에 BB&B가 죽었다고 단정하는 것은 의도적 무지라 할 수 있다. 코스트코나 월마트와 같은 다른 오프라인 소매 브랜드에서는 BB&B가 쇠퇴하기 시작하자마자 고객을 주워 담고 있었기 때문이다. 그러는 사이 다른 할인 전문 소매업체는 가격 면에서 BB&B를 앞질러 갔다.

경영난을 겪으면서 20퍼센트 할인이라는 경쟁우위가 사라지자 2012~2019년까지 BB&B의 매출은 부진에서 벗어나지 못했다. 물론 충성스러운 고객은 배를 버리고 떠나는 데 아무런 문제가 없었다. 결국 BB&B는 파산보호를 신청했다. 당시 회사가 보유한 자산은 44억 달러였지만 부채는 52억 달러에 이르렀다.

2023년 BB&B는 2,150만 달러에 오버스톡Overstock으로 경영권이 넘어갔다. 연간 매출이 79억 달러에 이르는 회사로서는 폭탄 세일이었다. 오버스톡은 BB&B의 브랜드명을 유지한 채 모든 운영을 온라인으로 전환해 두 회사의 광범위한 제품 라인을 결합함으로써 BB&B가 재기할 기회를 마련했다. 만약 이들이 전략을 변경해서 모든 제품에 대한 큰 폭의 할인을 중단한다면 생존할 기회가 있다. 물론 시간이 지나봐야 결말을 알 수 있을 것이다. 오버스톡의 CEO가 파란색 쿠폰을 너무 자주 사용하지는 않겠다고 천명했으나 이들의 전략은 여전히 보상과 20퍼센트 할인에 치우쳐 있는 듯하기 때문이다. 재창조된 브랜드의 성공 여부는 시간을 두고 볼 일이다.

브랜드가 진정으로 건강하다면 이런 종류의 로열티 프로그램이나 인센티브는 필요 없다. 브랜드 커넥톰이 너무나 거대하고 긍정적이어서 소비자의 뇌가 쿠폰이 아니라 브랜드에 사로잡히기 때문이다. 이곳이 바로 진정한 '본능적 로열티'가 작용하는 지점이다. 이는 일반적으로 생각하는 로열티와는 다르다.

여기서 말하는 로열티는 기업이나 브랜드에 대한 어떤 의식적인 헌신이 아니다. 브랜드가 제공하는 서비스나 상품에 대한 감정적 사랑도 아니다. 그리고 분명히 끝없는 할인과 보상의 결과도 아니다. 진정한 로열티는 살 수 없는 것이다. 오직 긍정적 연상으로 가득한 거대한 물리적 브랜드 커넥톰을 가져야만 얻을 수 있다. 그리고 이때 소비자는 마치 자동조종장치로 운항하는 비행기처럼 브랜드를 몇 번이고 계속 구매한다. 이런 유형의 연결에는 경제적 인센티브가 필요하지 않다. 본능적 연결이기 때문이다.

본능적 로열티의 원동력은 거대하고 건강하며 90퍼센트가 긍정적인 브랜드 커넥톰이다. 반면 돈으로 산 의식적인 로열티는 인센티브, 판촉 및 보상 프로그램으로 움직인다. 경영 컨설팅 회사에서는 NPS(순추천지수) 같은 개념을 통해 소비자의 의식적인 로열티를 측정하고 높일 수 있다고 고객사에 약속하며 수십억 달러 규모의 컨설팅 프로그램을 제안한다. 하지만 이는 지킬 수 없는 약속이다. 고객 로열티가 가장 오래되고 신뢰할 수 있는 마케팅 개념이라고 홍보할 순 있겠지만 이들이 한 약속은 잘못된 전제를 기반으로 하기 때문이다. 로열티는 견고하지도 않으며 사업 성장의 열쇠도 아니다.

## 고객 옹호도의 환상

세계적인 경영 컨설팅 회사인 베인 앤드 컴퍼니의 펠로우이자 로열티 전문가인 프레더릭 F. 라이켈트Frederick F. Reichheld는 '성장에 필요한 한 가지 숫자The One Number You Need to Grow'라는 제목의 칼럼을 2003년 〈하버드 비즈니스 리뷰〉에 기고했다. 이 글에서 라이켈트는 로열티는 매출 성장의 원동력이며 진정한 로열티의 핵심은 반복적 구매가 아니라 로열티가 높은 고객이 브랜드의 옹호자로서 다른 사람들에게 미치는 영향이라고 말했다. 여기서 그는 독자들에게 이런 로열티의 개념과 함께 NPS를 소개했다.

많은 기업의 리더가 로열티에 빠른 속도로 빠져들었다. NPS를 통해 로열티를 측정할 수 있고 마침내 기업과 브랜드 간에 비교할 방법을 얻었기 때문이다. 경영진은 기존 브랜드의 NPS 점수를 높이는 데 집중했다. 투자은행과 사모펀드에서는 인수 대상에 대한 기업 실사를 진행할 때 통상적으로 사용하는 각종 재무 비율 외에도 NPS를 활용하기 시작했다.

결국 〈포춘〉 500대 기업의 CEO, CMO 등 고위경영진은 라이켈트가 도입한 로열티와 NPS의 개념을 채택했다. 그런데 여기에도 한 가지 문제가 있었다. 로열티나 NPS가 실제로 기업이나 브랜드의 성장과 관련이 있다는 증거가 상당히 드물다는 사실이다.

앤드루 에런버그Andrew Ehrenberg 교수와 프랭크 배스Frank Bass 교수는 1960년대 초반부터 기존 고객의 로열티에 초점을 맞추는 전략의 타당성에 꾸준히 의문을 제기했다. 두 사람은 수학적 관점에서 마케팅과 브랜드 성장에 접근했다. 트리거즈에서 우리가 취한 관점처럼 이들도 많은 사람이 수용한 마케팅 신념에 도전했다. 또한 성장하기 위해서는 브랜드가 가구 침투율household penetration, 즉 전체 가구에서 특정 브랜드의 제품이나 서비스를 구매하는 비율을 높여야 한다는 점을 통계적으로 입증했다.

에런버그와 배스는 기존 고객을 브랜드 안정성을 유지하는 방법으로 보고, 로열티에 기대어 성장하는 방법은 효과적이지 않다고 경고했다. 이들은 사실상 로열티의 개념 전체에 이의를 제기하며 고객은 특정 브랜드 하나만 계속해서 구매하지 않는다고 설명했다.

이는 사람들이 같은 카테고리에서 여러 브랜드를 사용하므로 설령 우리 브랜드가 가장 인기 있는 브랜드라 하더라도 소비자는 특정 상황에서는 종종 타 브랜드로 보완할 수 있다는 의미다. 일례로 그날따라 슈퍼마켓 매대에서 늘 사용하던 치약을 찾을 수 없으면 고객은 경쟁사의 치약을 선택할 것이다. 에런버그와 배스는 그렇기 때문에 신뢰할 수 있는 성장 방법은 새로운 고객 기반을 확대하는 데 집중하는 것이라고 주장했다.

더 높은 침투율은 더 큰 매출과 이익으로 이어진다. 침투율이 올라갈수록 시장점유율도 올라가기 때문이다. 하지만 로열티에는 똑같은 논리가 적용되지 않는다. 핵심 고객 함정과 마찬가지로 에런버그와 배스는 기존 고객에게 의존하는 관행의 세 가지 문제를 설명했다.

첫째, 모든 브랜드에서는 끊임없이 고객이 이탈한다. 타이드Tide나 코카콜라처럼 로열티가 가장 높은 브랜드조차도 이런 문제로 어려움을 겪는다. 고객 서비스나 경험이 아무리 좋더라도 상당한 수준의 고객 이탈은 일어나기 마련이다.

둘째, 각 브랜드가 보유하는 로열티 높은 고객의 수는 제한적이다. 특정 브랜드에서 헤비 유저heavy user의 비중은 일반적으로 최대 20퍼센트 수준이다. 브랜드를 적당히 이용하는 미디엄 유저medium user가 30퍼센트를 차지하며 나머지는 라이트 유저light user로 채워진다. 그런데 이처럼 헤비 유저가 브랜드의 20퍼센트만을 차지한다면(이들이 전체 구매량의 50퍼센트를 차지한다고 하더라도) 전 세계의 수많은 잠재 고객을 고려했을 때 타깃 고객의 풀이 회사가 원하는 만큼 높은 성장을 이루기에는 너무 작은 수준이다.

셋째, 헤비 유저는 그 브랜드에서 이미 많은 양을 구매하고 있다. 한마디로 포화 상태라는 말이다. 예를 들어 샴푸 브랜드의 경우 아무리 좋은 샴푸라도 고객이 하루에 두 번 이상 머리를 감을 가능성은 크지 않다.

에런버그-배스 마케팅과학 연구소Ehrenberg-Bass Institute for Marketing Science에 따르면 매년 특정 브랜드 사용자의 50퍼센트가 해당 브랜드에서 이탈한다. 마케팅 교수이자 콜게이트-팜올리브의 사업성과 분석 부문의 임원이었던 엘리스 케인Elyse Kane은 이런 상황을 '구멍 난 물통' 시나리오라고 묘사했다.

물통을 꽉 채워진 상태로 유지하려면 물통에 난 구멍으로 물이 새어 나가는 속도보다 빠른 속도로 계속해서 물을 부어야 한다. 이는 기업에서 전체 브랜드 사용자의 50퍼센트를 채워 넣어야만 겨우 사업이 하락하는 것을 막을 수 있다는 의미다. 그리고 성장하기 위해서는 50퍼센트보다 많은 사용자를 추가해야 한다. 이처럼 매년 50퍼센트 이상의 고객이 브랜드를 떠난다면 새로운 고객을 주입할 소방 호스라도 준비해야 할 것이다.

## 중요한 것은 '성장' 타깃이다

새로운 고객은 기존 고객보다 그 기반이 훨씬 더 크고 넓다. 앞서 설명한 것처럼 로열티 높은 고객은 브랜드 사용자 중에서도 가장 작은 부분을 차지한다. 그러니 전체 인구에서는 지극히 작은 부분일 뿐이다. 그에 반해 저 바깥에는 셀 수 없이 많은 소비자가 브랜드의 잠재 시장을 조성하고 있다. 모든 기업이나 브랜드는 가장 작은 고객 풀이 아니라 가장 큰 고객 풀을 목표로 삼고 싶을 것이다. 복잡하게 계산할 것도 없다. 마케팅 활동을 통해 더 많은 사람에게

다가갈수록 더 많은 것을 얻을 수 있다.

이런 이유에서 공격적 성장을 이룰 유일한 방법은 최대한 많은 신규 고객을 유치하는 것뿐이다. 벤처기업이든, 레거시 브랜드든 상관없다. 가장 많은 성장을 이루기 위해서는 로열티가 아니라 가구 침투율을 높이는 것이 가장 중요한 목표가 되어야 한다.

가구 침투율은 높은 시장점유율을 가진 대형 브랜드와 낮은 시장점유율을 가진 소형 브랜드에서 크게 차이가 난다. 예를 들어 시장점유율이 15~20퍼센트인 브랜드는 시장점유율이 2퍼센트에 불과한 브랜드보다 훨씬 더 높은 가구 침투율을 보일 것이다. 그러나 두 브랜드 사이에 로열티는 거의 차이 나지 않는다. 이는 로열티와 시장점유율 성장 사이에 거의 또는 전혀 상관관계가 없다는 의미다. 만약 그렇지 않다면 시장점유율이 높은 브랜드에서 더 높은 수준의 로열티를 관찰할 수 있을 것이기 때문이다.

마치 쳇바퀴를 도는 다람쥐처럼 많은 브랜드가 로열티를 쫓아 돌고 돌지만, 이들이 쫓는 것은 틀린 지표다. 브랜드의 목적과 마찬가지로 로열티는 마케팅 관점에서 사업 개선이나 확장에 도움이 되지 않는 요인이다.

그렇다면 기존 고객이 중요하지 않다는 말일까? 물론 그렇지 않다. 기업은 기존의 핵심 고객을 소중히 여겨야 하며 모든 고객을 유지하기 위해 최선을 다해야 한다. 사실 고객 경험의 관점에서 볼 때 핵심 고객의 만족도를 높이는 것은 쉽지 않다. 기업은 더 높은 곳을 향해 나아가며 매우 이상적인 경험을 제공해야 한다. 최선을 다하더라도 로열티는 아주 조금 상승할 뿐이다.

### 핵심 고객보다 성장 타깃에 우선순위를

따라서 기존 고객을 유지하기 위해 고객 경험을 최적화하는 것도 중요하지만 더 많은 자원을 투입해 새로운 고객을 확보하는 일에도 집중해야 한다. 성장 타깃은 브랜드에 긍정적으로 편향되는 경우, 즉 긍정적 연상으로 성장하는 탄탄한 브랜드 커넥톰이 있는 경우에 브랜드 사용자가 될 수 있다.

앞서 언급한 것처럼 뇌는 끊임없이 연상을 추가하는 동시에 잃어버린다. 여기서 이야기하는 대상이 현재 고객, 경쟁사 고객, 비사용자, 이탈한 사용자, 비정기적 사용자 등 누구인지는 상관이 없다. 만약 브랜드 사용자의 마음속에서 브랜드 커넥톰을 성장시킬 수 있다면 사실상 모든 사람의 마음속에서도 그렇게 할 수 있기 때문이다.

그렇기는 해도 경쟁 브랜드 사용자는 이미 우리 브랜드가 속한 카테고리 내에서 제품을 구매하고 있으므로 비사용자보다 쉽게 도달할 수 있는 목표다. 경쟁 브랜드 사용자가 우리 브랜드 제품을 구매하지 않는다는 말은 그들의 마음속에서 우리 브랜드 커넥톰의 크기가 경쟁 브랜드보다 작고 우리 브랜드 커넥톰에 부정적 연상의 장벽이 있다는 걸 의미한다.

사람들은 대부분 반사적으로 찾는 브랜드를 가지고 있지만 그렇다고 해서 이들이 늘 한결같다는 뜻은 아니다. 따라서 어떤 카테고리에서 사람들이 본능적으로 선택하는 몇 가지 브랜드 중 하나가 되면 가구 침투율과 시장점유율을 높일 수 있다. 이를 달성하려면 성장 타깃의 마음속에서 우리 브랜드가 어떤 모습인지 항상 살펴보고 어떻게 개선하고 장벽을 제거할지, 우리 브랜드 커넥톰을 더 크고 긍정적으로 만들 것인지 결정해야 한다.

이제 타이드와 세븐스 제너레이션Seventh Generation을 살펴보자. 두 브랜드 모두 세탁 세제와 청소용품으로 유명하지만 브랜드 포지셔닝에서는 각각 강력하고 효율적인 세척력과 환경에 대한 책임으로 큰 차이를 보인다. 1946년에 시장에 진출한 타이드는 카테고리에서 가장 큰 브랜드 중 하나로 가구 침투율은 약 49.3퍼센트에 이른다. 42년 뒤인 1988년에 설립된 세븐스 제너레이션의 가구 침투율은 타이드의 절반에도 미치지 못한다. 그러나 타이드의 침투율이 지금보다 더 높아지지 않은 이유 중 하나는 이전 세대보다 환경에 관심이 더 많은 밀레니얼 세대와 Z세대 가구주가 브랜드에서 이탈했거나 두 세대의 가구주를 이전 세대의 가구주와 같은 비율로 끌어들이지 못했기 때문이다.

많은 브랜드에서 타이드가 '천연' 소비자를 절대로 유인하지 못할 것이라고 말한다. 또한 세븐스 제너레이션도 타이드의 고객을 자기 브랜드로 전환하지 못할 것이라고 이야기한다. 그런데 소비자들이 카테고리에 상관없이 '천연' 브랜드로 서서히 전환함에 따라 세븐스 제너레이션 고객 대부분은 타이드와 같은 주류 브랜드에서 넘어왔다.

타이드가 '천연' 고객의 마음속에 있는 타이드 커넥톰에서 부정적 연상의 장벽을 극복할 수 있다면 60퍼센트의 가구 침투율에 도달하지 못할 이유가 없다. 마찬가지로 세븐스 제너레이션이 타이드 등 주류 레거시 세탁 세제 브랜드의 고객을 끌어들이지 못하는 요인을 파악한다면, 긍정적 연상으로 가득 찬 메시지를 만들어 모든 부정적 연상을 압도하고 세븐스 제너레이션의 현저성을 키울 수 있다.

　타이드 사용자의 마음속에 있는 세븐스 제너레이션 커넥톰에는 가격이 비싸고 세척력이 그리 좋지 않다는 부정적 연상이 있을 가능성이 크다. 반면 '천연' 세제를 사용하는 밀레니얼 세대의 마음속에 있는 타이드 커넥톰은 피부에 좋지 않고 지구에 해로우며 가족의 건강에 장기적으로 해를 끼칠 수 있는 화학 물질로 만들었다는 부정적 연상이 가득할 것이다.

　다시 말하지만 이런 인식이 정확한지는 중요하지 않다. 중요한 것은 결과다. 만약 세븐스 제너레이션이 전력을 다해 타이드에서 고객을 떼어내고 싶다면 타이드 사용자가 가지고 있는 자신들의 부정적 연상을 긍정적 연상으로 압도한 다음, 그들의 마음속에서 세븐스 제너레이션 커넥톰을 키우기만 하면 된다. 최근의 '녹색' 트렌드가 확대되면서, 타이드의 기존 고객 중 일부는 이미 다른 영역에서는 '천연'으로 이동했을(예를 들어 홀푸드Whole Foods에서 쇼핑하고 건강에 좋은 음식을 먹고 있을) 가능성이 크다. 이와 같은 '전환기' 소비자는 세븐스 제너레이션이 가구 침투율을 높이려 할 때 노릴 수 있는 완벽한 목표다.

　이처럼 경쟁 브랜드 사용자를 확보하려면 세븐스 제너레이션은 부정적 장벽을 하나하나 극복하는 동시에 그 장벽을 의도치 않게 강화하지 않도록 주의해야 한다. 타이드를 사용하는 밀레니얼 세대는 천연 재료로 만든 더 건강한 음식을 먹을지는 몰라도, 세븐스 제너레이션 제품으로는 옷을 깨끗하게 빨지 못할까 봐 걱정하기 때문에 세탁 세제에서는 천연으로 넘어가지 않은 것일 수 있다. 하얀 옷이 새것처럼 깨끗해지지 않고 세균이 바지 밑단에 숨어 있을 것만 같기 때문이다.

세븐스 제너레이션이 이런 고객과 함께 앞으로 나아가려면 이들에게 자사 브랜드가 타이드만큼 세척 효과가 좋다는 확신을 주어야 한다. 현재 세븐스 제너레이션은 '목적을 동반한 깨끗함'이라는 메시지를 내세우고 있지만, 그 목적이 브랜드의 주요한 메시지나 유일한 메시지가 되어서는 안 된다(세븐스 제너레이션도 앞서 법칙 06에서 이야기한 유니레버 소유의 브랜드라는 사실에 주목하기를 바란다).

세븐스 제너레이션은 타이드의 고객 기반을 공략함으로써 구멍 난 물통 문제를 해결하는 데 도움을 받을 수 있다. 가구 침투율이 50퍼센트에 육박하는 타이드는 엄청나게 많은 고객을 보유하고 있다. 그리고 이 브랜드는 더 많은 사용자를 잃을 수 있으며 이는 세븐스 제너레이션이 더 많은 사용자를 데려올 수 있다는 것을 의미한다. 따라서 이처럼 대규모 브랜드를 공략하는 것이 투자수익률이 가장 좋다. 만약 세븐스 제너레이션이 타이드 고객 중 5퍼센트만이라도 자사 브랜드로 전환하도록 설득할 수 있다면 이는 엄청난 성과다. 물론 자사 브랜드 제품이 타이드만큼 효과가 있음을 증명하려면 제품의 세척력과 전문성을 커뮤니케이션에 담아내야 한다.

예를 들어 세븐스 제너레이션은 현재 환경에 해롭기 때문에 제품에서 사용하지 않는 성분은 명확히 밝히고 있지만, 제품에 포함되는 성분은 명확하게 제시하지 않았다. 따라서 세븐스 제너레이션은 타이드의 고객과 함께 성장하기 위해 세제의 작용 메커니즘을 이야기로 구성해 자사 세탁 세제의 성분이 어떻게 옷을 깨끗하게 만드는지 설명할 수 있다. 그리고 이때 전달할 메시지는 자사 제품의 세척력이 타이드와 비슷하거나 그보다 우수하다는 내용을 담아야 한다. 여기서 주목할 점은 이런 메시지가 세븐스 제너레이션의 핵심 사업에 아주 작은 영향도 미치지 않는다는 것이다. 그저 기존 제품에서 간과된 면을 부각할 뿐이기 때문이다.

이 과정에서 세븐스 제너레이션은 성장 타깃, 즉 주류 브랜드의 세탁 세제 사용자들에게 단 하나도 타협하거나 손해 볼 필요가 없음을 보여줄 수 있다. 같은 세탁 결과를 얻으면서 보다 천연의 제품을 사용할 수 있기 때문이다. 세븐스 제너레이션이 경쟁 브랜드 사용자의 마음속에서 계속해서 브랜드 커넥톰을 키워간다면 얼마나 많은 고객이 세제를 바꿀지 누가 알겠는가? 가장 중요한 것은 성장임을 기억하자. 브랜드 커넥톰이 커질수록 잠재 소비자가 많아진다. 잠재 소비자가 많아질수록 가구 침투율이 올라간다. 가구 침투율이 올라갈수록 시장점유율이 올라가고 매출이 증가한다.

그리고 비즈니스 세계의 많은 전문가가 여전히 로열티가 성장으로 가는 길이라는 생각에 사로잡혀 있지만, 이제 이 보편적인 생각의 벽에도 균열이 생기기 시작했다. 전 세계에서 10만 명에 이르는 소비자를 대상으로 한 베인 앤드 컴퍼니의 분석에 따르면, 특정 브랜드의 제품이나 서비스를 더 많이 구매하는 로열티 높은 고객을 창출하려는 노력은 점점 더 헛수고가 되어가고 있다. 그리고 베인 앤드 컴퍼니는 이렇게 언급했다. "여기 성공한 브랜드가 따르는 간단한 규칙이 있다. 바로 성장의 핵심은 가구 침투율 증가라는 사실이다."

## 가장 강력한 아이디어는 보편적이다

세상에는 많은 이론과 실무 관행이 있지만 결국 중요한 고객 세그먼트는 두 가지뿐이다. 바로 핵심 고객과 성장 타깃, 즉 구매하는 사람과 (적어도 아직은) 구매하지 않은 사람이다. 하지만 마케팅에 종사하는 사람 대부분은 이에 절대 동의하지 않을 것이다. 이들은 가능한 한 소비자를 세분화하는 일의 가치를 믿는다.

이와 같은 유형의 시장 세분화는 오늘날 가장 인기 있는 시장조사 및 마케팅 기법의 하나다. 그리고 과거의 유물이기도 하다. 시장을 세분화할수록 더 효과적이라는 증거가 거의 없음에도 불구하고 여전히 유수의 컨설팅 회사나 시장조사 기업에서는 해마다 프로젝트당 수십만 달러에 시장 세분화가 중요하다고 말한다.

다른 특성을 가진 다른 세그먼트마다 다른 이름을 붙인다고 해서 도움이 되지는 않는다. '뜨개질하는 낸시'나 '조깅하는 조'처럼 셀 수 없이 많은 세그먼트 프로필을 만든다고 해서 가능한 한 많은 잠재 고객으로 브랜드를 성장시킬 통찰력이 생기지는 않는다. 게다가 잠재 고객을 점점 더 작은 조각으로 세분화하면 개별 세그먼트를 대상으로 별도로 마케팅할 만큼 넉넉한 자원을 절대로 확보하지 못할 것이다. 〈포춘〉 100대 기업처럼 거대한 기업조차도 한 가지 또는 최대 두 가지 유형의 타깃 고객을 대상으로 마케팅 활동을 전개할 정도의 마케팅 자원만을 확보할 수 있을 뿐이다.

고객 세분화를 뒷받침하는 이론 중 하나는 점점 더 분열되는 세상에서 사람들이 서로에게서 극심하게 멀어지기 때문에 똑같은 메시지로는 다양한 잠재 고객에게 효과가 없다는 것이다. 하지만 본능이라는 렌즈를 통해 바라보면 그림은 달리 보인다. 암묵적인 수준에서 사람들은 생각보다 훨씬 더 비슷하다. 브랜드에 대한 기억이나 가족과 미래에 대한 판타지 모두 놀라울 정도로 비슷하다. 이는 세상에서 가장 강력한 아이디어는 보편적이라는 뜻이다.

브랜드가 전하는 메시지도 그래야 한다. 강력하고 건전한 브랜드는 한곳으로 수렴하는 브랜드로서, 광범위한 고객 세그먼트에 걸쳐 같은 연상을 만들어낸다는 특징이 있다. 따라서 잠재 고객을 나누거나 미디어에 지출되는 예산을 너무 많이 나누고 싶다는 유혹에 시달린다면 조심해야 한다. 잠재 고객을 지나치게 세분화해서 각 세그먼트에 맞춘 메시지를 전달한다면 브랜드는 조금씩 무너지기 시작한다. 브랜드가 사람마다 다른 의미를 갖게 되면 더 이상 브랜드라고 할 수 없다. 그리고 그 과정에서 낭비한 엄청난 돈은 덤이다.

가장 현저성이 뛰어나 눈에 잘 띄는 브랜드는 모든 사람이 같은 테마와 연상을 떠올리게 한다. 이는 신규 고객이나 기존 고객 모두 마찬가지다. 따라서 필요한 질문은 '우리 고객은 어떻게 다른가?'가 아니라 '우리 고객은 어떻게 비슷한가?'다. 어떤 상황에서는 잠재 고객에 맞춰 메시지를 조정하는 것이 합리적이지만, 대부분 상황에서는 한정된 자원을 가능한 한 많은 사람에게 그리고 가능한 한 많은 채널을 통해 보편적인 메시지를 전달하는 데 집중 투입하는 편이 훨씬 효율적이다.

심지어 사람들이 완전히 이질적이라고 생각하는 여러 고객 세그먼트를 포괄하는 메시지도 얼마든지 찾을 수 있다. 예를 들어 민주당원과 공화당원은 표면적으로는 군비 지출에서 사회 문제에 이르기까지 모든 부분에서 정반대의 관점을 가지고 있는 것처럼 보인다. 적어도 정치적 여론조사가 전하는 모습은 그렇다.

그런데 언젠가 민주당이 우세한 주에서 흥미로운 실험이 진행된 적이 있다. 후보의 이름 옆에 공화당을 상징하는 'R'을 써놓았을 때 해당 후보는 지역구에 따라 자동으로 5~20퍼센트의 표를 잃는 불이익을 경험했다. 반면에 정확히 똑같은 메시지를 유지한 가운데 같은 이름 옆에 민주당을 상징하는 'D'를 써놓자 정반대의 결과가 나타났다. 5~20퍼센트의 표를 더 얻는 이익을 경험한 것이다. 이는 모든 사람이 동의할 수 있는 보편적인 메시지가 있다는 의미다. 결국 중요한 일은 양측이 모두 수용할 수 있는 올바른 연상을 만들어 내는 것이다.

성장을 극대화하려면 잠재 고객이나 메시지를 나누고 쪼개는 게 아니라 성장 타깃을 브랜드로 끌어오는 데 중점을 두어야 한다. 사실 브랜드의 위상을 끌어올리고 성장 타깃을 데려오기 위해 사용하는 메시지는 현재 고객을 유지하는 일에도 도움이 된다.

반면 고객 세분화 접근 방식을 따르면 실제로 해야 할 일, 즉 가구 침투율을 끌어올리는 일을 못 하게 된다. 그 대신 다양한 유형의 잠재 고객과 24시간 내내 대화를 나누고 이들을 점점 더 작은 세그먼트로 쪼개다가, 결국에는 현재 고객을 유지하는 동시에 성장 타깃을 확보한다는 진정한 보상에서는 멀어지고 만다. 이렇게 멀어진 보상이야말로 궁극적으로는 성장을 극대화하고 브랜드를 확장하는 가장 빠르고 효과적인 방법이다.

## 결국 성장에 좋은 것이 유지에도 좋다

매년 CMO의 75퍼센트가 기존 고객에게 기존 제품을 판매할 계획이라고 이야기한다. 많은 기업의 리더가 새로운 고객이나 경쟁 브랜드의 고객을 자사 브랜드로 데려오는 일이 불가능하지는 않더라도 매우 어려울 것이라고 두려워하고 있음이 분명하다. 그래서 이들은 지금 가고 있는 길에서 절대 벗어나지 않고, 핵심 고객에 집중하고 유지하기 위해 각종 보상과 인센티브를 쌓고 있다.

그러나 돌에서 피를 뽑아낼 수는 없는 법이다. 그리고 구멍 난 물통처럼 시간이 흐르면 고객은 어김없이 떠난다. 그 물통을 다시 채우지 않는다면 누가 알아차리기도 전에 바짝 말라버릴 것이다. 성장은 어디에서든 시작되어야 하며, 물통에 물이 계속 가득 차 있도록 하는 유일한 방법은 마케팅 자원 대부분을 기존 고객 유지가 아니라 신규 고객 확보에 투입하는 것이다. 그리고 성장 타깃을 브랜드 사용자로 효과적으로 전환하려면 그들의 마음속에 있는 장벽을 무너뜨리고 그들의 선택을 유도하는 동인을 활성화해야 한다.

이때 성장 타깃의 동인은 기존 고객과는 다를 수 있다. 그러나 그 대안으로 기존 고객과 같은 프로필을 가진 고객을 더 찾기 위해 노력하는 것은 어리석은 짓일 뿐이다. 그런 고객은 절대 충분하지 않기 때문이다. 만약 주머니에 쓸 수 있는 돈이 1달러밖에 없다면 최대한 큰 잠재 고객의 풀에 투자하는 것이 바람직하다. 그래야만 가장 큰 수익을 올릴 수 있다.

그런 다음 무슨 일이 일어날까? 성장 타깃을 확보하기 위해 브랜드의 위상을 끌어올리면 아주 멋진 부작용이 발생한다. 기존 고객은 자신이 인정받는다고 느끼고 브랜드를 사용할 때 조금 더 당당해지며 이탈하려는 충동에서도 멀어진다. 결국 그들의 선택이 옳았던 것이다. 이것이 바로 본능이라는 렌즈로 움직이는 모습의 아름다움이다.

성장 타깃에게 좋은 것이 결국 핵심 고객에게도 좋다. 그리고 이렇게 긍정적 효과가 누적되면서 기존 고객과 성장 타깃 모두에서 성장이 일어난다. 마치 물을 잘 준 식물처럼 기업과 브랜드가 다양한 방향으로 성장하며 나아간다.

**법칙 09** **퍼널에서 벗어나라**

퍼널의 깔때기에서 탈출해
하룻밤 사이에 브랜드를 구축하라.

"사람들이 가진 이 단순한 꿈에 대한 믿음과 작은 기적을 고집하는 마음이야말로 진정한 미국의 정신입니다. 밤에 우리 아이들을 편안하게 재울 수 있으며, 아이들이 배불리 먹고 따뜻하게 입으며 위험으로부터 안전하다고 여기는 것. 갑자기 누군가가 문을 두드릴까 봐 무서워하지 않고, 생각하는 바를 말하고 글로 쓸 수 있는 것. 좋은 아이디어가 떠올랐을 때 뇌물을 주거나 누군가의 자녀를 채용하지 않더라도 내 사업을 시작할 수 있는 것. 그리고 보복을 두려워하지 않고 정치 활동에 참여할 수 있으며, 선거에서 내가 던진 표가 대부분은 그 가치를 인정받을 수 있는 것. 이렇게 단순한 꿈과 작은 기적 말입니다. (중략) 그렇지만 바로 지금도 우리를 갈라놓으려 하는 자들, 그러니까 어떤 방식으로든 이기기만 하면 된다는 생각으로 우리의 뜻을 왜곡해 말을 만들어내는 자들과 네거티브 광고를 퍼뜨리는 자들이 있습니다. 오늘 밤 나는 그자들에게 전합니다. 진보적인 미국과 보수적인 미국이 따로 있는 것이 아니라 하나의 미합중국이 있을 뿐입니다. 흑인의 미국이나 백인의 미국, 라틴계의 미국, 아시아계의 미국이 따로 있는 것이 아니라 하나의 미합중국이 있을 뿐입니다."

버락 후세인 오바마는 이 기억에 남는 말을 처음 했을 때까지만 해도 아직 미국의 제44대 대통령이 아니었다. 아니, 오히려 대통령 자리와는 거리가 먼 사람이었다.

2004년 7월 27일 일리노이주 상원의원이었지만 중앙 정치 무대에서는 무명이나 다름없던 오바마는 매사추세츠주 보스턴에서 열린 민주당 전당대회에서 기조연설을 하기 위해 무대에 등장했다. 오바마의 전국적 인지도는 거의 없다시피 한 수준이었다. 시카고 남부 지역에 거주하는 사람이 아니라면 아마도 마음속에 오바마에 대한 브랜드 커넥톰이 없었을 것이다. 오바마라는 브랜드의 뿌리나 가지뿐 아니라 이파리조차 없었다.

하지만 그날 그의 연설을 들은 사람들은 그가 연설을 마치고 연단 뒤로 걸어 나갔을 때 오바마라는 브랜드 커넥톰이 척박한 땅에 뿌려진 가장 작은 씨앗에서 가장 큰 나무로 자라났다는 것을 알 수 있었다. 그리고 이 모든 일은 그가 기조연설을 하는 불과 16분 사이에 일어났다.

오바마는 무대에 올라 그해 여름 전까지는 한 번도 사용해본 적 없는 원격 프롬프터를 읽으며 감사의 말로 연설을 시작했다. "오늘

밤은 저에게 특별히 영광스러운 시간입니다. 솔직히 말해서 제가 이 무대에 설 것이라고 크게 기대하지는 않았기 때문입니다."

그런 다음 지금의 자신을 만든 두 사람, 즉 케냐에서 성장하면서 철판 지붕이 덮인 판잣집 같은 학교에 다니고 어려서는 염소 떼를 몰았던 아버지와, 캔자스에서 "이 나라의 가능성에 대한 변함없는 믿음"과 함께 성장한 어머니가 물려준 유산에 관해 이야기했다. 그리고 이 나라의 위대함에 관해 이야기하면서 모든 사람은 평등하게 창조되었다는 독립선언서의 유명한 구절을 인용했는데, 이는 연설 전체를 관통하는 테마였다.

오바마는 전당대회 장소인 플릿센터 FleetCenter(NBA 팀 보스턴 셀틱스의 홈구장 — 옮긴이)를 가득 채운 민주당원뿐만 아니라 집에서 이를 시청하는 모든 사람을 대상으로 연설했다. 소속 정당이나 정치적 견해는 중요하지 않았다. 표면적으로 그는 존 케리 John Kerry 매사추세츠주 상원의원을 적극적으로 지지하기 위해 그 자리에 있었지만, 연설은 사람들에게 젊은 오바마의 철학과 그가 소중하게 여기는 가치를 들려주는 내용을 담고 있었다.

이는 결국 4년 후 오바마가 대통령 선거에 출마하는 플랫폼이 되었다. 그러나 연설에서 전한 철학과 가치는 전형적인 민주당 스타일의 화두가 아니었다. 그렇다고 공화당 스타일의 메시지도 아니었다. 그 철학과 가치는 가능한 한 가장 광범위한 유권자에게 호소할 목적으로 특별히 설계된 것이었다.

마치 테니스 경기처럼 오바마는 공화당과 민주당이 각각 관심을 두는 문제 사이를 왕복하며 연설을 진행했다. 예를 들어 문제 해결을 위해 정부에 지나치게 의존하지 않는 것, 출신 지역이나 피부

색과 관계없이 모두에게 기회가 열려 있도록 하는 것, 전쟁에 대비하고 국외의 적을 물리치는 것과 국내에서 의료 서비스를 제공하는 것, 헌법에 따른 자유를 지지하는 것과 에너지 독립을 추구하는 것을 함께 이야기했다. 이렇게 접근한 연설은 오바마가 다음과 같이 이야기할 때 절정에 도달했다.

"이른바 전문가라는 자들은 이 위대한 나라를 공화당을 지지하는 적색 주Red States와 민주당을 지지하는 청색 주Blue States로 구분하고 싶어 합니다. 하지만 저도 그들에게 전할 말이 있습니다. 청색 주에서도 위대한 신을 숭배하며 적색 주에서도 도서관을 헤집고 다니는 연방 요원을 좋아하지 않습니다. 청색 주에서도 부모가 자녀의 리틀 리그에서 코치 역할을 하며 적색 주에서도 동성애자 친구와 어울리기도 합니다. 이라크 전쟁에 반대하는 애국자도 있으며 찬성하는 애국자도 있습니다. 우리는 모두 다 성조기에 충성을 맹세하고 미합중국을 수호하는 하나의 국민입니다."

여기서 핵심은 이 모두가 보편적인 성장 트리거로 가득 찬 '미국적' 메시지로서 성별이나 나이, 민족, 주, 지역과 무관하게 효과가 있었다는 점이다. 오바마는 자신이 작은 마을이나 대도시에서 만난 사람들, 해외 전쟁 참전용사 협회 건물이나 도심 거리에서 만난 사람들, 중산층 가족이나 노동자 가족, 재향군인이나 나라를 사랑하는 사람들에 관해 이야기했다.

그 모든 이야기에는 이 연설 이후 수년간 오바마의 정치적 슬로건이 될 '희망'이라는 아이디어가 선명하게 드러났다. 15분 남짓한 그 짧은 시간 동안 사람들에게 도달한 긍정적 연상의 수는 헤아리기 어려울 정도로 많았다. 그리고 그날 오바마가 무대를 내려오는 순간 이미 미국 대통령으로서 그의 미래를 속삭이는 목소리가 들려왔다.

그날 밤 NBC 토크쇼 〈하드볼Hardball〉에서 안드레아 미첼Andrea Mitchell은 오바마를 가리켜 '진정한 돌파구'와 '록 스타'로 묘사했고 크리스 매튜스Chris Matthews는 "저는 오늘 첫 흑인 대통령을 봤습니다"라는 말을 덧붙였다. 민주당 진영의 유명 정치 컨설턴트이자 DNC 연설 전까지 오바마와 함께 일했고 그날 밤에도 오바마의 곁을 지킨 케빈 램프Kevin Lampe는 그때 느낀 감정을 떠올렸다. "나는 이웃에 사는 상원의원과 함께 무대에 올랐지만 무대에서 내려올 때는 민주당 출신의 다음번 미국 대통령과 함께였습니다."

그 짧은 순간에 오바마는 자신만의 대통령 선거 운동을 시작하며 선거를 좌우하는 중도층, 무당층 그리고 경합 주를 목표로 삼아 현명하게 자기 브랜드를 포지셔닝했다.

그날 밤 DNC의 그 연설이 오바마를 만들었다. 그는 불꽃놀이의 피날레처럼 정치 무대 전면에 화려하게 등장했고 오바마라는 브랜드가 모든 시청자의 신경망에 파고들었다. 보지 않을 수 없었고 듣지 않을 수 없었던 그 연설은 문자 그대로 잊을 수 없는 기억을 남겼다. 그리고 그 순간 오바마로 인해 다른 잠재적 경쟁자들은 빛을 잃었다. 오바마의 나무는 나머지 다른 나무들보다 높이 성장해 오바마라는 브랜드의 위상을 끌어올림으로써, 사실상 4년 뒤에 있을 민주당 대통령 후보 선출을 위한 예비 선거에 나선 것이나 다름없게 만들었다.

오바마가 돋보였던 것은 그가 독특하거나 특별했기 때문이 아니라 자기 브랜드를 우파, 좌파, 중도 등 진영과 관계없이 모든 사람이 관심을 두는 모든 종류의 문제와 가치, 이상에 연결했기 때문이다. 그렇게 함으로써 오바마는 모든 사람의 마음속에서 동시에 마음 점유율을 높였다. 오바마는 불과 몇 분 만에 연관성과 현저성을 창출해 하룻밤 사이에 자기 브랜드를 구축했다.

물론 오해가 없기를 바란다. 여기서 내가 하는 이야기는 결코 정치적 의견이 아니다. 오바마가 재임 기간 추진한 각종 정책에 대한 지지나 비판도 아니다. 여러분이 오바마를 좋아하든 싫어하든, 그에게 표를 던졌든 아니든, 공화당원이든 민주당원이든, 좌파든 우파든 중도든 아무런 상관이 없다. 중요한 것은 오바마의 그 연설이 훌륭한 본능 마케팅의 모범 사례라는 점이다. 그리고 그 뒤에도 오바마와 그의 팀이 이뤄낸 탁월한 성과는 짧은 시간 내에 브랜드 커넥톰을 성장시키고 전통적인 마케팅 규칙을 이겨내는 방법을 배울 수 있는 최고의 수업이라 할 수 있다.

## 규칙을 깬 오바마의 브랜드 성공 비결

오바마는 DNC 연설 이후 4년 동안 자신의 브랜드 커넥톰을 구축해나갔다. 〈더 데일리 쇼 The Daily Show〉에 출연해 존 스튜어트 Jon Stewart와 현대 정치의 문제점을 논의했고, 〈레이트 쇼 위드 데이비드 레터맨 Late Show with David Letterman〉에서는 유명 코너인 '10가지 리스트'를 읽었으며, 〈오프라 윈프리 쇼〉에 나가서는 공감의 가치를 역설하는 등 인기 TV 프로그램에 여러 차례 출연했다. 그리고 모든 프로그램에서 오바마는 경쾌함과 유머, 매력을 이 나라가 직면

한 여러 문제에 대한 진지한 견해와 결합하는, 보기 드문 화음을 만들어냈다.

중요한 점은 오바마가 유명 TV 프로그램 출연을 통해 자기 브랜드를 사람들이 매일 시청하고 사랑하는 연예인과 연결했다는 것이다. 사람들이 생각할 때 '이 프로그램은 우리 프로그램'이니 여기에 나온 오바마는 '우리' 후보였다. 오바마의 커넥톰은 그렇게 대중문화와 엮였다.

이런 프로그램들에 출연했을 때 그는 유명 연예인의 브랜드 커넥톰에도 올라타 대통령 후보로서 자신의 자격에 대한 암묵적 지지와 인증을 끌어냈다. 〈더 데일리 쇼〉는 젊은 시청자에게 인기가 많았고, 레터맨은 25년 가까이 프로그램을 진행했으며, 〈오프라 윈프리 쇼〉의 낮 시간대 시청자 규모는 엄청났다. 사람들은 오바마를 대통령 후보로서만이 아니라 한 사람으로서 바라봤다. 오바마의 인간적인 면은 그가 농구를 하고 선거 운동 기간 동네 술집에서 맥주를 마시며 가끔은 몰래 담배를 피우는 모습을 보였을 때 더욱 강화되었다.

정치에서 우리 뇌는 선거에 나선 후보를 왼쪽이나 오른쪽에 있는 바구니에 넣어 끊임없이 분류하려 한다. 사람들은 외모나 배경, 연설 주제, 시각적 신호를 바탕으로 순식간에 후보를 민주당인지, 아니면 공화당인지 판단해버린다. 그러면 후보의 이야기를 듣는 사람의 수는 전체 유권자의 절반으로 제한된다.

오바마는 비록 민주당 후보로 출마했지만 그런 분류에 저항했다. 그가 한 번도 골수 공화당원을 자기 편으로 끌어들이지 않았는지는 몰라도 그럴 필요조차 없었다. 그는 정치적 스펙트럼의 모든 부분에서 중요한 문제에 관해 이야기했고, 온건파 공화당원과 무당파 유권자의 뇌는 오바마를 어느 쪽 바구니에도 깔끔하게 넣지 못했다. 그 결과 오바마는 진귀한 정치적 영역에 자리를 잡았다. 수많은 유권자가 간절히 닿고 싶었으나 지금까지 마주친 후보로는 결코 도달할 수 없었던 판타지의 정점, 즉 온건한 중도 지대 말이다.

이는 마치 사람들의 뇌가 앞서 말한 테니스 경기를 보는 것처럼 정치적 스펙트럼의 왼쪽 끝에서 오른쪽 끝으로 그리고 다시 왼쪽 끝으로 눈길을 돌리는 것과 같았다. 사람들은 오바마를 스위트 스폿sweet spot(특정 브랜드에 대한 소비자의 선호도가 극대화되는 지점―옮긴이) 중앙에 자리한 신선하고 무언가 다른 존재로 볼 수밖에 없었다.

오바마는 영감을 주고 진정성 있는 사람으로 분열의 시대에 통합을 촉구하고 미래에 대한 희망을 불어넣었다. 그리고 이 연설은 그가 낮은 확률을 극복하고 성공할 수 있도록 했다. 정치적 브랜드는 대부분 수십 년의 시간을 투자해야만 커넥톰을 개발하고 이름을 널리 알려 여론조사에서 유리한 고지를 점령할 수 있지만, 오바마는 어디선가 갑자기 나타나 빠르게 성장했다. 그는 여러 세대를 지나며 사람들에게 익숙해진 가문인 케네디가나 부시가 같은 정치적 왕조 출신도 아니었다. 레거시 브랜드나 현직이 갖는 이점도 없었다. 중앙 정치 무대에서 그는 신인이나 다름없었다.

이처럼 잠재 고객에게 적절한 긍정적 연상을 빠른 속도로 퍼부으면 하룻밤 사이에 거대한 브랜드 커넥톰을 싹틔울 수 있다. 이 고속 타격의 효과는 뇌의 의식적 장벽을 뚫고 들어가서 마치 뇌의 기억 영역에 미라클그로Miracle-Gro(식물의 성장을 촉진하는 비료 브랜드―옮긴이)를 뿌린 것처럼 브랜드에 초고속 성장 엔진을 장착한다. 이

것이 바로 오바마의 기념비적인 DNC 연설이 한 일이다.

그 이후부터는 희망, 평등, 자유, 역사, 공동체의 성공, 미국의 힘과 자부심, 안전, 평화, 끈기 그리고 이민자의 성공담에 대한 긍정적 연상이 모두 자라나기 시작했다. 어느 하나 거창한 아이디어는 아니었지만 다양한 좋은 아이디어를 동시에 떠올렸다. 그리고 오바마는 사회 기반 시설 프로젝트나 재정 지출을 완곡하게 표현한 경기 부양 정책, 적극적 입헌주의처럼 공화당원이 꺼리는 아이디어는 의도적으로 피했다. 오바마가 존 케리를 여러 차례 언급하기는 했지만, 그 연설을 보던 이들의 뇌는 이 모든 긍정적이고 이상적인 아이디어를 듣고 이를 오바마와 연결했다. 그리고 그 연결은 수년 동안 지속되었으며 심지어 어떤 사람은 지금도 여전히 존재한다고 주장할 것이다.

어떤 면에서 오바마는 극한의 혼란을 불러일으키는 브랜드다. 그러나 그의 보편적인 언어적 트리거가 대다수 정치인에게서 관찰하기 힘든 그의 카리스마 넘치는 성격, 소박한 허세, 솔직한 개인적 스타일과 결합하면서 혼란을 돌파할 수 있었다. 오바마는 사람들의 삶에서 익숙한 접점과 연결되는 긍정적 연상을 쏟아냈으며 대중문화계 인사의 커넥톰을 활용했다. 그리고 모든 것을 포괄하는 강력한 메시지로 '담대한 희망Audacity of Hope'을 제시하며 이를 성장 트리거가 되는 다양한 메시지로 뒷받침했다.

이 모든 긍정적 연상이 불과 하룻밤 사이에 오바마의 브랜드 커넥톰을 빠른 속도로 확장시켰다. 이는 가능하기는 하나 현실에서는 보기 드문 일이다. 그 이유는 선거에 출마한 후보 대다수가 오바마처럼 본능적 우위를 선점할 수 있는 새로운 규칙을 동시에 그렇게 많이 적용하지는 않기 때문이다.

　오바마는 마케팅 퍼널marketing funnel(마케팅 퍼널은 고객이 제품이나 서비스를 인지하고 구매하기까지의 과정을 단계별로 시각화한 모델이다 — 옮긴이)이라는 고전적인 마케팅 구조에 도전한 사례다. 마케팅 퍼널은 100년 전에 개념이 형성된 단계별 프로세스다. 여기에 따르면 사람들이 어떤 브랜드를 선택하게 하려면 일련의 설정된 단계를 거치면서 사람들이 각 단계에서 의식적으로 선택 또는 거부를 결정해야 한다. 그러나 이는 마음이 실제로 의사를 결정하는 방법을 짐작하기 한참 전에 등장한 개념이다. 또한 뇌가 PC의 데이터 프로세서처럼 순차적으로 일한다는 생각이 보편적이던 세상에서 설계된 개념이다.

　반면에 커넥톰은 누적된 기억을 통해 유기적으로 성장한다. 이는 누군가가 여러분의 회사, 브랜드, 대의명분 또는 아이디어를 선택하게 하려고 여러 단계의 과정을 거칠 필요가 없다는 의미다. 브랜드 연결의 생태계는 소비자의 마음속에서 언제든지 발달할 수 있다. 그 성장 과정은 순차적이지도 않으며 여러 단계를 거칠 필요도 없다. 브랜드 커넥톰 발달에 많은 시간이 걸릴 수도 있지만, 오바마의 사례가 보여주듯 신경 경로의 고속도로 체계 전체가 한꺼번에 생겨날 수도 있다. 따라서 본능적 기술을 활용한다면 퍼널은 필요하지 않다.

## 마케팅 퍼널의 시대는 끝났다

현대 광고의 선구자 E. 세인트 엘모 루이스E. St. Elmo Lewis는 1898년 '마케팅 및 영업 퍼널marketing and sales funnel'이라는 개념을 최초로 고안해낸 것으로 인정받고 있다. 최초의 공식적인 마케팅 이론 중 하나인 퍼널은 비즈니스 세계의 마케팅, 영업, 미디어 부서에서 거의 절대적인 진리처럼 받들어온 개념이다. 여러 가지 변주가 있기는 하지만 퍼널 모델은 기본적으로 인지awareness, 관심interest, 욕구desire 또는 고려consideration, 행동action 또는 전환conversion, 로열티loyalty의 다섯 단계로 구성되며 인지, 고려, 전환, 로열티의 네 단계로 단순화될 때도 종종 있다. 기업가 대부분은 사업을 영위하는 과정에서 언젠가는 반드시 이 퍼널을 헤쳐나가야 한다고 배운다.

퍼널 가장 상단의 가장 넓은 부분은 인지 단계다. 고객이 어떤 브랜드를 인지하는 단계에서 출발해 해당 브랜드를 선택하고 지지하는 단계, 즉 퍼널의 가장 좁은 끝에 있는 로열티 또는 옹호 단계에 도착하는 여정을 거치며 퍼널은 점점 좁아진다. 퍼널의 단계마다 서로 다르고 확실한 마케팅 기법이 필요하다. 그리고 이 기법은 단계별로 잠재 고객이 현 단계에서 다음 단계로 이동할 준비를 마치고, 궁극적으로는 퍼널을 통과할 수 있도록 유도해야 한다.

먼저 인지 단계에는 TV 또는 디지털 광고나 소셜 미디어, 검색 엔진 최적화와 같이 잠재 고객에게 도달할 수 있는 광범위한 기법이 포함될 수 있다. 그리고 관심 단계에서는 이메일 또는 뉴스레터 보내기, 실시간 채팅을 통해 질문에 답변하기, 타깃 고객에게 사례 연구나 성공 사례 제공하기 등 보다 직접적이고 자세한 커뮤니케이션의 도움을 받을 수 있다.

    욕구 및 고려 단계는 제품 또는 서비스 데모나 영상, 경쟁 브랜드 비교 차트를 사용해 통과할 수 있다. '시험' 단계라고도 불리는 행동 또는 전환 단계에서는 할인이나 샘플, 쿠폰, 별쇄 광고 같은 판매 촉진 기법을 통해 인센티브를 제공할 수 있다. 그런 다음 마케터는 고객 로열티 프로그램으로 로열티나 옹호도를 창출할 수 있다. 물론 앞서 논의한 바와 같이 이런 프로그램에 지나치게 의존하는 브랜드는 장기적으로 위태로운 상황에 놓일 수 있다.

    마케터는 소비자가 이미 브랜드에 대해 들어봤다면(인지 단계를 통과했다면) 관심 단계에서 구체적인 정보를 조사하거나 들을 가능성이 더 크다고 생각한다. 이 지점부터 욕구와 고려가 깊이를 더해간다. 그리고 나머지 단계도 이런 방식으로 계속된다. 하지만 퍼널 모델은 본능적 수준에서 실제로 일어나는 일, 즉 커넥톰의 생성과 성장, 확장을 고려하지 않는다.

    커넥톰이 성장하는 과정은 완전히 다르다. 브랜드에 대해 새로운 정보를 알게 되면 브랜드에 대한 신경 경로에 연상이 추가된다. 충분한 양의 긍정적 연상을 동시에 제공하면 이런 신경 경로는 가지처럼 다양한 방향으로 뻗어나가며 탄탄한 네트워크가 한꺼번에 형성된다.

    그러다 우리 브랜드의 커넥톰이 경쟁 브랜드의 커넥톰보다 더 큰 물리적 영역과 더 많은 긍정적 연상을 가지고 성장하는 순간, 소비자는 우리 브랜드를 선택할 준비를 마치고 구매 행동에 착수한다. 그리고 우리 브랜드의 나무가 너무 높이 자란 나머지 그 덮개가 숲에서 나머지 부분을 가리고 차단해버리면 브랜드는 소비자가 반사적으로 찾는 첫 번째 선택지가 된다. 단계는 아무런 상관이 없다.

실제 일어나는 과정은 직선이 아니다. 뇌가 그런 방식으로 움직이지 않기 때문이다. 사람들은 순차적으로나 어떤 합리적인 선형 모델에 따라 의사를 결정하지 않는다. 그러나 퍼널 개념이 인기를 얻은 이유는 어렵지 않게 이해할 수 있다. 소비자의 의사결정 과정을 여러 단계로 구분함으로써 마케터는 이를 관리하고 더 중요하게는 측정할 방법을 확보한 것이다. 아니, 적어도 많은 마케터가 그렇게 생각했다.

하지만 의사결정 과정의 각 단계를 측정한다고 해서 타깃 고객이 선택에 더 가까워지지는 않는다. 게다가 이처럼 전통적인 방식으로 접근하는 경우 퍼널의 여러 단계를 헤쳐나가는 일은 마치 주전자의 물이 끓을 때까지 지켜보는 것처럼 엄청나게 많은 시간이 걸린다. 또한 그 과정에서 기업의 리더는 소비자 판매 촉진과 기타 운에 맡기는 마케팅 기법에 지나치게 많은 돈을 쓰게 된다.

6개월에서 1년 또는 그 이상 걸릴 수 있는 서서히 타오르는 방식이나 고객 획득 속도에 만족한다면 퍼널을 따라 계속 진행해도 된다. 하지만 나는 사람들 대부분이 가능한 한 빨리 이 퍼널을 통과해 인지에서 로열티까지 몇 달, 몇 년 또는 수십 년이 아니라 몇 분, 며칠 또는 몇 주 만에 끝내고 싶어 한다고 생각한다. 이제 솔직해지자. 고객 획득 및 전환 속도를 올리기 위해서라면 그 누구라도 어떤 일이든 할 것이다. 본능적 마음에 연결한 다음 뇌 전체에 긍정적 연상을 확산해 브랜드 커넥톰을 구축한다는 관점에서 접근하면 퍼널은 더 이상 쓸모가 없어진다.

잘 알다시피 개인 소비자든, 기업 간 거래의 구매자든 상관없이 누군가에게 무엇이라도 설득하기란 거의 불가능하기 때문에 퍼널을 헤쳐나가는 데 그렇게 많은 시간이 걸리는 것이다. 퍼널 각 단계의 마케팅 기법은 소비자의 문이 마지못해 열릴 때까지 밀고 당기거나 두드리도록 설계되었다. 물론 열릴지는 모르겠지만 말이다.

간단히 말해서 변화를 거부하는 의식적인 뇌를 가진 잠재 고객을 퍼널 아래쪽으로 보내서 로열티 높은 사용자로 전환하려면 엄청난 힘을 들여야 한다. 하지만 올바른 인지적 지름길이 있다면 타깃 고객의 마음속에 이미 존재하는 기억에 편승해 긍정적 연상을 추가하고 순식간에 새로운 뿌리를 내리고 가지를 돋울 수 있다. 마치 이곳저곳 흩뿌려진 씨앗이 불과 몇 초 만에 열대 우림으로 성장하는 타임랩스 영상처럼 말이다.

즉 본질적으로 퍼널은 건너뛸 수 있다. 그러나 마케팅 세계에서 이 사실을 당당히 인정하는 목소리는 절대로 듣지 못할 것이다. 물론 그렇다고 해서 사실이 달라지지는 않는다. 만약 마케팅 퍼널이 피할 수 없는 현상이라면 모든 기업에서 똑같은 단계별 과정을 거칠 것이다. 하지만 그렇지 않다. 달러 셰이브 클럽Dollar Shave Club, DSC, 캐스퍼 슬립Casper Sleep과 같은 디지털 파괴자는 사실상 하룻밤 사이에 사업을 구축했다. 이는 브랜드가 사람들의 뇌에서 퍼널처럼 의사결정 단계를 거칠 필요가 없기 때문이다.

우리 뇌의 고유한 메커니즘을 활용하면 이 구식 퍼널 전략을 사용하지 않고도 오바마처럼 믿을 수 없을 정도로 짧은 시간 안에, 세상 누구에게도 알려지지 않은 브랜드에서 전 세계적인 센세이션을 일으키는 브랜드로 거듭날 수 있다.

## 성장으로 가는 지름길

일부 D2C Direct-to-Customer 기업은 〈포춘〉 500대 기업보다 성장 트리거를 보다 효과적으로 사용하는 경우가 많다. 이는 어쩌면 이들 D2C 기업이 처음부터 전통적인 마케팅 규칙을 배우지 못했기 때문일지도 모른다. 반면에 〈포춘〉 500대 기업의 마케팅 부서에서는 직원들에게 전통적인 마케팅 기법을 가르치는 교육 프로그램을 제공할 확률이 더 높다.

소비자 마음속 연상이나 기억과 맞아떨어지는 적절한 신호와 함께 적절한 콘텐츠를 제공하면 많은 자금을 투입하는 것보다 더 많은 가치를 만들어낼 수 있다. 그 콘텐츠에 성장 트리거가 가득하면 암묵적으로 긍정적 연상의 홍수가 일어난다. 그러면 콘텐츠가 이성적 사고와 조작된 감정적 혜택을 우회한 다음 다양한 테마와 풍부한 연상을 가지고 곧장 본능적 마음으로 전달된다.

이처럼 우리 뇌 안에 존재하는 인지적 지름길을 활용하면 퍼널의 단계를 거치지 않고도 고객 전환 과정의 속도를 높일 수 있다. 반드시 많은 돈을 써야만 성장을 끌어낼 수 있는 건 아니다. 적절한 콘텐츠로 브랜드의 마케팅 커뮤니케이션을 가득 채우기만 하면 된다.

빠른 고객 전환 속도를 보여준 최고의 사례는 DSC(달러 셰이브 클럽)의 성공에서 찾을 수 있다. 2012년 DSC에서 1분 33초짜리 유튜브 영상을 공개했을 때는 회사의 설립자이자 CEO인 마이클 더빈 Michael Dubin 조차도 무슨 일이 일어날지 알지 못했다. 더빈이 회사 대변인으로 등장한 그 영상은 입소문을 타고 삽시간에 퍼져나갔다. 동영상이 공개된 날에는 접속자 폭주로 회사 홈페이지가 다운되었으며 공개 후 이틀 만에 1만 2,000건의 주문이 접수되었다.

　DSC는 그해에만 350만 달러의 매출을 올렸다. 4년 뒤 그 숫자는 2억 2,500만 달러로 커졌으며 그 시점에 유니레버가 10억 달러에 인수하면서 DSC는 유니콘 브랜드의 반열에 올랐다. TV에도 나오지 않았던 이 짧은 동영상은 수년 전 더빈과 함께 즉흥 연기를 했던 친구가 단 하루 만에 불과 4,500달러의 제작비를 들여 촬영한 것이었다.

　동영상 속에서 더빈의 연기력은 빛을 발한다. 더빈은 엉뚱하지만 적절한 유머를 퍼붓는 내내 무표정한 얼굴을 유지하면서 자사 제품의 품질을 옹호하고 주요 경쟁사를 비꼬았다. 그러나 여기서 영상이 재미있다거나 밀레니얼 세대가 대부분인 동영상 시청자들이 주요 D2C 고객이라는 점은 중요하지 않다. 핵심은 더빈이 빠른 속도로 성장 트리거를 연달아 던지고 잠재 고객의 뇌 안에 있는 긍정적 연상을 활용해 사방으로 뻗어나가는 브랜드 커넥톰을 만들어 냈다는 것이다.

　D2C 기업인 DSC는 브랜드의 슬로건인 '시간도 깎고 돈도 깎으세요'에 맞춰 항상 저렴한 가격을 유지했지만, 이는 그들이 전달한 메시지의 한 층에 불과했다. 품질이나 면도 효과는 스테인리스강으로 만든 면도날과 부드러운 면도를 도와주는 알로에 스트립에 이 면도기가 "말도 안 되게 굉장한 물건이라니까요!"라는 주장이 더해지면서 전달되었다. 부드러운 면도 느낌은 어린아이가 아빠의 머리 위에 거품을 뿌리고 면도하려는 모습을 통해 전달되었다. 면도기를 매달 집으로 배달한다는 장점도 내세웠다.

　그러면서 단순함이라는 층은 항상 유지했다. 질레트Gillette나 쉬크Schick 같은 주요 브랜드에서 더 많은 면도날과 기능을 추가할 때 DSC는 기본으로 돌아가는 데 초점을 맞췄다. 동영상 속에서 더빈은 질문한다. "여러분의 면도기에 진동 손잡이나 반짝거리는 표시등, 등에 난 털을 깎는 부품 그리고 10개의 면도날이 필요하다고 생각합니까?"

심지어 그가 "멋쟁이 할아버지의 면도기에도 면도날은 하나였고 (할아버지 사진을 가리키며) 소아마비도 있었죠"라고 할 때는 가족사의 층도 쌓였다. 그리고 보관 창고에서 일하는 직원을 가리키며 "우리는 그저 면도기만 파는 것이 아니라 새로운 일자리도 창출하고 있습니다"라고 할 때는 DSC의 또 다른 가치와 목적을 전달했다.

동영상 일부는 창고 건물의 지하에 있는 더빈의 사무실처럼 보이는 곳에서 촬영되었다. 다음 장면에서 더빈은 창고 바닥을 걷는다. 이런 공간은 소비자 대다수가 면도기 산업의 거대 기업에 기대하는, 반짝이지만 진부하고 개성 없는 초고층 빌딩과는 거리가 먼 장소다. 하지만 DSC의 동영상에는 개성이 넘쳤으며 성장 트리거가 시청자를 향해 빠른 속도로 쏟아져 나왔다.

이 기업가 정신으로 가득하며 기본에 충실한 브랜드 세계는 기본에 충실한 DCS의 접근 방식을 전하는 완벽한 배경이었다. 저렴한 비용과 우수한 품질, 집으로 곧바로 배송되는 편리함을 내세우는 DSC는 경쟁 브랜드와 극명한 대조를 이뤘다. 그리고 업계의 공룡을 조롱하는 듯한 유머도 잊지 말기 바란다. 이와 같은 대조를 만들어냄으로써 DSC는 퍼널을 날려버렸다. 그리고 사람들이 이 동영상을 시청하는 데 걸린 1분 33초 만에 충성스러운 고객 기반을 구축했다.

질레트처럼 시장에서 우위에 있는 경쟁 브랜드의 커넥톰에 부정적 연상을 더함으로써 DSC의 나무는 더 커지고 더 튼튼해졌으며 그 결과 경쟁 브랜드의 나무는 덜 건강해졌다. 이는 마치 DSC의 나무가 뻗은 가지에 질레트의 나무가 가려져 햇살이 닿지 못하는 것과 같다. 또는 DSC의 나무뿌리가 너무 빨리 자라서 질레트의 나무가 먹을 물과 영양분을 빨아들이는 것과 같다.

소비자는 면도기에 온갖 부가 기능이 필요하지 않다. 또한 질레트의 멋들어진 사무실을 위해 너무 많은 돈을 쓸 이유도 없다. 하지만 지금까지 그렇게 해온 것은 의식적인 의사결정의 결과가 아니었다. 그러다 DSC와 경쟁 브랜드가 선명하게 대조를 이룬 그 순간, 소비자의 시냅스는 발화했고 뇌는 밝아졌으며 본능이 선택을 주도했다.

그렇게 DSC는 질레트나 쉬크 같은 주요 브랜드로부터 시장점유율을 가져왔다. 한편 일부 사람들은 DSC가 비슷한 규모의 다른 브랜드와 경쟁하는 데 집중하는 편이 바람직하다고 생각했을지도 모른다. 하지만 이는 실패로 향하는 길이며 완전히 뒷걸음질 치는 전략이다. 이제 사업을 시작한 벤처기업이나 규모가 작은 기업은 자원이 제한적일 가능성이 크다. 따라서 보유 고객의 규모가 작은 곳보다는 거대한 경쟁사에 초점을 맞추는 것이 더 좋다.

예를 들어 마케팅에 쓸 수 있는 돈이 1달러밖에 없다고 상상해보자. 그 1달러를 수백 명의 고객밖에 없는 작은 경쟁사를 상대로 거는 편이 나을까? 아니면 수천 명의 고객을 보유한 큰 경쟁사를 상대로 투입하는 편이 바람직할까? 답은 당연히 더 큰 쪽이다. 복잡하게 계산할 것도 없다. 제한된 자원을 상대적으로 규모가 작은 브랜드에 집중하기보다는 대규모 업체를 공략하는 편이 투입한 노력 대비 더 높은 투자수익률을 가져올 것이기 때문이다.

시장을 지배하는 가장 큰 경쟁사에는 우리 브랜드가 확보할 수 있는 고객이 가장 많다. 특히 규모가 작거나 이제 막 설립한 기업이라면 경쟁사를 밀어내고 성장 타깃을 신속하게 유입시켜야 한다. 이런 전략을 제대로만 실행하면 하룻밤 사이에 엄청나게 많은 경쟁사 고객을 잠식해 들어갈 수 있다.

DSC의 성공은 어떻게 하면 인지도를 형성하는 일과 사람들이 주요 경쟁사에서 브랜드를 바꾸도록 설득하는 일을 동시에 해낼 수 있는지 보여준다. 소규모 벤처기업이 이런 접근 방식을 따를 수 있다면 누구나 아는 탄탄한 기업도 그와 같은 방법으로 지금껏 손대지 못한 성장 잠재력을 활용할 수 있다.

## 은유와 유머로 장벽 무너뜨리기

마케팅에서 가장 잘못된 통념 하나는 기존 행동을 바꾸기란 불가능에 가깝다는 것이다. 하지만 이는 사람들이 보통 설득이나 홍보와 같은 의식적인 방법으로 기존 행동에 영향을 미치려 하기 때문이다. 페이스북이나 타이드처럼 기존 고객의 충성도가 높은 브랜드조차도 권좌에서 밀려날 수 있다. 그래서 너무나 작은 D2C 브랜드가 도저히 공략할 수 없을 것만 같은 거대한 레거시 브랜드에서 점유율을 가져오는 경우가 예상보다 많은 것이다.

브랜드 커넥톰을 변화시키는 방법을 알고 있다면 흡연이나 정치적 편파성, 브랜드 로열티처럼 가장 저항성이 큰 행동까지도 짧은 시간 내에 바꿀 수 있다. 다시 말하지만 마케팅 퍼널을 통해 사람들을 억지로 내려보내는 대신 그들의 마음속에 이미 있는 연상과 기억에 맞춰 움직이면 보다 빠르게 저항을 무너뜨릴 수 있다. 은유와 유머는 이 과정에서 특히 효과가 좋고 영향력 있는 장치다.

### 뇌가 이해하기 쉽게 만드는, 은유

은유metaphor는 본능적 장치의 마이클 조던으로서 확고히 자리 잡은 인식이나 행동을 최후의 슬램 덩크 한 방으로 신속하게 바꾸는 수단이다. 메시지에 은유를 활용하면 소비자에게 긍정적 연상을 쏟아부어 커넥톰을 빠르게 성장시킬 수 있다.

매우 효과적인 성장 트리거인 은유는 사람들의 마음에 간접적으로 영향을 미쳐 그들의 기억 속에 이미 존재하는 것을 활용한다. 또한 인식을 빠르게 바꿔 순식간에 아이디어를 재구성하며, 현재 신성 경로에 편승하거나 뇌에서 상호 연결된 벡터의 일부가 되는 새로운 신경 경로를 만들어낸다.

은유는 뇌가 이해하기 쉽기 때문에 매우 효과적으로 작용한다. 우리의 뇌는 게을러서 열심히 일하고 싶어 하지 않는다는 사실을 기억하자. 은유는 뇌가 열심히 일할 필요 없이 이미 익숙한 다른 아이디어를 통해 어떤 아이디어를 이해할 수 있게 해준다. 그 과정에서 마음속에서 참조하는 기존 아이디어와 판매하는 브랜드 사이에 새로운 연결이 만들어진다.

가장 효과적인 은유는 잘 알려진 예를 활용하거나 흔하게 사용되어 뇌가 이해하기 쉬운 형태다. 누군가는 이런 접근 방식에서 진부한 냄새가 난다고 주장할 수 있지만, 기억하자. 익숙함은 좋은 것이다. 애매모호한 은유보다는 흔하고 평범한 은유를 사용하는 편이 낫다. 예를 들어 회사의 성장이 타이타닉호의 궤적을 따른다고 말한다면 그 의미를 쉽게 이해할 것이다. 반면 회사의 성장이 2022년 슈피리어호에서 발견된 침몰선인 129 화물선의 궤적을 따른다고 말한다면 결과가 똑같지는 않을 것이다.

마찬가지로 은유에 관한 이야기를 시작하면서 역대 최고의 NBA 선수로 불리는 마이클 조던과 세계적으로 유명한 그의 덩크슛 능력을 언급했다. 만약 '은유는 본능적 장치의 케빈 마틴Kevin Martin으로서 버튼에서 가장 가까운 곳까지 밀어 보낸 최후의 돌 하나로 확고히 자리 잡은 인식이나 행동을 신속하게 바꾸는 수단이다'라고 말했다면 컬링의 열렬한 팬이 아닌 이상 어리둥절했을 것이다(역대 최고의 캐나다 남자 컬링 선수인 '노련한 곰Old Bear' 케빈 마틴을 기분 나쁘게 할 의도는 전혀 없다).

은유가 특히 더 효과적인 이유는 언어 너머의 인지 과정을 끌어내 이미지, 소리, 냄새 등 각종 감각을 포함하는 소비자의 멘털 맵mental map(어떤 주제, 개념 등에 대한 인식, 지식, 연상 등을 시각적으로 표현한 것—옮긴이)을 활용하기 때문이다. 예를 들어 꽃이 피는 이미지는 개인적 성장이나 잠재력을 최대한 발휘하는 모습을 은유적으로 표현한 것일 수 있다. 배의 돛을 세차게 때리는 바람 소리는 자유나 여행에 대한 은유일 수 있다. 따뜻하게 데운 사과주스의 향기는 가을을 표현한 은유일 수 있다. 이처럼 감각을 활용하는 은유의 힘은 비단 소비재만이 아니라 모든 산업에서 볼 수 있다.

한편 미국의 의료 시스템에 큰 비용을 유발하는 상당한 수준의 질병은 환자가 치료법이나 의사의 지시를 따르지 않아 초래된 결과다. 다시 말해서 모든 사람이 건강을 개선하는 약을 언제, 어떻게, 얼마나 복용하라는 지침에 따라 복용하는 것은 아니며, 항상 의사의 조언을 따르는 것도 아니라는 말이다.

미국에서 매년 약물 복용 지침 미준수로 병원에 입원하는 환자는 전체 입원 환자 수의 최대 25퍼센트를 차지한다. 또한 매년 12만 5,000명의 사망 원인이자 치료 실패 사례 중 50퍼센트의 원인이다. 만성질환이 있는 환자의 경우 처방대로 복용하는 약물은 약 50퍼센트에 불과하다. 천식 환자나 만성 폐쇄성 폐질환COPD 환자의 약물 복용 지침 준수율은 최고 78퍼센트에서 최저 22퍼센트다. 믿기 어렵겠지만, 약물 복용이 생사를 가르는 문제가 될 수 있는 암과 같은 질병 카테고리에서도 지침 준수율은 적절한 수준에 미치지 못한다.

솔직히 말해서 사람들은 약을 먹는 것을 좋아하지 않는다. 약을 먹어야 한다는 부담감이 진짜 문제라 볼 수 있디. 그리고 자연식품을 더 많이 먹고 화학 물질이 들어간 제품을 주방의 식료품 선반에서 몰아내는 요즘 세상에서 환자가 약을 먹기를 꺼리는 현상이 그다지 놀랄 일은 아니다. 그러나 여기에는 두 가지 문제점이 있다. 우선 의료진의 지침에 따른 약물 복용이 환자의 건강에 매우 중요한 상태인 경우가 많다. 그리고 약물 복용 지침 미준수는 납세자와 전체 의료 시스템에 연간 5,484억 달러에 이르는 비용을 유발하는 값비싼 현상이다.

의료계와 의료 산업, 대형 컨설팅 회사에서는 이런 행동을 바꾸려고 온갖 방법을 시도했다. 의사 및 임상 간호사의 교육용 동영상

촬영과 및 대면 교육에서 경고 문구, 알림 알람, 스티커, 약 포장의 메시지에 이르기까지 안 해본 게 없을 정도다. 그러나 3만 4,000명 이상의 환자를 대상으로 진행한 115건의 위험 커뮤니케이션 개입 연구에서 눈에 띄는 변화는 거의 관찰할 수 없었다. 약물 복용 지침 준수율 개입에 대한 전반적인 평가 결과는 기껏해야 어느 한쪽으로 결론짓기 어려운 수준이었다.

그 이유를 이해하기가 어렵지는 않다. 앞에서 말한 접근 방식은 한결같이 의식적인 뇌가 저항하는 일을 하도록 설득하려고 하기 때문이다. 이런 방법은 본능적 행동을 바꾸는 데 효과가 없지만 은유는 도움이 될 수 있다.

2008년에 진행된 한 연구는 다른 모든 연구보다 도드라졌다. 이 연구에서는 약물 복용 지침 준수가 아니라 그보다 훨씬 더 저항성이 큰 흡연과 관련해 은유를 통해 환자의 행동에 뚜렷한 변화가 나타났다는 사실을 발견했다. 그전에는 흡연자의 행동을 바꾸기 위해 몇몇 전통적인 방법이 적용되었다. 망가진 폐와 암이 미치는 영향에 대한 이미지, 흡연을 지속하면 수명이 얼마나 단축되는지에 대한 설명과 같이 예상할 수 있는 통상적인 조치였다.

이처럼 전형적이고 공격적인 방법은 사실 큰 진전을 이뤄내지 못했다. 흡연자의 폐활량 및 호흡 기능을 측정하는 검사나 호흡 속도를 측정하는 다른 검사를 해도 결과는 같았다. 과학적 사실은 이해하기 힘들거나 관련이 없는 것처럼 느껴졌으며 까맣게 변한 폐를 찍은 무서운 사진은 낯설고 생경했다. 뇌가 이해할 수 있는 익숙한 것이 없었기에 환자는 핵심을 전혀 받아들이지 못한 것이다.

그런데 2008년 한 기관에서 흡연자에게 자신의 폐 나이를 보여주는 실험을 했다. 폐 나이는 실험 참가자의 폐가 얼마나 잘 기능하는지를 간단하게 표현하는 은유적 장치라고 할 수 있다. 의료진은 과학에 초점을 맞추는 대신 실험 참가자에게 자신의 폐가 속하는 집단의 나이를 이야기했다. 예를 들어 스무 살 청년은 자신의 폐 나이가 마흔 살임을 알게 되었다. 예순 살 먹은 참가자의 폐는 일흔다섯 살 노인의 폐와 비슷했다. 그러자 놀랍게도 폐 나이라는 은유가 효과를 발휘했다. 이 연구는 금연율을 상당히 높이는 방법을 제시하는 몇 가지 연구 가운데 하나였다. 왜 이런 차이가 발생했을까?

실제로 폐 나이를 알게 되는 것은 폐의 실제 상태를 알게 되는 것보다 더 강력한 효과가 있었다. 생각해보자. 스무 살 먹은 청년이 마흔 살처럼 보인다는 이야기를 듣고 싶겠는가? 폐 나이는 흡연자 폐의 특징을 상징적으로 표현함으로써 노화에 대해 이미 형성된 신경 경로에 편승해, 있는 그대로 표현하는 것보다 더 강력한 효과를 냈다. 폐활량 측정 및 호흡 검사나 다른 사람의 폐 이미지를 소개하고 설명하는 대신 폐 나이라는 은유를 통해 설명한 효과는 즉각적으로 나타났으며 더욱 개인의 일로 받아들여졌다.

결과적으로 이런 접근 방식은 금연율을 6.4퍼센트에서 13.6퍼센트로 두 배나 높였다. 실험 참가자는 새로운 전문 용어를 배우거나 다른 사람의 폐가 마치 자신의 폐인 것처럼 상상하려고 노력할 필요가 없었다. 대신 그들의 마음속에 이미 닦아놓은 노화라는 길이 지구상에서 가장 저항성이 크고 자기 파괴적인 행동 중 하나를 폭파했다. 그런 목적에서 볼 때 은유는 궁극적인 성장 트리거일지도 모른다. 정말로 생명을 구할 수 있으니 말이다.

**심리적 장벽을 허무는 유머**

은유와 더불어 유머humor도 저항을 뚫고 나아가 신속하게 커넥톰을 구축하는 데 도움이 되는 장치다. 그러나 2023년 슈퍼볼의 퀴즈노스나 스키틀즈 광고에서 알 수 있듯이 웃기는 것이면 무엇이든 되는 게 아니다. 오늘날 마케팅 커뮤니케이션에서 볼 수 있는 유머는 굳이 필요하지 않은 것이 대부분이다. 맥락과 관련 없는 어이없는 유머, 그저 웃기기 위한 유머, 문화적 트렌드를 활용하려 하지만 브랜드 자체와 연결되지 않은 유머 등이 그 예다. 이런 유머들은 모두 한 귀로 들어갔다 다른 귀로 흘러나간다.

때때로 마케팅 및 광고 전문가가 창의성과 광고 효과를 융합하는 것처럼, 유머도 가끔은 단순히 웃음을 유발하기 위해 활용할 수 있다. 그러면 결과는 재미있을지 몰라도 기억에 남지 않거나 연관성이 떨어지는 경우가 많다. 마케팅 커뮤니케이션에서 제시하는 유머는 타깃 고객에게 제공하는 혜택과 연결되거나 우리 브랜드와 경쟁 브랜드의 차이점을 강조해야 한다. 그렇지 않으면 뇌에 단단히 들러붙어 브랜드 커넥톰을 성장시킬 정도로 잘 달라붙는 긍정적 연상을 만들어내지 못한다.

유머를 활용하는 가장 좋은 방법 하나는 경쟁 브랜드를 깎아내리는 것이다. 달러 셰이브 클럽의 마이클 더빈은 (유머를 효과적으로 사용해) 경쟁사 제품이 불필요하게 복잡하고 비싸기만 하지, 실속은 없다고 함으로써 경쟁사에 타격을 주고 시청자의 웃음을 끌어냈다.

또한 유머는 선거 토론에 큰 영향을 미치기 위해서도 자주 사용된다. 일례로 2023년 공화당 대통령 후보 선출을 위한 예비 선거 직전에 개최된 첫 번째 TV 토론에서 여덟 명의 후보는 모두 토론에 공격적인 자세로 임했다. 하지만 그 토론에서 가장 기억에 남는 장면은 전 사우스캐롤라이나주 주지사 니키 헤일리Nicky Haley가 연출했다. 무대에서 남성 후보 일곱 명을 상대하는 유일한 여성 후보였던 헤일리는 불리한 위치에 있는 것처럼 보였지만 이를 긍정적인 상황으로 반전시켰다.

열띤 토론이 진행되던 시점에 헤일리를 제외한 나머지 일곱 명의 후보가 모두 서로를 향해 목소리를 높이고 있었다. 고함을 지르며 말다툼하는 그 혼란 속에서 누가 무슨 말을 하고 있는지 분간하기조차 어려웠다. 토론 진행자인 브렛 베이어Bret Baier가 헤일리를 지목하며 다음 질문을 했을 때 그녀는 그 순간에 완벽하게 맞아떨어지는 농담을 던졌다. "그래요, 브렛. 사실 제가 하고 싶은 말은 바로 마거릿 대처가 '무언가를 말하고 싶다면 남자에게 요청하십시오. 그런데 무언가를 해내고 싶다면 여자에게 요청하십시오'라고 말한 이유입니다." 시청자는 폭소를 터뜨리며 환호성을 질렀다.

1984년 대통령 후보 토론에서는 로널드 레이건Ronald Reagan 현 대통령과 월터 먼데일Walter Mondale 전 부통령이 격돌했다. 당시 일흔네 살이었던 레이건은 대통령직을 수행하기에는 나이가 너무 많은 게 아니냐는 질문을 받았다. 레이건은 과연 어떻게 대답했을까? "나는 이 선거에서 나이를 문제 삼지 않을 것입니다. 정치적 목적으로 상대의 젊음이나 경험 부족을 이용하지 않겠다는 말입니다." 먼데일조차도 웃음을 참을 수 없었다. 그러나 그 뒤로 오랫동안 먼데일은 웃지 못했다. 그해 대선에서 레이건이 압도적인 승리를 거둔 것이다.

수사적 장치로서 유머는 은유와 비슷한 영향을 줄 수 있다. 뇌를 자극하고 강한 흡입력이 있으며, 특히 사실이나 숫자로는 남길 수 없는 오래 지속되는 인상을 커넥톰에 남긴다. 은유와 다른 점은 농담을 알아듣는 순간 주변 사람들과 하나가 되며 그 농담을 한 사람과 더 가까워지는 느낌을 받는다는 것이다. 이것이 바로 정치에서 유머가 특히 더 강력한 효과를 발휘하는 이유다.

정치인의 주장은 유머 덕분에 더 오래 기억에 남으며, 그 과정에서 우리는 그 정치인을 지지하게 된다. 하지만 메시지나 요점 없이 단지 사람들을 웃기려고 사용하는 유머는 쓸모가 없다. 경쟁 브랜드를 밀어내거나 우리 브랜드의 혜택이나 전문성을 두드러지게 하는 지름길로 유머를 활용하면 전달하는 메시지는 더 잘 달라붙으며 기억 구조에 더 빨리 스며들어 거의 즉각적으로 현저성을 창출한다. 그리고 이 이야기는 농담이 아니게 된다.

## 길고 어두운 퍼널을 파괴하라

100년 넘게 권좌를 유지한 마케팅 퍼널의 역사는 이 개념이 얼마나 뿌리 깊게 자리 잡고 있는지 보여준다. 그리고 다른 많은 의식적 마케팅 접근 방식과 마찬가지로 퍼널의 개념은 마케터가 진짜로 집중해야 하는 브랜드의 물리적 영역 구축에서 시선을 돌리게 한다. 퍼널을 구성하는 여러 단계는 불필요하다고 보는 이유다. 올바른 코드와 신호를 사용하고 긍정적 연상을 구축하며 본능적 수준에서 소비자와 간결하게 연결되면 일순간에 브랜드 선택을 유도할 수 있다. D2C 기업, 성공한 정치인, 의료 서비스 등 그 어느 영역에서도 백문이 불여일견이다.

파괴적 혁신은 예상보다 훨씬 짧은 시간 내에 브랜드 커넥톰을 구축할 수 있다. 그리고 그 과정에서 은유와 유머가 도움이 되는 것은 분명하지만, 결국 핵심은 긍정적 연상을 겹겹이 쌓고 사람들이 관심을 두는 접점과 연결하는 것이다. 여러분은 고집스럽게 마케팅 퍼널의 단계를 터벅터벅 걸어가지 않기를 바란다. 제대로 진행되기만 하면 현저성은 불과 몇 분 만에도 창출할 수 있다.

**법칙 10**  # 혁신보다 진화를 선택하라

> 브랜드의 수명은 정해져 있지 않다.
> 진화하는 브랜드는 영원히 산다.

2020년 3월 팬데믹에 대한 미국 내 언론의 분위기가 바뀌기 시작했다. 그때까지 별로 관심도 없고 들어본 적도 없는 중국의 어느 작은 도시에서 발생한 바이러스가, 국가의 보건과 안전을 심각하게 위협하는 요인이 된 것이다. 시간이 흘러가면서 자가 격리, 마스크 착용 의무화, 백신 접종 등의 조치가 필요하다는 목소리가 커졌고 실제로 전부 실행되었다.

하지만 그해 초봄까지만 해도 사람들 대부분은 그저 새로운 상황에 적응하느라 바빴고 이 모든 변화가 큰 맥락에서 무엇을 의미하는지 이해하려 노력하고 있었다. 학교와 사무실, 식당이 문을 닫기 시작했으며 슈퍼마켓이나 동네 식료품점과 같이 생존에 필수적인 사업체는 운영을 계속했지만 직원들의 안전과 고객들의 수요 사이에서 균형을 맞춰야 했다.

미국 식료품 유통 시장의 약 25퍼센트를 점유하는 최대 규모의 식료품 유통 기업이자 소매 기업인 월마트도 그런 사업체 중 하나였다. 월마트는 창고형 할인매장인 샘스 클럽Sam's Club의 매장 약 600개를 포함해 미국 내 약 4,700개와 해외의 약 5,300개를 더해 총 1만 1,000개 매장을 운영하고 있었다. 그랬기에 불확실성으로 가득 찬 시기에 식료품부터 화장지와 비누, 샴푸, 청소용품, 끝을 모르고 팔리는 손 세정제에 이르기까지 사람들이 가장 필요로 하는 제품의 공급에 필수 불가결한 존재였다.

3월 16일 백악관에서 새로운 사회적 거리두기 지침을 발표하자 월마트는 즉시 행동에 나섰다. 매출이 큰 폭으로 하락할 수도 있는 시기에 월마트가 보여준 성과는 역사에 남을 최고의 경영 사례라고 할 수 있었다. 우선 월마트는 매장 영업시간을 변경해서 COVID-19 이전보다 이른 시간에 운영을 종료했다. 그런 다음 늦은 시간에 추가 소독을 위한 특별 청소팀과 함께 매장 전체를 철저하게 소독했다. 그리고 손 세정제와 물티슈를 매장 곳곳에 추가해 소비자와 직원이 수시로 사용할 수 있도록 유도했다.

또한 대형 소매 유통사 중 처음으로 계산대에 COVID-19 바이러스 전염을 막기 위한 투명 가림막을 설치했으며, 노년층 고객만 쇼핑하는 시간대를 설정해 COVID-19 고위험군을 일반 대중과 분리하는 조치를 시행했다. 여기에 더해 동시에 매장을 방문할 수 있는 고객 수를 제한했고, 매장 바닥에는 사회적 거리두기를 장려하기 위한 표시를 추가했으며, 직원에게는 원격 진료 혜택을 무료로 제공했다.

그러는 사이 월마트의 온라인 사업은 폭발적으로 성장했다. 2020년 4월 미국 내 소매업 매출이 16.4퍼센트로 고꾸라지고 210만 명이 일자리를 잃었을 때, 월마트의 온라인 매출은 식료품 배송 서비스와 주문 후 매장 바깥에서 직접 찾아가는 옵션을 활용하는 고객 덕분에 무려 74퍼센트나 증가했다. 이처럼 매출이 큰 폭으로 증가하자 월마트는 직원 23만 5,000명을 새롭게 고용했다. 월마트의 온라인 매출은 팬데믹이 가라앉은 이후에도 계속 성장해서 2023년 1분기에는 지난해 같은 기간보다 27퍼센트 성장했다.

하지만 가장 인상적인 점은 월마트가 팬데믹 기간에 다른 어떤 기업에서도 알아내지 못한 것, 즉 완벽하게 조화로운 메시지를 전달하는 방법을 알아냈다는 사실이다. 당시 광고주들은 대부분 전례 없는 시기와 불확실성에 초점을 맞추면서 '뉴 노멀new normal'을 중심으로 한 진부한 이야기를 반복했다. 그에 반해 월마트는 '안전'과 '진전'을 완벽하게 결합한 메시지를 전달했다.

안전에 관한 메시지는 월마트가 시행한 예방 조치와 함께 사람들이 COVID-19 감염에 대한 우려 없이 매장을 찾을 수 있다고 안심할 수 있게 했다. 그리고 진전이라는 메시지는 사람들에게 삶을 계속 이어갈 수 있다는 힘을 불어넣었다. 2020년 5월 시작된 이 두 가지 메시지는 팬데믹 기간 가장 강력한 마케팅 캠페인이었던 '미국을 계속 움직입시다! 안전하게!'에 반영되었다.

소비자의 마음속에 존재하는 월마트 커넥톰을 더욱 성장시킨 긍정적 연상은 월마트가 이미 가지고 있는 거대한 존재감의 연장선에 있었다. 1962년 아칸소주에서 설립된 이래 50년 이상 성장을 거듭한 월마트는 미국에서 가장 많은 직원을 고용한 민간기업이 되어 지금은 전국의 월마트 매장에서 약 160만 명이 일하고 있다. 그리고 2023년 매출이 전년 대비 7퍼센트 가까이 증가한 6,113억 달러에 이르면서 이 유통 공룡은 〈포춘〉 500대 기업 리스트에서 가장 높은 자리를 11년 연속으로 지켰다. 하지만 아무리 월마트라도 소매 및 식료품 유통업의 왕관은 쉽게 얻을 수 있는 결과가 아니었다.

월마트는 특히 2000년대 초반에 낮은 임금 체계, 노동자에게 제공하는 저렴한 의료보험 혜택의 부족(국가에서 의료보험 시스템을 운영하는 한국과는 달리 미국은 개별 기업이 민간 보험사의 의료보험 상품을 구매해 직원에게 제공한다—옮긴이), 빠르게 늘어나는 대형 매장과 탄소 발자국이 환경에 미치는 영향 등 수많은 비판을 받으며 수년간 어려움을 겪었다. 그러나 월마트는 이처럼 나름의 근거가 있는 비판에 정면으로 맞서 긍정적 연상으로 부정적 연상을 압도함으로써 사업에 미치는 부정적 영향을 줄여나갔다.

2011년 월마트 글로벌 책임경영 보고서 Global Responsibility Report에 따르면 월마트는 매장에서 판매되는 지역 농산물을 97퍼센트 늘리고 매장에서 발생하는 폐기물의 80.9퍼센트가 매립지로 가는 것을 막았다. 또한 2023년 최저 시급을 12달러에서 14달러로 대폭 인상하는 등 거의 매해 최저 임금을 인상해왔다. 특히 임직원의 의료비 부담을 덜어줄 방법까지 찾아냈는데, 엑설런스 센터 Centers of Excellence라는 프로그램을 통해 의료기관과 연계해 직원의 요통, 불임, 암 등 광범위한 질환을 치료할 수 있게 했다. 월마트의 직원용 의료보험 상품 대부분이 이와 같은 치료를 직원이 비용을 전혀 부담하지 않고 받을 수 있는 혜택을 제공한다.

## 브랜드에 라이프 사이클이 있다는 착각

마치 소매업계의 영화주인공 록키Rocky처럼 월마트는 솔직히 오래전에 쓰러졌어야 했을 정도로 많이 두들겨 맞았다. 회사가 설립된 이래 지금까지 월마트는 셀 수 없이 많은 법적 문제와 여러 번의 경기 침체를 겪었지만 다친 곳 하나 없이 무대로 돌아왔다. 어떻게 그럴 수 있었을까? 이는 P&G처럼 월마트도 '진화'의 사고방식을 가지고 있기 때문이다. 월마트에서는 개선할 방법을 끊임없이 찾아낸 다음 그렇게 찾은 해결 방안을 고객의 요구나 문제에 맞게 실행함으로써 변화하는 트렌드에 선제적으로 대응한다.

여기서 핵심은 '실행화operationalization'에 있다. COVID-19 팬데믹 기간에 약 1만 1,000개 매장에서 고객 응대 방식을 대폭 변경하고 그 과정에서 아무런 문제가 없도록 하는 것은 결코 만만한 일이 아니다. 월마트의 성장과 힘든 시기를 이겨낸 회복력은 우연히 얻어걸린 행운이 아니다.

만약 브랜딩이 강력하고 효과적이면 사람들이 브랜드 세계로 들어올 것이다. 하지만 만약 운영에 문제가 있으면 떠날 것이다. 반대로 브랜딩은 약하고 운영이 강하면, 우수한 제품과 서비스를 제공하지만 그만큼 인정받지는 못한다. 이는 새로운 사용자를 끌어들이지 못하는 문제로 이어져 결국 성장이 한계에 부딪힌다. 월마트와 같은 세계 최고의 브랜드는 강력한 브랜드 인식 그리고 그런 인식을 실행하는 운영 능력을 모두 갖추고 있다. 이처럼 브랜드와 운영이 서로 맞물려 돌아가면 모든 것이 맞아떨어지게 된다.

월마트와 같은 브랜드는 '브랜드 및 제품 라이프 사이클'이라고 불리는 고전적인 마케팅 개념을 완전히 날려버린다. 이 개념은 1967년 필립 코틀러Philip Kotler가 《마케팅 관리: 분석, 계획 그리고 통제Marketing Management: Analysis, Planning, and Control》에서 소개한 뒤로 불후의 명성을 얻었으며, 세계 유수 대학 경영학과의 학부 및 대학원 과정과 주요 기업에서는 여전히 이를 교육하고 있다. 라이프 사이클의 네 단계, 도입introduction, 성장growth, 성숙maturity, 쇠퇴decline는 누구나 인정하는 비즈니스의 원칙이 되었으며 누군가는 이를 '도그마Dogma(확고한 신념 또는 신조 ― 옮긴이)'라고 부르기도 한다.

라이프 사이클 이론에 따르면 브랜드는 그 도입 단계와 성장 단계에서 시장점유율이 가장 많이 상승한다. 도입 단계에서는 제품이나 서비스의 유통이 빠르게 확산하고 얼리 어답터가 이를 포착한다. 그리고 성장 단계에서는 브랜드가 더 많은 돈을 쓰고 확장된다. 라이프 사이클의 첫 두 단계에서 브랜드의 힘과 건전성은 절정에 이른다. 하지만 브랜드가 성숙 단계에 접어들면 성장이 불가피하게 둔화된다. 이 단계에서 매출은 정점을 찍은 다음 점점 하락한다. 그렇게 쇠퇴 단계에 접어든 브랜드는 결국 저 멀리 어딘가로 내쫓기듯 사라진다.

X축이 시간이고 Y축이 매출인 그래프에서 브랜드의 라이프 사이클은 대부분 종형 곡선bell curve을 따른다. 도입 단계는 그래프의 왼쪽 아랫부분이고, 성장 단계는 그래프가 상승하는 부분이다. 성숙 단계는 그래프의 꼭대기 부분으로 성장이 점점 둔화하다가 멈

추는 영역이다. 마지막 쇠퇴 단계에서는 그래프가 오른쪽 아랫부분으로 하강한다.

오랜 마케팅 규칙을 뒷받침하는 많은 이론과 마찬가지로 브랜드 라이프 사이클 이론 역시 신화처럼 근거가 빈약하다는 것이 밝혀졌다. 이 개념은 과학적으로 부정확할 뿐만 아니라 성숙 단계의 브랜드가 이론에 갇혀 잠재적인 투자 기회와 지속적인 성장 기회를 놓치는 등 다양한 기회를 놓치는 결과를 초래한다. 성숙 단계 이후에도 성장이 계속 상승 궤도를 유지할 수 없는 이유는 어디에서도 찾을 수 없다.

브랜드는 인간이 아니다. 수명이 유한하지도 않고 백발이 되지도 않는다. 골다공증에 걸리거나 관절염 또는 알츠하이머병 때문에 고통받지도 않는다. 물론 브랜드도 적절한 관리를 받지 못하면 매출 하락을 경험할 수 있지만 그런 쇠퇴가 정해진 결말은 아니다. 제대로 육성한 브랜드는 영원히 존재할 수 있기 때문이다.

크래프트 푸드Kraft Foods, 포드, 크레욜라Crayola, 아쿠아 벨바Aqua Velva, 할리-데이비슨Harley-Davidson, L.L.빈L.L.Bean, 니콘, 타깃, 코카콜라, JC페니, 월풀Whirlpool, 칼하트Carhartt, 보잉Boeing, 존 디어John Deere, GE, 에퀴팩스Equifax, UPS, 켈로그, J&J, 필슨Filson, GMC, 닷지Dodge, 레드윙 부츠Red Wing Boots, 레어드 앤드 컴퍼니Laird & Company, 캐딜락Cadillac, 쇼트Schott, 쉐보레Chevrolet, 링컨Lincoln, 팹스트 브루잉 컴퍼니Pabst Brewing Company, 시바스 리갈Chivas Regal, 버드와이저Budweiser, 뷰익Buick 등 셀 수 없이 많다. 그리고 콜게이트나 브룩스 브라더스Brooks Brothers, 제임슨Jameson, D.G. 잉링 앤드 선D.G. Yuengling & Son, 하퍼Harper, 짐 빔Jim Beam, 아메스Ames, 듀폰DuPont, 딕슨 티콘

데로가 Dixon Ticonderoga처럼 200년 이상 존재해온 브랜드는 말할 것도 없다.

이처럼 100년이나 200년이 넘은 브랜드들은 축하받아야 마땅하다. 그러나 이 브랜드들이 이룬 업적이 그들만의 것일 필요는 없다. 어떤 기업이든 쇠퇴를 막고 100년 또는 200년 이상 존재하는 브랜드가 될 수 있다. 이는 매출 하락이 브랜드의 나이와는 아무런 상관이 없기 때문이다. 매출 하락은 겹겹이 쌓인 부정적 연상이 브랜드를 짓눌러 성장을 방해하기 때문에 일어나는 결과일 뿐이다.

브랜드 라이프 사이클 이론이 맞지 않은 이유는 무엇일까? 전통적인 마케터가 이런 결론에 도달한 이유는 쉽게 이해할 수 있다. 다른 모든 의식적인 마케팅 원칙과 마찬가지로 라이프 사이클 이론도 표면적인 관찰 결과를 바탕으로 하기 때문이다. 물론 시간의 흐름에 따라 변동하는 브랜드나 제품의 성장률을 추적해보면 둔화 현상을 발견할 수 있다. 라이프 사이클 이론을 옹호하는 이들이 나이가 들어가는 브랜드에서 관찰한 바로 그 둔화 말이다.

하지만 그게 전부는 아니다. 이들이 관찰한 것은 결국 상관관계이지, 인과관계가 아니다. 성장 둔화는 브랜드의 나이가 원인이 아니다. 현저성을 상실한 결과다. 경영진이 모르는 사이에 경쟁 브랜드 사용자와 비사용자의 마음속에 부정적 연상이 누적되면 우리 브랜드의 마케팅 활동은 잠재 고객에게 받아들여지지 않는다. 기업의 리더가 이처럼 부정적 연상이 브랜드의 성장 잠재력을 갉아먹고 있다는 사실을 인식하지 못하는 건 부정적 연상을 추적하지 않기 때문이다.

한편 몇몇 마케팅 전문가는 새로운 용도를 추가하거나 제품군을 확장하면 브랜드의 수명을 연장할 수 있다고 생각하지만, 이들이 정작 인식하지 못하는 것은 브랜드를 짓누르는 부정적 연상의 영향이다. 따라서 브랜드에 누적된 부정적 기억에 대해 알게 되면 브랜드의 라이프 사이클 모양을 바꿀 힘을 갖게 된다.

100년 또는 200년 이상 존재해온 브랜드는 월마트처럼 부정적 연상이 모습을 드러내는 즉시 제거하기 때문에 계속 성장한다. 이들은 부정적 연상이 사라지기만을 바라지 않는다. 장수 브랜드는 새롭게 추가한 긍정적 연상으로 부정적 연상을 압도하고 끊임없이 변화하는 사회문화적 환경에 꾸준히 적응하면서도 브랜드의 뿌리를 지켜낸다. 어려울 것 같은가? 이렇게 하기가 어려운 이유는 무의식적 마음을 모니터링하지 않기 때문이다.

앞서 이야기한 것처럼 부정적 연상이 신경 경로에 쌓이면 커넥톰은 긍정적이기보다는 부정적으로 변모한다. 그러면 잠재 고객을 새로운 고객으로 전환하기가 더 어려워지고 성장이 둔화한다. 이제는 알겠지만, 부정적 연상은 브랜드 커넥톰에 나타나는 즉시 제거해야 한다. 그렇지 않으면 나무 주위에 쌓이는 낙엽처럼 점점 더 제거하기가 어려워진다.

마케팅 퍼널이 잠재 고객의 마음속에서 브랜드가 성장하는 모습을 반영하지 않는 것처럼 브랜드 라이프 사이클 그래프도 브랜드가 시간이 지남에 따라 성숙해지는 모습을 반영하지 않는다. 브랜드는 끊임없이 성장하고 성숙해지며, 새로운 고객을 확보하고 새로운 시장에 계속해서 진입할 수 있다. 이처럼 긴 수명을 가지고 계속 성장하는 브랜드는 본능적 우위를 확보한다.

그러나 부정적 연상을 제거하지 못하면 브랜드가 라이프 사이클 그래프의 가파른 경사로를 따라 미끄러져 내려가는 모습을 보게 될 것이다. 여기서 좋은 소식은 이처럼 때 이른 비극을 피할 방법이 있다는 것이다.

## 혁신주의자의 실수

변화하는 환경과 고객 요구에 맞춰 끊임없이 조정하지 않는 브랜드는 연관성과 현저성을 상실한다. 하지만 브랜드에서 얼마나 많은 부분을 변경해야 하는지(즉 어떤 부분을 변경하고 어떤 부분은 변경하지 않는지) 아는 것이 성공과 실패를 결정한다. 그간의 경험을 바탕으로 내가 만든 가장 기본적인 원칙은 '가능한 한 적게 변경해야 한다'는 것이다.

예를 들어 특별한 브랜드 자산DBA이 오래되었다고 해서 버리기보다는 새로운 연상이나 의미를 추가로 불어넣어야 한다. 현재 사용자가 브랜드를 구매하는 핵심 동인을 유지하는 가운데 성장 타깃을 브랜드로 전환하는 데 필요한 긍정적 연상을 새롭게 추가해야 한다. 중요한 것은 무언가를 변경해야 한다는 이유 때문에 바꿔서는 안 된다는 점이다. 성장 타깃이 브랜드에 관심을 두지 않는 원인에 따라서만 변화를 추진해야 한다. 그 원인을 제거하면 성장 타깃이 우리 브랜드로 올 수 있기 때문이다.

간단히 말해서 브랜드는 원래 자신의 모습으로 자리를 지켜야 한다. 핵심 포지셔닝을 변경하면 사람들이 알아보지 못한다. 더 나쁜 점은 소비자가 멀리서도 브랜드를 알아볼 수 있는 가치인 진정성이 사라지기 시작한다는 것이다.

불행히도 많은 기업이 브랜드의 포지셔닝이나 메시지, DBA, 로고를 바꾸는 일에 적절한 관심과 노력을 기울이지 않는다. 그 결과 브랜드의 본래 의미를 잃어버리는 경우가 많으며 가끔은 그 정체성까지 상실한다. 브랜드를 의도적으로 개선해 신선하고 흥미진진한 상태를 유지하려고 노력하는 과정에서 뜻하지 않게 브랜드에 치명적인 손상을 입히는 것이다.

이런 유형의 기업을 여기서는 '혁신주의자revolutionist'라고 부르겠다. 혁신주의자 기업은 낙관적 편향optimism bias에 끊임없이 시달린다. 이들은 새로운 외관이나 아이디어, 트렌드에 지나치게 열광하다 종종 누군가가 현대적이고 최첨단이라고 하는 말만 듣고 그 아이디어에 매료되고 만다. 결과적으로 이들은 브랜드가 상징하는 가치를 심심찮게 변경하곤 한다.

세찬 파도 아래에 무엇이 있는지도 모르면서 변화의 바다에 뛰어드는 존재가 바로 이런 기업이다. 이들은 브랜드를 파도에 휘말리게 해서 바다 한가운데서 길을 잃거나 익사하게 만드는 소용돌이가 있는데도 무턱대고 뛰어든다. 너무 많이 변화하면 기존 고객이 브랜드를 찾기 어려워하다가 결국 트로피카나 사례처럼 알아보지도 못할 뿐만 아니라 버림받았다는 느낌까지 받을 수 있다.

브랜드의 주인이 해야 할 일은 기존 고객의 기억 속에 있는 암묵적 의미와 자산을 보호하고 그 의미와 자산이 선택을 주도하는 역할을 지켜내는 것이다. 목적지를 찾아가는 데 꼭 필요한 표지판이 없으면 브랜드의 본질을 잃게 된다. 물론 기존 고객도 마찬가지다.

한때 페이스북이었던 메타Meta는 이런 변화의 희생양이 된 브랜드 중 하나로, 첨단기술과 디지털, 가상현실 같은 트렌드에 지나치게 반응한 나머지 큰 대가를 치르는 듯싶다. 2021년 페이스북의 설립자이자 CEO인 마크 저커버그Mark Zuckerberg는 회사의 이름을 메타로 변경하겠다고 발표했다. 여기에는 회사가 향후 수년간 메타버스metaverse에 집중하겠다는 계획이 반영되었다고 언급했다. 하지만 많은 사람이 페이스북의 브랜드 리포지셔닝 계획을 전하는 뉴스를 지켜보며 당혹스러움을 감추지 못했다.

〈포브스Forbes〉에 따르면 노터데임대학교 멘도사 경영대학의 교수인 커스틴 마틴Kirsten Martin은 페이스북의 사명 변경을 강한 어조로 비판했다. "페이스북의 경영진은 현실 세계에서 자사 상품과 서비스의 신뢰성을 입증하지 못했습니다. 그러니 가상 세계에서 이들을 신뢰해야 할 이유가 있을지 명확하지 않습니다." 이런 비판은 차치하고 페이스북 이용자를 포함해서 사람들은 대부분 "메타버스가 도대체 무엇인가요?"라고 물었을 가능성이 크다. 그리고 여전히 많은 사람이 같은 질문을 던지고 있다.

설명하는 방법은 다양하겠지만, 메타버스란 기본적으로 가상현실 기술로 증강한 온라인 디지털 세계로서 그 사용자가 현실 세계와 거의 구분할 수 없을 정도로 매력적이다. 일부 증권사 애널리스트는 소셜 VR 플랫폼을 시작으로 메타버스 기술 개발과 시장 진입을 위해 메타가 50억 달러를 투자할 것으로 추정했다. 그러나 2023년까지 이미 그만한 돈을 쏟아부었지만 메타버스는 한 걸음도 현실에 가까워지지 않았다. 물론 시간이 가면 결과를 알게 되겠지만, 당시 챗GPT와 인공지능에 관한 관심이 폭발한 점을 볼 때 메타버스는 훨씬 더 새롭고 가시적인 대규모 기술 개발에 그 자리를 내준 것처럼 보였다.

물론 이런 관심은 매력적인 트렌드가 사람들의 주의를 분산시킨 결과라고 주장할 수 있지만, 실제로 벌어진 일은 저커버그가 진화 대신 혁신에 베팅했다는 것이다. 만약 저커버그가 페이스북이라는 브랜드를 메타버스 개념에 더 직접적으로 연결할 수 있었다면 기존 브랜드 커넥톰이 강화되어 브랜드가 흥미로운 차원을 새롭게 도입하고 더 많이 성장했을지도 모른다.

다시 말해 페이스북이 우정과 지역 중심 커뮤니티, 관계에 대해 소비자의 마음속에 이미 형성한 긍정적 연상을 활용하면서 메타의 첨단기술에 대한 연상을 추가했다면 더 균형 잡힌 커넥톰을 만들어낼 수도 있었다. 인류애에 뿌리를 둔 가상 기술 세계의 경이로움과 이미 알고 있는 친구와 가족이 주는 편안함 사이의 균형 말이다. 현재 상태로는 메타버스가 이륙해보기도 전에 사라질지도 모르겠다.

## 전통주의자의 두려움

브랜드를 혁신하는 것이 브랜드를 파괴하는 가장 빠른 방법이라면 그 반대쪽 끝으로 향하는 것도 위험하기는 마찬가지다. 여기서는 이처럼 반대쪽 끝으로 가버린 기업을 '전통주의자traditionalist'라고 부를 것이다. 이들은 과거의 포지셔닝을 지나칠 정도로 완고하게 유지하려는 성향이 있다 보니 어떤 식으로든 현 위치를 벗어나거나 새로운 차원을 추가하는 것을 두려워한다.

전통주의자 기업은 핵심 고객에 집중하며 자기 브랜드 에쿼티가 사람들의 마음속에 깊이 자리를 잡아 변하지 않기 때문에 이를 바꿀 수도 없고 바꿔서도 안 된다고 믿는다. 물론 이런 기업에서는 리더가 브랜드의 '진정한 DNA'를 강조하기는 하지만 이들에게도 그 DNA가 실제로 소비자의 로열티를 유지하거나 새로운 사용자를 끌어들이는 데 효과가 있다는 증거는 거의 없다.

전통주의자 기업이라면 브랜드를 현 상태 그대로 유지하면서 브랜드가 원래 가지고 있는 의미에서 벗어나기가 두려울 것이다. 이들은 마치 아기 사자를 지키는 엄마 사자처럼 어떤 대가를 치르더라도 브랜드에 대한 자신의 믿음을 보호하지만, 사람들의 마음속에서 브랜드가 어떤 모습인지 잘 모르는 경우가 많다. 이런 사고방식이 지나치면 리더가 기존 고객이나 포지셔닝에 지나치게 집중하기 때문에 브랜드가 정체될 수 있다.

이 같은 리더는 새로운 고객을 타깃으로 삼고 브랜드를 진화시키기 위한 모든 활동이 기존 고객의 마음속에서 브랜드를 손상시킬 수 있다고 생각한다. 그래서 브랜드가 더 이상 소비자에게 중요한 것이 되지 못하더라도 아주 사소한 부분조차 변경하기를 거부한다. 하지만 그러면 브랜드가 도태되는 결과만 남을 뿐이다.

또한 전통주의 마케터는 브랜드가 한 번에 한 가지만 상징할 수 있다고 생각하며, 어떻게 해야 브랜드의 현재 정체성을 잃지 않는 가운데 새로운 메시지를 겹겹이 쌓을 수 있는지 이해하지 못한다. 이런 접근 방식은 결국 토네이도가 지나는 길에 꿋꿋하게 서 있는 나무와 같은 경직성으로 이어진다.

따라서 모든 문화적 흐름에 따라 계속 변하는 브랜드가 바람직하지도 않지만 그 어떤 변화도 거부하는 브랜드 역시 바람직하지 않다. 혁신이나 타성 대신 추구할 목표는 지속적인 진화다. 이는 브랜드의 핵심 정체성이나 가치에 충실한 모습과 시대에 따라 진화하는 모습 사이에 균형을 이루는 것을 의미한다. 그래서 여기서는 이런 브랜드를 전통주의자나 혁신주의자와 대조적으로 '진화주의자evolutionist'라고 부르고자 한다.

변화 선상에서 놓고 볼 때 진화는 양쪽 끝에 있는 혁신과 타성의 '딱 적당한' 중간 지점에 있다. 너무 적게 바꾸면 잠재 고객, 즉 브랜드로 가는 길을 방해하는 부정적 장벽이 있는 소비자는 브랜드 세계로 들어올 이유가 없다. 반면 너무 많이 바꿔 180도 돌변하면 기존 고객에게 진정성이 없어지고 알아볼 수 없는 것처럼 보일 수 있다. 그러면 기존 고객은 달아나 버린다. 성장 타깃을 브랜드로 데려오기 위해서는 사람들이 브랜드에 대해 가지고 있는 긍정적 연상을 유지하면서도 끊임없는 진화를 통해 길을 막는 장벽을 제거해야 한다.

## 지속적인 진화와 성장의 공식

진화는 결국 브랜드 커넥톰을 관리해 브랜드가 계속 신선하고 새로우며 생동감 있도록 유지하는 것으로 수렴한다. 본질적으로 브랜드는 늙지 않지만 적절하게 주의를 기울이지 않으면 건강을 잃을 수 있다. 그러므로 브랜드의 건강과 안녕을 유지하려면 끊임없이 경계 태세를 갖춰야 한다. 언제 어디에서나 브랜드의 건강을 보살피면 브랜드는 계속 발전하고 진화하며 성공한 끝에 결국 불멸의 경지에 도달할 기회를 얻는다.

다행히도 이 모든 과정은 미스터리가 아니다. 여기 변화하는 모든 시대를 거치며 브랜드에 새로운 생명을 불어넣는 데 크게 이바지한 간단하면서도 그 성과가 검증된 공식이 있다. 바로 유지하기 Keep, 중단하기 Stop, 추가하기 Add다. 이것이 브랜드의 지속적인 진화와 성장을 위한 공식이다.

### 유지하기

유지하기의 핵심은 긍정적 연상을 강화하는 것이다. 뇌와 근육이 제대로 기능하고 힘을 발휘하려면 계속 활동해야 하는 것처럼, 브랜드에 대한 기억 구조도 계속해서 일해야만 건전성과 조화를 유지할 수 있다. 현재 사용자나 비사용자가 브랜드에 대해 이미 가지고 있는 긍정적 연상을 유지해야 한다. 모든 사람이 브랜드나 그 브랜드가 의미하는 바를 안다고 가정해서는 안 된다. 그보다는 비사용자가 브랜드에 대해 아무것도 모른다고 가정해야 한다.

브랜드가 소비자의 마음속에 가지고 있는 긍정적 연상(예를 들면 혜택, 전문성, 브랜드 스토리, DBA)을 지속적으로 강화하면, 브랜드와 함께 자라지 않은 새로운 세대를 포함해 모든 잠재 고객의 마음속에서 브랜드 커넥톰을 성장시킬 수 있다. 브랜드의 긍정적 연상 강화는 브랜드가 진화하는 동안 기존 고객을 유지하는 데도 중요하다. 간단히 말해서 사용하지 않으면 잃어버리는 법이다.

어릴 때 피아노를 치는 법을 배웠더라도 그 후 20년 동안 연습하지 않았다면 피아노 앞에 다시 앉았을 때 몹시 어색해서 어찌할 바를 모를 것이다. 이전에 뇌가 악보를 해석한 다음, 손가락에 정확히 어디로 어떻게 움직이라는 메시지를 보낼 수 있었던 신경 경로의 연결이 약해졌거나 완전히 사라졌기 때문이다. 이는 브랜드에 대한 긍정적 연상도 마찬가지다.

### 중단하기

중단하기에서는 부정적 연상을 찾아내 없애는 것이다. 부정적 연상이 축적되는 일은 무조건 막아야 한다. 그렇지 않으면 부정적 연상은 새로운 고객이 브랜드로 전환하는 길을 가로막는 장벽으로 바뀔 것이기 때문이다. 이를 위해서는 먼저 어떤 부정적 연상이 있는지 알아내야 한다. 이때 전통적인 연구나 속성 기반의 설문조사만으로는 알아내기 어렵다. 그런 방식으로는 식품이나 음료의 인공 첨가물처럼 브랜드 선택을 방해하는 의식적인 장벽을 파악할 수는 있지만 이는 이미 알고 있는 내용일 가능성이 크다.

실제로 브랜드의 발목을 잡는 부정적 연상은 시간이 지남에 따라 유기적으로 자라나다 보니 그 존재를 알지 못하는 경우가 대부분이다. 이와 같은 부정적 연상은 미묘하고 보통 이미지나 페르소나를 바탕으로 하며 암묵적 수준의 조사를 통해서만 발견할 수 있다. 이런 유형의 조사로 사람들이 브랜드에 대해 잘못 이해한 결과 만들어진 연결, 즉 상상도 할 수 없었던 부정적 내러티브를 밝혀낼 수 있다. 그리고 이렇게 얻은 지식은 브랜드를 다시 일으키는 데 큰 힘이 된다.

의도치 않게 부정적 연상을 강화할 수 있는 모든 마케팅 커뮤니케이션을 중단하고 이를 긍정적 연상으로 대체함으로써 소비자는 가장 중요한 것, 즉 브랜드가 선사하는 경이로움에 집중할 수 있다.

마치 지방 성분이 많은 음식을 먹지 않거나 담배를 끊으면 육체적 건강 개선에 도움이 되는 것처럼, 부정적 연상을 제거하면 브랜드의 건전성이 개선된다. 부정적 연상이라는 잡초를 제거함으로써 긍정적 연상이 잘 자랄 무대가 마련되는 것이다.

### 추가하기

추가하기란 성장 트리거 구축을 의미한다. 기존의 긍정적 연상을 강화하고 이로써 부정적 연상을 압도하는 것만으로는 분명 한계가 있다. 바로 이 지점에서 '추가하기'가 필요하다. 브랜드가 끊임없이 진화하려면 성장 타깃이 브랜드를 사용하기 시작하는 데 필요한 새로운 긍정적 연상을 추가해야 한다. 그리고 성장 트리거는 이 일을 하는 가장 빠른 방법이다. 성장 트리거는 브랜드에 비타민 주사를 놓아 원기와 활력, 새로운 생명을 불어넣는 것과 같은 효과를 낸다.

앞서 논의한 바와 같이, 성장 트리거라는 인지적 지름길을 통하면 잠재 고객의 커넥톰을 긍정적 연상으로 강화해 브랜드 커넥톰을 성장시키고 현저성을 강화할 수 있다. 풍부한 영양으로 건강에 도움이 되는 슈퍼 푸드처럼, 생수 카테고리의 눈 덮인 산이나 패스트푸드 카테고리의 방금 깬 신선한 달걀, 베이비 샴푸 카테고리의 아기를 돌보는 아빠와 같은 인지적 지름길에도 뇌를 활성화하는 영양분이 가득 차 있다. 이를 기존 브랜드 커넥톰에 추가하면 성장 트리거가 새로운 신경 경로를 생성해 잠재 고객의 마음속에서 브랜드의 물리적 영역이 더 빠른 속도로 커진다.

유지하기, 중단하기, 추가하기는 단기적으로는 물론 장기적으로도 브랜드의 건전성을 유지하려는 기업이라면 따라야 하는 새로운 만트라다. 소비자가 이미 높이 평가하는 긍정적 연상을 더 강화하고(유지하기) 부정적 연상을 제거하며(중단하기) 잠재 고객을 전환하는 데 필요한 새로운 연상을 더하면(추가하기) 가구 침투율을 높이는 동시에 고객 이탈률을 줄일 수 있다.

기존 고객을 유지하면서 새로운 고객의 마음속에 있는 장벽을 넘어서는 방법을 배우는 이 과정에는 놀라운 선물이 하나 더 따라온다. 바로 브랜드가 계속 진화함에 따라 기업의 목표나 기준이 높아진다는 것이다. 이를 위해 '유지하기, 중단하기, 추가하기' 과정에서 100년 이상 성공을 유지해온 브랜드처럼 오래된 연상과 새로운 연상 사이에서 균형을 맞춰야 한다.

이런 관점에서 P&G는 매우 좋은 사례다. P&G의 마케터는 타이드나 샤민Charmin, 바운티 같은 브랜드 에쿼티를 강하게 보호하려 하면서도 변화하는 소비자 트렌드에 맞춰 브랜드의 메시지와 이미지를 새롭게 가다듬고 끊임없이 혁신한다. 그리고 그 과정에서 역사적으로 P&G의 브랜드를 구축한 특별한 브랜드 자산을 소중히 간직한다. 밀레니얼 세대나 '천연' 소비자와 같은 특정 고객 세그먼트를 브랜드로 끌어들이기 위해 더 많은 일을 할 수도 있겠지만, 이들은 소중한 브랜드 커넥톰으로 구성된 포트폴리오를 육성하기 위해 계속 노력한다.

1837년 비누와 양초를 생산하는 회사로 설립된 P&G는 수많은 세대의 소비자에게 연관성을 유지해왔다. 그리고 이는 2023년 전년 대비 3.5퍼센트 증가한 약 810억 달러의 매출을 올리는 놀라운 성과로 이어졌다. 세월이라는 시험을 이겨낸 브랜드는 소비자의 마음속에 존재하는 브랜드 커넥톰에 내재한 강력한 기억과 연상을 계속 강화하는 동시에 새로운 긍정적 연상을 계속 추가한다.

이것이 바로 P&G의 화장지 브랜드 샤민와 함께 두 하위 브랜드 샤민 울트라 소프트와 샤민 울트라 스트롱이 지금도 미국에서 가장 많이 팔리는 화장지 브랜드이자 바운티가 키친타월 카테고리에서 1위 자리를 지키는 이유다. 이들 브랜드가 P&G 소유라는 사실조차 알지 못하는 소비자도 많지만, 이들조차도 일부가 아니라 모든 소비자의 마음속에 있는 브랜드 커넥톰의 크기와 현저성 덕분에 이런 인기 브랜드를 매우 익숙하게 여긴다.

이런 보편성은 우연의 산물이 아니다. 이는 새로운 세대의 소비자에게 브랜드의 혜택과 전문성을 지속적으로 교육하고 그 커넥톰을 끊임없이 성장시켜 브랜드의 수명을 계속 늘린 결과다.

## 디지털 브랜드 쇠퇴

부정적 연상과 마찬가지로 또 다른 숨겨진 힘이 브랜드의 건전성을 갉아먹을 수 있다. 이는 오늘날 콘텐츠가 왕이 된 디지털 세계의 산물이다. 오늘날 브랜드는 컴퓨터나 휴대전화 화면 반대편에 있는 소비자와 24시간 내내 대화해야 한다고 느낀다. 엄청난 양의 콘텐츠를 쏟아내지만 이를 전략적으로 개발할 시간은 매우 짧다. 그렇다 보니 불행히도 브랜드는 핵심 메시지나 포지셔닝에서 멀어지면서 앞에서 설명한 공식의 '유지하기' 요소를 잃어버린다.

매일 새로운 이야기를 전하려 노력하는 과정에서 소비자가 종종 브랜드와 별로 관계가 없는 정보를 받게 되면서 브랜드의 혜택과 전문성은 희석되거나 불분명해질 수 있다. 게다가 일부 메시지는 서로 충돌하기도 한다. 이처럼 디지털 채널 전반에서 메시지가 쪼개지고 분산되면 조화로운 브랜드 정체성이 파괴되며, 이는 내가 '디지털 브랜드 쇠퇴digital brand atrophy'라고 부르는 현상으로 이어진다.

브랜드의 정체성이 소비자의 마음속에서 사라질수록 브랜드의 마음 점유율도 점진적으로 사라진다. 이는 단순히 브랜드 건전성의 문제가 아니라 사업 측면에서 매우 중요한 문제다. 브랜드에 대한 연상의 소멸과 붕괴는 매출 감소나 시장점유율 하락과 직접적으로 관련이 있는 문제다.

이런 현상은 21세기 이전에도 있었지만 소비자가 세분화되고 플랫폼이 단편화되면서, 온종일 브랜드에 대해 엄청나게 다양한 메시지를 쏟아내는 웹3.0 시대가 도래하면서 그 발생 빈도가 엄청나게 증가했다. 웹사이트나 앱, SNS 플랫폼에서 지나치게 많은 메시지가 돌아다니는 브랜드는 브랜드 커뮤니케이션에서 일관성을 유지하고 소비자와 효과적으로 연결하는 능력을 점차 잃어가고 있다.

브랜드의 성장에 손상을 입히는 모든 문제 가운데 디지털 브랜드 쇠퇴는 브랜드의 수명에 가장 큰 위협이 된다. 건전한 브랜드는 수렴하는 브랜드다. 브랜드가 서로 다른 사람에게 서로 다른 의미를 갖기 시작하면 더 이상 브랜드가 아니다. 2003년 디지털 광고 시장은 73억 달러 규모에 불과했다. 하지만 인터넷이 직장과 커뮤니케이션을 거쳐 상거래에 이르기까지 우리 일상생활의 모든 영역을 바꾸었고, 2021년 디지털 광고 시장의 규모는 1,893억 달러로 엄청나게 커졌다.

현재는 마케팅 예산의 56퍼센트가 디지털 채널에 할당된다. 물론 이런 기술적 진화에는 아무런 문제가 없다. 결국 우리는 기술적으로 진보했으며 점점 디지털화되어가는 세상에서 살고 있으니 말이다. 그러나 이런 진보는 정보를 배포하고 소비하는 방식이 단편화되는 문제도 일으켰다.

30년 전 우리는 거실에 앉아 이웃집이나 마을 건너편 또는 다른 도시에 있는 사람들이 보는 것과 같은 몇 가지의 TV 채널을 시청했다. 이처럼 사람들이 공유하는 생활은 뉴스, 엔터테인먼트 및 정보 전반에 걸쳐 공통의 기준과 공유하는 가치로 이어졌다. 모두가 똑같은 30초짜리 광고와 똑같은 프로그램, 똑같은 심야 방송을 봤다. 마치 미국 전역에서 서로 손을 잡는 것만 같았다. 그렇게 현실에 대한 인식은 전반적으로 일치했다. 우리는 선형적인 세상에서 살고 있었지만 이제 그런 세상은 사라졌다.

모두가 손에 디지털 기기가 들려 있는 지금, 우리는 매일 다양한 매체를 통해 다양한 시간대에 수많은 다양한 메시지에 둘러싸여 있다. 요즘에는 단 한 사람을 위해 개인화된 메시지까지 볼 수 있다. 콘텐츠 생성은 무한히 반복되는 일로서 그 연속성이 매우 강하다. 그렇다 보니 브랜드는 소비자와 나누는 대화에서 제외되지 않기 위해 콘텐츠 생성에 매일 참여하려고 노력해야 한다는 느낌을 받는다. 이들이 보여주는 모습이 바로 대표적인 마케팅 포모 증후군 사례다.

매일 끊임없이 대화를 유지하려 노력하는 과정에서 브랜드는 지푸라기라도 잡고 싶은 심정으로 무언가를 이야기해서, 아니 어쩌면 아무 말이라도 해서 소비자와 연결되기를 바라지만 대개는 브랜드의 실제 메시지에서 멀어질 뿐이다. 그러다 보면 소비자는 브랜드의 혜택이나 역량과 직접적으로 거의 또는 전혀 관련이 없는 메시지만 받게 된다. 결과는 어떨까? 소비자는 브랜드가 무엇을 의미하는지 또는 어떻게 작동하는지 전혀 이해하지 못한다. 그리고 다른 브랜드와의 차이점을 인식하는 데 어려움을 겪으며, 언제 브랜드를 사용해야 하는지 명확하게 알지 못한다.

한편 그 과정에서 광고대행사의 광고기획자는 어쩔 줄 몰라 하며 쏟아낼 수 있는 모든 것을 쏟아낸다. 베인 앤드 컴퍼니의 파트너였으며 전략 컨설팅 회사인 파머 앤드 컴퍼니Farmer and Company의 CEO 겸 회장인 마이클 파머Michael Farmer에 따르면, 1992년 광고대행사인 고객사 한 곳에서 광고기획자 50명이 380건의 광고기획 및 전략 제안을 광고주에게 보고했다. 전부 고유한 아이디어를 담아낸 결과물이었다. 이는 광고기획자 한 명당 연간 약 7.6건의 결과물을 만들어냈다는 의미다.

25년이 지난 2017년 같은 광고대행사의 인근 사무실에서는 광고기획자 50명이 1만 5,000건의 결과물을 완성했는데 그중 1만 3,000건은 이전에 만든 아이디어에서 파생된 것이었다. SNS 게시물과 디지털 광고, 이메일 폭탄 등 미디어 플랫폼 전반에 걸쳐 광고기획자의 업무량이 연간 300건으로 급증한 것이다.

이런 수준의 프로젝트 부담 때문에 각 콘텐츠에 쏟을 수 있는 생각의 양은 필연적으로 매우 적을 수밖에 없으며, 광고기획자나 브랜드는 기본적으로 가능한 한 많이 던져본 다음 어떤 것이 소비자의 마음속에 달라붙는지 확인할 수밖에 없다. '브랜드를 발전시키기 위해 무엇을 해야 할까?'라고 묻기보다는 '이 모든 것을 밖으로 내보내기 위해 무엇을 해야 할까?'라고 묻는 것이다.

마치 마케터와 광고기획자는 초콜릿 공장의 컨베이어 벨트보다 한 발 앞에 서 있으려 애쓰면서 초콜릿을 찍어내는 것처럼 시속 100킬로미터의 속도로 게시물을 쏘아 올린다. 이런 과정은 작업 처리량에 초점을 맞춘 생산라인이 되다 보니 소비자의 기억에 남는 브랜드 메시지가 거의 없는 결과를 낳았다.

이런 접근 방식이 조화로운 브랜드 정체성으로 이어지지 않을 것임은 분명하다. 간단히 말해 그렇게 할 수 없기 때문이다. 지겨울 정도로 다음 게시물을 생각해내려 애쓰다 보면 공유하는 정보는 브랜드의 상품이나 서비스와 잘 보이지도 않을 정도로 희미하게 연결될 수 있다. 연못 중심에 돌멩이를 던질 때처럼 동심원이 점점 퍼져나가면서 브랜드의 중심에서 점점 더 멀어지고 브랜드 정체성에서 서서히 벗어나게 된다.

그렇게 처리량이 중요한 작업 라인을 계속 돌리려고 애쓰다 브랜드의 핵심 메시지와 혜택, '믿어도 좋은 이유(고객이 브랜드의 약속을 신뢰해야 하는 본질적인 이유)'가 흔들리거나 모호해지기 시작한다. 소비자의 기억 구조에 통일성 있는 명확한 메시지가 들어가지 않으면 소비자는 브랜드에 대해 자기 나름의 이야기를 만들어내고 이는 잘못된 인식으로 이어진다.

이때 커넥톰이 형성되고 있을 수는 있지만 그 커넥톰은 브랜드에 대한 소비자의 해석에 기반할 가능성이 크다. 반면 회사가 전달하려는 구체적인 긍정적 연상이나 브랜드 이미지에 기반할 가능성은 훨씬 작다. 지난 10년 동안 다양한 산업군의 〈포춘〉 500대 기업을 대상으로 진행한 여러 연구를 메타 분석(개별 연구 결과를 수집해 통계적으로 다시 분석하는 연구 방법 ― 옮긴이)한 결과, 오늘날 브랜드 커넥톰은 소비자가 스스로 지어낸다. 그러다보니 틀린 경우가 빈번한 소비자 자신의 내러티브에 점점 더 압도당하고 있다. 브랜드의 의미나 상징에 대한 일관성 있는 메시지를 받지 못하기 때문에 사람들이 직접 해석하고 결론을 내리려다가 종종 잘못된 결론에 도달하는 것이다.

또한 브랜드의 DBA나 이미지, 전문성이 소비자의 마음속에 계속 남아 있거나 이해될 가능성도 낮다. 그 이유는 간단하다. 브랜드의 리더가 채널 전반에 걸쳐 내러티브와 이미지를 쪼개고 분산시킨 결과 마케팅 활동이 제대로 이뤄지지 않기 때문이다.

브랜드는 소비자가 마음속에 가지고 있는 메시지가 브랜드가 실제로 전달하려는 메시지와 같은지 확인해야 한다. 그렇게 하려면 브랜드 안내서를 넘어서는 무언가가 필요하다. 바로 어떤 메시지나 성장 트리거, 연상, DBA가 브랜드가 의미하는 바를 강화하는지 그리고 어떤 것은 그러지 못하는지를 판단하기 위한 엄격한 가이드라인을 개발하는 것이다. 이런 가이드라인에 따라 사전에 승인된 메시지, 성장 트리거, 연상, DBA 등으로 구성된 포트폴리오를 만들면 브랜드를 훤히 파악할 수 있으며 브랜드의 핵심에서 벗어날 가능성이 줄어든다.

마케터나 광고주는 종종 현대 광고의 아버지 데이비드 오길비David Ogilvy가 남긴 "빈틈없는 브리핑의 자유를 주십시오"라는 말을 되뇐다. 이번 경우도 예외는 아니다. 정확성을 기할수록 브랜드가 이런 가이드라인 아래 메시지를 유지하는 동시에 창의성을 발휘할 공간을 가질 수 있다. 혼자 운영하는 사업이든, 거대 다국적 기업이든 상관없다. 디지털 파괴자 브랜드인지, 레거시 브랜드인지 또한 상관없다. 이 가이드라인은 모든 브랜드에서 '유지하기, 중단하기, 추가하기'를 통한 지속적인 브랜드 진화와 성장 과정을 지원한다.

절대로 늦지 않았다. 올바른 가이드라인을 만든 다음 이를 철저하게 지키려고 노력하면 브랜드에 새로운 활력을 불어넣고 브랜드의 현재 나이와 관계없이 그 수명을 연장할 수 있다.

## 레거시 브랜드의 회복 효과

아마도 브랜드의 수명에 관한 최고의 소식은 두 번째 기회에 대한 약속, 즉 재생에 대한 약속일 것이다. 브랜드가 몇몇 잘못된 판단을 해서 한동안 자기 나무를 돌보지 않았더라도 하락세를 뒤집고 다시 한번 상승 궤도에 올라탈 기회는 있다. 특히 레거시 브랜드는 누적된 기억의 네트워크가 잘 구축되어 있어서 성장 측면에서 빠르게 회복할 수 있다. 이런 능력을 여기서는 '회복 효과bounce-back effect'라고 부를 것이다.

하지만 여러 산업의 비즈니스 전문가들은 레거시 브랜드는 나이가 들어 전성기를 지났기에 더 이상 크게 성장할 수 없으므로 투자해서는 안 된다고 말한다. 그러다 보니 대규모의 캐시카우 브랜드조차도 기업의 브랜드 포트폴리오의 중심에서 밀려나며 상대적으로 더 젊은 브랜드가 더 많이 주목받고 더 많은 자원을 확보하게 된다. 물론 그 젊은 소규모 브랜드가 빠르게 성장하는 카테고리에

속해 있거나 경쟁 브랜드와 크게 차별화할 수 있는 요소를 가지고 있다면 그런 전략이 합리적일 수 있다. 그러나 만약 그렇지 않다면 레거시 브랜드를 폐기할 필요는 없다. 아니, 폐기해서는 안 된다.

사실 모든 브랜드가 재기를 경험할 수 있지만 상대적으로 작은 신생 브랜드는 사람들의 마음속에 확고하게 자리 잡지 않았기 때문에 재기하기가 더 어렵다. 이런 측면에서 레거시 브랜드에는 엄청난 이점이 있다. 레거시 브랜드는 대중의 마음속에 수십 년간 쌓은 기억과 잘 구축된 브랜드 커넥톰을 가지고 있기 때문이다. 놀라운 점은 부정적 연상이 일부 있다 하더라도 네트워크가 워낙 광범위하게 잘 자리 잡고 있어서 긍정적 연상이 충분히 추가되기만 하면 브랜드가 침체나 쇠퇴 상태에서 벗어날 수 있다는 것이다.

이런 브랜드에 있는 엄청나게 두꺼운 뿌리는 앞으로도 상당 기간 자라서 소비자의 뇌 안쪽 더 깊은 곳으로 파고 들어갈 수 있다. 이는 마치 식물에 얼마간 물을 주지 않으면 시들고 생기가 없어 보이기 시작하는 것과 같다. 그런데 물을 주는 순간 식물의 뿌리는 곧장 수분을 빨아들이고 잎이 돋아나며 다시 활력을 찾는다.

이제 올드 스파이스Old Spice의 데오도란트 및 남성용 면도용품 사례를 살펴보자. 슐튼 컴퍼니Shulton Company의 설립자 윌리엄 라이트풋 슐츠William Lightfoot Schultz는 1937년 자신의 어머니가 사용한 포푸리 방향제에서 영감을 받아 여성용 향수인 얼리 아메리칸 올드 스파이스Early American Old Spice를 출시했다. 다음 해에는 애프터셰이브와 면도 비누를 포함한 남성용 올드 스파이스 라인을 내놓았으며, 오늘날에도 여전히 사용되는 독특한 향이 이 라인의 특징이었다.

남성용과 여성용 제품의 브랜딩에는 모두 미국이 독립하기 전 바다를 항해하는 이미지가 담겨 있었다. 이 이미지는 심지어 남성용 제품 라인이 여성용 제품 라인을 잠식하고 브랜드의 정체성이 공고해지면서 브랜드만의 특징적인 모티프이자 많은 소비자가 인식하는 DBA가 되었다.

1970년대 브랜드의 마케팅 접근 방식은 전통적인 남성성 테마에 초점을 맞췄으며 그에 맞는 캐릭터도 있었다. 1972년에 내보낸 광고를 보면 잘생기고 다부진 외모의 선원이 항구에 정박한 배에서 손에 배낭을 든 채 뛰어내린다. 그리고 샌프란시스코의 거리를 걷다가 방금 샤워를 마치고 나온 듯 셔츠를 입지 않고 창가에 서 있는 남자에게 부표 모양의 병에 담긴 애프터셰이브를 던진다. 남자의 여성 파트너는 남자가 애프터셰이브를 얼굴에 바르자 마음에 들어 한다. 이때 내레이터가 "올드 스파이스와 함께 깨어나 드넓은 바다의 상쾌함을 느껴보세요"라고 말하면서 장면이 바뀐다.

이제 그 선원은 시골길을 따라 농장으로 걸어간다. 콧소리 가득한 서부 시대 음악이 배경으로 흐른다. 선원은 그의 앞에서 걸어가던 카우보이를 앞질러 가더니 이번엔 다른 병을 건네며 말한다. "올드 스파이스와 함께 깨어나세요. 얼굴에 뿌린 애프터셰이브와 등 뒤에서 부는 바람을 느껴보세요."

이처럼 거친 남성성에 대한 연상은 1990년에 올드 스파이스가 P&G에 인수되기 전까지 데오도란트, 향수, 최초의 남성용 보디워시 등 신제품을 출시할 때도 유지되었다. 인수 후 P&G의 지원으로 올드 스파이스는 한동안 잘 성장했지만 자사 브랜드로 전환되지 않는 타깃 고객이 있었다. 바로 젊은 남성이었다. 2000년대가 되자 이런 한계가 브랜드에 타격을 입히기 시작하면서 올드 스파이스는 악스Axe처럼 젊은 브랜드에 시장점유율을 내주었다.

이유는 분명했다. 젊은 소비자에게 올드 스파이스는 아버지나 할아버지가 쓰던 것으로 받아들여졌다. 이들의 눈에는 브랜드가 오래되고 낡아 보였던 것이다(심지어 브랜드 이름에도 '올드'라는 말이 들어간다). 그에 반해 2002년 출시된 악스는 젊고 신선하며 이제 막 시작된 21세기의 새로운 분위기를 풍겼다.

서부 시대 카우보이나 미국이 독립하기 전 바다를 항해하던 선원은 그저 지나간 시대가 아니라 지난 세기에 속한 사람이었다. 이런 인식의 연장선상에서 바라보면 올드 스파이스라는 브랜드도 마찬가지였다. 이런 부정적 연상은 간접적이라서 소리 소문 없이 소비자의 커넥톰에 들어갔을 것이다. 그리고 이 사실을 알았을 때는 이미 너무 많은 시간이 흘러버렸다. 아니, 적어도 그렇게 보였다.

그런데 그때 브랜드에 구세주가 나타났다. 올드 스파이스 가이였다. 배우이자 전 미식축구 선수 아이제이아 무스타파Isaiah Mustafa가 등장한 2010년 광고 '당신의 남자도 이 남자와 같은 향이 날 수 있다'는 그해 슈퍼볼에서 처음 전파를 탔다. 방송 직후 시장은 뜨겁게 반응했다. 광고에는 거의 40년 전 올드 스파이스 광고에 등장한 남성성 넘치는 선원의 허세가 일부 담겨 있었으나 시대에 뒤떨어진다는 느낌은 전혀 없었다. 오히려 브랜드의 낡은 이미지를 조금은 조롱하는 동시에 새로운 소비자인 여성에게 호소하는, 약간 삐딱한 30초짜리 광고였다.

이 마케팅 캠페인을 제작한 광고대행사 와이든+케네디Wieden+Kennedy는 보디워시 제품의 60퍼센트를 여성이 (적어도 표면상으로는 자신의 인생 안에 존재하는) 남성을 위해 구매한다는 사실에 주목했다. '당신의 남자도 이 남자와 같은 향이 날 수 있다' 광고는 여성 시청자에게 깎아놓은 듯한 근육질 몸매에 셔츠를 벗은 모습으로 등장한 아이제이아 무스타파가 샤워를 마치고 나와 거대한 요트 위 그리고 해변에서 백마에 올라탄 모습에서 시선을 돌려 바로 옆에 앉아 있는 남자를 바라보라고 한다. 그리고 무스타파는 그 남자가 자기는 아니지만 여성용 보디워시 대신 올드 스파이스로 바꾸면 적어도 자신과 같은 향이 날 수 있다고 말한다.

이 광고는 시청자의 공감을 얻었으며 브랜드에 활력을 불어넣었다. 실제로 사람들 사이에 입소문을 타며 방송 첫 주에만 유튜브 영상 조회 수가 4,000만 회에 이르렀다. 올드 스파이스 트위터 계정의 팔로워 수는 2,700퍼센트 증가했고, 유튜브 채널은 잠시나마 역대 가장 많이 본 채널이 되었으며, 홈페이지 방문자 수도 300퍼센트 증가했다.

회사에서는 광고가 처음 방송되는 그해 2월부터 5월까지 보디워시 제품 매출을 15퍼센트 높이겠다는 목표를 세웠지만, 실제로 올드 스파이스 레드 존 보디워시 매출은 전년도 같은 기간 대비 60퍼센트나 증가했다. 그리고 7월까지 매출이 두 배로 증가하면서 시중에서 가장 많이 팔리는 남성용 보디워시 브랜드가 되었다.

이 광고에서 유머는 시청자를 그저 웃기려는 것보다는 삶의 동반자에게서 좋은 향이 나는 이점을 강조하는 동시에 브랜드가 오랜 세월 유지해온 바다라는 모티프와 관련된 이미지를 끌어들이기 위해 사용되었다. 그러면서도 시대를 따라가며 문화적 연관성도 만들어냈다. 이번 광고는 1972년도 광고에서 보여준 것처럼 너무 진지하고 뻣뻣한 캐릭터에서 벗어나, 비단 부두에 내린 후뿐만 아니라 언제나 삶의 동반자에게 좋은 향을 선사하라고 강조하는 섹시하면서도 장난기 가득한 대변인으로 교체했다. 광고의 모든 요소가 재미있는 데다 심지어 신나는 느낌까지 주면서도 제품의 효과에 관한 이야기도 잊지 않았다.

이 광고가 방송되던 당시 거의 75년이나 된 커넥톰을 가지고 있던 올드 스파이스는 오래된 이미지와 부정적 연상을 떨쳐내는 동시에 소비자의 마음속에 남을 새로운 긍정적 연상을 담아낼 수 있었다. 브랜드의 재활성화와 끊임없이 성공적인 성장으로 이어지는 '유지하기, 중단하기, 추가하기' 과정의 대표적인 사례라 할 수 있다.

이런 성공에도 불구하고 올드 스파이스는 지금 자리에 머물러서는 안 될 것이다. 2010년에 통한 메시지가 2025년에는 또다시 시대에 뒤떨어진 것처럼 보일 것이기 때문이다. 브랜드의 핵심 포지셔닝은 그대로 지키면서 구체적인 개별 메시지는 문화적 연관성을 유지하기 위해 진화해야 한다.

최근 올드 스파이스는 새로운 전환점을 만들었다. '남자도 피부가 있답니다' 광고에서 디온 콜Deon Cole은 연인 게이브리얼 데니스Gabrielle Dennis에게 자기 올드 스파이스 보디워시를 사용하지 않았느냐고 따진다. 그러자 데니스는 올드 스파이스 보디워시로 씻으면 피부가 부드러워지고 좋은 향이 나서 그랬다고 말한다. 그녀가 사용하지 말아야 할 이유가 있을까? 이때 암묵적으로 형성된 연상은 여성도 남성이 할 수 있는 모든 것을 할 수 있으며 올드 스파이스 보디워시의 향과 그 향이 주는 편안함은 모든 사람을 위한 것이라는 점이다.

## 불멸의 브랜드가 되어라

브랜드의 쇠퇴는 불가피한 것이라고 인정할 필요는 없다. 이는 부정확한 가정을 바탕으로 한 패배주의적인 태도일 뿐이다. 100년이나 200년 이상 존재해온 브랜드와 그런 브랜드가 되는 길을 잘 따라가고 있는 기업이 증명한 것처럼, 브랜드의 성숙은 끝이 아니다. 중요한 점은 잠재 고객의 무의식적 마음을 모니터링하고 부정적인 내러티브에 선제적으로 대응하는 것이다. 그렇게 할 때 브랜드는 본능적 우위를 확보할 수 있다.

브랜드를 제대로 관리하면, 즉 기존의 긍정적 연상을 유지하고 부정적 연상을 압도할 새로운 긍정적 연상을 추가하면 그 누구도 향후 수년간 우리 브랜드가 다른 브랜드보다 높은 자리로 성장하지 못하게 막을 수 없다. 야생에서 가장 나이 든 나무는 4,000년도 넘는다는 사실을 잊지 않기를 바란다. 브랜드를 잘 관리하고 그 성장을 계속 장려한다면 영원히 살지 못할 이유는 없다.

## 에필로그

최근 〈포춘〉 500대 기업에 포함된 한 회사의 CMO가 나를 찾아와 지난 10년간 매출이 6퍼센트 하락하는 등 부진을 겪어온 건강 에너지바 브랜드에 관해 논의한 적이 있었다. 그 CMO는 브랜드에 새로운 활력을 불어넣어 마이너스 성장을 플러스 성장으로 반전시키기 위해 다른 대기업에서 영입한 인재였다. 이전 회사에서는 손대는 일마다 황금빛으로 빛나는 결과를 만든 덕분에 '미다스의 손'을 가진 것으로도 유명했다. 하지만 이번 회사에서 맡은 일은 그가 예상했던 것보다 훨씬 더 어려웠다.

그 CMO는 주요 경영 컨설팅 회사의 자문 결과에 따라 전면적인 리브랜딩re-branding 캠페인을 진행했다고 말했다. 리브랜딩 캠페인에서는 에너지바의 '건강한 영양분' 측면을 밀고 나갔다. CMO의 생각에는 그 모든 계획이 완벽했다. 청소용품과 비누, 생활용품에서 음식과 음료에 이르기까지 천연 및 유기농 제품을 선호하는 트렌드가 확대되면서, 건강에 유익하다는 점은 오늘날 소비자의 취향과 선호도에 맞춰 브랜드가 내세울 수 있는 가장 좋은 주장이었다.

마케팅 캠페인 개시 전에는 정량적 테스트뿐 아니라 여러 차례의 포커스 그룹 인터뷰를 통해 광고를 검증했으며, 그대로 진행해도 좋다는 의견이 CMO와 다른 경영진에게 공유되었다. 그러나 실제로 이 마케팅 캠페인을 수개월 동안 진행한 결과는 기대와는 달랐다. 여전히 시장점유율은 떨어지고 있었다.

CMO와 논의를 시작하자마자 우리는 무엇이 문제인지 알아차렸다. 이 책을 끝까지 읽은 여러분의 눈에도 문제점이 보일 것으로 확신한다. '건강한 영양분'이라는 단일한 동인 그 자체만으로는 충분히 효과적이지 않았으며 잠재 고객의 마음속에는 컨설팅 회사가 알아차리지 못한 암묵적인 부정적 연상이 있었을 가능성이 크다. 이는 트리거즈의 작업에서 드러난 결과와 정확히 일치했다. 진정성이 부족하고 재미가 없으며 특별한 맛이 없는 데다 대담하지 않고 사용 기회가 제한적이라고 인식되는 등 다양한 부정적 장벽이 잠재 고객의 마음속에서 오랜 시간 차곡차곡 쌓여왔다.

한편 우리 트리거즈에서는 함께 작용하면 이런 장벽을 제거할 수 있는 세 가지 동인도 밝혀냈다. 바로 자연스러운 맛과 특허받은 통곡물 제분법, 농산물 직판장에서 시작한 브랜드라는 뿌리였다. 우선 자연스러운 맛은 황적색의 화려한 과일 이미지와 결합해 신나는 맛이라는 긍정적 연상을 만들어냈다. 이는 재미없고 특별한 맛이 없다는 인식을 해결했다. 통곡물 영양분의 원천인 배아를 더 많이 유지할 수 있는 특허받은 제분법은 뛰어난 전문성이라는 긍정적 연상을 제공해 진정성이 부족하다는 부정적 장벽을 무너뜨렸다. 그리고 세 번째 동인인 태평양 연안 북서부의 북적거리는 농산물 직판장에서 소박하게 시작했다는 이미지는 브랜드에 부족했던 특별한 개성을 부여해 브랜드에 영감을 주는 얼굴을 만들었다.

CMO가 이끄는 팀과 광고대행사가 이런 세 가지 동인을 모두 여러 채널에서 전달하는 메시지에 포함하기 시작하자마자 매출에 변화가 일어났다. CMO는 흥분을 감추지 못하고 질문했다. "왜 최고의 컨설팅 회사라는 곳은 자문 결과를 뒷받침하기 위해 상당한 소비자 조사를 진행했음에도 불구하고 트리거즈와 완전히 다른 결론에 도달했을까요?" 좋은 질문이었다. 그리고 나는 그가 조금은 속상한 마음에 질문했다는 걸 알고 있었다.

컨설팅 회사와 트리거즈의 작업은 철학과 방법론, 결과 측면에서 완전히 다른 세상이었다. 컨설팅 회사가 제시한 전략적 방향은 지속 가능한 성장에 중요한 세 가지 원칙을 간과했다.

첫째, 그들의 자문 결과는 단일 혜택이 브랜드의 성장을 이끌 수 있다고 가정했다. 그러나 과학은 현저성을 구축하려면 다양한 혜택과 긍정적 연상이 필요함을 보여준다.

둘째, 컨설팅 회사의 작업은 의식적인 마음이 의식적인 질문에 답하는 전통적인 설문조사 기법을 바탕으로 진행되었다. 그런 조사에서 속성이나 혜택, 심지어 개념을 줄줄이 묻는 항목에 소비자가 좋은 점수를 줄 수는 있지만, 그렇게 얻은 좋은 점수가 구매 행동을 예측하는 데 도움이 되지 않는 경우가 많다. 이는 광고를 내보내기 전에 검증하는 일도 마찬가지다. 반면에 트리거즈의 작업은 전통적인 정량적 지표를 포착했을 뿐만 아니라 검증한 모든 포지셔닝 및 광고 메시지의 긍정적 연상과 부정적 연상까지도 파악했다.

사실 '건강한 영양분'이 여러 상황에서 효과가 있지만 이번 경우처럼 특정한 사례에서는 소비자의 마음속에 부정적 연상을 형성했다. 브랜드의 부정적 장벽 가운데 하나가 특별한 맛이 없는 밋밋함이었기에 '건강한 영양분'은 에너지바가 맛이 좋지 않다는 연상을 실제로 강화했다. 컨설팅 회사도 소비자의 무의식적 마음속에 있는 연상을 모니터링했다면 이런 문제를 알았을 것이다. 하지만 그들은 속성에 초점을 맞췄다.

속성은 앞이 아니라 뒤를 비추는 백미러처럼 일차원적인 지표다. 그에 반해 연상은 유기적으로 계속 변화하는 이야기로 미래의 사업성과에 영향을 미친다. 긍정적 연상을 새롭게 추가하면 기억 구조를 구축하고 브랜드의 마음 점유율을 확대할 수 있다. 하지만 속성은 그렇게 할 수 없다. 잠재 고객의 무의식적 마음이 브랜드에 관해 만드는 연상을 이해하지 못하면 이야기의 전반부만 알 수 있다. 뇌가 만드는 숨겨진 연결이 바로 후반부이며, 전반부보다 후반부가 훨씬 더 중요하다.

셋째, 컨설팅 회사의 검증은 브랜드의 헤비 유저이자 충성도 높은 기존 고객을 대상으로 진행되었다. 반면 트리거즈에서는 잠재 고객의 전환을 막는 부정적 장벽을 파악하고 그런 장벽을 허물기 위한 포지셔닝을 형성했다. 그래서 헤비 유저에 미디엄 유저와 라이트 유저까지 포함되어 규모가 훨씬 큰 사용자 풀인 잠재 고객에 맞춰 브랜드 포지셔닝을 조정함으로써 고객사에서는 더 많은 고객을 효과적으로 확보할 수 있었다.

소비자의 무의식적 마음속에 잠복해 있는 긍정적 연상을 활용하고 해로운 연결을 끊으며 마음이 새로운 연결을 만들도록 유도하는 인지적 지름길을 사용하면 사람들의 행동을 바꿀 수 있다. 물리적으로 마음 점유율을 높이면 시장점유율을 확대하고 선거에서 승리하며 사람들이 대의명분에 동참하게 할 수 있다. 그리고 그렇게 지속적인 성장을 이끌 수 있다.

우리는 모두 사업, 제품, 대의명분, 선거 후보, 아이디어 등 무언가를 판매하려 노력한다. 그렇게 우리는 각자 자기 방식대로 일하는 마케터다. 사람들은 대부분 원하는 만큼 일이 빨리 진행되지 않아 불만이라고 말한다. 그런 다음에는 변명을 장황하게 늘어놓는다. 마케팅에 충분한 돈을 쓰지 않는다거나 경제 여건이 좋지 않다, 시장에 경쟁사가 지나치게 많다, 경쟁이 너무 치열하다 등 말이다.

하지만 진실은 이런 문제 가운데 그 어느 것도 실제 걸림돌은 아니라는 것이다. 진짜 이유는 따로 있다. 바로 마음이 어떻게 기능하는지 또는 선택이 어떻게 이뤄지는지 알지 못했던 시기에 만들어진 낡은 플레이북을 여전히 우리 대부분이 사용하고 있기 때문이다.

선택은 의식적으로 밀고 당기는 행동이나 노골적인 설득의 결과가 아니다. 의사결정은 사실이나 숫자에 따라 이뤄지지 않으며 논리나 감정에 대한 호소에도 영향을 받지 않는다. 선택과 의사결정은 본능적이며, 이는 우리 마음속에 저장되어 우리가 매일같이 하는 모든 일에 영향을 미치는 수많은 기억과 연상이 낳은 결과다.

선택과 의사결정으로 이어지는 이 본능적인 접근 방식을 지배하는 규칙을 이해하면 낡은 플레이북을 버리고 모든 도전과 기회에 올바른 공식을 적용하며 나아갈 수 있다.

## 결국 성공은 브랜드 커넥톰에 달렸다

성공하는 것은 사람도, 선거 후보도, 혹은 돈과 표를 노리고 경쟁하는 브랜드도 아니다. 뇌 안에서 지배권을 놓고 싸우는 커넥톰들과 이들의 승패만 있을 뿐이다. 이 싸움은 슈퍼마켓 매대나 투표소 안에서 일어나지 않는다. 우리 마음속 기억 구조에서 일어나는 싸움이다. 이 책에서 우리는 《해리 포터》나 엠앤엠즈, 세라비처럼 엄청난 성공 사례를 목격했다. 지금쯤이면 독자 여러분도 그런 성공이 예외나 행운, 우연이 아니라는 사실을 알 것이다.

이런 브랜드가 거둔 엄청난 성공은 보편적인 무의식적 마음속에서 방대한 기억의 네트워크를 효과적으로 확장해 본능적 우위를 확보한 것에서 비롯되었다. 각 브랜드는 사람들의 삶에 존재하는 다양하고 연관성 있는 접점으로 구성된 연결을 무수히 많이 만들었다. 하지만 이처럼 크게 성공한 브랜드가 보여주는 것은 사람들의 마음속에서 브랜드의 물리적 영역을 성장시키기 전까지는 시장에서 브랜드를 성장시킬 수 없다는 사실이다. 시장점유율을 확보하려면 먼저 마음 점유율을 확보해야 한다.

한편 우리는 콜스나 BB&B, 빅토리아 시크릿 같은 회사가 쇠락한 이야기도 보았다. 이들의 사업성과는 갑작스레 폭락한 것처럼 보였다. 그러나 가까이에서 들여다보면 지난 20년 동안 부정적 연상이 누적되었다는 사실이 드러난다. 그동안 모니터링하지 않았던 무의식적 마음속에서 바이러스가 자란 것이다. 그리고 이들 기업의 리더는 깜짝 놀랐다. 행동주의 펀드나 월스트리트의 투자자들은 이런 상황을 부실한 경영 탓으로 돌리는데, 이는 부분적으로 사실일 수 있다. 하지만 이는 피상적인 분석일 뿐이다. 이렇게 쇠퇴한 브랜드는 하나같이 핵심 고객의 함정에 빠졌다. 만약 이들이 기존 고객보다는 잠재 고객에 우선순위를 두고 긍정적 연상으로 부정적 연상을 압도했더라면 더 늦기 전에 바로잡을 수 있었을 것이다.

이들 브랜드가 겪은 사업상 문제 가운데 불가피한 것은 없었다. 이 책의 앞부분에 등장한 화장품 회사의 애나와 맥도날드의 경영진의 사례에서 알 수 있듯이, 마음 점유율을 잃고 부정적 연상을 쌓고 있는 브랜드도 즉시 행동에 착수한다면 다시 활력을 찾고 제자리로 돌아올 수 있다. 그리고 이는 마법이나 행운의 산물이 아니다. 이런 브랜드는 잠재 고객의 마음속에서 무슨 일이 일어나고 있는지 선제적으로 진단하고 빠르게 방향을 바꿔 배를 돌릴 수 있었다.

하지만 본능의 진정한 힘은 다른 브랜드의 과거 성공과 실패에 관한 연구에만 국한되지 않는다. 오히려 브랜드 스스로 놀라운 성공을 만들어내는 능력을 부여한다. 브랜드는 세상을 보는 새로운 관점을 가지고 사업, 비영리단체, 개인 브랜드, 선거 후보, 대학 입학 지원자, 경력 등 어떤 유형이든 상관없이 무엇이 브랜드를 손상시키는지 진단할 역량과 이를 바로잡는 데 필요한 원칙을 갖게 된다. 그리고 재무적 성장이나 자금 조달에서 정체를 겪고 있다면 현저성에 문제가 있으며, 부정적 연상이 형성되어 브랜드를 억누르고 있을 가능성이 크다는 것을 알게 된다.

　이처럼 새로운 관점은 비즈니스 세계에만 국한되지 않는다. 다음에 지역구의 국회의원이나 대통령을 선출하는 선거가 다가오면 출마한 후보의 커넥톰에 대해 생각해보자. 어떤 후보의 브랜드 커넥톰이 가장 탄탄하게 자리를 잡았는지에 따라 특정 정당의 지명을 받을 가능성이 클 것이다. 덜 알려진 후보가 갑자기 무대에 올라와 현직 의원처럼 더 탄탄하게 자리를 잡은 후보자를 몰아낼 수 있을까? 물론 가능한 일이지만 이는 오바마처럼 접근하는 경우로 한정된다.

　다음에 정치 문제를 놓고 친구나 가족과 격렬하게 논쟁하는 상황에 놓이면 심호흡을 한번 하자. 지금 논쟁하는 상대는 바보도 아니고 악마는 더더욱 아니다. 이들은 단지 내가 가지고 있는 민주당 커넥톰과 공화당 커넥톰이 거울에 비친 모습, 즉 내 마음속에 있는 커넥톰을 거꾸로 뒤집은 커넥톰을 가지고 있을 뿐이다. 쉽게 말해서 내 커넥톰이 부정적일 때 상대방에게는 긍정적 연상이 지배적이고, 반대로 내 커넥톰이 긍정적일 때 상대방에게는 부정적 연상이 지배적이다. 또한 이제는 사회적 대의명분의 강점과 약점을 검토해서 이를 강화하는 방법도 알 수 있다. 어떤 편에 설 것인지 결정할 때는 잠시 멈춰서 내 뇌 안의 커넥톰에서 무엇이 그런 선택을 하도록 만드는지 생각해보자.

## 본능의 힘으로 승리하기

이 책은 차세대 마케팅을 위한 플레이북이다. 낡고 오래된 규칙을 뒤집어엎고, 뇌과학에 기반한 새로운 본능의 규칙을 제시한다. 이제 우리는 독특함이 특이함보다 강력하고, 환상이 현실을 이기며, 강력한 신호로 강화된 DBA는 대니얼 카너먼이 말한 것보다 빠른 속도록 기억 구조를 구축한다는 것을 알고 있다. 또한 브랜드 및 제품 라이프 사이클이나 고객 세분화, 마케팅 퍼널과 같이 전통적인 마케팅 이론은 뇌가 실제로 작동하는 방식과는 거리가 멀다는 걸 알고 있다.

눈에 보인다고 해서 얻을 수 있는 것은 아니다. 사람들의 의사결정 이면의 진실은 빙산의 일각이 아니라 수면 아래, 즉 우리 뇌의 물리적인 기억 구조 안에 있다. 쏟아붓고 논쟁하며 각종 인센티브를 제공하는 의식적인 설득에서 벗어나 우리가 실제로 선택하는 방식에 집중할 수 있다. 이는 보이지 않는 것을 보이게 하고 수면 아래로 들어가서 거대한 빙산을 살펴보며 의사결정의 진정한 동인을 드러내는 과정이다.

만약 기업이나 조직의 성과가 취약해졌다면, 그 수면 아래에 브랜드 커넥톰을 짓누르는 부정적 연상이 너무 많거나 긍정적 연상이 부족해 네트워크가 빈약하다는 문제가 존재할 가능성이 크다. 문제가 무엇이든 브랜드의 성장이 방해받을 것이라는 결과는 같다. 이것이 바로 우리가 브랜드라는 나무를 돌보고 그 뿌리에 물을 주며, 낙엽이나 죽은 나뭇가지를 빨리 치워야 하는 이유다. 그러지 않으면 부정적 연상은 계속 더 나빠지고 브랜드가 위축되어 시장에 충격을 줄 만한 수준의 현저성에 절대로 도달하지 못한다.

결국 핵심은 성장이다. 브랜드나 사업, 관심 있는 대의명분, 지지하는 선거 후보, 집이나 직장에서 떠오른 아이디어의 성장 말이다. 성장이 없으면 이 모든 것은 존재하지 않는다. 하지만 성장이 있으면 브랜드, 사업, 대의명분, 선거 후보, 아이디어, 생각 등 모든 것이 성공할 수 있다. 그리고 외부 요인이 무엇이든 성장은 일어날 수 있다.

물론 시장에서는 부침을 마주할 것이다. 경제는 변한다. 사회도 문화적 트렌드를 거친다. 자연재해도 발생하고 팬데믹도 마찬가지다. 공급 부족, 유통 문제 등 수많은 다른 요인도 브랜드에 영향을 미칠지 모른다. 그렇다고 그대로 내버려두면 결과는 완전히 망가진 브랜드뿐이다.

부진한 사업 성과나 감소하는 고객 기반이 외부 요인 탓이라고 생각한다면, 외부를 보는 데 너무 많은 시간을 쓰고 있으며 내부를 바라보는 데는 시간을 쓰지 않는다는 것과 같다. 진짜로 일어나는 일은 커넥톰에 문제가 있다는 것이다. 이런 사실을 알면 브랜드를 정상 궤도로 되돌려놓을 힘을 얻는다. 성장 트리거로 콘텐츠를 강화함으로써 사람들을 더 빠르게 브랜드로 전환하고 평생 고객을 만들 수 있다.

전 세계 모든 사람이 의식적 마음이 하는 겨우 5퍼센트의 선택에 영향을 미치겠다는 희망으로 꼬드기고 쏟아부으며 주장하려 애쓰면서 의식적 마음을 공략하는 동안, 우리는 한 걸음 물러나 무의식적 마음이 하는 95퍼센트의 의사결정에 초점을 맞춰야 한다. 그리고 바로 그 무의식적 마음에서 성장을 찾아야 한다.

성장은 오늘날 우리에게 가장 필요한 것이면서도 어쩌면 우리가 기대하는 방식은 아닐 수도 있다. 사업의 성장, 재무적 성장, 영향력이나 명예의 성장 등은 전부 훌륭하지만 개인적 성장, 즉 우리가 서로를 이해하고 우리를 둘러싸고 진화하는 세상을 이해할 방법도 필요하다. 새로운 가지가 돋아나 거대한 커넥톰을 형성하면 실제로 새로운 아이디어, 교육 및 지식이 탄생한다.

근본적으로 이 과정의 핵심은 학습이다. 우리는 서로에게서 배워야 한다. 또한 문제의 모든 측면에서 자신을 교육함으로써 거들떠보지도 않았던 커넥톰이 자랄 수 있게 해야 한다. 우리가 다른 관점을 이해할 때 커넥톰은 더 강해지고 우리는 더 많이 관대해진다. 반면에 우리가 바깥세상의 지극히 작은 부분인 단편적인 정보만 보고 있으면 우리의 뇌는 수축한다.

이 책 전체에서 소개한 다양한 도구는 아이디어가 어디에서 나오는지, 왜 그런 선택을 하는지 그리고 어떻게 하면 더 관대하고 이해심이 많으며 공감하는 사람이 될 수 있는지를 조사할 때 도움이 될 수 있다. 결국 중요한 것은 확장, 즉 자기 마음이나 다른 사람의 마음에 있는 서로 다른 점을 연결해 어떤 의미나 결론을 찾는 것이다.

여기서 소개한 도구를 사용하면 모든 상황을 살펴보고 이렇게 질문할 수 있다. 무엇이 내 사업을 방해하는가? 무엇이 나를 방해하는가? 긍정적 연상은 무엇인가? 부정적 연상은 무엇인가? 사람들의 삶에서 어떤 연결을 만들 수 있는가? 아이디어나 대의명분, 가치의 수용과 성장 속도를 높이기 위해 어떤 성장 트리거를 활용할 수 있는가?

그리고 이런 질문에 대한 답을 찾는 과정에서 우리는 함께 비약적으로 발전할 수 있다. 이 책은 본능의 시대를 위한 새로운 플레이북으로, 세상이 실제로 작동하는 방식을 활용해 성장으로 가는 그러나 우리의 직관에 반하는 원칙이 담겨 있다. 앞으로 어떤 길을 가든 우리는 새로운 힘, 즉 본능의 힘을 갖게 될 것이다. 그리고 이 힘은 사업과 삶에서 성공하는 열쇠가 될 수 있다.

# 참고 문헌

## 프롤로그

Milmo, Dan. "ChatGPT Reaches 100 Million Users Two Months After Launch." *The Guardian*, February 2, 2023. https://theguardian.com/technology/2023/feb/02/chatgpt-100-million-users-open-ai-fastest-growing-app.
Morse, Gardiner. "Hidden Minds." *Harvard Business Review*, June 2002. https://hbr.org/2002/06/hidden-minds.
Roach, Tom. "Most Marketing Is Bad Because It Ignores the Most Basic Data." TheTomRoach.com, November 10, 2020. https://thetomroach.com/2020/11/10/most-marketing-is-bad-because-it-ignores-the-most-basic-data.
Sharp, Byron. *How Brands Grow: What Marketers Don't Know*. New York: Oxford University Press, 2010.
Wendel, Stephen. "Who Is Doing Applied Behavioral Science? Results from a Global Survey of Behavioral Teams." *Behavioral Scientist*, October 5, 2020. http://behavioralscientist.org/who-is-doing-applied-behavioral-science-results-from-a-global-survey-of-behavioral-teams.

## 법칙 01. 과거 마케팅 모델은 버려라

"#1 New York Yankees." *Forbes*, March 2023. https://forbes.com/teams/new-york-yankees.
Bernacchi, Chris, Julio Aguilar, Kelsey Grant, and David Madison. "Baseball's Most Valuable Teams 2022: Yankees Hit $6 Billion as New CBA Creates New Revenue Streams." *Forbes*, March 24, 2022. https://forbes.com/sites/mikeozanian/2022/03/24/baseballs-most-valuable-teams-2022-yankees-hit-6-billion-as-new-cba-creates-new-revenue-streams.
"The Bigger Brains of London Taxi Drivers." *National Geographic*, May 29, 2013. https://nationalgeographic.com/culture/article/the-bigger-brains-of-london-taxi-drivers.

Chen, Quanjing, Haichuan Yang, Brian Rooks, et al. "Autonomic Flexibility Re-flects Learning and Associated Neuroplasticity in Old Age." *Human Brain Mapping* 41, no. 13 (September 2020): 3608–3619. https://doi.org/10.1002/hbm.25034.

Cherry, Kendra. "What Is Neuroplasticity?" Verywell Mind, November 8, 2022. https://verywellmind.com/what-is-brain-plasticity-2794886#toc-how-neuroplasticity-was-discovered.

Cooke, Kirsty. "Mastering Momentum: Fewer Than One Percent of Brands Mas-ter Growth Momentum." Kantar, 2019. https://kantar.com/north-america/inspiration/brands/mastering-momentum-fewer-than-one-percent-of-brands-master-growth-momentum.

Day, Julia. "Nike: 'No Guarantee on Child Labour.' " *The Guardian*, October 19, 2001. https://theguardian.com/media/2001/oct/19/marketingandpr.

De Los Santos, Brian. "Sole Searching." *Mashable*. Accessed October 2023. https://mashable.com/feature/nike-snkrs-app-drops.

Fifield, Anna. "China Compels Uighurs to Work in Shoe Factory That Supplies Nike." *Washington Post*, February 29, 2020. https://washingtonpost.com/world/asia_pacific/china-compels-uighurs-to-work-in-shoe-factory-that-supplies-nike/2020/02/28/ebddf5f4-57b2-11ea-8efd-0f904bdd8057_story.html.

Flynn, Jack. "35+ Amazing Advertising Statistics [2023]: Data + Trends." Zip-pia, June 13, 2023. https://zippia.com/advice/advertising-statistics/#General_Digital_Advertising_Statistics.

Heaven, Will Douglas. "Geoffrey Hinton tells us why he's now scared of the tech he helped build." *MIT Technology Review*, May 2, 2023. www.technologyreview.com/2023/05/02/1072528/geoffrey-hinton-google-why-scared-ai.

Hinton, Geoffrey. "How Neural Networks Revolutionized AI." Interview by Brooke Gladstone. *On the Media*, WNYC, January 13, 2023. https://wnycstudios.org/podcasts/otm/segments/how-neural-networks-revolutionized-ai-on-the-media.

"How Nike Became Successful and the Leader in the Sports Product Market." Prof-itworks. Accessed August 2023. https://profitworks.ca/blog/marketing-strategy/545-nike-strategy-how-nike-became-successful-and-the-leader-in-the-sports-product-market.html.

Jabr, Ferris. "Cache Cab: Taxi Drivers' Brains Grow to Navigate London's Streets." *Scientific American*, December 8, 2011. https://scientificamerican.com/article/london-taxi-memory.

Jeopardy Productions. "Ken Jennings." *Jeopardy!*, 2022. www.jeopardy.com/about/cast/ken-jennings.

Leitch, Luke. "Nike at the Museum: Inside the Private View of Virgil Abloh's De-sign Legacy." *Vogue*, December 1, 2022. https://vogue.com/article/virgil-abloh-rubell-museum.

Mahoney, Manda. "The Subconscious Mind of the Consumer (and How to Reach It)." Working Knowledge, Harvard Business School, January 13, 2003. https://hbswk.hbs.edu/item/the-subconscious-mind-of-the-consumer-and-how-to-reach-it.

McLachlan, Stacey. "85+ Important Social Media Advertising Statistics to Know." Hootsuite, April 6, 2023. https://blog.hootsuite.com/social-media-advertising-stats.

Morse, Gardiner. "Hidden Minds." *Harvard Business Review*, June 2002. https://hbr.org/2002/06/hidden-minds.

Pusateri, Rich. "What is Neuromarketing with Dr. Michael Platt." Postal.com, August 5, 2021. www.postal.com/blog/what-is-neuromarketing-with-dr-michael-platt.

Queensland Brain Institute. "Adult Neurogenesis." University of Queensland, Austra-lia, 2023. https://qbi.uq.edu.au/brain-basics/brain-physiology/adult-neurogenesis.

Queensland Brain Institute. "Understating the Brain: A Brief History." Univer-sity of Queensland, Australia, 2023. https://qbi.uq.edu.au/brain/intelligent-machines/understanding-brain-brief-history.

Rosen, Jody. "The Knowledge, London's Legendary Taxi-Driver Test, Puts Up a Fight in the Age of GPS." *New York Times*, November 10, 2014. https://nytimes.com/2014/11/10/t-magazine/london-taxi-test-knowledge.html.

"Social Media Advertising—Worldwide." Statista, March 2023. https://statista.com/outlook/dmo/digital-advertising/social-media-advertising/worldwide. Uddin, Lucina Q. "Salience Processing and Insular Cortical Function and Dys-function." *Nature Reviews Neuroscience* 16 (2015): 55–61. https://nature.com/articles/nrn3857.

Weintraub, Karen. "The Adult Brain Does Grow New Neurons After All, Study Says." *Scientific American*, March 25, 2019. https://scientificamerican.com/article/the-adult-brain-does-grow-new-neurons-after-all-study-says.

Wolf, Cam. " 'The Vibe of the Times': How Nike Became the Biggest Fashion Brand in the World." *GQ*, September 24, 2018. https://gq.com/story/how-nike-became-the-biggest-fashion-brand-in-theworld.

Woollett, Katherine, and Eleanor A. Maguire. "Navigational Expertise May Com-promise Anterograde Associative Memory." *Neuropsychologia* 47, no. 4 (March 2009): 1088–1095. https://doi.org/10.1016/j.neuropsychologia.2008.12.036.

Yahr, Emily. "Ken Jennings Broke 'Jeopardy!' in 2004. In 2022, He Helped Save It." *Washington Post*, October 31, 2022. https://washingtonpost.com/arts-entertainment/2022/10/31/ken-jennings-jeopardy-host-interview.

## 법칙 02. 소비 뇌의 점유율을 높여라

Beadle, Robert. "All About Peanut M&Ms and More." Candy Retailer, September 11, 2021. https://candyretailer.com/blog/all-about-peanut-mms-and-more.

Bibel, Sara. "5 Little-Known Facts About How J.K. Rowling Brought Harry Potter to Life." *Biography*, May 13, 2020. https://biography.com/news/jk-rowling-harry-potter-facts.

"Election Results, 2020: Incumbent Win Rates by State." Ballotpedia, Febru-ary 11, 2021. https://ballotpedia.org/Election_results,_2020:_Incumbent_win_rates_by_state.

Escobar, Natalie. "The Remarkable Influence of 'A Wrinkle in Time.'" *Smith-sonian Magazine*, January 2018. https://smithsonianmag.com/arts-culture/remarkable-influence-wrinkle-in-time-180967509.

Griffiths, Chris. "Thimmamma Marrimanu: The World's Largest Single Tree Canopy." BBC, February 20, 2020. https://bbc.com/travel/article/20200219-thimmamma-marrimanu-the-worlds-largest-single-tree-canopy.

Hanna, Katie Terrell. "Mindshare (Share of Mind)." TechTarget. Accessed August 2023. www.techtarget.com/searchcustomerexperience/definition/mindshare-share-of-mind.

"Harry Potter Books Stats and Facts." WordsRated, October 19, 2021. https://wordsrated.com/harry-potter-stats.

"The Harry Potter Franchise's Magical Money-Making." LoveMoney, De-cember 24, 2021. https://lovemoney.com/galleries/122033/the-harry-potter-franchises-magical-moneymaking.

Lindell, Crystal. "State of the Candy Industry 2021: Chocolate Bar Sales Are Up Overall Compared to Pre-pandemic Levels." Candy Industry, July 21, 2021. https://snackandbakery.com/articles/103255-state-of-the-candy-industry-chocolate-bar-sales-are-up-overall-compared-to-pre-pandemic-levels.

Livingston, Michael. "Burbank Public Library Offering Digital Copies of First 'Harry Potter' Novel to Recognize the Book's 20th anniversary." *Los Angeles Times, Burbank Leader*, September 4, 2018. https://latimes.com/socal/burbank-leader/news/tn-blr-me-burbank-library-harry-potter-20180831-story.html.

Nash Information Services. "Box Office History for Harry Potter Movies." The Numbers, 2023. https://the-numbers.com/movies/franchise/Harry-Potter.

Penn Medicine. "Penn Medicine Researchers Introduce New Brain Mapping Model Which Could Improve Effectiveness of Transcranial Magnetic Stimulation." News release, April 17, 2015. https://pennmedicine.org/news/news-releases/2015/april/penn-medicine-researchers-intr.

Popomaronis, Tom. "Google's Hiring Process Was Designed to Rule Out Toxic Hires—Here's How." LinkedIn, May 18, 2022. https://linkedin.com/pulse/googles-hiring-process-designed-rule-out-toxic-hires-how-popomaronis.

"Reelection Rates over the Years." OpenSecrets. Accessed August 2023. https://opensecrets.org/elections-overview/reelection-rates.

Santhanam, Laura. "Poll: Most Americans Don't Want Oprah to Run for Presi-dent." *PBS NewsHour*, January 12, 2018. https://pbs.org/newshour/nation/poll-most-americans-dont-want-oprah-to-run-for-president.

Schumm, Laura. "Six Times M&Ms Made History." History, March 28, 2023. https://history.com/news/the-wartime-origins-of-the-mm.

Sharp, Byron. "How to Measure Brand Salience." *Marketing Science*, March 26, 2008. https://byronsharp.wordpress.com/2008/03/26/how-to-measure-brand-salience.

Sieczkowski, Cavan. "This Is the 'Harry Potter' Synopsis Publishers Rejected over 20 Years Ago." *HuffPost*, October 26, 2017. www.huffpost.com/entry/harry-potter-synopsis-jk-rowling_n_59f1e294e4b043885915a95c.

Smith, Morgan. "The 10 Best U.S. Places to Work in 2022, According to Glassdoor." CNBC, January

12, 2022. https://cnbc.com/2022/01/12/the-10-best-us-places-to-work-in-2022-according-to-glassdoor.html.
"Tolkein's Hobbit fetches £60,000." *BBC News,* March 18, 2008. http://news.bbc.co.uk/2/hi/uk_news/england/7302101.stm.
Weissmann, Jordan. "Stranger Than Fiction: Oprah Was Bad for Book Sales." *The Atlantic,* March 19, 2012. https://theatlantic.com/business/archive/2012/03/stranger-than-fiction-oprah-was-bad-for-book-sales/254733/.
Wunsch, Nils-Gerrit. "Market Share of Leading Chocolate Companies World-wide in 2016." Statista, July 27, 2022. https://statista.com/statistics/629534/market-share-leading-chocolate-companies-worldwide.
Zane, Leslie, and Michael Platt. "Cracking the Code on Brand Growth." *Knowledge at Wharton,* Wharton School of the University of Pennsylvania, January 7, 2019. https://knowledge.wharton.upenn.edu/podcast/knowledge-at-wharton-podcast/cracking-code-brand-growth.
Zetlin, Minda. "You Need to Prove Your 'Googleyness' If You Want to Get a Job at Google. Here's How to Show Off this Most Desired Personality Trait During Your Interview." *Business Insider,* August 30, 2020. https://businessinsider.com/google-hiring-how-to-job-search-googleyness-personality-traits-2020-8.

## 법칙 03. 제품과 욕망을 연결하라

Bath & Body Works. "Bath & Body Works Celebrates 25th Anniversary of Nostalgic Icon, Cucumber Melon." Cision PR Newswire, June 1, 2023. www.prnewswire.com/news-releases/bath--body-works-celebrates-25th-anniversary-of-nostalgic-icon-cucumber-melon-301840063.html.
Callahan, Patricia. "Fruit Additions Spoon Out New Life for Cereal Players." *Wall Street Journal,* May 15, 2003. https://wsj.com/articles/SB105295323888157300. Gillespie, Claire. "This Is Why We Associate Memories So Strongly with Spe-cific Smells." Verywell Mind, October 4, 2021. https://verywellmind.com/why-do-we-associate-memories-so-strongly-with-specific-smells-5203963.
Humphrey, Judith. "5 Ways Women Can Be Heard More at Work." *Fast Company,* October 31, 2018. https://fastcompany.com/90256171/5-ways-for-women-can-be-heard-more-at-work.
Media Education Center. "Using Images Effectively in Media." Williams Office for Information Technology, February 2010. https://oit.williams.edu/files/2010/02/using-images-effectively.pdf.
Quinton, Amy. "Cows and Climate Change: Making Cattle More Sustainable." In-Focus, UC Davis, June 27, 2019. https://ucdavis.edu/food/news/making-cattle-more-sustainable.
Richardson, Chris. "How Chick-fil-A Creates an Outstanding Customer Experi-ence." Effective Retail Leader, November 2022. https://effectiveretailleader.com/effective-retail-leader/how-chick-fil-a-creates-an-outstanding-customer-experience.
Ross, Sean. "Financial Services: Sizing the Sector in the Global Economy." Investopedia, September 30, 2021. https://investopedia.com/ask/answers/030515/what-percentage-global-economy-comprised-financial-services-sector.asp.
"What Is the Picture Superiority Effect?" Simpleshow, August 9, 2017. https://simpleshow.com/blog/picture-superiority-effect.

## 법칙 04. 부정적 연상을 끊어라

Akhtar, Allana. "Wellness-Focused, 'Sober Curious' Consumers Are Driving In-terest in Booze-Free Cocktails, a Relative Newcomer to the $180 Billion Bever-age Industry." *Business Insider,* November 3, 2021. https://businessinsider.com/beverage-analysts-predict-non-alcoholic-spirits-to-grow-in-2022-2021-11.
"Animal Health & Welfare." McDonald's, updated 2022. https://corporate.mcdonalds.com/corpmcd/our-purpose-and-impact/food-quality-and-sourcing/animal-health-and-welfare.html.
"Are All the Eggs You Use Free Range?" McDonald's, May 21, 2018. https://mcdonalds.com/gb/en-gb/help/faq/are-all-the-eggs-you-use-free-range.html.
"Burgers FAQs." McDonald's, updated 2023. https://mcdonalds.com/us/en-s/faq/burgers.html.
"Churchill's Reputation in the 1930s." Churchill Archives Centre. Accessed Au-gust 2023. https://archives.chu.cam.ac.uk/education/churchill-era/exercises/appeasement/churchill-rearmament-and-appeasement/churchills-reputation-1930s.

CNN. "McDonald's Sets Record Straight on What's in a..." YouTube, February 5, 2014. https://youtube.com/watch?v=IjObCa9bXTo.

Courtesy Corporation—McDonald's. "McDonald's—Our Food, Your Questions—Beef." YouTube, February 16, 2015. https://youtube.com/live/Q6IMQaiYKeg.

Denworth, Lydia. "Conservative and Liberal Brains Might Have Some Real Dif-ferences." *Scientific American*, October 26, 2020. https://scientificamerican.com/article/conservative-and-liberal-brains-might-have-some-real-differences.

ESPN.com News Services. "Survey: Fewer Peers Believe Tiger Woods Will Win Another Major." ESPN, April 4, 2016. https://espn.com/golf/story/_/id/15129601/survey-shows-pga-tour-golfers-less-belief-tiger-woods-winning-another-major.

"Gathering Storm (1930s)." America's National Churchill Museum. Accessed Au-gust 2023. https://nationalchurchillmuseum.org/winston-churchill-and-the-gathering-storm.html.

Helling, Steve. "Tiger Woods and Ex-ife Elin Nordegren 'Get Along Really Well' 9 Years After Scandal, Says Source." *People*, April 8, 2018. https://people.com/sports/tiger-woods-ex-wife-elin-nordegren-get-along-well-source.

Javed, Saman. "Negative Social Media Posts Get Twice as Much Engagement Than Positive Ones, Study Finds." *Independent*, June 22, 2021. https://independent.co.uk/life-style/social-media-facebook-twitter-politics-b1870628.html.

Klein, Christopher. "Winston Churchill's World War Disaster." History, May 21, 2014, updated September 3, 2018. https://history.com/news/winston-churchills-world-war-disaster.

Klein, Ezra. "How Technology Is Designed to Bring Out the Worst in Us." *Vox*, February 19, 2018. https://vox.com/technology/2018/2/19/17020310/tristan-harris-facebook-twitter-humane-tech-time.

"Kohl's—31 Year Stock Price History." Macrotrends. Accessed August 2023. https://macrotrends.net/stocks/charts/KSS/kohls/stock-price-history.

Maheshwari, Sapna. "Victoria's Secret Had Troubles, Even Before Jeffrey Epstein." *New York Times*, September 6, 2019, updated June 21, 2021. https://nytimes.com/2019/09/06/business/l-brands-victorias-secret-les-wexner-epstein.html.

McDonald's Canada. "McDonald's Burgers Don't Rot? McDonald's Canada Answers." YouTube, August 19, 2015. www.youtube.com/watch?v=gidsNjq0icw&t=57s.

McDonald's Canada. "Pink Goo in Chicken McNuggets? McDonald's Canada Answers." YouTube, January 31, 2014. www.youtube.com/watch?v=Ua5PaSq KD6k.

"McDonald's Food Suppliers." McDonald's, updated 2023. https://mcdonalds.com/us/en-us/about-our-food/meet-our-suppliers.html.

"Median Hourly Earnings of Female Wage and Salary Workers in the United States from 1979 to 2021." Statista, March 7, 2023. https://statista.com/statistics/185345/median-hourly-earnings-of-female-wage-and-salary-workers.

Meyersohn, Nathaniel. "How Kohl's Became Such a Mess." *CNN Business*, March 19, 2022. https://cnn.com/2022/03/19/business/kohls-stock-department-stores-activist-investor/index.html.

Meyersohn, Nathaniel. "How Kohl's Figured Out the Amazon Era." *CNN Business*, October 30, 2018. https://cnn.com/2018/10/30/business/kohls-stores-amazon-retail/index.html.

Morfit, Cameron. "Tiger Woods Wins TOUR Championship to Break Five-Year Win Drought." PGAtour.com, September 23, 2018. https://pgatour.com/article/news/latest/2018/09/23/tiger-woods-wins-2018-tour-championship-fedexcup-playoffs-east-lake.

"Number of Employed Women in the United States from 1990 to 2022." Statista, February 3, 2023. https://statista.com/statistics/192378/number-of-employed-women-in-the-us-since-1990.

O'Keefe, Michael. "Nearly a Quarter of Tiger Woods' PGA Tour Peers Thinks He Used Performance-Enhancing Drugs." *New York Daily News*, April 30, 2010. https://nydailynews.com/sports/more-sports/quarter-tiger-woods-pga-tour-peers-thinks-performance-enhancing-drugs-article-1.170007.

Pappas, Stephanie. "Republican Brains Differ from Democrats' in New FMRI Study." *HuffPost*, February 20, 2013, updated February 22, 2013. www.huffpost.com/entry/republican-democrat-brain-politics-fmri-study_n_2717731.

"Past Prime Ministers: Sir Winston Churchill." Gov.uk. Accessed August 2023. https://gov.uk/government/history/past-prime-ministers/winston-churchill.

"Percentage of the U.S. Population Who Have Completed Four Years of Col-lege or More from 1940 to 2022, by Gender." Statista, July 21, 2023. https://statista.com/statistics/184272/educational-attainment-of-college-diploma-or-higher-by-gender.

"Revenue for McDonald (MCD)." CompaniesMarketCap. Accessed August 2023. https://companiesmarketcap.com/mcdonald/revenue.

Robertson, Claire E., Nicolas Prollochs, Kaoru Schwarzenegger, et al. "Negativity Drives Online News Consumption." *Nature Human Behaviour* 7 (2023): 812–822. https://nature.com/articles/s41562-023-01538-4.

Silver-Greenberg, Jessica, Katherine Rosman, Sapna Maheshwari, and James B. Stewart. " 'Angels' in Hell: The Culture of Misogyny Inside Victoria's Secret." *New York Times*, February 1, 2020, updated June 16, 2021. https://nytimes.com/2020/02/01/business/victorias-secret-razek-harassment.html.

"Sir Winston Churchill." UK Parliament. Accessed August 2023. www.parliament.uk/about/living-heritage/transformingsociety/private-lives/yourcountry/collections/churchillexhibition/churchill-and-ww2/sir-winston-churchill.

Stein, Ed. "What Are McDonald's Chicken McNuggets Made Of." YouTube, De-cember 12, 2014. www.youtube.com/watch?v=NCm6INQ09yY.

United States Securities and Exchange Commission. Form 10-K: Kohl's Cor-poration. Commission file number 1-11084. United States Securities and Exchange Commission, 2018. https://sec.gov/Archives/edgar/data/885639/000156459018006671/kss-10k_20180203.htm.

"Victoria's Secret Revenue." Zippia, July 21, 2023. https://zippia.com/victoria-s-secret-careers-1580221/revenue.

## 법칙 05. 익숙함의 뿌리를 찾아라

"2020 State of the Beverage Industry: All Bottled Water Segments See Growth." *Beverage Industry*, June 24, 2020. https://bevindustry.com/articles/93226-state-of-the-beverage-industry-all-bottled-water-segments-see-growth.

Andrivet, Marion. "What to Learn from Tropicana's Packaging Redesign Failure?" *Branding Journal*, March 9, 2022. https://thebrandingjournal.com/2015/05/what-to-learn-from-tropicanas-packaging-redesign-failure.

"Aquafina Logo." 1000 Logos, June 20, 2023. https://1000logos.net/aquafina-logo. Göke, Niklas. "The Tropicana Rebranding Failure." *Better Marketing*, April 22, 2020. https://bettermarketing.pub/the-worst-rebrand-in-the-history-of-orange-juice-1fc68e99ad81.

Holcomb, Jay. "The DAWNing of Oiled Bird Washing." International Bird Rescue. YouTube, April 22, 2010. https://youtube.com/watch?v=axEpVTaK1-k.

Lucas, Amelia. "Consumer Brands Didn't Reap a Huge Windfall from Panic Buy-ing, Are Adjusting to Life Under Lockdown." CNBC, April 22, 2020. https://cnbc.com/2020/04/22/coronavirus-consumer-brands-didnt-reap-a-windfall-from-panic-buying.html.

Mendelson, Scott. " 'The Addams Family' Was One of Hollywood's First Successful Attempts at Replicating 'Batman.' " *Forbes*, October 7, 2019. https://forbes.com/sites/scottmendelson/2019/10/07/the-addams-family-was-one-of-hollywoods-first-successful-attempts-at-replicating-batman-oscar-isaac-charlize-theron-raul-julia-christina-ricci-terminator.

"Most Famous Logos with a Mountain." 1000 Logos, February 26, 2023. https://1000logos.net/most-famous-logos-with-a-mountain.

Newman, Andrew Adam. "Tough on Crude Oil, Soft on Ducklings." *New York Times*, September 24, 2009. https://nytimes.com/2009/09/25/business/media/25adco.html.

Parekh, Rupal. "End of an Era: Omnicom's Arnell Group to Close." *AdAge*, March 18, 2013. https://adage.com/article/agency-news/end-era-omnicom-s-arnell-group-close/240287.

"Peter Arnell Explains Failed Tropicana Package Design." *AdAge*, February 26, 2009. www.youtube.com/watch?v=WJ4yF4F74vc.

Porterfield, Carlie. " 'Wednesday' Breaks Out: Scores Second-Highest Weekly Streaming Debut Ever for Netflix—Launches Viral Dance." *Forbes*, Decem-ber 21, 2022. https://forbes.com/sites/carlieporterfield/2022/12/21/wednesday-breaks-out-scores-second-highest-weekly-streaming-debut-ever-for-netflix-launches-viral-dance.

Ridder, M. "Leading Brands of Refrigerated Orange Juice in the United States in 2022, Based on Sales." Statista, December 1, 2022. https://statista.com/statistics/188749/top-refrigerated-orange-juice-brands-in-the-united-states.

Rooks, Martha. "30,000 Different Products and Counting: The Average Gro-cery Store." International

Council of Societies of Industrial Design, February 16, 2022. https://icsid.org/uncategorized/how-many-products-are-in-a-typical-grocery-store.

Sheridan, Adam. "The Power of You: Why Distinctive Brand Assets Are a Driving Force of Creative Effectiveness." Ipsos, February 2020. https://ipsos.com/sites/default/files/2022-03/power-of-you-ipsos.pdf.

Shogren, Elizabeth. "Why Dawn Is the Bird Cleaner of Choice in Oil Spills." *Morn-ing Edition,* June 22, 2010. https://npr.org/2010/06/22/127999735/why-dawn-is-the-bird-cleaner-of-choice-in-oil-spills.

Solsman, Joan E. " 'Wednesday' Is Netflix's No. 3 Most Watched Show of All Time(So Far)." CNET, December 13, 2022. https://cnet.com/culture/entertainment/wednesday-is-netflixs-no-3-most-watched-show-of-all-time-so-far.

Taylor, Erica. "Mother Daughter 'Wednesday Addams' Duo." TikTok, accessed Au-gust 2023. https://tiktok.com/@ericataylor2347/video/7184247045568384299.

"Top 50 Scanned: Dorito." Nutritionix. Accessed August 2023. https://nutritionix.com/grocery/category/chips/dorito/1669.

"Top 50 Scanned: Orange Juice." Nutritionix. Accessed August 2023. www.nutritionix.com/grocery/category/juice/orange-juice/271.

"Top Gun: Maverick." Box Office Mojo. Accessed August 2023. https://boxofficemojo.com/release/rl2500036097.

University of Glasgow. "What Our Eyes Can't See, the Brain Fills In." Medical Xpress, April 4, 2011. https://medicalxpress.com/news/2011-04-eyes-brain.html.

Whitten, Sarah. " 'Top Gun: Maverick' and Disney Were the Box Office Leaders in an Otherwise Soft 2022." CNBC, January 10, 2023. https://cnbc.com/2023/01/10/top-gun-maverick-disney-top-box-office-2022.html.

"'You're Soaking in It!' Vintage Palmolive Ads Featuring Madge the Manicurist." Click Americana. Accessed 2023. https://clickamericana.com/topics/beauty-fashion/palmolive-ads-featuring-madge-the-manicurist.

## 법칙 06. 다채로운 이야기를 뇌에 각인시켜라

Augustine, Amanda. "This Personality Trait Is an Interview Killer." *Fast Com-pany,* September 4, 2019. https://fastcompany.com/90397790/this-personality-trait-is-an-interview-killer.

Barrett, Evie. "Unilever 'Misstepped' with Initial Purpose Message, Says Head of Comms." *PRWeek.* Accessed August 2023. https://prweek.com/article/1814096/unilever-misstepped-initial-purpose-message-says-head-comms.

Berk, Brett. "No Longer Boxed In, Volvo Wins Over Buyers with Its Sleeker Look." *New York Times,* October 22, 2021. https://nytimes.com/2021/10/22/business/volvo-electric-future-design-ipo.html.

"CeraVe to Launch Globally After L'Oreal Acquisition." *Cosmetics Business,* May 21, 2018. https://cosmeticsbusiness.com/news/article_page/CeraVe_to_launch_globally_after_LOreal_acquisition/143145.

DeSimone, Mike, and Jeff Jenssen. "While U.S. Wine Sales Are Expected to De-cline, One Brand Is Defying the Trend." *Forbes,* May 23, 2019. https://forbes.com/sites/theworldwineguys/2019/05/23/as-us-wine-sales-are-expected-to-decline-one-wine-brand-defies-the-trend.

Hernandez, Morela. "The Impossibility of Focusing on Two Things at Once." *MIT Sloan Management Review,* April 9, 2018. https://sloanreview.mit.edu/article/the-impossibility-of-focusing-on-two-things-at-once.

IRI Worldwide. "Hand & Body Lotion, Facial Cleansers, Facial Moisturizers, Dol-lar Sales, Rolling 52 Weeks, Ending 03-21-21." IRI Market Research Data Report, 2021.

Kuncel, Nathan R., Deniz S. Ones, and David M. Klieger. "In Hiring, Algorithms Beat Instinct." *Harvard Business Review,* May 2014. https://hbr.org/2014/05/in-hiring-algorithms-beat-instinct.

L'Oreal. "CeraVe: A Simple, Accessible Dermatologist-Recommended Range." L'Oreal 2017 Annual Report, 2017. https://loreal-finance.com/en/annual-report-2017/active-cosmetics/cerave-acquisition-dermatologists.

L'Oreal Finance. "L'Oreal Signs Agreement with Valeant to Acquire CeraVe and Two Other Brands." News release, January 10, 2017. https://loreal-finance.com/eng/news-release/loreal-signs-agreement-valeant-acquire-cerave-and-two-other-brands.

Sandler, Emma. "CeraVe Head of Global Digital Marketing & VP Adam Korn-blum: 2022 Top Marketer." *Glossy*, June 1, 2022. https://glossy.co/beauty/cerave-adam-kornblum-head-of-global-digital-marketing-vp-top-marketer.

Strugatz, Rachel. "The Content Creator Who Can Make or Break a Skin Care Brand." *New York Times*, September 8, 2020, updated December 2, 2020. https://nytimes.com/2020/09/08/style/Gen-Z-the-content-creator-who-can-make-or-break-your-skin-care-brand.html.

Voelk, Tom. "Crash Scene Investigations, with Automakers on the Case." *New York Times*, May 9, 2019. https://nytimes.com/2019/05/09/business/crash-scene-investigations.html.

White, Katherine, David J. Hardisty, and Rishad Habib. "The Elusive Green Con-sumer." *Harvard Business Review*, July-August 2019. https://hbr.org/2019/07/the-elusive-green-consumer.

Williams, Amy. "Unilever's Investor Backlash Illustrates the Need for Responsi-ble Capitalism." *Adweek*, January 31, 2022. https://adweek.com/brand-marketing/unilevers-investor-backlash-illustrates-the-need-for-responsible-capitalism.

Willige, Andrea. "People Prefer Brands with Aligned Corporate Purpose and Values." World Economic Forum, December 17, 2021. https://weforum.org/agenda/2021/12/people-prefer-brands-with-aligned-corporate-purpose-and-values.

WineBusiness. "Josh Cellars Surpasses 5 Million Cases Annually." Press release, April 9, 2023. www.winebusiness.com/news/article/269463.

Womersley, James. "Hellmann's, Terry Smith and the Paradox of Purposeful Brands." Contagious, January 19, 2023. https://contagious.com/news-and-views/hellmanns-terry-smith-and-the-paradox-of-purposeful-brands.

Zanger, Doug. "10 Years After Setting 'Audacious Goals,' Unilever Shows How Purpose and Profit Can Coexist." *Adweek*, December 21, 2020. https://adweek.com/agencies/10-years-after-setting-audacious-goals-unilever-shows-how-purpose-and-profit-can-coexist.

## 법칙 07. 판타지를 자극하는 무의식적 욕망을 겨냥하라

Associated Press. "Madoff Victims: Big Banks, Hedge Funds, Celebrities." CNBC, December 15, 2008, updated August 5, 2010. https://cnbc.com/id/28235916.

Atwal, Sanj. "Khaby Lame Overtakes Charli D'Amelio as Most Followed Person on TikTok." Guinness World Records, June 23, 2022. https://guinnessworldrecords.com/news/2022/6/khaby-lame-overtakes-charli-damelio-as-most-followed-person-on-tiktok-708392.

Ballew, Matthew, Sander van der Linden, Abel Gustafson, et al. "The Greta Thunberg Effect." Yale Program on Climate Change Communication, Jan-uary 26, 2021. https://climatecommunication.yale.edu/publications/the-greta-thunberg-effect.

Berlinger, Joe, dir. *Madoff: The Monster of Wall Street*. RadicalMedia in association with Third Eye Motion Picture Company, 2023.

Bird, Deirdre, Helen Caldwell, and Mark DeFanti. "A Fragrance to Empower Women: The History of 'Charlie.' " *Marketing History in the New World* 15 (May 2011): 217–219. https://ojs.library.carleton.ca/index.php/pcharm/article/view/1434.

Bruyckere, Pedro de. "What's the Link Between Jennifer Anniston [sic] and How Our Memory Works?" *From Experience to Meaning...* Accessed August 2023. https://theeconomyofmeaning.com/2015/08/03/whats-the-link-between-jennifer-anniston-and-how-our-memory-works.

Clark, Lucy. "HGTV Confirms What We Suspected All Along About Home Reno-vation Shows." *House Digest*, February 2, 2022. https://housedigest.com/755007/hgtv-confirms-what-we-suspected-all-along-about-home-renovation-shows.

Clavin, Thomas. "The Good and Bad of Indulging in Fantasy and Daydreaming." *New York Times*, July 28, 1996. https://nytimes.com/1996/07/28/nyregion/the-good-and-bad-of-indulging-in-fantasy-and-daydreaming.html.

Douglas, Sylvie. "Gen Z's Dream Job in the Influencer Industry." *The Indicator from Planet Money*, NPR, April 26, 2023. https://npr.org/transcripts/1170524085.

Ducharme, Jamie. "Why People Are Obsessed with the Royals, Accord-ing to Psychologists." *Time*, May 16, 2018. https://time.com/5253199/royal-obsession-psychology.

Editors of Encyclopaedia Britannica. "Bernie Madoff: American Hedge-Fund In-vestor." *Encyclopedia Britannica*. Accessed August 2023. https://britannica.com/biography/Bernie-Madoff.

"Finding Top Influencers: 4 Influencer Statistics to Look For." Traackr, March 16, 2023. https://traackr.com/blog/finding-top-influencers-influencer-statistics.

Golodryga, Bianna, and Jonann Brady. "Spielberg Among the Big Names Allegedly Burned by Madoff in $50 Billion Fraud Case." *ABC News*, December 15, 2008. https://abcnews.go.com/GMA/story?id=6463587.

Gordon, Marcy, and the Associated Press. "How Ponzi King Bernie Madoff Conned Investors and Seduced Regulators." *Fortune*, April 15, 2021. https://fortune.com/2021/04/15/how-ponzi-king-bernie-madoff-conned-investors-and-seduced-regulators.

Guggenheim, Davis, dir. *An Inconvenient Truth*. Paramount Classics and Partici-pant Productions, 2006.

Hassabis, Demis, Dharshan Kumaran, and Eleanor A. Maguire. "Using Imag-ination to Understand the Neural Basis of Episodic Memory." *Journal of Neuroscience* 27, no. 52 (December 2007): 14365–74. https://doi.org/10.1523/JNEUROSCI.4549-07.2007.

Henrich, Joseph, and Francisco J. Gil- White. "The Evolution of Prestige: Freely Conferred Deference as a Mechanism for Enhancing the Benefits of Cultural Transmission." *Evolution and Human Behavior* 22, no. 3 (May 2001): 165–196. https://doi.org/10.1016/S1090-5138(00)00071-4.

Henriques, Diana B., and Alex Berenson. "The 17th Floor, Where Wealth Went to Vanish." *New York Times*, December 14, 2008. https://nytimes.co/business/15madoff.html.

"In Depth: Topics A to Z—Environment." Gallup. Accessed August 2023. https://news.gallup.com/poll/1615/environment.aspx.

"Industry Demographics." Fantasy Sports & Gaming Association. Accessed Au-gust 2023. https://thefsga.org/industry-demographics.

*The Influencer Report: Engaging Gen Z and Millennials*. Morning Consult, November 2019. https://morningconsult.com/wp-content/uploads/2019/11/The-Influencer-Report-Engaging-Gen-Z-and-Millennials.pdf.

Israel, Sarah. "Top Influencers in 2023: Who to Watch and Why They're Great." Hootsuite, February 14, 2023. https://blog.hootsuite.com/top-influencers.

Johnston, Laura W. "How *An Inconvenient Truth* Expanded the Climate Change Dialogue and Reignited an Ethical Purpose in the United States." Master's the-sis, Georgetown University, 2013. http://hdl.handle.net/10822/558371.

Kammerlohr, Emily. "How Home Renovation Shows Have Changed Homebuy-ing Trends." *House Digest*, January 31, 2023. https://housedigest.com/723791/how-home-renovation-shows-have-changed-homebuying-trends.

Kiger, Patrick J. "What 'An Inconvenient Truth' Got Right (and Wrong) About Climate Change." HowStuffWorks, May 12, 2021. https://science.howstuffworks.com/environmental/conservation/conservationists/inconvenient-truth-sequel-al-gore.htm.

Kurzius, Rachel. "HGTV Is Making Our Homes Boring and Us Sad, One Study Says." *Washington Post*, July 7, 2023. https://washingtonpost.com/home/2023/07/07/hgtv-makes-homes-boring-sad.

Lefton, Terry. "The Story Behind Gatorade's Iconic Jordan Campaign." *Sports Business Journal*, October 11, 2021. https://sportsbusinessjournal.com/Journal/Issues/2021/10/11/In-Depth/Gatorade.

Majd, Azadeh Hosseini. "10 Best Makeup Influencers to Watch in 2023." Hoo-themes, March 11, 2023. https://hoothemes.com/makeup-influencers.

"Market Size of the Fantasy Sports Sector in the United States from 2013 to 2022, with a Forecast for 2023." Statista, May 11, 2023. https://statista.com/statistics/1175890/fantasy-sports-service-industry-market-size-us.

Marlon, Jennifer, Liz Neyens, Martial Jefferson, Peter Howe, Matto Mildenberger, and Anthony Leiserowitz. "Yale Climate Opinion Maps 2021." Yale Program on Climate Change Communication, February 23, 2022. https://climatecommunication.yale.edu/visualizations-data/ycom-us.

McMarlin, Shirley. "How Popular Is Taylor Swift? It's the 2023 Version of Beat-lemania." *TribLive*, June 13, 2023. https://triblive.com/aande/music/theres-something-about-taylor-swift-fans-explain-singers-mass-appeal.

Moscatello, Caitlin. "Welcome to the Era of Very Earnest Parenting." *New York Times*, May 13, 2023, updated May 31, 2023. https://nytimes.com/2023/05/13/style/millennial-earnest-parenting.html.

"Most Valuable Fashion Brands." FashionUnited. Accessed August 2023. https://fashionunited.com/i/most-valuable-fashion-brands.

NPR Staff. "Transcript: Greta Thunberg's Speech at the U.N. Climate Action Sum-mit." NPR, September 23, 2019. https://npr.org/2019/09/23/763452863/transcript-greta-thunbergs-speech-at-the-u-n-climate-action-summit.

"Number of Fantasy Sports Players in the United States from 2015 to 2022." Statista, May 11, 2023. https://statista.com/statistics/820976/fantasy-sports-players-usa.

"Parahippocampal Gyrus." ScienceDirect. Accessed August 2023. https://sciencedirect.com/topics/neuroscience/parahippocampal-gyrus.

Pompliano, Joe. "How Four Scientists Created Gatorade and Became Billion-aires." *Huddle Up*, March 6, 2023. https://huddleup.substack.com/p/how-four-scientists-created-gatorade.

Saad, Lydia. "Global Warming Attitudes Frozen Since 2016." Gallup, April 5, 2021. https://news.gallup.com/poll/343025/global-warming-attitudes-frozen-2016.aspx.

Sabherwal, Anandita, and Sander van der Linden. "Great Thunberg Effect: Peo-ple Familiar with Young Climate Activist May Be More Likely to Act." *The Conversation*, February 4, 2021. https://theconversation.com/greta-thunberg-effect-people-familiar-with-young-climate-activist-may-be-more-likely-to-act-154146.

Schaedler, Jeremy. "How Obsessed with Zillow Are You? A Survey." Surety First, April 7, 2021. www.californiacontractorbonds.com/house-hunting-zillow-users.

Sheridan, Adam. "The Power of You: Why Distinctive Brand Assets Are a Driving Force of Creative Effectiveness." Ipsos, February 2020. https://ipsos.com/sites/default/files/2022-03/power-of-you-ipsos.pdf.

Silver, Laura. "Americans See Different Global Threats Facing the Country Now Than in March 2020." Pew Research Center, June 6, 2022. https://pewresearch.org/short-reads/2022/06/06/americans-see-different-global-threats-facing-the-country-now-than-in-march-2020.

Target Corporation. "Target Corporation Reports Fourth Quarter and Full-Year 2022 Earnings." Press release, February 28, 2023. https://corporate.target.com/press/releases/2023/02/Target-Corporation-Reports-Fourth-Quarter-and-Full.

"Taylor Swift: The Eras Tour Onsale Explained." Ticketmaster Business, November 19, 2022. https://business.ticketmaster.com/business-solutions/taylor-swift-the-eras-tour-onsale-explained.

Terrell, Ellen. "The Black Monday Stock Market Crash." Library of Congress. Accessed August 2023. https://guides.loc.gov/this-month-in-business-history/october/black-monday-stock-market-crash.

"Then. Now. Always." Folgers. Accessed August 2023. https://folgerscoffee.com/our-story/history.

"US Influencer Marketing Spend (2019-2024)." Oberlo. Accessed August 2023. www.oberlo.com/statistics/influencer-marketing-spend.

Vann, Seralynne D., John P. Aggleton, and Eleanor A. Maguire. "What Does the Retrosplenial Cortex Do?" *Nature Reviews Neuroscience* 10 (2009): 792-802. https://doi.org/10.1038/nrn2733.

"Ventromedial Prefrontal Cortex." ScienceDirect. Accessed August 2023. https://sciencedirect.com/topics/neuroscience/ventromedial-prefrontal-cortex.

"What Were the Most Popular Perfumes in the '70s?" Fragrance Outlet. Accessed August 2023. https://fragranceoutlet.com/blogs/article/what-were-the-most-popular-perfumes-in-the-70s.

"When Was the Word 'Influencer' Added to the Dictionary?" Atisfyreach. Accessed August 2023. https://blog.atisfyreach.com/when-was-the-word-influencer-added-to-the-dictionary.

Wilson, Randy. "Maxwell House Coffee History." FoodEditorials. Accessed Au-gust 2023. www.streetdirectory.com/food_editorials/beverages/coffee/maxwell_house_coffee_history.html.

Yang, Stephanie. "5 Years Ago Bernie Madoff Was Sentenced to 150 Years in Prison—Here's How His Scheme Worked." *Business Insider India*, July 2, 2014. https://businessinsider.in/5-years-ago-bernie-madoff-was-sentenced-to-150-years-in-prison-heres-how-his-scheme-worked/articleshow/37604176.cms.

"Zillow.com." Similarweb. Accessed August 2023. https://similarweb.com/website/zillow.com/#traffic.

## 법칙 08. 핵심 고객이라는 함정을 조심하라

Ballard, John. "3 Reasons Lululemon's Growth Is Accelerating." *Motley Fool*, June 10, 2021. https://fool.com/investing/2021/06/10/3-reasons-lululemons-growth-is-accelerating.

Brusselmans, Guy, John Blasberg, and James Root. "The Biggest Contributor to Brand Growth." Bain & Company, March 19, 2014. https://bain.com/insights/the-biggest-contributor-to-brand-growth.

Evans, Jonathan. "Lululemon's ABC Pants Are a Cult Classic for a Reason." *Es-quire*, October 26, 2022. https://esquire.com/style/mens-fashion/a41779660/lululemon-abc-pants-review-endorsement.

Faria, Julia. "Loyalty Management Market Size Worldwide from 2020 to 2029." Statista, July 18, 2023. https://statista.com/statistics/1295852/loyalty-management-market-size-world.

Gallagher, Jacob. "A Secret to Lululemon's Success? Men Who Are Obsessed with Its Pants." *Wall Street Journal*, August 15, 2022. https://wsj.com/articles/lululemon-mens-pants-abc-commissioncustomer-growth-11660345934.

"History." Lululemon. Accessed August 2023. https://info.lululemon.com/about/our-story/history.

Kavilanz, Parija. "Got a Stash of Bed Bath & Beyond Coupons? You'd Better Use Them Soon." *CNN Business,* January 6, 2023. https://cnn.com/2023/01/06/business /bed-bath-beyond-coupon-future/index.html.

Lululemon Athletica. "lululemon athletica inc. Announces Fourth Quarter and Full Year Fiscal 2022 Results." Press release, March 28, 2023. https://corporate.lululemon.com/media/press-releases/2023/03-28-2023-210523147.

Meyersohn, Nathaniel. "Bed Bath & Beyond Plans to Liquidate All Inventory and Go Out of Business." *CNN Business,* April 24, 2023. https://cnn.com/2023/04/23/business/bed-bath-beyond-bankruptcy/index.html.

Morris, Chris. "Overstock Rebrands as Bed Bath & Beyond—and the Big Blue Coupon Lives On." *Fast Company,* August 1, 2023. https://fastcompany.com/90931179/overstock-branding-bed-bath-beyond-coupon-lives-on.

"Our Heritage—Celebrating the Last 75 Years." Tide. Accessed August 2023. https://tide.com/en-us/our-commitment/americas-number-one-detergent/our-heritage.

Petruzzi, Dominique. "Leading Home Care Brands' Household Penetration Rates in the United States in 2022." Statista, June 13, 2023. https://statista.com/statistics/945305/home-care-brands-household-penetration-rates-us.

Reichheld, Frederick F. "The One Number You Need to Grow." *Harvard Business Review,* December 2003. https://hbr.org/2003/12/the-one-number-you-need-to-grow.

Tighe, D. "Total Number of Lululemon Athletica Stores Worldwide from 2019 to 2022, by Country." Statista, May 11, 2023. https://statista.com/statistics/291235/number-of-lululemon-stores-worldwide-by-country.

Wilson, Chip. "Lululemon Athletica: Chip Wilson." Interview by Guy Raz. *How I Built This,* NPR, June 18, 2018. https://npr.org/2018/06/14/620113439/lululemon-athletica-chip-wilson.

## 법칙 09. 퍼널에서 벗어나라

Blakely, Lindsay. "How a $4,500 YouTube Video Turned into a $1 Billion Com-pany." *Inc.*, July 2017. https://inc.com/magazine/201707/lindsay-blakely/how-i-did-it-michael-dubin-dollar-shave-club.html.

Costa, Elísio, Anna Giardini, Magda Savin, et. al. "Interventional Tools to Improve Medication Adherence: Review of Literature." *Patient Preference and Adherence* 9 (September 2015): 1303–1314. https://doi.org/10.2147/PPA.S87551.

Dollar Shave Club. "Our Blades Are F***ing Great." YouTube, March 6, 2012. https://youtube.com/watch?v=ZUG9qYTJMsI.

George, Maureen, and Bruce Bender. "New Insights to Improve Treatment Ad-herence in Asthma and COPD." *Patient Preference and Adherence* 13 (2019): 1325–1334. https://doi.org/10.2147/PPA.S209532.

Handley, Rachel. "The Marketing Funnel: What It Is & How It Works." *Sem-rush Blog,* March 3, 2023. https://semrush.com/blog/marketing-funnel/#top-of-the-funnel-marketing.

Kim, Jennifer, Kelsy Combs, Jonathan Downs, and Frank Tillman III. "Medication Adherence: The Elephant in the Room." *U.S. Pharmacist,* November 2023. https://uspharmacist.com/article/medication-adherence-the-elephant-in-the-room.

Klein, Dan. "Medication Non-adherence: A Common and Costly Problem." PAN Foundation, June 2, 2020. https://panfoundation.org/medication-non-adherence.

"Marketing Funnel." Sprout Social. Accessed August 2023. https://sproutsocial.com/glossary/marketing-funnel.

Matthews, Chris, and Andrea Mitchell. " 'Hardball with Chris Matthews' for July 27 11 pm." *NBC News,* July 28, 2004. https://nbcnews.com/id/wbna5537683.

Obama, Barack. "Barack Obama's Keynote Address at the 2004 Democratic Na-tional Convention." *PBS NewsHour,* July 27, 2004. https://pbs.org/newshour/show/barack-obamas-keynote-address-at-the-2004-democratic-national-convention.

Parkes, Gary, Trisha Greenhalgh, Mark Griffin, and Richard Dent. "Effect on Smok-ing Quit Rate of Telling Patients Their Lung Age: The Step2quit Randomized Controlled Trial." *BMJ,* March 13, 2008. www.bmj.com/content/336/7644/598/rapid-responses.

Ritson, Mark. "If You Think the Sales Funnel Is Dead, You've Mistaken Tactics for Strategy." *MarketingWeek*, April 6, 2016. https://marketingweek.com/mark-ritson-if-you-think-the-sales-funnel-is-dead-youve-mistaken-tactics-for-strategy.

Ronald Reagan Presidential Foundation & Institute. "October 21, 1984: Reagan Quotes and Speeches: Debate Between the President and Former Vice President Walter F. Mondale in Kansas City, Missouri." Accessed August 2023. https://reaganfoundation.org/ronald-reagan/reagan-quotes-speeches/debate-between-the-president-and-former-vice-president-walter-f-mondale-in-kansas-city-missouri.

"Sales Funnel vs. Marketing Funnel: What's the Difference?" *LinkedIn Sales Blog*, July 13, 2022. https://linkedin.com/business/sales/blog/management/sales-funnel-versus-marketing-funnel.

Sepulvado, John. "Obama's 'Overnight Success' in 2004 Was a Year in the Mak-ing." *OPB*, May 19, 2016. https://opb.org/news/series/election-2016/president-barack-obama-2004-convention-speech-legacy.

"U.S. Razor Market." Prescient & Strategic Intelligence, June 2022. https://psmarketresearch.com/market-analysis/us-razor-market-demand.

Weissmann, Jordan. "Beyond the Bayonets: What Romney Had Right and Wrong About Our Navy." *The Atlantic*, October 23, 2012. https://theatlantic.com/business/archive/2012/10/beyond-the-bayonets-what-romney-had-right-and-wrong-about-our-navy/264025.

## 법칙 10. 혁신보다 진화를 선택하라

Abelson, Reed. "Wal-Mart's Health Care Struggle Is Corporate America's, Too." *New York Times*, October 29, 2005. https://nytimes.com/2005/10/29/business/businessspecial2/walmarts-health-care-struggle-is-corporate.html.

"Axe." Unilever. Accessed August 2023. www.unileverusa.com/brands/personal-care/axe.

Baertlein, Lisa. "U.S. Grocers Add Plexiglass Sneeze Guards to Protect Cashiers from Coronavirus." Reuters, March 30, 2020. https://reuters.com/article/us-health-coronavirus-kroger/u-s-grocers-add-plexiglass-sneeze-guards-to-protect-cashiers-from-coronavirus-idUSKBN21H3G1.

Baker, Jackson, and Anjali Ayyappan. "Walmart's History and Economic Cycle." Sutori. Accessed August 2023. https://sutori.com/en/story/walmart-s-history-and-economic-cycle--FiQ3F95hiKoeeF41hWDmDYdD.

Barrera, Daniela. "Walmart Minimum Wages: How Much Did the Retail Gi-ant Increase Their Employees' Wages By?" *AS USA*, May 9, 2023. https://en.as.com/latest news/walmart-minimum-wages-how-much-did-the-retail-giant-increase-their-employees-wages-by-n.

Blodget, Henry. "Walmart Employs 1% of America. Should It Be Forced to Pay Its Employees More?" *Business Insider*, September 20, 2010. https://businessinsider.com/walmart-employees-pay.

Bomey, Nathan. "Walmart Boosts Minimum Wage Again, Hands Out $1,000 Bonuses." *USA Today*, January 11, 2018. https://usatoday.com/story/money/2018/01/11/walmart-boosts-minimum-wage-11-hands-out-bonuses-up-1-000-hourly-workers/1023606001.

Brown, Abram. "Facebook's New Metaverse Project Will Cost 'Billions' of Dol-lars." *Forbes*, July 28, 2021. https://forbes.com/sites/abrambrown/2021/07/28/facebook-metaverse.

Brown, Stillman. "Twenty 100+ Year Old American Brands Still Making Awesome, Authentic Products." *Primer*. Accessed August 2023. https://primermagazine.com/2020/learn/100-year-old-american-brands.

Church, Bianca. "Iconic Brands That Have Prospered for over 100 Years." *Truly Belong*, November 16, 2020. https://trulybelong.com/lifestyle/2020/11/16/iconic-brands-that-have-prospered-for-over-100-years.

Conick, Hal. "Philip Kotler, the Father of Modern Marketing, Will Never Retire." American Marketing Association, December 12, 2018. https://ama.org/marketing-news/philip-kotler-the-father-of-modern-marketing-will-never-retire.

Fitzpatrick, Alex and Erin Davis. "The Most Popular Grocery Stores in the U.S." *Ax-ios*, April 20, 2023. https://axios.com/2023/04/20/most-popular-grocery-stores. "Fortune 500: Walmart, Rank 1." *Fortune*. Accessed August 2023. https://fortune.com/company/walmart/fortune500.

Goddiess, Samantha. "10 Largest Paper Towel Brands in the United States." Zip-pia, June 16, 2021. https://zippia.com/advice/largest-paper-towel-brands.

Guest Writer Series. "The History of Old Spice." The Razor Company, May 10, 2023. https://therazorcompany.com/blogs/history-of-wet-shaving/the-history-of-old-spice.

Harris, Richard. "White House Announces New Social Distancing Guide-lines Around Coronavirus." NPR, March 16, 2020. https://npr.org/2020/03/16/816658125/white-house-announces-new-social-distancing-guidelines-around-coronavirus.

Hern, Alex. "Mark Zuckerberg's Metaverse Vision Is Over. Can Apple Save It?" *The Guardian,* May 21, 2023. https://theguardian.com/technology/2023/may/21/mark-zuckerbergs-metaverse-vision-is-over-can-apple-save-it.

Hess, Amanda. "The Pandemic Ad Salutes You." *New York Times,* May 22, 2020, up-dated May 28, 2020. https://nytimes.com/2020/05/22/arts/pandemic-ads-salute-you.html.

Kim, Lisa. "Facebook Announces New Name: Meta." *Forbes,* October 28, 2021. https://forbes.com/sites/lisakim/2021/10/28/facebook-announces-new-name-meta.

Kurtzleben, Danielle. "Walmart Struggles to Overcome Environmental Criticism." *U.S. News & World Report,* April 20, 2012. https://usnews.com/news/articles/2012/04/20/walmart-struggles-to-overcome-environmental-criticism.

Leone, Chris. "How Much Should You Budget for Marketing in 2023?" Web-Strategies, November 11, 2022. https://webstrategiesinc.com/blog/how-much-budget-for-online-marketing.

"Location Facts." Walmart Corporate. Accessed August 2023. https://corporate.walmart.com/about/location-facts.

Meisenzahl, Mary. "Walmart Grew Ecommerce Sales 24% in Q2." Digital Commerce 360, August 17, 2023. https://digitalcommerce360.com/article/walmart-online-sales.

Neff, Jack. "The Battle of the Brands: Old Spice vs. Axe." *AdAge,* November 17, 2008. https://adage.com/article/news/battle-brands-spice-axe/132559.

"Old Spice Guy Brings 107% Increase in Sales." Kinesis. Accessed August 2023. https://kinesisinc.com/old-spice-guy-brings-107-increase-in-sales.

"Old Spice: Smell Like a Man, Man." Wieden+Kennedy, February 2010. https://wk.com/work/old-spice-smell-like-a-man-man.

"The Procter & Gamble Company—Company Profile, Information, Business De-scription, History, Background Information on the Procter & Gamble Com-pany." Reference for Business Company History Index. Accessed August 2023. https://referenceforbusiness.com/history2/83/The-Procter-Gamble-Company.html.

"Procter & Gamble Revenue 2010–2023 | PG." Macrotrends. Accessed August 2023. https://macrotrends.net/stocks/charts/PG/procter-gamble/revenue.

Rupe, Susan. "How Walmart Is Taking On the Cost of Employee Health Care with 'Innovation.'" *Insurance Newsnet,* March 16, 2023. https://insurancenewsnet.com/innarticle/how-walmart-is-taking-on-the-cost-of-employee-health-care-with-innovation.

Segal, Edward. "How Walmart Is Responding to Covid-Related Challenges." *Forbes,* September 1, 2021. https://forbes.com/sites/edwardsegal/2021/09/01/how-covid-repeatedly-put-walmart-to-the-test.

Smith, Matt. "Store and Club Associates Adapt After the First Week of Social Distancing." Walmart Corporate Affairs, March 24, 2020. https://corporate.walmart.com/newsroom/2020/03/24/store-and-club-associates-adapt-after-the-first-week-of-social-distancing.

Spector, Nicole. "100-Year-Old Companies Still in Business Today." GOBank-ingRates, June 5, 2023. https://gobankingrates.com/money/business/big-name-brands-around-century.

Tighe, D. "Leading 100 Retailers in the United States in 2022, Based on U.S. Retail Sales." Statista, July 12, 2023. https://statista.com/statistics/195992/usa-retail-sales-of-the-top-retailers.

"US Digital Ad Spend Grew Faster Last Year Than at Any Point in the Previ-ous 15 Years." Marketing Charts, May 18, 2022. https://marketingcharts.com/advertising-trends/spending-and-spenders-225723.

Valinsky, Jordan. "Walmart, Albertsons, Kroger and Whole Foods are Adding Sneeze Guards to Checkout Lanes." *CNN Business,* November 23, 2020. https://cnn.com/2020/03/25/business/walmart-kroger-changes-coronavirus-wellness/index.html.

"Walmart Revenue 2010-2023 | WMT." Macrotrends. Accessed August 2023. https:/macrotrends.net/stocks/charts/WMT/walmart/revenue.

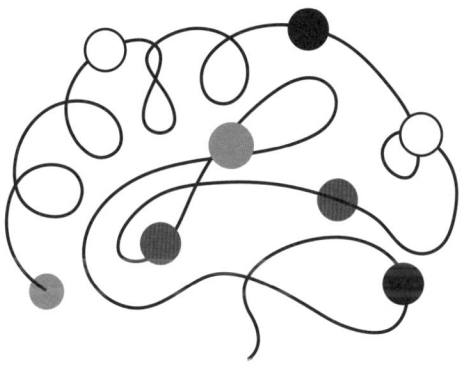

THE POWER OF INSTINCT

**옮긴이 이상훈**

포항공과대학교와 조지워싱턴대학교 로스쿨을 졸업했으며, 베인 앤드 컴퍼니를 시작으로 국내외 다양한 기업에서 일했다. 영감을 주는 새로운 책을 남들보다 먼저 읽고 독자들에게 소개하고 싶은 마음에 번역가의 길에 들어섰다. 현재 바른번역 소속 번역가로 활동하고 있으며, 역서로는 《브레인 해빗》 등이 있다.

# 뇌를 지배하는 마케팅 법칙

**초판 발행** · 2025년 5월 9일

**지은이** · 레슬리 제인
**옮긴이** · 이상훈
**발행인** · 이종원
**발행처** · (주)도서출판 길벗
**브랜드** · 더퀘스트
**출판사 등록일** · 1990년 12월 24일
**주소** · 서울시 마포구 월드컵로 10길 56 (서교동)
**대표전화** · 02 ) 332-0931 | **팩스** · 02 ) 323-0586
**홈페이지** · www.gilbut.co.kr | **이메일** · gilbut@gilbut.co.kr

**기획 및 책임편집** · 오수영(cookie@gilbut.co.kr), 유예진, 송은경
**제작** · 이준호, 손일순, 이진혁 | **마케팅** · 정경원, 정지연, 이지원, 이지현 | **유통혁신** · 한준희
**영업관리** · 김명자 | **독자지원** · 윤정아

**교정** · 김순영 | **디자인** · studio forb | **CTP 출력 및 인쇄** · 정민 | **제본** · 정민

- 더퀘스트는 (주)도서출판 길벗의 인문교양·비즈니스 단행본 브랜드입니다.
- 이 책은 저작권법의 보호를 받는 저작물로 이 책에 실린 모든 내용, 디자인, 이미지, 편집 구성은 허락 없이 복제하거나 다른 매체에 옮겨 실을 수 없습니다.
- 인공지능(AI) 기술 또는 시스템을 훈련하기 위해 이 책의 전체 내용은 물론 일부 문장도 사용하는 것을 금지합니다.
- 잘못 만든 책은 구입한 서점에서 바꿔 드립니다.

**ISBN 979-11-407-1331-8(03320)**
(길벗 도서번호 090258)

정가 21,000원

**독자의 1초까지 아껴주는 정성 길벗출판사**
**(주)도서출판 길벗** | IT단행본, 성인어학, 교과서, 수험서, 경제경영, 교양, 자녀교육, 취미실용 www.gilbut.co.kr
**길벗스쿨** | 국어학습, 수학학습, 주니어어학, 어린이단행본, 학습단행본 www.gilbutschool.co.kr
**인스타그램** · thequest_book | **페이스북** · thequestzigi | **네이버포스트** · thequestbook